绿色司法
理论与实践

汪瀚　主编

Editor Wanghan

LUSE SIFA
LILUN YU SHIJIAN

中国检察出版社

图书在版编目（CIP）数据

绿色司法理论与实践/汪瀚主编．—北京：中国检察出版社，2017.6
ISBN 978－7－5102－1909－2

Ⅰ.①绿…　Ⅱ.①汪…　Ⅲ.①司法－工作－中国－文集　Ⅳ.①D926－53

中国版本图书馆 CIP 数据核字（2017）第 132709 号

绿色司法理论与实践

汪　瀚　主编

出版发行：中国检察出版社
社　　址：北京市石景山区香山南路 111 号（100144）
网　　址：中国检察出版社（www.zgjccbs.com）
编辑电话：（010）88685314
发行电话：（010）88954291　88953175　68686531
（010）68650015　68650016
经　　销：新华书店
印　　刷：北京朝阳印刷厂有限责任公司
开　　本：710 mm×960 mm　16 开
印　　张：24
字　　数：438 千字
版　　次：2017 年 6 月第一版　　2017 年 6 月第一次印刷
书　　号：ISBN 978－7－5102－1909－2
定　　价：78.00 元

序　言

2016年3月，我在列席浙江代表团第十二届全国人大四次会议第七次全体大会发言中首次提出“绿色司法理念”。这是在全面贯彻“五大发展理念”的新形势下，基于对粗放型司法办案模式的质疑和破解案多人少“雾霾”的反思，将绿色发展理念寓于检察工作之中的新型司法理念，旨在通过“规范、理性、文明”的司法办案模式，构建法治生态的绿水青山。同年8月，浙江省人民检察院在第十六次浙江省检察工作会议上，要求全省检察机关树立绿色司法理念，并落实到检察工作各个方面和司法办案全过程。经过一段时间的实践和思考，我们对绿色司法有了更加深刻的认识，即应当从更高站位领悟绿色司法、在更深层次践行绿色司法、在更大格局定位绿色司法：要在对习近平总书记治国理政新理念新思想新战略的深刻领悟中理解绿色司法的创新性、实践性和系统性；要探索建立完备的制度规范和长效机制，使中央政法工作会议上提出的“谦抑、审慎、善意”理念成为践行绿色司法的具体指引；要从司法工作的全局审视绿色司法，不仅要将绿色司法贯彻到检察工作的各个方面，还要与其他政法单位共筑“浙江大绿色司法”格局。

绿色司法理念倡导一年以来，浙江省检察机关积极开展了丰富而深入的实践活动，受到社会各界的关注和肯定。据统计，全省各地共召开绿色司法研讨会80余次，出台绿色司法相关规范性文件230余件，评选绿色司法优秀案例136件，省检察院组织绿色司法媒体专访9次，绿色司法宣传报道1200余次，绿色司法理念已经在浙江检察系统达成了广泛的共识。为进一步深化认识，鼓励创新，2016年10月，浙江省人民检察院决定组织召开践行绿色司法理论研讨会，并在《浙江检察》开辟“绿色司法”专栏，向全省检察机关征集理论文章。以“绿色司法理论相关问题研究”为主题的研讨活动在全省迅速铺开，全省检察人员勤于思考、勇于创新，掀起了绿色司法理论研究的热潮。2017 年 3 月，践行绿色司法理论研讨会在杭州召开，研讨会共收到全省检察人员投稿 190 余篇，经过专家评审遴选出 34 篇优秀论文进行表彰。本书共收录绿色司法理论文章 43 篇，包括我曾经撰写发表的文章、研讨会的获奖论文和部分质量较高的论文。这些论文运用了文献研究、历史研究、实证调查、比较分析等多种研究方法，从不同角度探讨绿色司法的相关理论和实践问题，极大地丰富了绿色司法的内涵和外延，具有一定的理论借鉴价值和实践指导意义。本书的出版既是对绿色司法阶段性研究成果的总结，也是对践行绿色司法成果经验的展示，供大家学习借鉴。

绿色司法经全省检察机关的思考、实践、再思考、再实践，正焕发出巨大的活力，已经从单纯的理论问题演变为生动的司法实践，成为推动浙江检察高水平发展的新的驱动力。诚然，绿色司法理念是一个尚处于初步探索发展中的理论，需要在实践中日臻完善，践行绿色司法也不会一蹴而就，需要持续发力，久久为功，践行绿色司法永远在路上。今后，全省检察机关将继续以绿色司法为行动指南，努力走出一条带有浙江特色、凸显示范作用的浙江检察探索发展之路，并放大绿色司法涟漪效应，增强社会各界的认同和支持，使绿色司法成为我省政法机关的共同追求，努力建设好浙江的今天，为中国的明天提供更多的浙江元素、浙江探索、浙江实践，为打造平安中国示范区提供更加强有力的司法保障。

浙江省人民检察院党组书记、检察长

汪　瀚

二〇一七年四月十九日

目　录

上　编

下　编

践行绿色司法
推进浙江检察工作高水平发展*

汪　瀚**

党的十八届五中全会强调，“十三五”时期的总体目标是以五大发展理念为引领全面建成小康社会，浙江省委继而提出要高水平全面建成小康社会。浙江省检察机关积极响应中央、省委的新部署、新要求，将五大发展理念特别是绿色发展理念寓于检察工作之中。在今年8月召开的第十六次全省检察工作会议上，浙江省人民检察院要求全省检察机关树立绿色司法理念，更加主动地把检察工作摆到经济社会发展全局中来谋划和推进，做到检察工作和大局需求同频共振，为浙江高水平全面建成小康社会提供坚实的司法保障。

一、绿色司法的内涵

绿色发展，是以资源节约、环境友好、生态保育为主要特征的发展，① 旨在处理好人与自然的和谐共生关系。将绿色发展置于司法语境下的绿色司法，是建立在有限的司法资源和日益增长的司法需求约束条件下的，通过规范、理性、文明司法，提升司法质效、减少司法负面产出的新型司法理念，旨在重构检察司法内外和谐关系，促进法治生态文明健康。绿色司法的内涵包括以下几个方面：

（一）从内在规定性看，以司法规律为基本遵循

绿色发展是符合规律的发展，是尊重、遵循自然规律的发展。司法也有其自身的活动规律。学界对基本的司法规律包括哪些内容的观点并不统一，但多数

---

* 发表于《浙江检察》2016年第9期、《检察日报》2016年9月12日。

** 浙江省人民检察院党组书记、检察长。

① 谷树忠、王兴杰：《绿色发展的源起与内涵》，载《中国经济时报》2016年5月20日。

学者都把独立性、中立性、公正性、亲历性、被动性等纳入基本的司法规律。[①] 绿色司法作为一种全新的司法理念，必须遵循上述司法规律，不能忽视、违背或者改变，否则必将违背司法初衷引发不良后果。因此，践行绿色司法，必须增强尊重规律意识，在研究和把握司法规律的基础上正确设定绿色司法的价值目标、厘清主体内容、确定实现路径。必须认识到任何违背基本司法规律的制度、行为，即使在一时、一案没有明显的不良后果甚至有助于办案，但最终都是对司法价值追求的背离，与绿色司法理念背道而驰。

（二）从司法管理看，以优化司法资源配置为重点

绿色发展是高效发展，力求以最小的资源投入实现发展的最大化，绿色司法亦同此理。司法资源是实现司法功能的物质基础，现阶段司法资源有限，影响司法产出，必须在现有资源条件下通过科学调配提高司法效率。从宏观角度讲，检察机关要切实承担起服务大局的政治责任，将防控风险、服务发展和破解难题、补齐短板摆在更加突出的位置，把上述工作作为检察工作的重点，优化司法资源配置。从微观角度讲，要以司法体制改革为契机，优化办案组织结构，建立符合司法规律要求的办案组织体系、管理体系；要按照员额制的要求，从政治素养、专业素质、办案能力、职业操守等方面全方位遴选能办案、会办案的人员入额办案；要大力加强检察信息化建设，运用大数据助力司法办案，以实现司法资源利用的最大化，提高司法质效。

（三）从司法过程看，以规范、理性、文明为核心

绿色发展是和谐发展，是人与自然健康共生的发展。绿色司法也应是和谐司法，通过司法实现法治生态和谐。一是司法要“规范”，这体现的是司法的要求，要求把司法办案工作纳入规范化的轨道，强化规则思维、程序性思维，确保办案符合法定程序，确保实体公正和程序公正有机统一。二是司法要“理性”，这体现的是司法的动机，不仅要求有严谨的法律意识，而且要有强烈的政治意识、大局意识，摒弃孤立办案、就案办案、关门办案的单纯业务观点，以司法理性正确认识和把握司法办案中的各种辩证关系，在严守法律底线的前提下实现司法办案政治效果、社会效果的最大化。三是司法要“文明”，这体现的是司法的方式，要求改进办案方式方法，坚决纠正简单执法、粗暴执法甚至刑讯逼供、变相刑讯逼供等问题，用现代文明的方式执法办案，使人民群众不仅感受到法律的尊严和权威，而且能感受到司法的温度和检察人员的人

---

① 罗梅、寻楷：《司法规律的理论和现实问题——十八大以来的司法规律研究文献综述》，载《法制与社会发展》2015 年第 3 期。

文情怀。规范、理性、文明虽具体内涵不同，但是有机联系、不可分割的统一整体。

（四）从价值取向看，以司法公开、司法公正和司法公信力为本质要求

绿色发展是人本发展，发展服从和服务于人的需要。绿色司法亦是人本司法，以人民为中心，把司法为民作为最重要的价值追求，以人民拥护不拥护、赞成不赞成、高兴不高兴、答应不答应作为衡量司法工作的根本标准，“努力让人民群众在每一起司法案件中都感受到公平正义”，在人民群众中树立司法公信力。而公正是法律本身的价值目标也是政法工作的生命线，公开则是公正的有力保障。二者既是司法公信力的评价标准，也是树立司法公信力的有效途径，以公开、公正促公信。因而在最终价值取向上，绿色司法以司法公开、司法公正和司法公信力为本质要求：一要加大司法公开力度，回应人民群众对司法公开的关注。进一步完善阳光检察机制、完善民意收集和公民有序参与机制、加强检察公共关系建设、构建多元化多层次的检察大宣传工作格局等。二要坚守公平正义底线，回应人民群众对司法公正的期盼。在司法办案中坚持法律面前人人平等、证据裁判、尊重和保障人权、实体公正与程序公正并重等原则，使办案工作既实体公正又程序规范。三要把满足人民群众的司法需求作为推进司法公开、司法公正的立足点，准确把握人民群众对司法公开、司法公正的新要求、新期待，切实提高司法公信力，提高人民群众对检察工作的获得感。

（五）从司法效果看，以实现司法动机、方式方法、质量效果的统一，最大限度地减少司法办案的负面产出为最终目标

绿色发展是健康发展、安全发展，要求无损害或者损害很小且风险可控。从司法效果看，绿色司法同样具有上述内涵。影响一个案件司法效果的因素多元，同时司法效果本身也是多层次的。绿色司法追求的司法效果不是单一、片面的，而是司法动机理性正当、方式方法文明规范、质量效果高效良好的有机统一，三者相辅相成统一于最大限度减少司法办案的负面产出，实现司法公平正义。为此，绿色司法要求通过改进方式方法，创新工作机制，规范司法行为，优化司法服务，提高司法效能，对检察办案做“无害化”处理，更好地发挥检察机关服务大局、促进和谐、保障民生的职能作用。具体而言，在司法办案中要注意把握以下关系：一是要正确认识处理罪与罚的关系。犯罪行为应受刑罚处罚符合最朴素的正义观念，但也要认识到刑罚具有一定的负作用，正如德国法学家耶林所言：“刑罚如同那个双刃剑，用之不得其当，国家与个人两受其害。”因此要特别注意防止过分强调打击的倾向。对于法律政策界限不明、罪与非罪界限不清的，坚持执行法律与执行政策相结合，依法慎重妥善处

理。二是要正确认识处理宽和严的关系。在司法办案中坚持宽严相济、宽严有度，要特别注意防止不考虑案件实际机械执法、一味严惩的倾向。对于危害国家安全犯罪、黑社会组织犯罪、恐怖组织犯罪、毒品犯罪贪腐案件等严重侵犯国家利益、社会秩序和人民群众合法权益以及主观恶性大、犯罪情节恶劣、社会影响恶劣的行为应当予以严厉打击；而对于主观恶性不大、情节轻微，或者是未成年人、老年人犯罪则可以依法从宽处理，并通过刑事和解、社区矫正、社会帮教、认罪认罚从宽处罚等制度，尽力修复社会关系。三是要正确认识处理打击和保护的关系。具体地说是要正确认识处理打击犯罪和保护人权的关系，要特别注意防止以牺牲保护为代价打击犯罪的倾向。打击犯罪一直是刑事司法的基本任务之一，而随着人权保护理念在刑事诉讼中的确立，保护人权也成为了刑事司法的重要任务。绿色司法要求在执法办案中更加注重尊重和保障人权，特别是要保障犯罪嫌疑人、被告人的合法权益，保障律师依法执业，否则即使查办了案件也会对司法公正造成实质性损害，得不偿失。四是要正确认识处理公正和效率的关系。绿色司法要求兼顾公正与效率，在每一个具体案件的办理中寻求公正与效率的最大公约数，要特别注意防止片面追求公正或者效率的倾向。公正和效率都是司法的重要价值，在司法实践中二者难免冲突，但片面追求任一方面都是对整个司法价值的损害。因为没有公正就没有效率，脱离公正谈效率无价值；没有效率就谈不上公正，迟来的公正实质上也是不公正，司法的价值只能在公正与效率的兼顾衡平中实现。

二、践行绿色司法的必要性分析

绿色司法是对司法实践、司法实际的深刻洞察和反思，是贯彻落实新形势下党中央对检察工作指示的必然要求。

（一）践行绿色司法是担当构建良好法治生态职责使命的必然要求

党的十八大以来，习近平总书记从“绿水青山就是金山银山”的角度，提出要保护好绿水青山的自然生态，并延伸到全面从严治党领域，提出要打造政治生态上的绿水青山。全面推进依法治国，推进国家治理体系和治理能力现代化，要求法治生态同样也应该是健康、绿色的，而健康、绿色的法治生态必然要求绿色司法。就浙江而言，“两山”重要思想在我省诞生，省委确定的高水平全面建成小康社会的目标决定了必须有高水平的法治建设，高水平的法治建设要求引领社会走向善治。这是法治建设的本质要求所在，也是检察机关的职责使命所在。倡导绿色司法就是要把绿色司法作为高水平推进浙江检察工作发展的新的驱动力，落实到检察工作各个方面和司法办案全过程，以检察司法的生动实践构建法治生态的“绿水青山”。

（二）践行绿色司法是运用法治方式改进社会治理实现社会善治的必然要求

当前我国既处于发展的重要战略机遇期，又处于社会矛盾凸显期、叠加期，新情况、新问题层出不穷。原有的社会治理理念、机制、方法已经难以完全适应社会发展的需要，难以满足人民群众的期待，社会治理方式必须转变、更新。党的十八届四中全会提出要全面推进依法治国，社会治理应该走法治化的道路，已成为社会共识。但怎样运用法治方式推进社会治理才能实现社会善治仍是一个新课题。习近平总书记指出，“社会治理是一门科学，管得太死，一潭死水不行；管得太松，波涛汹涌也不行，在具体工作中不能简单依靠打压管控，硬性维稳，还要重视疏导化解，柔性维稳”。他还指出，“准确把握社会心态和群众情绪，充分考虑执法对象的切身感受，规范执法言行，推行人性化执法，柔性执法，阳光执法，不要搞粗暴执法那一套”。习近平总书记关于社会治理的这一系列重要指示对于上述问题具有重要的指导意义。随着经济社会的发展和群众公平意识、民主意识、权利意识、法治意识的增强，人民群众对司法工作的要求越来越高。司法除了要充分发挥维护社会公平正义的功能外，司法行为本身还必须规范、理性、文明，否则就会侵害公民合法权益，破坏公平正义，损害司法公信，背离司法工作的初心。因此司法机关必须要与时俱进，摒弃陈旧观念，更新司法方式，绿色司法正是在新形势下运用法治方式改进社会治理的有益探索。

（三）践行绿色司法是补齐规范司法短板实现精细化司法的必然要求

长期以来，受重打击轻保护、重实体轻程序、重配合轻监督等主观观念和刑事案件高发多发、司法人员专业素质不强等客观因素的影响，我国司法的“粗放化”特征较为明显，重打击、轻保护，重实体、轻程序等现象普遍存在；司法不文明、不规范问题较为突出等。今年以来，浙江省检察机关开展了文明规范办案、保障律师执业权利两个专项整改，切实查找和解决了一些司法不文明、不规范突出问题，取得了明显成效。但把握失度、公正文明不足现象仍不同程度存在，一定程度上制约了检察工作的发展。因此，如何转变粗放化司法，促进规范司法是我们必须予以高度重视解决的问题。今年年初，曹建明检察长在全国检察长会议上强调，要创新司法管理方法，深入推进检察业务精细化管理，切实改变一些地方粗放式司法的现象，真正形成规范司法的思想自觉和行为习惯。可见，最高人民检察院将推进精细化司法作为规范司法的重要途径。而规范司法是绿色司法的基本要求，践行绿色司法是我省检察机关结合司法实际对精细化司法的初步探索。

（四）践行绿色司法是理性认识司法功能局限注重谦抑司法的必然要求

在现代法治社会中，司法在解决纠纷、化解矛盾、实现社会控制、维护社会秩序中发挥着重要作用，这一点毋庸置疑。但同时也要认识到，司法并非解决一切问题的“灵丹妙药”，过分依赖夸大司法功能，也会带来一定的“负作用”。因为“刑事司法权如果能够无限制地大显身手，可能会高效率地及时解决很多社会现实问题，取得一时社会效果。但是，更可能带来损害国家法治建设和公民根本权益的法律、政治方面的有害效果”①。当前，刑事案件数量特别是盗窃罪、危险驾驶罪、故意伤害罪等轻罪案件数量居高不下，刑事判决轻刑化、实刑化比例高，司法效率低下，司法僵化、机械执法影响司法效果。主要原因在于，司法办案中传统的思维定势仍然存在：宁信其有、宁重勿轻、宁抓勿放、宁快勿慢、宁多勿少；追求了速度，忽略了持续；追求了数量，忽略了质量；追求了力度，忽略了柔性。上述情形反映出实践中存在司法“过力”的问题。因此在当前的司法环境下，强调谦抑司法具有重要的现实意义。谦抑司法要求司法机关在严格、平等适用法律的前提下，适当减少不必要的犯罪认定、抑制不必要的重刑主义倾向。而绿色司法所要求的规范、理性、文明与谦抑司法的内涵一脉相承，高度契合。

三、践行绿色司法的路径

绿色司法唯有付诸实践才具有生命力，践行绿色司法就要将绿色司法落实在检察工作的各个方面和司法办案的全过程。

（一）树立正确的司法政绩观，倡导绿色办案 GDP

践行绿色司法，要把树立正确的政绩观作为第一位的要求。要改变唯办案数量的数字办案 GDP 评价模式，坚决摒弃“以数字论英雄”、人为下达办案任务、设定办案增长指标等违背客观规律的做法，防止片面强调办案数量、就案办案。要认识到，案件数量虽然可以在一定程度上反映检察机关的工作量，但并不是检察工作的全部内容，片面追求办案数量而忽视办案质量、办案效果，很可能会背离检察工作的初衷和本质要求。当然，要改变数字办案 GDP 模式，不是要求不办案、少办案，而是指要更加注重办案质量、办案效果，倡导绿色办案 GDP，从办案数量、办案质量、办案效果等多个方面综合评价办案工作。

---

① 方工：《需要刑法谦抑 更需要刑事司法权谦抑》，载《人民法院报》2011 年 6 月 27 日。

（二）通过“五个更加注重”，推行绿色司法方式

践行绿色司法，核心是推行绿色司法方式，做到“五个更加注重”。一是更加注重谦抑司法。把检察办案放在创新社会治理的大背景，坚持司法理性，体现司法的克制性、妥协性和宽容性，为司法介入社会关系修复留出足够的“自治”空间。二是更加注重突出办案重点、优化办案结构。围绕形势发展新变化和人民群众新要求，把有限的司法资源投入到打击严重犯罪、维护社会稳定中去，提高办案的针对性、有效性。三是更加注重办案方式方法。坚持效果导向，讲究办案策略与方法，慎重选择办案时机和方式，充分考虑办案可能带来的各种影响，防止和克服有罪推定观念、依靠强制和粗暴手段树立司法权威的习惯做法以及简单化、机械化办案倾向。四是更加注重宽严相济。准确把握宽严尺度，健全完善检察环节认罪认罚从宽处理制度，发挥不批捕、不起诉、促成刑事和解、变更强制措施等作用，在公平正义与司法效率之间寻求最大公约数，修复社会关系，促进社会和谐。五是更加注重延伸检察服务。寓服务于办案，做好司法保护、犯罪预防、释法说理、法治宣讲等服务，建立健全便民利民措施，切实保障经济社会发展、服务民生、服务社会治理。

（三）完善五大检察监督体系，实现绿色司法全覆盖

职务犯罪侦防工作要履行侦防工作多元使命，构建方式多元、功能多元、效果多元的新格局，推动侦查预防工作转型。重点要提升在公开、透明司法环境下审讯突破案件的能力，改变强攻硬取的办案方式，采取文明的方式讯问，以人性化的办案方式突破口供，保障犯罪嫌疑人休息权；依托大数据、高科技获取客观性证据；要把侦查和预防工作两手抓、两手硬，以侦防协同从源头上铲除腐败土壤；要构建新型检律关系，保障律师依法执业权利，同时对律师违规执业进行有效监督。刑事检察工作要围绕以审判为中心的诉讼制度改革，提升刑事检察工作品质。强化检察机关诉前主导、审前过滤、庭审指控作用，着力构建以证据为核心的刑事指控体系，建立审查逮捕案件诉讼式审查机制、书面审查与调查复核相结合的亲历性办案模式，探索建立简易案件效率导向、疑难案件精准导向、敏感案件效果导向的办案模式；要坚持少捕慎捕，严格不捕不诉依法公平适用，探索建立检察环节认罪认罚从宽处理制度；要坚持突出重点、有节制、讲方式、重成效的原则，加强刑事立案和侦查活动监督，完善“两法”衔接平台；要推进未成年人检察专业化规范化社会化建设，全面落实捕诉侦防一体化工作模式；要完善刑事执行检察工作体系和工作机制。民事检察工作要以加强对公权力的监督为核心，健全民事诉讼监督、支持起诉、民事公益诉讼协调发展的多元化民事监督格局，综合运用抗诉、再审检察建议、检

察建议等多种方式，推动民事诉讼监督从单一裁判结果监督向裁判结果、审判人员违法、执行活动监督转变。行政检察工作要坚持行政诉讼监督与行政违法行为监督并举，完善行政执法与行政检察衔接、政府法制监督与检察监督协作机制，运用好督促起诉、检察建议等手段，推进行政执法检察监督；与最高人民检察院顶层设计相衔接，探索推行行政强制措施检察监督和行政公益诉讼。控告申诉检察工作要发挥好集信访、举报、纠错、赔偿、救助五大功能于一体的中国特色检察职能，发挥好窗口作用和内部监督制约作用，有效化解社会矛盾纠纷，促进社会公平正义。

（四）提升素质能力，努力打造与高水平推进检察工作发展相适应的人才高地

素质能力是践行绿色司法的根本保证。要加强队伍正规化、专业化、职业化建设，根植绿色司法理念，提升规范、理性、文明办案的能力素质，提升司法公信力，努力建成一支具有忠诚的政治品格、坚毅的法治精神、博大的人文情怀和精益求精的工匠精神的检察队伍，在全面依法治国的进程中体现责任担当。一是要严格规范。规范是绿色司法的基本要求。检察队伍专业素能首先体现在规范司法，并且是法治发展新要求下的高水平规范司法。司法实践中的诸多不规范问题，往往是因为能力不足、水平不高而在规范上打“擦边球”。不以规矩，不成方圆，司法实践尤其如此。要狠抓规范，以司法规范化倒逼队伍专业素能提升。二是要公平公正。公平公正是法律本身的价值目标，是政法工作的生命线，也是检察人员职业精神的核心内容。司法机关是维护社会公平正义的最后一道防线，检察机关作为国家的法律监督机关，与社会公平正义的联系更为紧密，也要求我们在维护公平公正方面有更大的作为。三是要注重文明习惯养成。文明司法是社会文明进步的表现，是社会主义政治文明和精神文明在司法领域的体现。高水平的检察队伍，不仅要有高水平的政治业务素质，而且要有高水平的文明气质、文明品格，使文明司法成为内心自觉。要有法治精神，坚守法治信仰。法治精神是检察干警公正司法的精神支柱和力量源泉。要把法治当作主心骨，保持法治定力，做知法、懂法、守法、护法的执法者，真正做到不为私心所扰，不为人情所困，不为关系所累，不为利益所惑。要有司法良知，对社会要悲悯。“徒法不足以自行”，检察工作本身是主观与客观的统一，真正指导我们做出合乎情理与法理、实现良法善治的裁量，不仅仅是智慧，更是良心；真正约束内心“魔障”的，不仅仅是司法纪律，更是良心。在监督不到位或不及时的情况下，悲悯之心就是照亮办案人员内心可能存在的阴影的那缕“阳光”。实践中，许多案件不需要多少法律专业知识，凭良心就能明断是非。所以，要以悲悯之心司法，做一名有良心的检察官。这是一种境

界，也是一种价值追求。要有文化修养，提高人文境界。所谓修，就是吸取、学习，打牢知识体系基础；所谓养，就是在修的基础上提炼、批判、反思乃至升华。要多读书，不断加强学习，学习相关的知识、法律、制度、准则及其立法精神、法律渊源、文化背景等，进一步内敛文化修养底蕴。

绿色司法视野下破解案多人少困境的思考*

汪　瀚**

近年来，我省检察机关办理刑事案件数量一直处于高位运行，审查逮捕、审查起诉案件总量居全国第二，人均办案量居全国第一，刑事案件增长与司法资源调配的关系愈加紧张，“案多人少”矛盾更为凸显，成为妨碍实现司法公正、提高司法效率的腹心之疾。在司法体制改革和创新社会治理的背景下，如何既遵循规律，又改革创新，不断提升规范、理性、文明司法水平，实现检察办案从粗放型向集约型的跨越发展，最大限度地减少司法办案的负面产出，有效地清除案多人少的“司法雾霾”，高水平推进浙江检察工作，借此助推浙江高水平法治建设和高水平全面建成小康社会，已成为我省检察机关亟待解决的重大现实课题。鉴此，现对我省检察机关办案情况进行调研，认真梳理问题，全面剖析原因，研究提出解决方案。

一、我省案多人少矛盾的现状梳理

检察机关履行职务犯罪侦查、侦查监督、审查起诉和刑事执行监督、民事行政监督等各项职能。相对职务犯罪侦查“忙闲不均”、民事行政检察办案量呈“倒金字塔”状况和其他法律监督不可完全量化等特点，审查逮捕、审查起诉案件数量直观，占据检察机关办理案件量的绝大部分。通过对我省近年来刑事检察条线（指审查逮捕、审查起诉，下同）案件总量的分析，可以较为清晰地看出“案多人少”矛盾的形成、发展、变化脉络。

（一）案件数量间有起伏，高位运转并总体上涨的趋势较为明显

2006年始，尽管部分年份出现波动，但全省检察机关办理案件数量总体增长的大趋势没有变化。特别是2012年是一个重要节点，主要原因在于2011年《刑法修正案（八）》正式施行，降低了盗窃等罪的入罪门槛及增加危险驾

---

* 发表于《浙江检察》2016年第11期。

** 浙江省人民检察院党组书记、检察长。

驶等罪，导致犯罪数量急剧增长。

（二）办案人员增长相对停滞，基层院案多人少矛盾最为突出

为应对不断增长的案件量，我省检察机关相应增加了刑检线办案人员，但难以缓解“案多人少”矛盾：一是办案人员增长乏力。全省刑检线办案人员在全体检察人员中占比多年来维持在24%左右，变动幅度微弱，基本处于相对停滞状态。二是增长幅度低于案件数。截至2015年，全省刑检线办案人员较2006年增长了34.6%，但明显低于刑检线53.3%的案件增长率。由此可见，办案人员的逐年增加并不能改善我省“案多人少”矛盾。此外，各级院由于职能分工、人员配备、承办案件疑难复杂程度不同等因素，办案量差异显著。具体看，2011—2015年，基层院承办了刑检线绝大多数的案件量，市级院次之，省级院最少，且各级院刑检线人均办理案件量也呈现明显的“金字塔”形态。

（三）案件总量地域分布不均，受经济发展、外来人口因素影响显著

向来“我国之诉讼区域实随工商业而增减”，经济类型为外向型、经济总量较大的地区，能够吸引到更多的外来人口，刑事犯罪案件量往往就多，反之亦然。从我省近年来刑事案件办理情况看，基本遵循了这一规律。不仅各市之间存在较大差距，如杭宁温台等地区，都是外向型的经济先发区域，经济发展水平在省内相对较高、外来人口较多，相应的犯罪总量也较大，而丽水衢州等区域，犯罪数量就相对较少；而且各市内部区域也有很大差距，如温州市文成、泰顺等基层院办理的刑事案件明显低于乐清、瑞安等地；同属金华市，义乌院案件量是该市某院的近十倍。又如2015年审查起诉案件数位列前茅的基层院，也全部是外向型、经济总量大、外来人员多的发达地区。另外，各地犯罪数量也会随着经济形势及外来人口情况发生变化，如2009—2010年、2013—2015年，经济下行压力增大，外来人员相应减少，刑事案件总量也相应减少。

（四）案件类型相对集中，常见犯罪多发及轻刑化凸显交织呈现

从近几年我省案发情况看，并非杂乱无章，而是呈现出“双高”的明显特征。一是常见犯罪占比高。根据掌握的情况看，盗窃、故意伤害、交通肇事、危险驾驶四类犯罪占比持续增加并在高位运行，至2014年我省达到50.1%的峰值。二是轻刑案件占比高。这里的轻刑案件指被判处三年以下有期徒刑、拘役、管制的案件。从统计数据看，轻刑案件占比常年在70%以上高位持续攀升，至2015年达到87.5%的峰值。综合看，常见犯罪高发与轻刑案件占比高联系密切：常见犯罪本身情节轻微、社会危害性较低，导致轻刑案件

占比持续攀升。如危险驾驶罪，法定最高刑仅为六个月拘役，近三年基本保持全省每年2万余件的案件数，客观上推高了我省轻刑判决率。

二、“案多人少”怎么看：正确剖析主客观原因

“案多人少”体现了干警良好的精神状态和奉献精神，反映出检察机关在依法打击犯罪、维护社会稳定方面付出的艰辛努力，但毋庸讳言，案多人少也是隐忧，成为影响司法质效的“短板”。

（一）刑事案件多发高发有其必然性

1. 特定的时间、地域条件导致刑事案件多发高发。一般认为，犯罪现象的发生及变化有其自身规律。从时间条件看，改革开放后，伴随着社会结构的深刻调整，各方面利益冲突加剧，导致我国犯罪数量增长迅猛、居高不下，而且往往会在特定时期内形成犯罪高峰。2011年恰逢新中国成立后的第六次犯罪高峰，周边年份刑事案件自然多发高发。从地域条件看，浙江地处东南沿海地带，历来是商贾云集的繁华所在；在改革开放后，又得风气之先，经济总量和发展水平一直位居全国前列，成为各类利益汇集冲突的重地，从而导致刑事案件多发高发。尤其是大量外来务工人员涌入，由于文化认同缺失、社会规范束缚薄弱、贫富差距持续扩大等因素综合使然，外来人员犯罪成为浙江省的“主力”，甚至在一定程度上成了折射浙江经济发展状况的“晴雨表”：浙江省经济下行时，外来人员纷纷离开，犯罪数量也降低了；一旦经济回暖上行，外来人员再度涌入，犯罪数量也随之回升。

2. 刑事立法的修改客观上增加了刑事案件量。首先，刑法的修改降低了犯罪门槛，导致案件数量剧增。近年来刑法修法频繁，治安违法案件轻罪化是其重要趋向及特征。《刑法修正案（八）》、《刑法修正案（九）》在重罪和轻罪之外，又设置了一类新罪，称之为微罪（是指最高法定刑仅为拘役、管制的犯罪）。如《刑法修正案（八）》将危险驾驶行为入罪、扩充了盗窃犯罪的类型；《刑法修正案（九）》将非法使用伪造、变造的身份证行为入罪等。究其缘由，劳教制度的废除是直接原因，但更为深层次的在于修法理念的变化，即认为对于公民人身、健康、自由、财产等权益的剥夺，须在由法院居中裁决三方参与的情况下方可做出。其次，2012年刑事诉讼法也做了大幅修改，更加注重尊重和保障人权，对检察机关办案提出了更高的要求，也客观上增加了办案人员的工作量。比如要求更加审慎地适用逮捕措施，进一步明确了逮捕条件和审查批准程序，增加了羁押必要性审查程序等。为提高审查逮捕案件质量，浙江省检察机关要求在审查逮捕阶段全面讯问犯罪嫌疑人，在一定程度上增加了办案人员的工作量。诚然，工作成效也是明显的，2012年以来，我省

检察机关刑检线不捕不诉率明显上升，检察机关在案件办理过程中的审查分流作用得到增强。

3. 刑事司法僵化以及对外来人员犯罪不平等处置进一步推高了案件量。刑事司法应宽严有度、宽严审势，但在实际司法活动中，尤其是侦查机关办理刑事案件活动中，往往“严”字当头，过分强调打击犯罪的数量和效率，机械理解法律条文、违法行为构罪就报捕送诉的情况较为普遍。特别是实践中侦查机关习惯以专项行动方式集中打击某类刑事犯罪，对此应区别看待、不宜一概而论。比如涉枪支、弹药、爆炸物、毒品等犯罪行为严重，对群众人身安全和社会稳定威胁极大，以缉枪治爆、百城禁毒专项行动予以集中打击很有必要性，也有助于社会治安的明显好转；但另一方面，经济犯罪原因复杂、情况多样，以开展经济会战专项行动的方式要求在短时期内集中打击，必然在客观上导致办案人员倾向于追求打击数量而忽视案件质量，以至于大量可上可下的案件进入刑事程序，造成案件数量激增，也直接影响打击效果。此外，外来人员犯罪案件多一直是困扰我省司法的痼疾，由于实践中难以确保其到案参与诉讼，以及社区矫正难度相对较大等因素，使得司法机关更倾向于从严掌握各类标准，导致外来人员犯罪与本地人员犯罪相比，明显呈现审前羁押率高、轻刑案件实刑判决率高、缓刑判决率低的特点。

（二）办案人员短缺具有相对性

1. 办案岗位人员结构不合理难以满足办案需要。我国检察院工作人员编制主要以辖区人口和地域面积为核定标准，不合理性显而易见。但客观地讲，这只是造成我省办案人员短缺的因素之一，最主要的还是在于办案岗位人员结构不合理。一是办案岗位人员配备不足。刑检案件占据检察机关案件总量的绝大部分，刑检线办理案件成为检察机关“案多人少”矛盾最为突出、最为典型的环节。但在近年来检察机关内设机构增多、人员调配分散趋紧等背景下，多数检察机关调配人员并未体现向业务部门倾斜的原则，与刑检线办案需求明显不相适应。据统计，如果调配具备办案资格的所有检察官办理刑检案件，全省基层院 2013—2015 年全年人均办案量为 30.1 件，市院为 3.96 件。虽然在实践中不可能调配所有检察官办理刑事检察案件，但这也从侧面佐证，现有人员调配结构不合理是导致“案多人少”尖锐化的关键因素。二是现有人员结构不合理。仅从表面上看，我省刑检线人均办案量并非触目惊心，如 2015 年公诉线人均办案量最高的是余姚市院，计 125 件，但该统计口径是以办案部门全体人员为基数。从调研情况看，基层院刑检线老中青搭配不当，年轻干警居多，有部分系新入职的大学生，尚未取得办案资格，边工作边准备司法考试的现象客观存在，办案数量比较有限；女性同志占比突出，休产假、哺乳假情况较多，客观上减少了办案力量；三级审批制使领导忙于审核案件，既客观压缩了办案人员数量，也人为拉长了办理案件的期限。考虑到上述实际情况，刑检线人均办案数量将明显高于统计数据，部分办案骨干更是远超人均办案量，不堪重负。三是检察官办案角色不凸显。由于缺乏辅助人员配备，实践中检察官既当“医生”又当“护士”，除办理案件外，还承担了如办案信息录入、案卷装订、接待律师等大量辅助性事务，难以将主要精力集中到办案上。

2. 办案人员业务水平难以适应办案需要。办案任务繁重导致办案人员不由自主地陷入办案泥淖，除办案必备业务知识外，疏于了解学习法学前沿及其他专业知识，就案办案、机械办案的思维惯性始终存在。当前我国社会经济处于转型期，危害食品药品安全和破坏环境资源犯罪、侵犯知识产权犯罪、利用通讯网络设备犯罪、金融犯罪、工程建设领域犯罪等各类新型疑难复杂案件不断涌现，需要耗费大量办案时间，办案人员在应对时往往力有不逮。疲于应付办案任务的直接副作用就是，办案说理性差，案件瑕疵在所难免，难以真正做到案结事了，部分案件一直在上诉抗诉程序甚至引发信访，挤占大量司法资源，进一步加剧“案多人少”矛盾。

3. 办案人员职业晋升制度不合理不利于留住办案骨干。司法体制改革前，我国检察人员的管理模式一直沿用单一的行政化管理，没有考虑到司法工作人员特别是办案人员职业特点，影响了人事管理工作的科学化，进而影响了办案质量和办案效率。司法办案工作的专业性、实践性极强，从新入职的年轻干警培养成能独立办理疑难复杂案件的检察人员，往往需要耗费数年时间，因此办案人员需要保持一定的稳定性，以便人尽其才，维持一定的办案力量。但实践中刑事检察条线的领导岗位有限，办案人员因业绩显著、工作突出等往往提拔交流到综合部门担任中层领导而不再从事具体办案工作，或选调到其他党政机关以寻求晋升捷径，造成刑检线人员流动过快，不仅影响司法资源配置的合理性，不能更好体现“术业有专攻”，而且也导致办案骨干培养跟不上人才外流的速度，不利于办案力量的稳定和办案效率的提高。

（三）工作机制尚需健全和完善

1. 案件繁简分流功能较弱。刑事诉讼法规定可按照案件繁简程度适用普通程序和简易程序，全国人大常委会又授权司法机关开展刑事案件速裁程序试点，对简易程序进行再度简化。这无疑有利于缓解案多人少矛盾，但实践中执行并不尽如人意。如简易程序适用比例不够高，部分院执行“相对集中移送审查起诉、相对集中提起公诉、相对集中开庭审理”并不到位，影响了简易程序制度功能的发挥；法院庭审时，检察官必须莅庭又占用了大量时间；在制作审查报告等文书时，部分检察院未按照繁简分流的原则，对部分被告人认罪、事实清楚、证据充分的简单案件未予简化，客观上牵扯了精力。

2. 检察信息化支持不力。借助科技力量可以减轻办案压力，但从实践看，信息化对办案工作的支持力度还明显不够。目前检察机关缺乏采集犯罪大数据的能力，高检院推行的统一业务应用软件，尚处于大数据收集阶段，仅就信息录入而言过于烦琐，不够简洁、实用。从应用层面看，一方面，服务检察司法办案的有效手段并不多，如远程提审系统还未普遍建成，在应用时如何确保有效实现与面对面审讯的同样效果，还有待提升和完善；另一方面，部分科技手段服务司法办案的效用还没有完全显现。如远程视频开庭，是否合理可行仍有争议；远程提审，在同步录音录像的情况下能否对犯罪嫌疑人（被告人）认罪的简单案件简化程序，还没有法律依据。

3. 司法办案协作不顺畅。主要体现在与侦查机关的沟通协作上。一是多数侦查机关移送案件至检察机关时并不提供电子卷宗，增加了检察机关信息录入的工作量，耗费大量人力精力。二是部分侦查人员在查处案件中，可能存在违法行为、程序瑕疵等情况，需要检察人员查证。三是一些办案民警办案能力不足、经验积累不够等，导致退查案件量较大，而对于已经逮捕案件的退查，往往得不到公安人员的有效支持，影响办案效率。

三、“案多人少”怎么干：构建绿色司法体系

党的十八届五中全会提出“创新、协调、绿色、开放、共享”的五大发展理念，对于指导检察工作，推进法治建设意义重大。严防案多人少问题成为司法“雾霾”，就是要遵循司法规律，坚持创新驱动，通过不断创新优化司法资源配置、完善工作机制和借力科技手段，践行绿色司法，最大限度地化解有限的司法资源和日益增长的司法需求之间的矛盾，努力创造良好的法治生态环境，助推我省高水平检察工作顺潮而行、勇立潮头。

（一）倡导绿色司法理念

1. 建议立法机关和最高司法机关慎重评估、设置入罪标准。绿色司法的核心要义之一是理性司法，这就要求对刑罚作用的有限性进行审视，在刑罚适用范围上保持克制，更多地发挥行政处罚、保安处分等刑罚替代措施的重要作用。从立法层面看，我们认为，根据近年来危险驾驶、部分盗窃等违法行为入罪所造成的负面影响和潜在隐患，应当慎重评估该些行为的入罪必要性。其一，这些犯罪往往不具备实质的社会危害性。刑法是治国之重器，我国犯罪认定采“定性加定量”模式，历来较为慎重。但危险驾驶罪等，往往只具有抽象的危险性，只要行为一经实施，就认为具备了法定的社会危险性。“两高”、公安部2013年制定的《关于办理醉酒驾驶机动车刑事案件适用法律若干问题

的意见》也承袭了前述立法理念，明确将血液酒精含量是否达到80毫克/100毫升作为认定醉酒类危险驾驶罪的唯一标准。这显然与我国刑法的定位及社会大众朴素的法认同感相悖。据统计，2015年我省办理的危险驾驶案件，判处缓刑、免刑、相对不诉的被告人占全部受理案件人数的48%，这也佐证了不少危险驾驶行为并不具有实质危害性。其二，这些犯罪的惩防效果并不理想。如危险驾驶行为的入罪，对于预防交通肇事等危害公共安全行为的效用并不明显，2015年因醉酒驾驶导致他人死亡的案件在数量上反而有所增加。此外，上述轻罪行为还导致适用短期自由刑增多，易导致交叉感染，不利于犯罪矫治。其三，治安违法案件轻罪化的必要性不足。加强当事人诉讼权利保护，可以通过设置听证程序予以解决，不必如部分学者主张一定要将违法行为纳入刑事程序才能获得切实保障；对多次盗窃、公共场所扒窃、入户盗窃等行为，可以通过保安处分等方式补充或代替刑罚的适用，充分运用矫正、感化、医疗等方法，实现特殊预防；对危险驾驶行为，可以通过公安机关严格执法充分运用吊销驾驶证等行政处罚手段消除其人身危险性，以最大限度地预防再犯。

2. 建立正确的司法工作评价标准。绿色司法是一门经济学，要求在坚守法律底线的前提下，以最小的司法投入取得更高的司法质效，并最大限度地减少司法负面效应。这从更高站位上确定了刑事司法的定位及范畴。具体看，刑事司法具备精密思维特征，包含着犯罪查处、犯罪过滤、犯罪矫正等诸多层面，远非对犯罪行为的机械反应或一味严惩。因此，不应夸大办案数量在维护社会治安中的效果，也不应将其作为刑事司法工作成效的主要标准，否则易陷入怪圈：一方面，从严打击的思维容易扩大犯罪圈，造成不必要的社会对立面增多；另一方面，由于对预防犯罪关注少，一旦犯罪数量回潮，直接面临“越打越多”的严峻局面。实际上，良好的刑事司法是区分犯罪类型及其社会危害性，重其重者、轻其轻者，尽量为已犯罪者铺就一条“可退却的金桥”，而是不一味强调从严打击，追求办案数量。因此要改变唯数字办案的评价模式，认识到案件数量绝不是评价司法工作的唯一标准，摒弃人为下达办案任务、设定办案增长指标等违背客观规律的做法。防止就案办案，转变思维，把犯罪和治理联系起来，提升犯罪治理能力，用治理而非单纯打击的方式应对犯罪。省院要充分发挥业务指导作用，注重围绕危险驾驶犯罪、盗窃犯罪、互联网金融犯罪、食品药品领域犯罪、环境污染犯罪等当下热点犯罪所反映出的突出问题，由点及面，按照治理与打击并重的思维导向，形成检察工作的原则意见，并积极传导到刑事司法全过程。

3. 严格遵循犯罪认定标准。绿色司法是谦抑型司法，从社会危害性层面对犯罪进行实质认定，是刑罚谦抑性的自然延伸，有助于减少刑事程序的适用和司法资源的投入，从本质上符合绿色司法的要求。在刑罚适用范围积极扩展和推动刑法修法难度加大的背景下，司法实践中严守犯罪实质标准成为当务之急和现实之举。详言之，要严格遵循犯罪认定“定性加定量”标准，不仅行为本身具有刑事违法性，而且行为本身需要具备应当受刑罚惩罚的社会危害性。在部分治安行为犯罪化的背景下，前述认识尤其具备重大价值。具体看，对于醉酒驾驶行为，要严格贯彻执行宽严相济刑事政策，既要依法重点打击醉酒在高速公路、县级以上城市道路驾驶，尤其是严厉打击醉酒驾驶营运客车（含公交车）、危险品运输车、校车、单位员工接送车、中（重）型货车及工程运输车等六类特殊车辆的情形；也要区分对待情形显著轻微危害不大的危险驾驶行为，尽量发挥《刑法》第13条但书的规定，不作为犯罪处理。对于盗窃行为，不仅要严格对照刑法确定的犯罪构成要件，还要综合考虑行为发生的起因、场合、盗窃数额、行为后的认罪悔罪态度等犯罪情节进行认定。对此，省院相关业务部门要加强源头控制案件量研究，对该些犯罪的案件类型、数量、办案质量、惩防效果等方面进行调研分析，在法律、司法解释授权的法定范围内，积极会同省级相关部门就有关问题达成一致意见；注重收集研究典型案例，研究提出建议方案，积极推动中央层面立法或发布司法解释。

4. 追求公平与效率的最大公约数。绿色司法注重效益，要求辩证看待并确立司法公正与司法效率之间的关系。如前所述，司法实践中对外来人员犯罪“一捕了之、一诉了之、一判了之”的做法，虽然从个案看，确实节省了办案资源的投入，但就整体及长远看，负面效应非常明显。审前羁押只是一种刑事强制性措施，但在现实中容易成为案件处理的风向标。实践也充分证实，外来人员犯罪案件中“高羁押率、高起诉率、高实刑率”问题往往一脉相承。因此在今后检察司法环节，要着力探索建立外来人员非羁押性强制措施和非监禁刑的风险评估机制，努力实现刑事诉讼同城待遇，有效防止内外有别的司法处遇。虽然从短期看，上述措施不会改变检察环节的案件数量，因为即使适用非羁押性强制措施或者非监禁刑，案件也依然存在，对具体承办人员来讲，工作量甚至不减反增。但从长远看，只要坚持做好上述工作，势必逐渐影响公安机关的立案和报捕标准，从根本上有利于司法环节的犯罪源头管控，最终可以避免大量能上能下的案件涌入刑事程序，积重难返。

（二）创新司法资源配置

当前政法编制设定标准短期内难以改变。在这一前提下，更需要借力司法改革，科学架构组织机构，合理盘活现有人员资源，真正发挥“改革出战斗力”积极效应。

1. 增加一线业务部门检察人员配备。一是要妥善处理内设机构林立与可调配人员有限之间的紧张关系。认真贯彻执行高检院有关基层院内设机构调整的精神和要求，优化整合职能相近，却不妨碍实现内部监督制约的相关业务部门，引领调配具备办案资格的检察官直接在一线办案，加强办案力量保障。二是妥善处理业务部门之间人员调配关系。在检察一体的语境下，检察官之间的分工并非绝对的，可以依法承继和分担。员额检察官改革后，在遵循回避制及不影响内部监督的前提下，可以调配“忙闲不均”的自侦部门检察官及辅助人员办理刑检案件，这既可以有效缓解案多人少矛盾，也有利于自侦部门的办案人员进一步掌握案件逮捕、起诉的法律和证据标准，提高案件侦查质量。

2. 遴选能办案、会办案、敢担当的检察人员入额办案。究其实质，“案多人少”矛盾是一个如何调配办案资源以实现司法公正、提高司法效率的全局性问题。一是从人员调配看，一线业务部门员额检察官遴选既要重视司法经验、办案实绩，又要注重理论修养和法学功底，尤其要突出能够独立办理新型疑难复杂案件的能力。鼓励入额的领导干部带头办理“繁案”，这既能发挥其业务能力和司法经验方面的优势，同时也缓解领导干部占员额比重相对较高与办理案件数量要求相对较低之间的紧张关系。二是从组织结构看，检察官之间也有优化组合的问题，在当前我省“繁案”较多的严峻形势下，显得尤为迫切。有条件的院可以按照金融犯罪、知识产权犯罪、污染环境犯罪等“繁案”分门别类，相应成立专业化检察官办案组或指定专人办理。有形成类案办理经验及做法的，应当积极推广。三是从分类教育培训看，既要明确员额检察官进行司法研修的高定位，加强高层次专门人员、领军人物培养；也要注重通过条线业务手册汇编、定期岗位练兵、开展学术讲座等方式，帮助检察辅助人员尽快熟悉业务，不断提升专业素养，以更好地辅助员额检察官办理案件。

3. 让员额检察官做检察官的事。为确保检察官长期保持充沛的精力，投入司法办案工作，科学减负势在必行。一是科学设置检察官权力清单，让员额检察官从烦琐的常规性办案工作中突围。通过依法合理放权，使员额检察官成为有职有权、相对独立的办案主体，落实“谁办案谁负责”、“谁决定谁负责”的司法责任制要求，尽量减少审批制对办案效率的影响。二是科学设置检察官助理的职权，使其更好地服务于案件办理工作。比如从目前我省确定的不同条线员额检察官办理的审查逮捕案件、审查起诉案件数量看，简单的提审及莅庭达数百次，大量挤占了员额检察官有限的工作时间。从案件本身看，不少案件事实清晰简单，犯罪嫌疑人也认罪，对于这些案件事项是否可以授权或委托检察官助理执行可进一步思考和探索。三是建立完善司法雇员制度，充分发挥司法雇员在程序性权利事项告知、文书送达、信息录入、基本文案起草、材料整理、案卷归档、信息技术服务等事务性工作中的重要作用，有效地改变检察官之前“既看病又打针”的多重角色，切实做到为检察官减负。

（三）创新办案工作机制

要突出问题导向，用创新补齐现有办案机制“短板”。同时在创新中注意，既要坚持继承性与借鉴性，又要坚持时代性与前瞻性，真正能够指导实践，在实践中不断检验创新的成效，并不断优化完善创新的成果。

1. 优化诉前职能发挥。在刑事程序中，检察环节承上启下，要严格遵循司法规律，进一步规范检察司法行为，不断提升司法质效。一是严格适用逮捕强制措施。探索捕前集中公开听取公安机关、犯罪嫌疑人及其辩护律师以及其他诉讼当事人意见；探索羁押的替代性措施，倒逼公安机关改变“逮捕是诉讼必经程序”的传统执法理念，切实减少进入审查逮捕环节的案件数量，从源头上实现对刑事案件的管控。二是依法适用不起诉。摒弃以不起诉率简单评价办案质量的做法，对于情节轻微、社会危害性不大，不符合法定起诉条件的，克服“畏难怕烦”情绪，依法适用不起诉决定，及时终结刑事程序，特别是要加强对常见、多发犯罪相对不起诉的适用标准的研究和规范，做到全省范围内相同案件相同处理。三是加强侦查引导工作。进一步完善提前介入侦查、引导取证相关制度，明确适用范围、决定程序和法律效力，真正按照以审判为中心的要求不断提高侦查机关取证、固证质量；积极探索对重大疑难复杂案件诉前听取侦查人员、律师及当事人意见制度，确保检察机关全面准确把握审证要点，进一步提审诉前主导能力；通过通报年度批捕案件情况、通报公诉案件质量瑕疵、邀请部分公安干警来侦监、公诉部门开展跟班学习等手段，及时将取证目的、方法、结果传导给公安机关，确保关键证据、核心证据取证规范到位，减少退回补充侦查的案件量；此外，从司法实践看，公安派出所的侦查行为不规范的问题较为突出，可以探索对部分案件高发区域、城市主城区、城乡结合部的公安派出所设立驻所检察室（官），加强侦查引领和常态化监督。四是推行精细化审查模式。坚持效率与质量并重，推行案件表格式审查模板，防止办案审查时对犯罪和事实要素有所遗漏，有效减少质量风险。结合办案实践制定证据审查指引，实现证据审查的精细化。通过讯问犯罪嫌疑人、审查案件材料、受理投诉等方式及时发现违法线索，切实纠正违法行为，确保侦查活动依法进行，有效地遏制案件“带病”进入起诉、审判环节。

2. 强化案件分流功能。适应普通程序、简易程序、速裁程序等多层次诉讼体系需要，实现繁简分流，形成简易程序效率导向、疑难案件精准导向、敏感案件效果导向的刑检办案模式。一是推行案件繁简分流。可以按照犯罪情节轻重、难易程度及认罪态度指定诸如快速审查组、普通审查组及专业审查组办理，切实提高办理案件的效率和质量。二是完善简易程序办案模式。完善简易程序案件“三集中三简化两重点一监督”办案模式，积极应用推行远程视频提讯；积极协调公安机关在移送案件时明确标注是否建议适用简易程序，增进共识，提高效率。三是推广适用刑事速裁试点工作。成立办理刑事速裁案件专案组，建立受案快速分流机制，简化速裁办案审批流程。既要切实保障被告人认罪和适用速裁程序的自愿性，确保庭审为中心及办案质量，也要简化审查报告文书制作和证据摘录，努力提高办案效率。如杭州作为“两高”指定的试点地区之一，在试点工作中积累了丰富经验，尤其是将刑罚条件提高至三年以下有期徒刑，符合当前我省轻刑案件占比高、亟须分流办理的实际情况，可以进一步推广。又如，为进一步提高办理危险驾驶等轻微刑事案件的效率，温州市检察机关试行集中将醉酒驾驶案件交办某基层院的举措，可以借鉴。四是探索推行认罪认罚从宽机制。为进一步确保犯罪嫌疑人认罪认罚，有的基层院探索推广公安、检察、法院阶段平分从宽处罚值的方式，每一阶段各三分之一，确保其认罪认罚的全程性和有效性，这有利于提升司法效率；还可以探索被告人认罪与不认罪案件相区别的出庭支持公诉模式。

（四）创新信息化助力办案

要增强战略眼光和机遇意识，积极适应“互联网+”时代要求，不断增强对现代科技手段的适应性，创造性地强化科技信息技术在办案工作中的运用，努力提高检察工作智能化水平，在更高层次上推动高水平检察工作。

1. 强化“大数据”的实战应用。一是加强数据库建设。按照“一中心五库十平台”的信息化建设基本框架，全面集成涵盖“司法办案信息、检察办公信息、队伍管理信息、检务保障信息、外部数据”的检察机关数据库；积极推进政法信息共享平台的完善与应用，争取与公安、法院以及兄弟省份政法单位的数据库进行连接，实现数据共享。二是强化自侦办案应用。明确自侦部门及诉讼监督部门职责，对于自侦办案工作的各类信息，实行“人人采集、人人录入”；建立自侦个案信息综合分析机制和侦查信息宏观研判机制，借助“浙检云图”方式，为自侦决策提供直观、动态的信息，深化数据分析在自侦办案工作中的应用。三是强化犯罪预防应用。大数据有利于汇总形成各类犯罪发生数量、犯罪主体特征、犯罪的时间、地点分布、被害人群体等有效信息，对有针对性开展预防矫正工作有着基础性意义。目前我省部分地区已有相关探索，积累了不少经验做法，下一步应当全面推行刑事案件情况年度分析报告制度和职务犯罪情况年度分析报告制度，分析发案概貌及需要引起关注的重点问题，服务党委决策。

另外，有的基层院尝试将“大数据”分析管理模式引入办公办案 OA 系统，通过依托先进的计算机技术、网络设备、通讯功能，建立一个全方位、立体的、安全可靠的统一业务应用数据分析系统，实现对本院统一业务系统案件数据的查询、统计、分析、办案辅助、案件监督，以及办案内部预警和检务公开、对办案不规范情况进行智能化分析、提示等功能，提高信息技术服务办案的品质，提升检察机关办案质效。

2. 积极推进“三远一网”建设。积极争取财政支持，在全省范围内逐步推进“远程视频提审、远程视频开庭、远程文书送达”，形成全省互联互通视频办案网络的“三远一网”建设；探索建立远程视频公诉出庭指挥系统，健全完善音像传输、数据通信、庭审监控、远程指挥等功能，确保案件办理质量，切实提高办案效率。杭州市萧山区、东阳市、永康市等院的做法较为成熟，值得借鉴推广。

3. 探索在办案工作区引入语音识别系统。远程提审可能面临审讯效果不佳问题，既要讯问又要记录容易导致审讯人员“手忙脚乱”是重要因素。语音识别系统能够减少审讯人员录入文字的负担，可以作为对远程视频提审的补充和支持。不仅有效实现将承办人在讯（询）问犯罪嫌疑人、证人、被害人过程中的“语言交流”向“文字文档”的同步转换，大大节约办案时间，而且能够增强办案干警讯问犯罪嫌疑人时的思维流畅性和现场威慑性，从而提升讯问质量，提高办案效率。

4. 提升电子卷宗共享运用水平。一是推进公检法三家刑事诉讼电子卷宗互联互通。鉴于目前检察办案人员耗费在摘录案件资料时间较多，影响工作效率的情况，要加强与公安机关的协商（或建议省政法委牵头），使侦查机关在移送案件时，附案移送案件材料的电子版，不仅方便检察、审判人员复制、摘抄案件事实和证据材料，大大地提高司法办案效率，也有利于避免手写文字不易识别容易出错等问题，更好地助推司法公正。二是引入法律文书智能制作系统，将办案人员从烦琐的文书制作中解放出来，目前我省有的基层院已经应用。该系统支持与检察业务统一软件进行无缝衔接，包括“检察文书智能校对”和“检察文书公开辅助”两大项功能，能够将办案人员从简单文字加工、专业含量较低、文字错误易发的编写、排版、校对工作中解放出来，有利于实现法律文书制作的规范化和信息化，提升了办案人员的工作质效，值得借鉴推广。

关于践行绿色司法的再思考*

汪　瀚**

2016年，浙江省人民检察院积极响应中央、省委的新部署、新要求，深刻领悟治国理政新理念新思想新战略，将五大发展理念特别是绿色发展理念寓于检察工作之中，要求全省检察机关树立和践行绿色司法理念。一年来，全省检察机关以勇立潮头的姿态积极转变观念，勇于实践探索，通过践行绿色司法有力助推了全省检察工作高水平发展。当下，浙江省委发出号召，要全面贯彻落实习近平总书记提出的“干在实处，走在前列，勇立潮头”的要求，努力建设好浙江的今天，为中国的明天提供更多的浙江元素、浙江探索、浙江实践，并提出了打造平安中国示范区的新目标，这为我们探索实践绿色司法提供了更大的空间。如何总结经验，补齐短板，在新形势下进一步践行绿色司法，贯彻落实好省委的决策部署是关系全省检察工作发展方向和发展水平的重要问题。

一、在对治国理政理念的深刻领悟中践行绿色司法

（一）将绿色发展的本质特征作为绿色司法的核心内涵

党的十八大以来，以习近平同志为核心的党中央着眼当代中国由大向强发展的时代目标，锐意进取，励精图治，形成了一系列治国理政新理念新思想新战略，其中“创新、协调、绿色、开放、共享”五大发展新理念是管全局、管根本、管方向、管长远的，彰显了历史担当，蕴含了治理智慧。这些发展理念对于指导司法工作、推进法治建设意义重大而深远。绿色司法理念正是源于五大发展理念特别是以绿色发展理念指引检察工作，将绿色发展置于司法语境下衍生的新型司法理念。践行绿色司法是在对司法实践洞察和反思的基础上，贯彻落实新形势下党中央治国理政新理念新思想新战略的内在要求，是从浙江所处历史新方位实现检察工作高水平发展的必然选择。追根溯源，有助于我们

---

* 发表于《浙江检察》2017年第4期。

** 浙江省人民检察院党组书记、检察长。

更加准确地理解绿色司法的内涵。

自省检察院确立倡导绿色司法以来，全省检察机关纷纷积极响应，以理论研讨会等多种方式迅速掀起研究学习绿色司法理念的热潮。通过全省检察机关的共同努力，绿色司法的理论内涵得到丰富深化。但由于绿色司法理念提出时间不长，在对绿色司法内涵的理解把握上尚存在一些问题：有的对绿色司法内涵的理解流于形式，缺乏理性的思考与分析；有的对绿色司法内涵的理解过于局限，认为绿色司法等同于环保检察；有的对绿色司法内涵的理解有泛化倾向，认为绿色司法无所不包、无所不能。之所以出现上述认识上的误区，究其原因，关键在于没有深刻认识到绿色司法源于绿色发展，脱离绿色发展理念谈绿色司法是无源之水，无本之木。因此，对绿色司法的理解必须紧密联系绿色发展。绿色发展内涵丰富，蕴含合规律、高效、和谐、人本、清洁等特征，绿色司法亦理应将上述特征作为核心内涵，并自觉将其融入到检察机关司法理念、办案方式、办案效果、管理方式、队伍建设等所有要素之中。我认为，可以从三个维度深化对绿色司法的理解：首先，绿色司法具有创新性。绿色司法有自身的时代和实际背景，有独特的理论和实践价值，不能把绿色司法和谦抑司法、能动司法、柔性司法、恢复性司法简单地混为一谈，要认识到绿色司法和上述概念既有联系，又有区别，在比较分析中准确定位绿色司法，精确把握其内涵。其次，绿色司法具有实践性。绿色司法不能仅仅停留在理念上、口头上，不仅要意识到绿色司法的重要性，更要在实际工作中践行好绿色司法。同时，绿色司法服务于实践又来源于实践，它是一个动态发展的理论体系，它的内涵必然会随着实践的发展而不断修正、丰富。最后，绿色司法具有系统性。长期以来，我国司法的“粗放化”特征较为明显，绿色司法作为一种全新的司法理念要贯彻到司法实践中就必然要破除一些机制、体制性障碍。因此，践行绿色司法必须要按照绿色司法的要求，形成一整套绿色司法的长效机制和制度体系。

（二）将“谦抑、审慎、善意”作为践行绿色司法的具体指引

准确理解绿色司法的内涵是积极践行绿色司法的基础，但如何将绿色司法的内涵转化为指引检察工作的具体标准则更具有现实意义。孟建柱书记今年1月在中央政法工作会议上提出“谦抑、审慎、善意”的理念，我认为绿色司法与之一脉相承，应该作为全省检察机关践行绿色司法的具体指引。谦抑是指对于能够通过民事、行政等法律手段或者其他手段解决的案件，就不必须进入刑事程序，最大限度地降低刑法的“负作用”；审慎是指在办理案件的过程中要严格罪与非罪、重罪与轻罪的界限，慎重适用强制措施；善意是指司法办案中要有人文情怀和司法良知，在严格依法办案的同时也要对犯罪嫌疑人、被告

人、被害人等的合法权益给予充分保障，让司法既有力度又有温度。

绿色司法与“谦抑、审慎、善意”高度契合，实际上全省检察机关践行绿色司法的许多做法已经彰显了上述理念。比如，去年全省检察机关共受理公安机关提请逮捕69292人，同比下降9.1%；受理公安机关移送审查起诉137122人，同比下降1.2%，从源头上控制、降低了轻微刑事案件的入罪入刑。同时轻微刑事案件的审前羁押率、起诉率大幅下降，对不采取逮捕措施不致带来社会危险性的非重刑犯罪嫌疑人，作出不逮捕决定8954人，同比绝对人数增加1600人，不捕率达22.3%；对犯罪情节轻微可以依法从轻处理的犯罪嫌疑人，作出不起诉决定9935人，同比绝对人数增加2971人，不诉率为8.6%，不捕、不诉率创历史新高。此外，衡量逮捕案件质量的反向指标均大幅下降，一是捕后不起诉数大幅下降，捕后不诉310人，同比下降35.8%；二是捕后判轻刑数大幅下降，捕后判拘役、管制、单处附加刑、免于刑事处罚等轻刑3719人，同比下降51.3%；三是捕后判缓刑数大幅下降，捕后判决缓刑2322人，同比下降24.4%。但需要指出的是，一味从严或者一味从宽都是背离“谦抑、审慎、善意”精神的，都是与绿色司法要求背道而驰的。司法办案必须以事实为依据，以法律为准绳，要把握好司法政策的尺度，处理好罪与罚、宽与严、打击与保护的关系，防止在法律原则问题上打折扣。

二、在对司法公正的不懈追求中践行绿色司法

（一）践行绿色司法要以人民为中心

绿色司法不是抽象、空泛的概念，践行绿色司法首先应明确绿色司法是为了什么。为了什么的问题是一个根本问题、原则问题。习近平总书记曾经一针见血地指出：“人心是最大的政治”，明确把“为人民服务”摆在执政理念的首要位置，这表明为民是我们党治国理政的核心价值理念。作为党领导下的司法工作也概莫能外，践行绿色司法，具体动因有很多，但一言以蔽之，就是要为人民服务，唯有牢牢把握住这一点，我们的思想和行动才不会出现偏差。去年以来，全省检察机关以人民群众的获得感为导向，在检察工作中积极践行绿色司法。比如，全省各级检察机关将立足非公企业实际需求，服务非公经济发展作为践行绿色司法的重要载体，取得了积极成效。依法打击侵害非公企业犯罪活动，重点打击合同诈骗、职务侵占、破坏生产经营、侵犯知识产权等侵犯非公企业合法财产和破坏公平竞争秩序犯罪，以及行政管理中对非公企业吃拿卡要，失职、渎职等犯罪，共批捕相关犯罪3640人，起诉10317人，立案查处368人，为非公经济健康发展营造了良好的法治环境，提供了有力的司法保障，大大提升了非公企业在司法办案中的获得感，提升了检察机关的公信力。

因此，践行绿色司法必须自觉以人民为中心，将人民的愿望作为绿色司法的行动指南，把增强人民群众对司法工作的能见度、感受度和获得感作为绿色司法的出发点和落脚点，使司法为民理念在司法中落地生根。

（二）践行绿色司法要以司法公正为最高价值追求

人民群众在不同的时期、不同的形势，对司法工作的要求虽然会有所差异，但有一点是不变的，那就是人民群众对司法公正的期待。公正是司法的灵魂和生命，应是司法机关永恒不变的追求，“努力让人民群众在每一起司法案件中都感受到公平正义”，增强人民群众司法获得感是司法机关永恒的工作主题，因此，践行绿色司法要以司法公正为最高价值追求。思路决定出路，想法决定做法，司法理念的更新对于司法公正至关重要。一方面，践行绿色司法就是要在绿色司法理念的指引下，以“勇士断腕”的精神和“铁一般的担当”切实解决损害司法公正的体制机制问题，以完善的制度建设保障司法公正；另一方面，践行绿色司法还要在每一起具体案件中、在每一个办案环节中得以体现，坚守公平正义底线，坚持法律面前人人平等、证据裁判、尊重和保障人权、实体公正与程序公正并重等原则，使司法工作既实体公正又程序规范，杜绝冤假错案。同时，要尽量对因犯罪而受损的社会关系予以修复，最大限度地减少司法办案给社会带来的“毒副”作用，让司法过程充满温情。我省检察机关在这一方面也进行了不少有益探索，如某基层院在办理该县香榧龙头企业负责人邓某伙同林业局相关工作人员共同贪污案中，为避免该企业因法人代表犯罪而破产倒闭，通过举行公开听证活动的方式对犯罪嫌疑人邓某变更强制措施为取保候审，在办案中最大限度地减少司法的负面产出，并通过专项预防强化涉企经营风险源头控制，促进企业生产经营正常运行，得到该县党委、政府领导的充分肯定。但需要注意的是，绿色司法为防止和解决过分打击、机械执法、一味从严等司法“过力”问题，力求最大限度地减少司法办案的负面产出，但这不能以损害正义为代价，绿色司法不等同于对犯罪嫌疑人不逮捕、不起诉，审查逮捕、审查起诉工作应当严格依据法律和事实进行，不能以绿色司法为借口对案件作降格处理，损害公平正义。

三、在更宽视野更高层面上践行绿色司法

（一）从检察工作全局的高度来精准审视和定位绿色司法

一年来，全省各级检察院认真贯彻落实省检察院的决策部署，探索将绿色司法落实在检察工作的各个方面和司法办案的全过程的有效路径。据统计，全省检察机关共召开绿色司法研讨会 80 余次，出台绿色司法相关规范性文件

230余件，评选绿色司法优秀案例136件，省检察院组织绿色司法媒体专访9次，其他报道1200余次。上述这些数字表明绿色司法是理论问题，更是实践问题，借助绿色司法，我们找到了在特定时期推动全省检察工作转变观念、转型发展的重要抓手。但同时也要看到，在践行绿色司法中有的工作缺乏系统、全面谋划；有的工作浮于表面，流于形式，对于深层次和实质性问题鲜有触及，这些都是影响绿色司法成效的关键问题，必须下大力予以解决。绿色司法的提出虽然是基于对粗放式司法的质疑以及对破解“案多人少”的思考，但绿色司法并不局限于一时、一域，而是全局的、长远的。在双重改革叠加的新形势下，全省检察机关必须要拿出弄潮儿的勇气，强化责任担当，积极主动应对新的挑战和机遇，上下联动，持续发力，让绿色司法理念与以人民为中心的理念紧密融合，最终落实到司法为民的效果上，让人民群众在具体的检察工作中真正感受到更多的获得感和幸福感。

（二）突破检察工作局限来定位绿色司法

绿色司法虽然是由我们首先倡导并付诸于实践的，但它的丰富内涵对于司法工作是具有普适性的。检察工作只是司法工作中的一个环节，绿色司法仅靠检察机关难以达到最优化效果，还必须与兄弟政法机关通力合作，放大绿色司法涟漪效应，构筑“浙江大绿色司法”格局。因此，检察机关不仅要有“独善其身”的自觉，更要有“兼济天下”的担当，通过不断的自我实践和多种形式的沟通使兄弟政法机关看到绿色司法展示的魅力，增强社会各界对绿色司法的认同感，使绿色司法成为我省政法机关的共同追求，合力打造司法工作绿色发展的浙江范本。

上　编

绿色司法理念的内涵

胡志坚　赖薇薇*

绿色司法正是由浙江省检察院汪瀚检察长在党中央提出“十三五”时期以“五大发展理念”引领全面建成小康社会这一总体战略目标，特别是绿色发展理念的时代背景下，结合司法现状，为破解有限的司法资源与人民群众日益增长的多元化司法需求之间的矛盾，优化司法资源配置，营造良好的司法环境，重构内外和谐的司法关系，通过突出规范、理性、文明办案，实现办案动机、方式、效果的统一，从而切实维护司法公平公正形象，提升司法公信力，促进法治生态文明健康发展而率先提出的一种新型的司法理念。① 绿色司法作为契合新时期法治发展需求的新型司法理念，具有深厚的法理渊源和科学内涵。“规范、理性、文明”是绿色司法的三个基本要素，揭示了绿色司法理念的基本要求、思想基础和终极追求。

一、规范司法是绿色司法理念的基本要求

（一）规范司法是法治的本义

法治本质上是规则之治。唯有严格依照法律规定的职权和程序规范司法，才能在具体的司法活动中体现蕴含于法律条文中的人民意志和价值追求，从而在立法、司法、行政等国家基本权力划分的政治制度和框架下实现规则之治。在这个意义上，司法实际上是司法机关守法的问题。在刑事司法实践中，刑法对于司法权是一种实体性限制，而刑事诉讼法对于司法权则是一种程序性限制。刑事法治中的司法权，同时受到实体与程序的双重限制。这表明，司法权在刑事诉讼活动中，只有按照一定的司法程序才能得以行使。

同时，经由科学的立法活动所制定的，并在其后不断加以修改、补充和完

---

* 浙江省宁波市江北区人民检察院。

① 参见汪瀚：《践行绿色司法 推进检察工作高水平发展》，载《检察日报》2016 年 9 月 12 日。

善的法律条文集中体现了人类的智慧，是人类法治思想的结晶。严格依照法律规定的职权和程序规范司法本身就有助于实现实体公正。因此，规范司法既是社会主义法治对司法活动的底线要求，是实现司法公正的前提条件，同时也是司法人员的职责使命所在。绿色司法理念要求把司法办案工作纳入规范化的轨道，强化规则意识，确保办案符合法定程序，实现实体公正和程序公正的有机统一，提高司法公信力。

（二）规范司法不等于机械执法

在司法实践中，必须遵循以事实为根据、以法律为准绳的基本原则，但这并不意味着司法机械主义。司法机械主义在司法实践中往往表现为“唯法律论”，把法律规范作为司法工作的唯一考量因素，在法律的范围内就事论事，就案办案。这样做，看似严格执法，而实际上是机械执法。法律作为规范，其内容是抽象的、概括的、定型的，制定出来之后有一定的稳定性。法律不能频繁变动，更不能朝令夕改，否则就会丧失其权威性和确定性。然而，司法要处理的现实社会生活又是具体的、易变的、形形色色的。由于我国幅员辽阔、人口众多、各地区各民族经济社会发展不均衡、文化差异较大，以及我国正处在改革开放的社会转型期，经济、政治、文化、社会生活日新月异，新情况新问题层出不穷，立法时无法预测和涵盖全部可能发生的事实。因此，司法实践中既不能不顾各地的不同情况而“一刀切”，也不能不考虑变化了的和变化着的社会情势。也许有人担心，考虑社情国情会不会影响法制的统一性。其实不会，因为所谓法制的统一是指统一在社会主义法治的核心价值体系和法律的基本原则上，这样的统一性与因地制宜、因时度势、充分考虑法律适用的具体时间、空间、条件不矛盾，而恰恰是有机的、多样性的统一。把讲国法制度与讲社情民意结合起来，目的是实现法律之内的正义与法律之外的正义的有机统一，实现法律效果与社会效果的最佳统一。①

同时，就现代司法理念的发展趋势而言，司法亦有必要从传统单纯的演绎性推论走向目的性推论。后现代主义法学的代表性理论家棚濑孝雄曾经指出：“为了贯彻法治主义的原则，必须超越法的规定。具体地说，司法有必要越出严格适用法律的框架，根据法律中体现的根本性政策目的或通过宪法部分地实定化了的基本理念，对行政权力是否真正做到了恰当的行使进行实质性的审查。……把法律和政策中内在的价值抽出来，以这些价值作为基准批评既成的

① 参见张文显：《司法理念与司法改革》，法律出版社 2011 年版，第 161 ~ 163 页。

规则和创造新的规则，并使它们适合于不断变动的社会环境。”① 司法权威是司法的外在强制力与内在说服力达到了高度一致而被同化为社会的内心信念的产物。一个被社会信仰的司法才是真正公正的司法。“现代的司法及其新的理念要想真正为社会所接受，除了对司法即等于法律适用的模式进行批判外，还必须提示能够保证司法继续发挥其控制自身功能的代替性司法观。”②

二、理性司法是绿色司法理念的思想基础

司法理性的目标是改造现存法世界，实现法价值。法律是立法者在相互冲突的各种利益之间做出的选择，司法人员不应忽视法律背后所存在的利益冲突，而必须弄清楚立法者通过法律条文所试图优先保护的利益；否则，就可能做出不理性的司法裁决。理性司法作为绿色司法理念的思想基础和精神实质，蕴含着程序理性和理性的司法效率观、理性的司法效果观，是司法现代化的重要标尺。

（一）程序

1. 程序理性是实现实体理性的路径。程序的价值不仅是司法公正的有机内容，也是实现实体公正的重要保证，因为严格的程序可以有效地限制司法人员的恣意和擅断，从而排除通向实体正义的最大障碍。程序理性主要可归结为手段和程序的可计算性，是关于不同事实之间因果关系的事实性判断，属客观理性范畴。实体理性关涉目的和后果的价值，是关于不同价值之间次序关系的价值性判断，属主观理性范畴。对程序理性与实体理性相互冲突时的不同选择，凸显了法治的价值。

在司法实践中，当程序理性与实体理性发生冲突时，为了真正实现程序法的独立价值，关注程序对被告人合法权益的保障，通过司法实现社会正义，应当改变程序相对于实体从属地位的传统司法观，而坚守程序理性优于实体理性的理念。这是因为，一方面，实体权利必须经由一定的法律程序加以确认后才能最终得以实现。没有程序就没有权利。日本学者谷口安平指出：“无法为所主张的权利举证，该权利实际上就会变得毫无意义。”③ 另一方面，更为重要

---

① ［日］棚濑孝雄：《纠纷的解决与审判制度》，王亚新译，中国政法大学出版社2004年版，第252页。

② ［日］棚濑孝雄：《纠纷的解决与审判制度》，王亚新译，中国政法大学出版社2004年版，第254页。

③ ［日］谷口安平：《程序的正义与诉讼》，王亚新、刘荣军译，中国政法大学出版社1996年版，第82页。

的是，法律规范以及司法判决的正当性和约束力事实上均有赖于建立在一个合理的法律话语交涉系统基础上的程序制度。“判决既不是简单的强制性判定，也不是纯粹根据逻辑从法律推导出的具体结论，它的正当性和约束力的基础是交涉性的合意。”① “法律的正当性取决于一个合理的法律话语系统的制度性建构。”② 由于只有在程序理性的前提下，法律话语交涉系统即程序制度才能够发挥作用，司法判决才是在一个“讲道理”的法律程序中自然得出的正当合理的结论，从而增强司法判决的社会认同度，提升司法公信力，树立司法权威。因此，程序理性虽非达至实体理性的独立根源，但程序理性确是实现实体理性的唯一路径。

2. 司法应当践行程序优先的理念。理性不仅意味着手段的功利性选择，而且意味着目标的价值性选择。强调程序理性的优先地位在根本上还是为了实体理性。两者其实是一致的，没有程序理性，就没有实体理性。法律本身就是程序理性和实体理性的统一，而且是以程序理性保证实体理性的制度。一旦离开了程序理性，法律话语交涉系统的基础便不复存在，又何谈实体理性？

司法对程序的重视程度，标志着一个国家法治的文明程度。“正是程序决定了法治与恣意的人治之间的基本区别。”③ 法治至少包含两方面相辅相成的内容：一方面是理性化的法律，另一方面是能够采取合理性行动的法律职业者集团。针对目前司法实践中重实体轻程序、重打击轻保护、重言词证据轻其他证据、刑讯逼供突破口供等忽视甚至违反法律程序的执法现状，在司法实践中应当牢固树立程序对于实体优先的理念。第一，实体问题的处理必须在程序的框架内进行，无程序便无实体之处理。第二，程序是法的内在生命，只有程序

---

① ［日］棚濑孝雄：《纠纷的解决与审判制度》，王亚新译，中国政法大学出版社2004年版，代译序第4页。

② 葛洪义：《法与实践理性》，中国政法大学出版社2002年版，第244页。作者指出“一个合理的法律话语系统的制度性建构，它包括两个方面：第一，法律话语系统必须是理性的，而法律实践中的理性是实践理性，是以语言为媒介的交往理性。主体之间能否达到真正的沟通，进而形成共识，需要一个理性的语言交流程序。……除非我们能够建构一个合理的话语表达与交流的程序，否则，任何实体合理性都不可能建立在理性交流的基础上，从而无法保证实体合理性；第二，合理的法律话语系统需要一个制度来保证。……法律话语系统则必须建立在一个法律的程序制度基础上，因为法律话语交流要追求一定的行为及其结果。为了结果的正当性，必须存在一个保证结果正当性的对话程序。……所以，在法律上，程序合理性总是优先于实质合理性。”同著第244～245页。

③ ［德］尤尔根·哈贝马斯、米夏埃尔·哈勒：《作为未来的过去——与著名哲学家哈贝马斯对话》，章国锋译，浙江人民出版社2001年版，第313页。

理性才能最大限度地保证实体正义，从而实现法律的公正价值。第三，违反程序必将导致实体（无论是否正义）无效的法律后果。例如刑讯逼供所获得的证据无效，未经庭审质证的证据无效，违反程序的判决无效，且不得再作不利于被告人的裁决，等等。唯此，才能真正实现程序的独立价值。

（二）效率

1. 效率价值是诉讼过程的经济合理性与诉讼结果的合目的性的统一。司法效率问题涉及两个维度：一是对诉讼成本的有效控制，二是及时有效地化解纠纷。在价值维度上，效率蕴含着诉讼过程的经济合理性与诉讼结果的合目的性这两项基本的价值规定性。诉讼过程的经济合理性要求人们在诉讼过程中寻求最佳的方式以科学合理地利用诉讼资源。诉讼结果的合目的性要求诉讼结果的实现必须符合公正、秩序和自由的价值目标。因此，效率的价值实质是力求以最少的人力、物力和财力，在最短的时间内最大限度地满足人们对正义、自由和秩序的需求，以最终实现诉讼手段与诉讼目的之间的协调和统一问题。在对司法效率内涵的理解与把握上，我们一方面应避免在诉讼过程中只追求办案速度而不惜成本的非经济主义倾向，另一方面应避免在诉讼结果中重惩罚轻保护的片面主义效率观。

2. 效率的价值规定性蕴含着公正结果的目的性评价。公正与效率是司法工作的永恒主题，但二者并非互相外在的两种价值范畴，而是相互联系、互相包容的。“没有公正的效率是缺乏灵魂的躯体，而没有效率的公正是缺乏躯体的灵魂。”① 一方面，效率价值的规定性中实际上蕴含着对公正、秩序和自由价值的追求，蕴含着公正结果的目的性评价。正如庞德在阐释正义的内涵时将其定义为一种效率机制那样，“我们以为正义并不意味着个人的德行，它也并不意味着人们之间的理想关系。我们以为它意味着一种制度。我们以为它意味着那样一种关系的调整和行为的安排，它能使生活和满足人类对享有某些东西和做某些事情的各种要求的手段，能在最少阻碍和浪费的条件下尽可能多地给予满足。”② 另一方面，公正的价值也需要借助效率来评价和实现，效率是评价公正的一种尺度，是实现公正的有效途径。法谚“迟来的正义非正义”就是强调效率对实现正义的重要意义。“当代社会中法律正义或公正内涵的确定，也需要借助于资源使用与配置的效益评价。某些行为的正义或公正性，甚

① 张文显：《司法文明的里程碑——2012 刑事诉讼法的文明价值》，载《法制与社会发展》2013 年第 2 期。

② ［美］罗·庞德：《通过法律的社会控制法律的任务》，沈宗灵、董世忠译，商务印书馆 1984 年版，第 35 页。

至直接可以用效益作为度量。”① 在确保公正的基础上提高司法效率，是理性司法的必然要求。

司法实践中，在效率维度上，仅追求办案的速度而不惜办案的成本，只注重诉讼结果而忽视诉讼过程的经济合理性，以及仅片面追求惩罚犯罪的效率而将效率与人权保障对立起来等片面的效率观还不同程度地存在，特别是在目前司法面临案多人少突出矛盾的情况下，我们更应当摒弃将效率与公正二者割裂开来甚至截然对立起来的偏狭理念，合理配置有限的司法资源，用好用足刑事诉讼法规定的口头传唤制度、简易程序制度等一切有利于提高司法效率的措施，切实提高司法效率。2012 年刑事诉讼法从实际出发适当延长了特殊案件传唤、拘传时间以及案件审理期限等，但绝不意味着可以降低司法效率，可以拖到法定的最后期限才结案，而必须在保证司法公正的前提下，最大限度地提高司法效率，努力实现公正和效率的有机统一。

3. 效率价值体现了绿色发展理念所蕴含的资源节约原则。绿色司法理念主要是针对当前司法资源稀缺的现状，为有效解决有限的司法资源和人民群众日益增长的司法需求之间矛盾的背景下提出的。法律效率作为一种价值需求，是由法律与社会的供求关系决定的。马克思认为：“法律应以社会为基础，提出法律应是社会需求的产物。”② 绿色司法理念的提出顺应了社会的现实需求，集中体现了党中央提出的绿色发展理念所蕴含的资源节约原则，发挥着优化司法资源配置的巨大功效。同时，高效司法的理念亦与法律经济学理论相契合。“法律经济学理论的核心在于，所有法律活动，包括一切立法和司法以及整个法律制度事实上是在发挥着分配稀缺资源的作用，因此，所有法律活动都要以资源的有效配置和利用——即社会效益的极大化为目的，所有的法律活动都可以用经济的方法来分析和指导。”③ 正是在这种理念的指引下，面对诉讼成本高昂，案件积压严重，司法活动拖延的共同难题，自 20 世纪 70 年代开始，通过科学配置有限的司法资源和合理地设计诉讼程序等途径，以彰显和突出诉讼效率为价值主导的司法改革趋势正在各国蔓延开来。高效司法的理念具有坚实的现实基础。

（三）效果

1. 法律效果与社会效果的统一。法律效果和社会效果从根本上来说是统

① 顾培东：《效益：当代法律的一个基本价值目标——兼评西方法律经济学》，载《中国法学》1992 年第 3 期。

② 转引自孙林：《法律经济学》，中国政法大学出版社 1993 年版，第 62 页。

③ 李文健：《刑事诉讼效率论》，中国政法大学出版社 1999 年版，第 46 页。

一的，法律效果是社会效果的基础，社会效果是法律效果的延伸和强化。通过理性司法实现良好的社会效果，既是公正司法的题中应有之义，也是“绿色司法”理念的基本内容。司法既应有良好的法律效果，同时也应有完美的社会效果。衡量司法办案质量好坏的重要标准，就是看在办案中能否从党和国家大局出发始终坚持法律效果与社会效果的统一。注重办案的法律效果和社会效果的统一，不仅是一个司法技巧问题，更是一个涉及司法理念以及影响司法公正的重要问题。并且，两个效果的统一本身是两点论的，是对法律效果与社会效果的统筹兼顾，而不是各执一端。法律效果不是机械地适用法律。社会效果亦不是随意制作和废除规则。正确处理法律效果和社会效果的关系，既要恪守司法的公正性，又要增强服务大局的意识，在法律允许的范围内充分发挥司法的能动作用；既要维护当事人的合法权益，又要善于引导当事人正当合法地行使权利；既要保证个案处理的公正性，又要注意司法裁决的导向性；既要严格执行法律，维护法律的尊严和统一，又要追求社会效益的最大化。在司法活动中要始终坚持确保法律效果和社会效果的统一，将法律推理与法律价值结合起来，将法律条文的准确适用与司法目的的实现结合起来，将法治意识和大局意识结合起来，将法制的原则性与灵活性结合起来，正确处理好司法与改革、发展、稳定的关系，以最大限度地发挥司法的功效。

2. 法律效果与社会效果的统一具有深厚的法理渊源。当前，为适应社会现实需求，在司法实践中将社会价值、社会利益或者社会效果作为解释和适用法律的重要标尺，通过法律运用在实现法律效果的同时努力促成社会效果的最大化，不但已成为各国司法改革实践孜孜以求的目标，而且在法理上亦为众多中外学者所提倡和认同。日本学者棚濑孝雄认为：“法律适用的理念主要是由法秩序的维持这一公共利益的逻辑来支持的。”① 英国学者彼得·斯坦和约翰·香德指出：“法律中所存在着的价值，并不仅限于秩序、公平和个人自由这三种。许多法律规范首先是以实用性，以获得最大效益为基础的。”② 拉德布鲁赫认为：“法的确定性绝不是法应当实现的唯一价值，也不是决定性的价值。与法的确定性并存，还有另外两种价值，即功效和正义。在这些法的价值

① ［日］棚濑孝雄：《纠纷的解决与审判制度》，王亚新译，中国政法大学出版社 2004 年版，第 250 页。

② ［英］彼得·斯坦、约翰·香德：《西方社会的法律价值》，王献平译，中国人民公安大学出版社 1989 年版，第 2～3 页。

序列中，应把有关公共福利的法的功效放在一个极端的位置上。”① 印度学者阿马蒂亚·森在《后果评价与实践理性》一书中提及：“在权利与自由的领域中，把程序上的考量整合在后果分析之中的必要性是特别重要的。”② 甚至不同思想流派的学者在此问题上亦存在共识：“西方思想史中的正义论与功利主义，一般是着重点不同，并不是截然对立的。强调正义并不一定否认或排斥利益，甚至可以将正义解释为某种利益。”③ 我国学者认为：“以理性主义为基础的法律效益化，是现代法制与传统法制的重大区别之一。这是因为，法律的效益状况反映了法律权威性程度。它是通过法律实施后的社会效果来确证法律自身的价值，法律的高效化是法治社会的必然表现，而法律的低效化则表明人治主义居于主导地位，法律的权威性未能得到社会成员的高度认同，社会成员及其组织没有形成对法律的信赖感，因而也就不能自觉地以法律来规范自己的行为。”④

3. 法律效果与社会效果的统一具有坚实的现实根基。绿色司法理念倡导和践行法律效果与社会效果统一的思想，与目前我国司法实践中现实存在的两种极端做法直接相关。一是“法律教条主义”或“唯法律论”，表现为将维护法律的确定性、稳定性和统一性教条化，僵化刻板地理解和适用法律，在法律的范围内就事论事，就案办案，只讲法律效果而不讲社会效果，奉行单一的办案价值观。二是“法律工具主义”或“法律虚无主义”，表现为片面地强调法律适应社会变化的需求，而无视法律规定的基本要求，使司法沦为仅仅服从如本地区本部门的利益等某些政治需求的“婢女”，以讲政治作为破坏司法的挡箭牌，从而丧失司法的自主性和应有品格。

法律效果与社会效果统一思想的提出，亦与我国目前正处于经济高速增长、政府职能快速转变、社会需要协调发展的历史转型期，城建拆迁、环境污染、资源利用、社会保障等领域矛盾相对突出，社会需求日益多元化，社会对法治提出更高要求的特殊社会现实有关。在这样的历史背景下，为适应社会需求，司法责无旁贷地担负着化解社会矛盾和纠纷、维护社会稳定的重任。于是，在司法实践中将法律效果与社会效果有机地结合起来，强调法律适用中的

---

① 转引自吕世伦主编：《现代西方法学流派》（下卷），中国大百科全书出版社2000年版，第965页。

② ［印］阿马蒂亚·森：《后果评价与实践理性》，应奇译，东方出版社2006年版，第286页。

③ 沈宗灵：《法·正义·利益》，载《中外法学》1993年第5期。

④ 公丕祥：《法律效益的概念分析》，载《南京社会科学》1993年第2期。

社会价值考量，就具有特殊的意义，并成为我国当代司法的显著标志。

三、文明司法是绿色司法理念的终极追求

文明司法作为法治文明的基本标志和政治文明、社会文明的表征及载体，指与市场经济、民主政治、理性文化、正义生态等社会整体文明程度相适应的，司法发展到较高阶段的，与野蛮、愚昧司法相对的司法进步状态。能动司法是实现文明司法的有效途径，和谐司法是文明司法的价值基础，科学司法是文明司法的有力保障。

（一）能动司法是实现文明司法的有效途径

社会是一个有机联系的整体，司法作为这个整体不可或缺的肢体，一方面，必然与政治、经济、社会、文化等所构成的整体之间存在多方面多层次的深刻关联。司法理念作为法治的灵魂，必然深刻反映和集中体现着社会的整体价值需求和时代精神。另一方面，就二者的关系而言，作为肢体的司法必须服从和服务于这个整体。因为“在一个好的国家中，并不是整体为了肢体的缘故而存在，反倒是肢体为了整体的缘故而存在”。[①]“司法的存在理由完全在于向国民提供服务这一似乎是理所当然的思想”。[②] 目前，服务社会的司法理念亦日益为各国所接受并体现在其改革的举措中。[③]

在当代中国倡导和践行能动司法理念的理论和政治依据正在于：司法是中国特色社会主义事业的重要组成部分，必须放在建设中国特色社会主义伟大事业之中来谋划。服务大局是社会主义法治的重要使命，是社会主义司法理念的基本要求。由于大局通常以党和国家的根本任务、中心工作和政策的形式表现出来，所以，服务大局就要求司法机关准确把握党和国家在具体社会发展阶段和历史时期的根本任务、中心工作和相关政策。当前，全面建成小康社会，坚持发展是第一要务，以提高发展质量和效益为中心，加快形成引领经济发展新

① 吕世伦主编：《现代西方法学流派》（下卷），中国大百科全书出版社 2000 年版，第 966 页。

② ［日］棚濑孝雄：《纠纷的解决与审判制度》，王亚新译，中国政法大学出版社 2004 年版，第 255 页。

③ 在美国，“回归人群，服务社会”的司法倾向已悄然而生，美国全国州法院甚至开展了根据服务质量评选“五好法院”的活动；在日本，为适应市民社会的需要，拉近法官与普通群众的距离，开始按照方便群众、保障人权的原则积极进行司法改革，改善司法服务；在澳洲，法庭不仅有一些便利性的设施，而且是多功能的设施，既可以办公，还可供社会举办会议或展览。参见郎贵梅、石海华：《关于司法服务的思考》，载《人民法院报》2003 年 9 月 8 日。

常态的体制机制和发展方式，确保经济保持中高速增长，人民生活水平和质量普遍提高，国民素质和社会文明程度显著提高，生态环境质量总体改善，各方面制度更加成熟定型，确保如期全面建成小康社会，是全党、全国人民和各级政府的中心工作，是党的最高政治，是一切工作的总格局。司法要服务的就是这个大局。司法必须围绕大局，以大局为中心，为大局创造良好的社会环境和法治环境，维护全局利益和法制的统一性，以大局作为检验司法工作成效的首要标准。只有在整体司法中首先做到服务大局，才有可能在具体的司法实践中实现程序公正与实体公正的统一、司法公正与社会正义的统一、法律效果与社会效果的统一。

强化能动司法理念就是要倡导服务型司法、主动型司法、高效型司法。当前，要紧紧围绕“十三五”时期经济社会发展的主要目标和五大发展理念，坚持把是否促进和保障经济发展作为司法办案的重要标准，坚持政治思维与法律思维的有机统一，能动司法，主动服务，既敢于担当，强化检察监督，保障稳增长、促改革、调结构、惠民生、防风险，又高度重视规范自身的司法行为、改进办案方式方法，正确把握法律政策界限，提升运用法治思维和法治方式服务经济发展、保障经济安全的能力。第一，坚持高度自觉的大局意识。关注大局，研究大局，把握大局，根据经济社会发展和维护人民群众利益的需要，切实找准检察机关保障经济社会持续健康发展的切入点和着力点，自觉地把司法工作置于党委和政府工作的大局中去思考、去谋划，积极主动地为全局工作排忧解难，有针对性地开展服务和保障工作，确保司法工作为大局提供有效的司法保障。当前特别是要把握经济发展新变化，既要积极惩治和预防经济犯罪，又要配合有关部门依法防范和应对经济金融风险，切实保障国家经济安全。第二，积极回应人民群众关切，突出抓好最高人民检察院出台的服务非公经济发展“18条意见”、服务科技创新“15条意见”、服务健康中国建设“20条意见”等一系列文件的落实，提高服务经济社会发展大局的针对性。第三，主动适应民生需求转变，抓住人民群众始终高度关注的教育、收入分配、就业、社会保障、医疗卫生、住房等重点领域，强化检察监督，尤其是要以开展破坏环境资源犯罪和危害食品药品安全犯罪专项立案监督、集中整治和加强预防扶贫领域职务犯罪专项工作为重要抓手，提供优质高效的司法服务，努力让人民群众更多更公平地享受发展成果。第四，要突出抓好执法办案这项核心工作，坚决打击各类破坏市场经济秩序犯罪，依法严惩严重危害经济发展的职务犯罪，平等保护国有企业和民营企业等各类市场主体，在司法办案中更加注重准确把握法律政策界限、改进办案方式方法，充分发挥打击犯罪、化解矛盾等职能作用，着力提高司法工作的质量、效率和效果，以更加专业化和更加公正高效的司法机制保障经济平稳较快发展的大局，充分发挥司法活动的辐射效应，为经济持续健康发展营造良好的环境。第五，牢固树立总体国家安全观，高度重视影响社会稳定的各种风险挑战，认真做好检察环节平安建设各项工作。健全矛盾发现、化解机制，进一步畅通“信、访、网、电”等群众诉求表达渠道，建立民行申诉案件引导当事人和解机制，落实检调对接制度，完善律师参与化解和代理涉法涉诉信访案件制度，稳步探索律师代理申诉制度。结合司法办案，积极参与社会治安立体防控体系建设，更加注重在检察环节有效预防和化解矛盾纠纷。第六，积极应对国际金融危机的影响，妥善处理相关案件，为投资拉动、结构调整的大局营造良好的投资环境。第七，最高司法机关要高度重视和研究能动司法，及时出台相关的司法政策，各级司法机关应当准确把握和落实最高司法机关的司法政策。此外，值得注意的是，能动司法并非盲目司法，不是大包大揽，不能把本来不属于自己职权的事务硬包揽过来，能动司法与司法的中立性是辩证统一的。

（二）和谐司法是文明司法的价值基础

和谐是当代中国社会主义的核心价值，是主流文化中的主导因子。和谐是法治价值体系的中轴，法律价值体系包括自由、公正、秩序、效率、人权等等，和谐是价值体系中的元价值，也是把这些价值统合在一起的价值基础。社会主义之所以需要法律，之所以要加强司法工作，发展社会主义司法事业，归根结底是为了保障和促进社会和谐。建设和谐司法，本身并不是终极目的，终极目的是促进社会和谐，构建社会主义和谐社会。和谐司法是指为了促进社会和谐，推动法治生态文明健康发展，建设现代司法文明，在检察业务建设、队伍建设和保障建设中体现和具体落实协调发展、绿色发展和开放发展理念所蕴含的环境友好原则，而建构和谐检察体制、弘扬和谐检察文化、营造和谐检察环境的举措。

建构和谐的检察体制。一是追求检察系统内部的和谐，共同形成推进法治的合力。和谐司法要求一个检察院内部，上下级检察院之间，乃至全国检察系统在分工明确的基础上，更多地考虑互相协调，相互配合，通过履行各自的职责，形成合力，抵制干扰，完成使命，共同促进法律的正确实施，确保社会主义法律所体现的党的主张和人民的意志落到实处。二是实现政法机关的和谐，即检察院与法院、公安、司法行政、安全部门之间的和谐，共同促进法治发展。基于法定的职责分工，在权力互相制约的同时，密切配合，构建和谐政法。

弘扬和谐的检察文化。把促进社会和谐作为检察工作的崇高目标和神圣使命，把检察工作置于构建社会主义和谐社会之中，把是否促进社会和谐作为评判和检验各项检察工作的重要标准，以和谐的理念、和谐的标准、和谐的方式、和谐的作用，最大限度地增加和谐因素，最大限度地减少不和谐因素，有效地促进社会和谐。当前，一是要围绕和谐浙江建设，强化和谐司法理念，建立和完善科学有效的利益协调机制、诉求表达机制、矛盾调处机制和权益保障机制，不断增加和谐因素，最大限度地化解不和谐因素。二是积极参与社会治安综合治理和平安浙江建设，坚决依法严惩涉黑涉恶等各类严重刑事犯罪和重大经济犯罪，确保社会治安稳定。三是准确把握和正确执行宽严相济的刑事政策，在对严重暴力犯罪保持高压态势的同时，加强社会危险性、逮捕必要性和羁押必要性的审查，慎用逮捕措施，彰显谦抑司法的理念。全力维护社会稳定和人民平安，尽最大可能化消极因素为积极因素，努力减少司法的负面产出。四是建立多元纠纷解决机制，最大限度地减少和化解社会矛盾对正常社会秩序的冲击，定分止争，更好地实现案结事了，减少社会对抗。五是坚持以化解矛盾、促进和谐为第一要务，加大涉诉信访工作力度，建立涉诉信访终结机制，进一步畅通申诉渠道，切实做好息诉息访工作。

营造和谐的检察环境。要立足和谐，促进和谐，通过坚持不懈的努力，彻底改变检察工作的环境，达到党委高度重视和常规化领导，人大高度重视和依法监督，政府充分理解、支持与配合，为检察工作营造和谐的政治环境、法律环境和物质条件。同时，也要努力实现检察与社会公众的和谐相处，建立与媒体的互信机制，最大限度地提高检察公信力。

同时，在和谐司法的实践中，必须正确认识公正与和谐二者之间的辩证关系。司法和谐不是“和稀泥”，不能以和谐取代公正，将和谐司法与公正司法对立起来。和谐司法有助于公正司法，树立公正司法的权威，铸造民众的尚法信念。而公正则是和谐的根本保障和运行机理所在。失去公正的“和谐”秩序只能是人治下的专制与滥权，有违民主法治的原则。

（三）科学司法是文明司法的有力保障

科学司法是指为了推动和促进司法文明进步，在检察业务和管理工作中体现绿色发展理念所蕴含的资源节约原则，具体落实最高人民检察院科技强检的工作方针，而弘扬科学精神、加强信息化建设，通过提升科技含量提高办案效率和管理水平的举措。

加强检察信息化建设，提高检察工作的信息化水平。加大实施最高人民检察院提出的科技强检方针的力度，当前重点是建设好检察内部管理网和外部综合信息网站，做好公诉文书和检察信息上网工作，推进检察信息公开化。充分运用远程视频系统开展网上办案、案件信息管理、侦查信息管理、综合办公、经验交流、教育培训等核心业务，积极探索办案流程的网上流转。把电子检务工程作为检察信息化建设乃至推动检察工作长远发展的“龙头”来抓，突出重点、建用并举，充分发挥电子检务工程对提升检察工作现代化水平的驱动和支撑作用。

通过提升检察工作的科技含量，切实提高办案效率和管理水平。向先进的科学技术要检力，要战斗力。特别是提高证据的调查、采信和评估鉴定工作的科学性，将先进的科学技术运用于侦查监督、公诉、民事行政监督、案件管理等各项工作中，提高法律事实与客观事实的一致性。认真研究互联网时代的司法模式，充分利用互联网进行远程侦查指挥、远程接访、远程提审、远程取证、远程庭审、检法互联、检监互联、检察机关与看守所数据互通和网上评估，提高检察效率，最大限度地方便当事人诉讼，减少当事人的诉讼成本和诉累。运用网络信息技术，实施科学管理，实现动态、实时的案件质量督查和科学评价办案人员工作业绩的网上绩效考核。

论绿色司法理念的内涵与价值

过孟超　王超强*

引　言

2016年3月13日，在第十二届全国人大第四次会议期间，浙江省人民检察院检察长汪瀚首次提出绿色司法理念。绿色司法理念具有不言自明的政治内涵、法治内涵和实践价值取向，受到社会各界持续关注。绿色司法理念是在我国全面深化改革、完善和发展中国特色社会主义制度的时代背景下，在迫切需要提高党的执政能力和执政水平的现实需求下，以及全面推进依法治国的总体目标下，积极寻求更加适应法治现代化的司法理念，以更好地实施法治在司法领域的引领和规范作用，让人民群众在每一个司法案件中感受到公平正义，感受到"阳光司法"。

绿色司法理念站在浙江检察工作全局的高度，呈现了浙江检察工作在司法理念上对当前我国司法改革和司法发展的规律性认识，指明了浙江检察事业发展的思路和方略，指引着浙江检察事业的发展方向，预示着浙江检察事业的光明图景。绿色司法理念将为贯彻落实党中央治国理政对当前检察司法工作的新要求和新期待提供一种新理念、新思想和新战略，促进形成有力的司法方向指引和正确的法治司法方式。

一、绿色司法理念的政治内涵

绿色司法理念强调大局意识、服务意识和责任意识，蕴含着检察司法的政治性宣言，是检察司法的一面理念旗帜。如果说司法方向决定司法道路，而司法道路决定司法命运；那么，司法理念则是司法方向的第一要务，是解决司法所有问题的关键。破解检察司法前进中的政治思维难题，必须树立并切实贯彻创新的司法理念。而坚持创新司法理念，则必须不断推进司法理论创新和实践

---

* 浙江省丽水市人民检察院。

创新，以及司法制度创新，让创新贯穿于司法的一切工作之中。为此，司法工作要勇于实践，善于创新，深化对司法规律的认识，形成司法新理念、新思想、新战略。只有保持理念上的清醒和把握正确的政治方向，司法才能坚定和坚守，才能不忘初心，继续前进。在这个意义，可以说，没有先进的、与时俱进的司法理念的引领和指导，没有经先进的司法理念武装头脑的司法队伍，就无法倡导和践行司法服务大局的政治使命及履行司法公平正义的使命，就无法倡导和践行保障人权及司法为民的价值追求，就难以建立和长久维护良好的社会秩序，也就难以达到全面推进依法治国和司法改革的各项目标。

当前，我国正在开展广泛而深刻的社会变革，特别是全面推进依法治国的法治变革。此时，绿色司法理念的提出，不仅极大契合了当前政治体制及法治改革的目标要求、理念需求和正义需要，而且为司法指明了前进道路。全面推进依法治国，解决的是为何改革和如何改革的问题，而绿色司法理念则解决的是怎么改革和如何践行改革的问题。因为，绿色司法强化着当代司法的现实基础，不断满足着公众司法价值追求和价值品位的“水涨船高”，不断增强着司法的普遍的社会可接受性。而且，绿色司法理念始终坚持问题导向，始终聆听时代声音，并始终以维护和保障公平正义为中心，深入推动绿色司法发展，不断与当前法治生态发展的具体实际相结合，不断开辟着司法的新境界和新发展。本质上，绿色司法理念是党的治国理政理念在司法上的具体延伸和展开，是党的治国理政理念在司法上的实质推进和提升，从而践行着和促进着国家司法治理体系的现代化和国家司法治理能力的现代化。

二、绿色司法理念的法治内涵

（一）绿色司法理念的法治性

绿色司法理念对法治的基本问题都有深刻的反映，无论是法治的核心内容和本质要求，还是法治的重要使命和价值追求。对此，浙江省院汪瀚检察长也指出：“绿色司法意在创造良好的法治生态环境，推进社会善治进程，提升现代化法治水平。”可见，绿色司法与法治有着不可割裂的密切关联。绿色司法理念是谋划法治改革的理念基准，是推进司法改革的理念指南，是运行司法的理念指导。从绿色司法理念与我国法治改革和发展的的关系来看，绿色司法理念其实是提供一种法治化了的检察司法“理想图景”。然而，在检察司法的实践中，有时现实和理想难免会有一定的距离，当“理想图景”与“现实图景”相互碰撞时，二者之间是相互促进和融合，还是矛盾趋深和更加掣肘，显现着检察司法理念与法治发展的契合性或割裂性。在这个方面，绿色司法理念与法治发展是紧密结合的。

绿色司法理念倡导良法之治，这与法治的内在要求一脉相承。一方面，法律本就是治国之重器。无论是全面推进依法治国，还是建设中国特色社会主义法治体系，或是建设社会主义法治国家，都需要完善的法律这一“治国重器”。而绿色司法理念要求，作为治国重器的法律，应当达到内容完备、形式完整、整体协调和运行和谐。或者说，契合绿色司法理念的法律，在整体上要形成完备的法律规范体系，高效的法治实施体系，严密的法律监督体系，有力的法治保障体系。另一方面，良法是善治之前提。绿色司法理念认为，虽然法律的生命力在于实施，法律的权威也在于实施，但前提是有生命力的法律和有权威的法律必须是良好的法律。由于法律是社会公平正义的最后一道防线，因此必须保证司法所适用的法律是良善之法，是维护最广大人民群众根本利益之法，必须保证司法始终运行在法治的轨道上，坚持严格、规范、公正、文明司法，构建开放、动态、透明、便民的司法机制。简言之，司法的权力也要被关进制度笼子，这是绿色司法理念的最高法治性。

（二）绿色司法理念的人权性

绿色司法理念是中国特色的司法理念，旨在贯彻落实人民主权精神，保证人民在国家中的主体地位，以及保护人民的自由。维护司法的人民性，是绿色司法理念的最大人权性。事实上，构建以保障人权为本位的司法理念，是绿色司法理念的重要内容和核心价值，也是绿色司法理念的应有之义。而且，保障人权对于绿色司法理念有着特别重要的意义。一方面，保障人权是绿色司法理念的服务宗旨，也是规范司法权力运行机制的必然要求。没有人权保障的司法显然不是司法为民，也无法保障司法的正义基础，将失去司法生命力的本源。另一方面，重视人权的司法理念，不仅有利于检察机关从传统的、被动性的履行法律职能立场转向新型的、主动性的履行法律职能立场，也有助于绿色司法理念在实践中得到公众的拥护而获得充分的贯彻落实。

绿色司法理念的人权性表明，司法和法治的目的不是废除或限制自由，而是保护和扩大自由。绿色司法理念时刻遵循着这个司法和法治的规律性，因为自由是人的天然权利，只要是在合法的范围内和不影响他人权利的情况下，每一个人都有行使自己权利的自由。绿色司法理念崇尚权力美德原理，认为司法权应当内在地坚持以道德之善对抗人性之恶，以法治的权力观克制人治的冲动和傲慢。由于国家权力的统摄性和个人权利的普遍性，时而发生国家权力侵犯个人权利的情形，或是个人权利违反法律规定的情形，从而产生某种紧张关系。对此，绿色司法理念暗含着个人权利与国家权力的制约与平衡关系，这种关系在一定程度或一定时期可能表现为某种紧张关系，但紧张关系只是二者的制约与平衡关系的表象，实质上却符合着权力美德原理，映射着个人权利优先的人权司法理念和司法规则。绿色司法理念要求坚守最低限度道德之善的理念，这是最有利于构筑美德权力的司法理念。

（三）绿色司法理念的公正性

司法与公正息息相关，公正是司法的生命线。司法公正对社会公正具有重要导向和引领作用，公正的司法无疑弘扬着司法正义，宣示着司法的理性、平和、规范和人权价值，而一旦发生司法不公，则必然对社会公正产生负面的，甚至致命的破坏作用。近些年来，我国有的地方发生了一些重大冤假错案，对恢复社会关系产生了巨大的破坏性影响，挑战着司法公正的底线，动摇着公众的司法公正信念。所以，公正的司法就需要有完善的司法管理体制和司法权力运行机制，规范司法行为，加强对司法活动的监督。因此，绿色司法理念要求加快推进社会主义民主政治制度化、规范化、程序化，发展更加广泛、更加充分、更加健全的人民民主，更好地保障和改善司法公正，促进社会公平正义。

当然，对司法公正的判断或评价问题，不仅包含着公众对案件事实的含有客观主义成分的判断，还有着在事实判断之外进行的某种主观价值判断。也就是说，司法公正的评价标准，不是纯粹事实意义上的单方面价值评判，也不能仅仅满足于对司法事实的发现，还应正确对待各种主观性的价值考量，坚持事实判断与价值判断相结合。为此，对于司法公正的评价，有必要确立“规范的价值判断”标准，而在此之前首要的是确立规范的价值判断理念。有鉴于此，绿色司法理念提倡简约、便民和合理成本的大众化司法，尤其是司法成本应当考虑公众的可承受性，司法服务应当考虑公众的便捷性，在司法上要为公众提供一条任何条件下都能够畅通的绿色通道，让司法公正能够更加容易的实现，让公众能够更加容易的亲身体验和深切感受。在此意义上，这是绿色司法理念的内在的司法公正评价标准和评价导向。

（四）绿色司法理念的正义性

绿色司法就是正义司法，正义是司法的首要精髓。司法能否公正以及司法公正的程度，都与司法与正义之间距离的远近有着莫大的关系。凡是公正的司法，必定有正义的根基作为支撑，正义是司法公正的精神支柱。所以说，正义和公正之间是一种正比例的发展关系，司法越是趋向于正义，司法结果必然越是趋向于公正。因此，绿色司法理念的正义观认为，正义作为一种观念形态或价值形态，应当代表和服务于最广大人民的根本利益，它是社会存在和发展的理念基石，是法律最重要、最核心的价值之一。古今中外的法学家都将正义视为社会的至上美德，没有正义的司法，或者不讲正义的司法，必然是恶法的司法，终将被法治的洪流和正义导向的历史所抛弃。

由于司法具有公共性和服务性，因此司法的正义应当具有一定的社会普遍认可性，即一定的甚至广泛的公众认同性。然而，获得广泛的司法公众认同并不是一件容易的事情，实质上是构建司法公信力的过程。就当代司法对正义的要求和标准而言，很大程度上体现在司法的程序正义和结果正义之上。从技术层面来看，相比较程序正义所包含的司法技术，司法结果的正义往往要求具有更高的司法技术含量。因为程序是否正义，可以通过程序是否公开、是否透明等形式的开放性和表象性来表现，而司法结果是否正义则不仅仅是表象性的问题，更多地则涉及司法的客观事实、法律事实以及价值判断和价值评判规则的运用。于是，司法的结果正义问题，在许多时候就表现为司法自由裁量权的合理性和公正性问题。由此，实现检察司法正义，就必须运用好检察自由裁量权。

三、绿色司法理念的价值

司法改革是一场司法革命，需要真改真落实，以实改求实效。在这个方面，绿色司法理念要求进一步推动司法改革，积极践行司法改革成果务必更多、更广、更公平地惠及人民。绿色司法理念强调司法的绿色发展和文明发展，追求构建人与人之间友好、和谐的互动循环关系，最大化地消解社会矛盾，理性地深入推进司法改革服务大局的规范价值、实践价值和效益价值。

（一）绿色司法理念的规范价值

规范性的理念是高度凝练的理论化的思想观念，是行动的先导。在司法实践中，理念可以表现为指导思想、方针原则、法律原则或法律原理。而绿色司法理念的规范价值，或者说绿色司法理念的实践导向，所强调的正是绿色司法对司法活动和司法过程的规范指引，要求司法活动务必“理性、平和、文明、规范”，力求高水平推进检察司法的实践发展。因为“理性、平和”彰显着“文明、规范”的素养，“文明、规范”增强着“理性、平和”的品格。可见，从“理性”到“平和”，到“文明”，再到“规范”，既内含着不可分割的递进关系，也内含着循环反复的组合关系。这就是司法活动实践应当遵循的规律性。

上述绿色司法理念所倡导的“理性、平和、文明、规范”八字方针，既互为表里，又互为支撑，极为贴切地为检察司法指明了前进方向。一方面，“理性、平和”是检察权行使时必须遵守的重要原则。理性司法中贯穿着平和和温馨，平和司法之中蕴含着理性和智慧。非理性或不平和的执法方法或执法行为，不仅违反法治原则，也违反司法的基本道德性，在根本上是反人权和反人性的。另一方面，“文明、规范”是检察权行使时所表现出来的鲜明特征。

文明司法通过司法的规范性表现出来，规范司法本身则表明了司法的文明性。文明执法是法治进步的当然要求，也是司法方法的必然要求；规范则强调执法行为、执法过程和执法队伍的专业化、职业化和专门化，只有实现高度的司法规范化才能达到司法法治化。

（二）绿色司法理念的实践价值

绿色司法理念要求在实践中务必实现三个“公正”，即绿色司法理念摒弃了传统的司法偏移，注重实体公正、程序公正和形象公正。实体公正、程序公正和形象公正之间存在辩证统一的关系，三者相互依存、相互制约。其一，没有程序公正，就难以保证实体公正，这已为无数过往的司法实例所证实。其二，没有程序公正的实体公正，是存在巨大瑕疵或深重隐患的“公正”，容易走向冤假错案的偏差方向，为刑法上的“毒树之果”原理所禁止。其三，形象公正是实体公正和程序公正的实现方式，是实体公正与否和程序公正与否的计量器，只有既达到了实体公正的要求也达到了程序公正的要求，才会产生形象公正的良好司法效果和社会效果。

绿色司法理念提倡大力推进以庭审中心主义为模式的审判改革导向，力求保证检察司法始终沿着法治的轨道前行，而非盲目地服从法院或服从法庭。司法改革要求坚持以审判为中心，不是说审判比侦查关键，或审判比审查关键，也不是说审判在司法程序的诸多环节中地位最高、权力最大，而是因为侦查、审查起诉工作的实际成效，最终需要通过、也必须通过法庭审理来检查和验证。所以，对以审判为中心应当有正确的理解，绝不能简单地理解为以法院为中心。具体而言，以审判为中心是针对侦查、审查起诉和审判三者之间相互关系而言，不是针对公检法三机关之间而言。法庭负责的是主持审判，不是启动起诉指控，也不是控制审判所涉及的全部事实。法庭上，应当保证控辩双方和其他诉讼参与人依法参与诉讼活动，而且行使司法权的法官、检察官都必须严格遵守司法制度和司法规矩，否则就应当承担相应的司法责任。2016 年 7 月 22 日，中央全面深化改革领导小组第二十六次会议召开，会议审议通过了《关于建立法官、检察官惩戒制度的意见（试行）》，建立了法官、检察官惩戒制度。这对今后贯彻落实法官、检察官办案责任制，促进法官、检察官依法行使职权，确保案件公正处理，维护社会公平正义具有重要意义。

（三）绿色司法理念的效益价值

绿色司法理念不仅是服务司法的理念，从根本上来看也是服务社会的理念，注重并追求司法活动所产生的法律效果、政治效果和社会效果的有机统一。在绿色司法理念的实践效用导向上，绿色司法理念强调宽严相济政策的妥当落实，注重司法必须兼顾法律的谦抑性和期待可能性，坚持“法律不强人所难”，践行法律的包容性及法律的教育与改造机能。2016 年 7 月召开的中央全面深化改革领导小组第二十六次会议明确指出，今后要完善刑事诉讼中认罪认罚从宽制度，涉及侦查、审查起诉、审判等各个诉讼环节，要明确法律依据、适用条件，明确撤案和不起诉程序。可见，绿色司法理念所强调的司法的社会效果理念，与中央全面深化改革意见的精神是高度一致的。

绿色司法的实践效用，本质上是要提升现代化法治国家的司法治理理念，主张司法善治。因此，绿色司法理念并非仅仅具有服务于刑事司法活动的社会效用，它同样也具有服务于经济社会的其他效用。举例来说，绿色司法理念非常重视对非公有制经济的服务和保护，坚持平等保护公有制经济和非公有制经济，大力鼓励、支持和引导司法对非公有制经济发展的保驾护航作用。为了依法履行检察职能，充分发挥保障和促进非公有制经济健康发展的积极作用，2016 年最高人民检察院发布了《关于充分发挥检察职能依法保障和促进非公有制经济健康发展的意见》，共计 18 条。随后，为了进一步贯彻落实中央关于平等保护非公有制经济的重大部署，浙江省人民检察院出台了《关于依法保障和促进非公有制企业健康发展的意见》。绿色司法理念及其引导下所采取的各种保护非公有制经济发展的举措，从宏观和微观方面，将对经济社会发展产生积极的推动作用。

结　语

绿色司法理念立足于我省司法的现状，着眼于践行好检察司法改革和发展，坚持司法的一切为了人民，一切的司法也要依靠人民。因此，绿色司法理念是转变司法观念和创新司法治理方式的必然要求，是平衡公正和效率关系的司法认知理念。绿色司法理念所具有的先进性和纯洁性表明，绿色司法理念除了肩负着自身的司法使命，还有着一定的政治使命和社会使命。而且，尤为重要的是，绿色司法理念是我们的党领导下的司法实践指导理念，必然始终坚持党的领导，始终坚持对党忠诚、为党分忧、为党担责和为党尽责的高度政治责任。无疑，党领导下的绿色司法理念，将为树立正确司法政绩观、创造良好的法治生态环境、推进社会善治进程和提升现代化法治水平，开启着新时期司法行动的纲领性指引作用。

关于绿色司法的几个理论问题

孔　璋　程相鹏　曹　烨*

一、问题的由来

绿色是生命的象征，是大自然的底色，也是良好生态环境特有的颜色。习近平同志提出的绿色发展理念是把马克思主义生态理念与当今时代发展特征相结合，又融汇了东方文明而形成的新的发展理念，是将生态文明建设融入经济、政治、文化、社会建设各方面和全过程的全新发展理念。绿色发展理念实质上是一种绿色执政理念，“绿色发展理念就是将生态问题与政治问题结合起来考量的一种生态执政观，是将生态问题上升到政治问题，将政治问题衍生到生态问题上的生态政治化和政治生态化的执政观”①。它是关于为什么而发展、怎么样发展的崭新理念，追求人与自然及人与社会和谐共存、良性持续发展。

习近平同志在对政法工作的系列讲话中指出，要准确把握社会心态和群众情绪，推行人性化执法、柔性执法、阳光执法，进一步提高政法工作亲和力和公信力。② 总书记对政法工作的上述要求实质上就是绿色发展理念在司法领域的具体要求。司法作为国家治理体系和治理能力的重要组成部分，也应契合绿色发展的要求。绿色司法与绿色发展具有内在的一致性。绿色司法就是绿色发展理念在当代司法领域的集中体现。

2016 年 3 月全国“两会”期间，基于浙江司法机关案多人少突出矛盾引发的思考，浙江省人民检察院汪瀚检察长首次提出了绿色司法理念，要严防案多人少等问题成为司法“雾霾”。汪瀚检察长在同年 8 月全省第十六次检察工作会议上进一步提出：绿色司法是契合“五大发展理念”尤其是绿色发展理念的新型司法理念，它以司法规律为基本遵循，以规范、理性、文明司法为核

---

* 孔璋，浙江省台州市人民检察院；程相鹏、曹烨，浙江省湖州市人民检察院。

① 方世南：《以绿色执政理念推进绿色发展》，载《理论视野》2014 年第 3 期。

② 习近平：《严格执法，公正司法》（2014 年 1 月 7 日），载《十八大以来重要文献选编（上）》，中央文献出版社 2014 年版，第 722 页。

心，以司法公开、司法公正和司法公信力为本质要求，以执法动机、方式方法和质量效果有机统一为导向，最大限度减少司法办案的负面影响，推进社会善治进程，促进法治生态文明健康发展。① 绿色司法作为绿色发展理念在司法领域的必然体现，既是我省检察理论发展的新境界，又将成为高水平推进我省检察工作发展的新动力。下文，我们试图从绿色司法的内在要求、基本特征及理论基础等做一些探讨。

二、绿色司法的内在要求

绿色司法以规范、理性、文明司法为核心，这是绿色司法的内在要求，也是贯穿于绿色司法全部环节和过程的三个具有递进关系的逻辑体系。规范是绿色司法的底线，理性是绿色司法的精神实质，文明是绿色司法的终极追求。

（一）规范：绿色司法的底线

司法是指"国家司法机关依照法定的权限和程序具体运用法律处理诉讼案件的专门活动"。② 司法作为典型的法律实施与适用活动与过程，最基本的要求和前提就是"按照法定的权限和程序"。在这个意义上说，规范是绿色司法的基本条件。首先，司法权是一种公权力，以国家为权力主体，对社会成员之间发生的社会纠纷进行处理、解决，并且以国家权威作为后盾来保障判断结果的强制力。因此，这种具有强制约束力的权力，只有授予才能行使。从逻辑上来讲，国家法律在赋予司法机关权力的同时，预示着对这种权力提出了受约束的范围。因为当一定范围的授权明确后，司法机关也只能在该权力范围内行使权力，超越权力规定范围便是越权。同时，司法权的行使必须遵循法定的程序才具有正当性。法律程序是现代法律的最重要特征，现代法治原则要求"以相同的规则处理相同的人或事"，即平等地适用法律是公正的核心，而法律程序的规范就是实现平等的前提。在法律适用的过程中，法律程序适用的高度"同一性"是平等适用法律的基本保证。"只要你遵守细致规定的光明正大的诉讼程序，你就几乎有把握地获得公正的解决办法。"③ 对程序的规范适用，还是法律权威的保障，通过司法的各种规范的程序过程，使人们体会到法的"能够看得见的正义"，进而产生对法的敬意和信心，这是绿色司法的底线。

---

① 参见汪瀚：《践行绿色司法 推进检察工作高水平发展》，载《检察日报》2016 年 9 月 12 日。

② 公丕祥主编：《法理学》，复旦大学出版社 2006 年版，第 381 页。

③ ［法］勒内·达维德：《当代主要法律体系》，上海译文出版社 1984 年版，第 337 页。

（二）理性：绿色司法的精神实质

博登海默曾说："理性乃是人用智识理解和应对现实的能力。……有理性的人对事实、人和事件所作的评价，并不是基于他本人的未经分析的冲动、前见和成见，而是基于他对所有有助于形成深思熟虑的判决的证据所作的开放性的和审慎明断的评判。"① 在司法过程中的理性，"既表现为一种法律适用中的形式理性，同时也包含着实质理性，在本质上又是一种实践理性"②。司法在遵循法定的程序，规范行使法律赋予的权力的同时，更需要在各种证据和理由之间进行取舍、权衡并将事实放置于法律规范构成要件之下，获得一种最终的判断和结果，这种基本思维方式即司法三段论，体现了形式理性。然而不是所有的案件都可以运用三段论式的简单逻辑推理方法解决，在一些复杂的案件中，需要我们对多元的法律利益进行自主判断和权衡，做出一种合适的选择，在具体的个案处理中，体现了实质理性。这种选择的过程，需要借助于价值与目标判断来进行，而这种判断尽管是个人做出的，但绝不会是个人的一种专断，而应具有社会普遍认同性，体现实践理性，此时的法律推理"是一个社会化的过程，是指任何行为的选择都是存在于一定的社会关系之中，任何行为最终都必须与他人发生联系，都必须接受一定的社会评价"③。司法要实现"绿色"，必须做到形式理性、实质理性与实践理性的统一。

（三）文明：绿色司法的终极追求

"法律不仅是人类社会进入文明时代的产物和标志之一，而且法律本身就具有丰富的文明内涵和属性，同时法律发达史就是法律不断趋向文明化的过程。"④ 就社会治理的状态而言，法治是一种实现社会善治的最"文明"状态。我们认为，司法文明是现代法治的重要特征，体现了司法进程的进步状态，从静态的角度来说是司法过程中取得的全部成果，是一种实然的司法表现形态；从动态的角度来说是进化发展的具体过程，是一个对司法规律的认识更加理性，司法运行更加公正的过程。因此，从具体内容上看，先进的司法理念、司法制度、司法行为都是体现文明的必要、重要部分。在这样的语境下，有些论者仅仅将规范"法言法语"、对当事人应有的人文关怀和人格尊重、注重仪表等作为文明的要求，是一种片面的理解。绿色司法的先进理念，符合绿

---

① ［美］博登海默：《法理学——法哲学及其方法》，邓正来译，中国政法大学出版社1999年版，第454页。

② 韩登池：《司法理性与理性司法》，载《法学杂志》2011年第2期。

③ 葛洪义：《法与实践理性》，法律出版社2002年版，第89页。

④ 文正邦：《论法治文明》，载《现代法学》1998年第2期。

色司法理念的司法行为，为实现绿色司法而形成的一系列行之有效的司法机制和程序，以及司法者为保障绿色司法实现具备的各方面能力素养，都是文明作为绿色司法内在要求的应有之义。“人权保障是司法文明的核心标志，也是司法文明的强大动力。如果说古代司法的文明意义在于定分止争、惩恶扬善，那么现代司法的文明意义在于保障人权、维护正义，正是对人权的尊重和保障使司法在现代化的道路上走向了文明。”① 绿色司法的根本价值取向就在于以人为本、尊重人权、维护司法公正，所以说绿色司法应该是司法文明的最好体现。

三、绿色司法的基本特征

绿色司法作为符合绿色发展的执政理念在司法领域的具体体现，与传统司法理念相比较，在消极性、中立性、终局性等司法所应有的共性特征方面，呈现出了一些新的特点。我们在践行绿色司法中，应更加突出绿色司法的五大特征：

（一）积极能动性

我国法学理论界普遍认为司法是消极的、被动的，这是受到西方法学理论的影响，继受了他们的司法理念，把司法等同于审判，人为地限制了司法的内涵与外延，是一种偏狭的司法认知。而事实上，在中国语境下的司法，是包括审判与检察的，党中央的历次重大政治文献均是将检察与审判并列为司法。②与学界这种传统司法认知相比较，绿色司法强调的是司法的积极性、能动性，即主张积极性司法和能动司法。可以讲，绿色司法是一种积极能动型司法，特别是作为国家法律监督机关的检察院，在履行司法职能时，应立足于经济社会发展大局的需求，克服就案论案、等案上门等“坐堂办案”的思维定式，更加主动融合于经济社会发展大局，更有作为、更加担当。即使司法个案，也应主动检察，能动司法，通过法定程序，制裁犯罪，保护人权，维护法制统一，实现公平正义；③ 在司法的目的上，把“社会目标的实现作为司法的根本追求，主张司法的一切活动都必须从属于社会目标的实现”④。它更加突出强调树立政治意识、大局意识、核心意识、看齐意识，自觉在思想

① 张文显：《人权保障与司法文明》，载《中国法律评论》2014 年第 2 期。

② 参见中国共产党第十四、十五、十六、十七、十八次全国代表大会政治报告。

③ 参见孔璋：《中国检察权配置的方向》，载《法学杂志》2008 年第 5 期。

④ ［美］本杰明·N. 卡多佐：《法律的成长》，董炯、彭冰译，中国法制出版社 2002 年版，第 7 页。

上政治上行动上同党中央保持高度一致，为国家经济社会发展大局提供有力司法保障。

（二）效果导向性

司法创设的目的是解决问题，是作为保证社会公平正义的最后一道防线而存在。但是司法办案如果不能以正确的、科学的司法理念为指导，司法的结果则可能制造出新的社会问题，运用经济学概念去阐释，也就是司法办案会造成负面产出。我们认为，绿色司法作为一种新型司法理念，强调以司法办案效果为导向，是一种效果导向型司法理念。绿色司法坚持司法动机与办案效果相统一，既严格司法，依照法定程序办理各种案件，做到司法实体公正，罚当其罪，努力追求司法办案的法律效果，让司法案件的当事人得到法律上的公正对待，感受到法律的公平正义，发挥刑事法律的特殊预防作用；同时绿色司法也以马克思主义辩证唯物主义为指导，坚持全面的观点、辩证的观点考量司法办案，重视党委政府对待司法机关办理案件的认可度，重视人民群众对司法办案的获得感，即在注重法律效果的同时，也坚持司法办案的政治效果和社会效果，追求“三个效果”的有机统一。换句话讲，绿色司法追求的司法效果不是单一、片面的，而是司法动机理性正当、方式方法文明规范、质量效果高效良好的有机统一，三者相辅相成统一于最大限度减少司法办案的负面产出，实现司法公平正义。①

（三）资源节约性

建设资源节约型社会是具有全局性和战略性的重大决策，就是要在社会生产、建设、流通、消费的各个领域，通过采取法律、经济和行政等综合性措施，提高资源利用效率，以最少的资源消耗获得最大的经济效益和社会效益，保障经济社会可持续发展。在司法领域，也应当贯彻落实资源节约型社会建设要求。我们认为，绿色司法是指导我们按照资源节约型社会战略要求开展司法办案的司法理念。众所周知，司法资源属于稀缺的社会资源，特别是随着经济社会的快速发展，司法机关当前普遍存在案多人少的困难问题，司法人员经常五加二、白加黑，超负荷长期运转，不堪重负，致使司法事业不具有可持续性，而单纯地依靠人员编制增加也并不是一个完全有效的对策。绿色司法就是主张通过科学优化配置司法资源，集约利用，从而提高司法效率，减少、节省司法成本，力求以最小的司法资源投入实现司法效益的最大化，最终实现司法

① 参见汪翰：《践行绿色司法 推进检察工作高水平发展》，载《检察日报》2016年9月12日。

办案的可持续发展。

（四）环境友好性

绿色发展是健康发展、安全发展，要求无损害或者损害很小且风险可控。党中央提出建设环境友好型社会，强调的是建设人与自然和谐共生的社会形态，其核心内涵是人类的生产和消费活动与自然生态系统协调可持续发展。绿色司法注重司法自身的生态健康平衡，通过改善司法办案的方式方法，以司法的生动实践构建法治生态的“绿水青山”，实现社会善治。虽然司法本义是定纷止争，但实质上是调适人与社会以及人与自然的关系。因为“司法终究是社会生活的延续。社会生活所依据的逻辑和规则也必定应成为司法中所应当考量的因素”①。所以，绿色司法这种新型司法理念更加注重社会的整体利益，要求树立全面的、正确的司法政绩观，避免片面的、错误的政绩观，特别是要改变唯数字的办案 GDP 评价模式，防止办案的毒副作用，消除司法“雾霾”，要把人民群众的获得感和社会关系的修复作为采取司法措施，开展司法活动必须考虑的重要因素。

（五）开放包容性

绿色司法的最后一个特征是它的开放包容性。与传统司法理念相比较，绿色司法理念反对自我封闭、排斥异见、故步自封，更加主张遵循“依法、全面、及时、规范、便民”的原则，体现司法的开放与包容，以公开促公正，让人民群众在每一起司法案件中感受公平正义。就检察机关而言，就是要积极推行“阳光检察”，依法全面公开检务，进一步拓宽公开范围，丰富公开方式，健全公开机制，强化公开保障，提升公开效果，特别是以办案过程中的信息公开为重点，从侧重宣传一般性事务公开向案件信息公开转变，从司法依据和结果的静态公开向办案过程的动态公开转变，从单向宣告的公开向双向互动的公开转变。同时，强调人民群众对司法检察活动的参与、监督，需要积极推进邀请人大代表政协委员视察检察工作常态化、制度化，探索依法向社会公开人大代表建议和政协委员提案办理情况和结果，完善人大代表、政协委员和人民监督员参加检察机关公开审查案件、旁听和评议检察官出庭等制度，更好地保障人民群众对检察工作的知情权、参与权、表达权和监督权，最终实现司法公平与正义。

---

① ［美］本杰明·N. 卡多佐：《法律的成长》，董炯、彭冰译，中国法制出版社 2002 年版，第 124 页。

四、绿色司法的理论基础

绿色司法既是大量丰富司法实践基础上迸发出的检察之声，也是我国全面建成高水平小康社会所需要的时代呼声，有其十分深厚的理论基础。

（一）马克思主义有关法哲学经典论述是绿色司法的基本理论依据

马克思在《1844年经济学哲学手稿》中就指出："整个所谓世界历史不外是人通过人的劳动而诞生的过程，是自然界对人来说的生产过程，所以，关于他通过自身而诞生、关于他的产生过程，他有直观的、无可辩驳的证明。"①作为"现实的历史的人"，其本质是"一切社会关系的总和"。② 以"现实的人"及人与社会的关系为出发点，马克思主义理论的最终目的在于"人的自由全面发展"。人是法律的主体和目的，法律就是为了保障人的自由。马克思认为："法律不是在压制自由的措施……恰恰相反，法律是肯定的，明确的，普遍的规范，在这些规范中自由获得了一种与个人无关的、理论的、不取决于个别人的任性的存在。法典就是人民自由的圣经。"③ 为实现法律对自由的保护，必须在两个层次上加以保证：一是在立法层面上，使立法"既符合科学所达到的水平，又符合社会上已形成的观点"，即"使法律成为人民意志的自觉表现，也就是说，它应该同人民的意志所创立"④。二是在法的运行层面，司法过程中需要注重对人的自由权利的保障，注重对人与人之间矛盾问题、人与社会之间矛盾问题的解决。

马克思主义关于法律的主体和目的的经典论述，对我们司法机关在司法过程中牢牢把握"法的初心"具有重要意义。一切司法活动应以人的全面发展为出发点，实现司法对人与自然、人与社会、人与人之间关系的最有效的正面调处作用，最大限度减少司法负面效应的溢出。可见，马克思主义经典论述是绿色司法的理论源头。

（二）绿色发展理念是绿色司法的当代思想宝库

党的十八届五中全会上，习近平同志提出创新、协调、绿色、开放、共享"五大发展理念"。其中，将绿色发展理念作为关系我国发展全局的一个重要理念，准确把握了我国经济社会发展阶段特征，体现了对经济社会发展规律认

---

① 《马克思恩格斯全集》（第42卷），人民出版社1979年版，第152页。

② 《马克思恩格斯选集》（第1卷），人民出版社1995年版，第56页。

③ 《马克思恩格斯全集》（第1卷），人民出版社1960年版，第176页。

④ 《马克思恩格斯全集》（第1卷），人民出版社1960年版，第184页。

识的深化。多年的经济高速增长，成就了中国的“世界第二大经济体”，同时也积累一系列矛盾和问题。目前这种建立在大量消耗资源、污染环境基础上的粗放的发展方式是不可持续的，特别是对资源环境承载力的巨大压力，将成为制约发展的“瓶颈”。走绿色发展之路，建设生态文明，是发展的潮流所向。

价值取向决定价值标准和价值选择，是理念的重要组成部分。什么是绿色价值取向？习近平同志关于“绿水青山”与“金山银山”关系三个重要论断，对此作了生动阐释和系统说明：一是“绿水青山就是金山银山”，二是“既要金山银山，又要绿水青山”，三是“宁要绿水青山，不要金山银山”。① 这也是生态文明建设理论的核心思想、标志性观点和代表性论断。习近平同志进一步指出：“自然生态要山清水秀，政治生态也要山清水秀。”讲绿色政治生态也是生产力，同样能够极大地促进社会生产力，要从严治党，实现绿色政治生态的巨大效能。那么，在法治领域呢？我们认为，同样需要有“绿色”法治思维，以科学立法、严格执法、公正司法、全民守法来引领、规范、促进、保障生态文明建设，构建法治生态的“绿水青山”。

（三）“天人合一”、“明德慎刑”思想是绿色司法的法文化传统

“天人合一”思想是中国传统文化的精髓和灵魂，是中国法礼文化的最高精神境界。学界普遍认同“天人合一”思想在《周易》中就已经出现，“敬天保民”、“以德配天”、“明德慎罚”的提出，代表了“天人合一”观念的初步形成，经过春秋战国时期百家的发展，到汉代基本建立起了“天人相类”的思维模式，旨在寻求天人和谐统一，维持稳定的社会秩序，至宋明理学讲“天人一体”、“万物一体”以及张载正式提出了“天人合一”的命题，便已成熟并成为了基本思维方式，渗透到中国文化的各个方面，成为中国文化最重要的精神。“天人合一”作为中国传统法的价值观念与精神境界的最高体现，是集人与自然关系、人与社会关系、人与政治统治关系为一体的思想。这样的思想反映到法学领域，表现为“则天制刑”，就是要求现实社会中的法应当体现自然状态下的自在和谐精神，一切的行为规制都要发乎于情、合乎于礼。自汉朝以来实行的“引经入律”、“春秋决狱”、“秋冬行刑”等原则，就体现了法律的运行符合普通民众的善恶观念，得到民众认同，是把天理、国法、人情融为一体的社会准则。“天人合一”的最根本精神特征，就在于“和”。《中庸》说：“中也者，天下之大本也……和也者，天下之达道也。”“和”是一种

① 任理轩：《坚持绿色发展——“五大发展理念”解读之三》，载《人民日报》2015年12月22日。

由自然及社会、天道及人事的动态的和谐生成关系，自然的必须是和谐的，和谐的就是善、美的，不和谐的都是不正常的，是恶、丑的。儒家思想将“和”扩展到人际关系和社会领域，主张“君子和而不同”。这样的思想反映到法学领域，则表现为对“无讼”的价值取向的追求，体现了对秩序和稳定的追求与努力。

在现代法治发展的过程中，我们可以明显感受到我国古代的法律制度、法治观念和法治思想对现代法治的自觉或不自觉的影响。中国传统法文化根植于中华民族的历史与文化土壤，成为我们走向现代法治文明的不可或缺的元素。从中国传统法文化中“天人合一”、“明德慎刑”法思想到“息诉”、“无讼”的司法终极追求，为我们绿色司法提供了博大历史情怀。

（四）现代司法思想的丰富发展是绿色司法的时代呼应

随着法治进步和司法实践不断丰富，现代司法思想也发生了巨大变革，主要体现在“三大发展”变化上：

司法过度扩张向司法谦抑的发展。任何权力都天然地具有自我扩张的本能，司法也不例外。司法从“司法本位”到“司法越位”，甚至一度进入“司法万能”的“幻觉”，让司法给人以一种万能的工具形象，必然导致司法的“不能承受之重”。此时，更加符合司法规律的司法谦抑逐渐进入大家的视野，司法谦抑的价值也日益凸显出来了。在司法活动中的司法谦抑，就是在立案、侦查、起诉、审理、判决等一系列程序中，体现对自我权力的克制和对当事人权利及其他国家权力的尊重。主要有几个层次的含义：一是从刑法本身的谦抑性原则出发，“对于某种危害社会的行为，国家能用民事、行政手段解决的，就不用刑法手段，只有刑法具有不可避免性时才用刑罚”；① 二是从司法的“定分止争”目的出发，司法活动的开展受社会关系变化的制约，服从于社会发展的需要，需要慎用司法权以避免矛盾纠纷的激化；三是从工作方式上来看，司法活动不把自己作为唯一的手段，而是充分发挥其他渠道解决纠纷的功能，与其他多种手段相结合。

报应性司法向恢复性司法的发展。传统刑事司法的报应性司法，以惩罚犯罪为目的，考量评价的唯一要素就是犯罪事实，旨在强调刑罚的严重性与犯罪的严重程度相适应，如刑法中关于一般累犯和特别累犯、犯罪情节等方面的规定。在这样的“国家—被告人’对抗环境下，被告人长期处于完全被动的地位，其权利易被侵犯，被害人救济权也难以得到保障，因而导致一些社会矛盾

① 何柏生：《简单性原则对法学的要求》，载《法学》2005年第9期。

无法得到有效化解、社会对立面增加、司法成本激增等问题，造成了报应性司法模式的“失灵”。此时，究竟是继续“走用令人生畏的严峻的刑罚来彻底消灭犯罪的道路，还是走始终建立在促进人类进步的思想基础上的预防、保护受害人和安置犯罪人的道路”①？显然，单纯的惩罚犯罪不能作为刑事司法的唯一目的。恢复性司法顺应了这样的需求，它着重于治疗犯罪行为给被害人和社会所带来的伤害，并以恢复原有社会秩序为目的。根据联合国《运用恢复性司法方案于犯罪新问题的基本原则》宣言，恢复性司法指运用“恢复性过程或目的实现恢复性结果的任何方案”②。国家开始允许并引导其他诉讼参与人进行合作来解决纠纷，从“对抗”走向“对话”，并尽可能地采取措施修复被犯罪所侵害的社会关系，取得了良好的社会效果和实践经验。恢复性司法正逐步成为各国刑事案件处理方式发展的新趋势，与报应性司法一起共同构建起“多元刑事司法模式”。③ 在我国的司法实践中，刑事诉讼法就在特别程序中新规定了当事人和解的公诉案件诉讼程序。通过恢复性司法，来实现让犯罪人主动接受惩罚以矫治犯罪人，使其回归社会，以及保障人权、抚慰被害人和修复被损害的社会关系等司法目的。

形式主义向现实主义法律思想的发展。法律源自社会并规范社会行为，理当与社会保持协调。然而，随着法律体系的逐渐形成，法律形式化一方面是法律文明的成果，另一方面酝酿着法律与社会失去联系的危险。法律的形式主义，就是指“将法律制度视为一个封闭的逻辑体系，法律过程只是简单逻辑推理过程，从大前提和小前提中就可以推导出结论”④。为避免形式主义的僵化，以实用主义哲学为理论基础，兴起了现实主义法律运动，产生了现实主义法律思想。它强调“在社会中研究法律，在法律中研究社会，拉近法律与社会的距离。而法律与社会的联系点就是法律的适用过程，尤其是司法过程”⑤。应该说，法律反映着社会关系的需要，而社会关系则是处于不断发展变化之中

---

① 黄丁全：《刑法机能观的后退与挫折》，载陈兴良主编：《刑事法评论》（第 9 卷），中国政法大学出版社 2001 年版，第 525 页。

② 卞建林、杨宇冠：《联合国刑事司法准则撮要》，中国政法大学出版社 2003 年版，第 162 页。

③ 参见王林林：《多元刑事司法模式共存语境中的量刑基准研究》，载《政法论坛》2016 年第 3 期。

④ 周汉华：《现实主义法律运动与中国法治改革》，山东人民出版社 2002 年版，第 6 页。

⑤ 周汉华：《现实主义法律运动与中国法治改革》，山东人民出版社 2002 年版，第 58 页。

的。“那些由19世纪的法官所确立的法律原则——尽管适合当时的社会状况——是不适合20世纪的社会需要和社会见解的，应当用现在的社会模型对他们进行改造，使之与人民今天的观点和需要适应。”① 因此，在当前我们所面临的社会变革凸显时期面前，矛盾冲突的多样性与变动性，必然要求我们与时俱进，在法律基本原则的范围内以创新的方式追求司法效能，紧跟时代脉搏与人民群众的司法需求。

① ［英］丹宁勋爵：《法律的界碑》，刘庸安、张弘译，法律出版社2000年版，第6页。

绿色司法理念若干问题探析

许光勇*

绿色司法理念作为一种全新的司法理念，其提出有着深刻的背景和实践意义，正确认识和深刻理解绿色司法理念的价值内涵、哲学属性和价值构成，是今后一段时期的重大理论问题。本文拟从绿色司法理念的渊源、价值体现以及绿色司法理念的核心等方面作一粗浅的探讨，希望能起到抛砖引玉的作用。

一、绿色司法理念的溯源

绿色司法来源于绿色发展理念。党的十八届五中全会提出绿色发展理念，把马克思主义生态理论与当今时代发展特征和中国发展实践相结合，将生态文明建设融入中国经济、政治、文化、社会建设各方面和全过程，形成了一种全新的发展理念。

绿色发展理念的萌芽自古就有。我国古代传统文化中“道法自然”、“天人合一”、“仁民而爱物”、“德者泽及万物”就体现了朴素的绿色发展生态伦理思想。现代意义的绿色发展理念源自环境保护运动。在工业革命之前，人类的科技水平还处于落后阶段，改造自然的能力有限，生产、生活对自然的影响还十分有限，人与自然的冲突还不是十分激烈。进入工业革命之后，科技水平日新月异，人类改造大自然的能力大大增强，为了提高生产、生活水平，人类不断地增加向大自然索取资源，逐渐超出了自然承受能力，因此导致环境加剧恶化。1962 年蕾切尔·卡森发表了《寂静的春天》，点亮了人类环境保护意识的明灯，引发了全世界环境保护事业。人们意识到以资源消耗为基础的发展是不可持续的，1972 年罗马俱乐部发表了《增长的极限》，指出人类传统发展中模式中的人口问题、粮食问题、资源问题和环境污染问题（生态平衡问题）等，探索全球均衡状态。半个多世纪以来，人们不断加深了对发展观的研究。1966 年美国经济学家 Boulding 提出了循环经济说，1989 年英国经济学家大

* 浙江省台州市人民检察院。

卫·皮尔斯进一步提出“绿色经济”说，2003年英国政府发布能源白皮书《我们能源的未来：创建低碳经济》，提出低碳经济概念。这些学说从不同层次、不同角度探寻了可持续增长之路。但是这些理论研究大多局限于环境与经济领域，没有成为引领社会全面发展的理念。

党的十八届五中全会提出了绿色发展的理念，其内容包括人与自然和谐共生、节约高效利用资源、加大污染治理、加强生态保护和修复、健全生态文明制度体系等方面。① 绿色发展理念与循环经济、绿色经济、低碳经济相比，内涵更为丰富，适用领域更为广阔。循环经济着重于资源循环利用，低碳经济则特别强调碳减排，绿色经济更偏向生态环境的安全性，三者局限于环境、经济模式层次。绿色发展理念不仅包括了循环经济、绿色经济、低碳经济的内容，并且深入人与自然和谐、生态文明等更深的层次，更具有指导意义的哲学内涵。绿色发展的目标是可持续发展。可持续发展作为人类全面发展和持续发展的高度概括，不仅要考虑自然层面的问题，还要在更深层次上考虑人文层面的问题。绿色发展虽然源于环境、经济领域，但是作为一种发展理念进入政治、文化、社会领域，同样起到引领作用。绿色发展的核心词是“和谐、高效、斥除、保护、法治”。“和谐”要求相辅相成，相互促进。“高效”是以最少的投入获得最大的产出。“斥除”特指减少人类活动的负面影响。“保护”就是保障有利的因素，获得正面的收益。“法治”要求人类活动的规范性。绿色发展理念所蕴含的哲学内涵适用于国家治理体系，和谐不仅要求人与自然共生，经济与社会均衡发展，政府与市场协作，而且市民社会与国家的和谐共生，国家为社会服务，市民社会的发达又促进国家政治的稳定；科学高效是政治、社会发展的必然要求，在国家治理层面同样是政府行政的首要目标；国家治理的根本宗旨是促进公平正义，增进人民福祉，斥除和保护意味着政府要保障公共利益，实现全民福祉，减少政府行政的负面影响；法治是现代国家治理的基本方略。

二、绿色司法理念的价值体现

理念从字面上可以解释为理性的观念。具体而言，首先，理念是理性的思维，而不是感性的直觉，是经过深入思考，在实践中形成的具有系统性、全面性和深刻性的意识，是一种深层次的抽象认识。其次，理念是思考问题、作出行为时所持有的价值观，是实践的指导，具有一定的预见性和前瞻性。司法理

① 参见《〈中共中央关于制定国民经济和社会发展第十三个五年规划的建议〉辅导读本》，人民出版社2015年版，第17～18页。

念是法律理念的一种，是人们在司法制度的形成和司法实践的展开活动过程中形成的关于司法功能、司法性质、司法制度、司法实践等一系列的基本观念和根本原理。司法理念除了作为一种对司法现象的理性认识，同样是关于司法的价值观。

绿色发展理念与司法相结合，就是绿色司法理念。2001 年最高人民法院院长肖扬提出要树立“中立、平等、透明、公正、高效、独立、文明”的现代司法理念，司法理念指引司法体制改革、司法办案、司法队伍建设等方面取得了显著的成效。但是随着我国进入全面建成小康社会的决定性阶段，各项改革进入攻坚期和深水区，司法工作面临的形势发生了复杂而深刻的变化。形式的发展、环境的变化、事业的开拓、人民的期待，都对司法工作提出了新的更高要求。当前司法工作中存在的如司法公信力不足，申诉案件居高不下，不能案结事了；判决执行不了，成为法律白条；裁判不公，冤假错案时有发生；执法不严、不规范，造成负面影响；案多人少，审理周期长，工作效率不高等突出问题，或多或少的与司法理念的不足有着不可分割的关系。

坚持以绿色司法理念作为司法工作的引领，对于促进司法工作具有重要的指导意义：

首先，绿色司法有利于实现司法和谐共存。和谐共存的本质是共同发展。法律的有效运作依靠于健全的司法机制，这种司法机制应该能够充分反映法律自身的特点、功能、效用，与社会的政治、经济、文化紧密联系，满足社会发展与进步的要求，合理调配机构、人力、技术装备等管理要求，以求得在协调一致、高速运转中获得最大的效益。绿色司法倡导司法的和谐共存。所谓司法和谐，就是指司法主体在司法活动中，追求的围绕着司法运行的多种因素和力量的协调一致，不是仅局限于个案，而是基于一种社会整体的和谐，最终实现社会整合的一种状态。①

司法的功能就是解决社会矛盾，从这个角度来说恢复和谐社会关系也是司法的最终目标。绿色司法注重司法效果的多元化，实现法律效果、社会效果和政治效果的和谐统一。同时司法本身的发展也是由矛盾所推动，也需要和谐发展。司法作为解决社会矛盾的途径之一，要和其他的解决方法和谐统一。法律并非解决冲突的最好办法，实际上只是因为缺乏其他解决手段才导致法律的增

① 马大宇、丁兆波：《司法和谐理念初探》，载《北京理工大学学报（社会科学版）》2006 年第 2 期。

长。[①] ADR 的兴起与发展充分说明注重人文关怀、倡导宽容理解的诉讼外纠纷解决和冷冰冰、激烈的司法对抗完全可以互补，共同缓和社会矛盾的作用。绿色司法倡导司法的各组成部分相辅相成，共同和谐发展，无论是刑事诉讼中分工负责，互相配合，互相制约还是民事、行政诉讼中的法院裁判、检察监督，均体现出各司法机关科学配置，和谐发展的精神。司法作为公权力，还要和其他公权力、私权利和谐共存。司法作为社会矛盾的最后防线，具有至上的地位，但是司法也必须受到监督，绿色司法重视对司法的监督约束，追求司法权威与监督之间的平衡状态。

其次，绿色司法有利于促进司法科学高效。传统经济学上效率就是费用与效益之比，然而费用与效益分析法在资源配置上的有效性局限于当代，如果涉及资源的代际配置问题，则很可能使后代受损。因此，科学高效的目标是综合效益即经济、社会和环境效益的统一，总体效益即间接效益和直接效益、局部效益和整体效益、眼前效益和长远效益的统一，最佳效益即速度和效益、数量和质量、先进性和可行性的统一。

效率是法律的基本价值之一，也是司法的永恒主题。司法效率是指向于包含效益内涵的对司法活动更全面更高级的评述。[②] 因此司法效率不仅仅是解决司法资源如何配置的问题。绿色司法首先要求合理配置司法资源实现自身高效运行，即“迟来的正义非正义”；同时也要求兼顾数量与质量，“一个错案的负面影响足以摧毁九十九个公正裁判积累起来的良好形象”。绿色司法注重行为效率与制度效率的相辅相成，司法工作的科学高效包括行为的效率和制度的效率两方面，任何制度都必须确定资源配置、产出组合和产出分配，制度效率是决定行为效率的基础，制度效率的实现又依赖于行为的效率。绿色司法一方面重视办案组织体系、管理体系建设，加强司法的信息化建设，建立高效的制度保障；另一方面也重视司法工作人员的素质培养，以忠诚的政治品格、坚毅的法治精神、博大的人文情怀、精益求精的工匠精神为目标，培养一支高素质的司法队伍，提高行为的效率。绿色司法将司法对社会效率的引控作为司法科学高效的重要内容，司法对社会效率的引控包括通过处罚遏制违法行为和通过权利保护激励人们选择合乎社会需要的道路两方面。[③] 前者主要通过改善诉讼制度、提高司法效率，从而提高处罚的可能性，增加违法行为的成本，最终消

① ［美］唐·布莱克：《社会学视野中的司法》，郭星华等译，法律出版社 2002 年版，第 85 页。

② 钱弘道：《论司法效率》，载《中国法学》2002 年第 4 期。

③ 谢鹏程：《基本法律价值》，山东人民出版社 2000 年版，第 182 页。

除违法行为。后者通过权利激励把社会需要与个人效用有机结合，使人们在为自身利益奋斗的同时创造较大的社会效益，如加强对非公经济企业权利的平等保护，促进市场在进一步提高效率方面发挥作用。

再次，绿色司法有利于司法价值的回归。社会的发展是落后与进步矛盾斗争的结果，同样在法律领域，进步与落后、善与恶是最基本的矛盾。虽然司法的价值有许多表述，如人道主义、正义、自由、秩序、效益等，但是惩恶扬善是司法的初衷，是司法最基本的价值。绿色司法坚持最朴素的正义观念，在坚持司法价值底线的同时正确处理好与实现其他司法价值的关系。绿色司法坚持司法平衡。亚里士多德认为："凡离中庸之道（亦即最好形式）愈远的品种也一定是恶劣的政体。"① 孟德斯鸠在《论法的精神》一书中说："我写这本书为的就是要证明这句话：适中宽和的精神应当是立法者的精神；政治的'善'就好像道德的'善'一样，是经常处于两个极端之间的。"② 司法平衡不仅是当事人利益平衡，也是各种价值的平衡。绿色司法在打击犯罪的同时，坚持以人为本，实现人道主义价值，做到打击与保护并重、宽严相济有度；在充分保障自由的同时也注重实现秩序价值；在追求公平的同时坚持效率并重，等等。绿色司法在保护正面的、进步的因素的同时斥除负面的落后的因素，注重规范、理性、文明司法，坚决纠正简单执法、粗暴执法甚至刑讯逼供、变相刑讯逼供，最大限度减少司法办案的负面产出，防止过度司法，真正实现司法促进社会发展的价值。

最后，绿色司法有利于提升司法的法治水平。法治的核心是规则。《元照英美法词典》认为法治（Rule of Law）"最常见的含义是指与恣意的人治相对而言，根据现存既定规则进行的治理"③。《布莱克法律辞典》也认为"法治是由最高权威认可颁布的并且通常以准则或逻辑命题形式出现的、具有普遍适用性的法律原则"④。司法是法律适用的过程，是法治的组成部分，司法是否符合法治的要求对法治的实现具有重要的意义。司法的心脏是程序规则，程序是司法正当化的保障，司法的法治程度取决于它的程序。绿色司法深刻认识当下司法不规范的短板，突出强调规则思维、程序性思维，将司法办案纳入规范化的轨道，严格按照程序规定，通过规范司法防止司法恣意。

法治具有不同层次的意义，如法治是一种理性的办事原则、法制模式、法

① ［希］亚里士多德：《政治学》，吴寿彭译，商务印书馆1965年版，第209页。

② ［法］孟德斯鸠：《论法的精神》，张雁深译，商务印书馆1961年版，第286页。

③ 薛波主编：《元照英美法词典》，法律出版社2003年版，第1212页。

④ ［英］布莱克：《布莱克法律辞典》（英文版第5版），第1196页。

律精神、社会秩序等。[①] 但无论哪一种意义，法治均离不开理性的要求。绿色司法不仅要求司法具有公共理性，通过裁判满足最大限度的公共利益，获得社会普遍认同，同时要求司法具有政治理性，即服务大局，维护社会稳定，为促进经济社会又好又快的发展提供司法保障。

法治离不开民主，绿色司法同样强调司法民主，以司法为民作为最重要的价值追求之一。绿色司法最大限度地吸收民众参与，完善公民有序参与机制，通过程序保障当事人在司法过程中的对话；加强司法的公开性，增加司法的透明性；完善民意收集机制，加强公共关系建设，积极回应群众对司法公正的期盼，“努力让人民群众在每一起司法案件中都感受到公平正义”。

三、绿色司法理念的核心生命力在于司法规律

绿色司法理念与司法规律既有联系，又有区别。规律是事物之间的必然联系，决定事物发展的必然趋势，规律具有客观性、必然性、本质性和稳定性。司法规律则是司法活动中客观存在的、在根本上决定司法未来发展的、内在的、本质的、必然的规定性。司法规律的客观性是指司法规律不以人们的意志为转移，也不因外在条件变化而变化，是一种客观存在；稳定性是指司法规律持续存在于相当长的一段时期，并始终发挥作用；必然性是指司法规律决定司法发展的趋势，人们能够通过对司法规律的认识、发现和利用，预见未来的司法走向和趋势；普遍性是指司法规律是在司法活动中普遍存在，具有广泛的适用性和生命力，而不是某一国家或某一阶段的司法所特有的属性。[②] 相对于司法规律而言，司法理念则具有主观性、时代性、变动性，即司法理念是关于司法活动的基础理论和根本观念，属于主观认识范畴；司法理念在不同的时间，甚至不同的地区，都可能存在区别。

两者的联系在于，根据马克思主义主客观辩证观点，客观决定主观，主观可以认识客观，并可以改造客观。司法规律对司法理念具有决定性作用，是司法理念的内在本质，司法理念是司法规律的外在表现，历史实践已经证明与司法规律根本冲突的司法理念只能阻碍司法的发展，最终被人们所抛弃。同时司法理念也可以改造司法规律。司法规律作为人类司法活动的产物，随着漫长的司法实践从无到有并为人们所发现的，在其形成过程中受着司法理念的塑造。当一种先进的司法理念为人们普遍接受并融合到司法实践当中时，这种理念就有可能转变成司法规律。如资本主义司法制度取代封建司法制度，首先就是由

① 孙笑侠：《法的现象与观念》，山东人民出版社 2001 年版，第 325～328 页。
② 彭巍：《司法规律学术研讨会纪要》，载《法制与社会发展》2015 年第 3 期。

先进的司法理念作为引领，并通过实践转变为司法规律。

绿色司法理念作为全新的司法理念，其生命力核心在于司法规律。绿色司法理念必须遵循司法规律。绿色司法理念作为司法活动的基本观念和理论，本身就包含了司法规律内容。如绿色司法理念关于司法主体的要求、诉讼制度的架构、司法活动的运行等，均要求中立、公正、亲历，与司法规律是完全一致的。绿色司法理念更加注重对司法实践的引领作用，让司法实践主动适应司法规律，强调纠正当前司法工作中不符合司法规律的做法。如任何工作都需要考评，司法工作同样需要考评才能推动司法工作的发展。但是司法工作的评价是综合评价，不能唯案件数量而论，实践中片面强调破案率、打击数等案件数量，是对司法规律的严重违背，因此应当彻底摒弃唯数量论，科学制定对司法工作的考评机制。绿色司法理念认为司法工作应当遵循司法规律，司法规律具有普遍性，但是在不同的国家、不同的阶段有不同的表现形式，因此应结合我国具体国情，建立既符合司法规律，又符合国情的司法制度。如建立以审判为中心的诉讼制度应当是一项综合工程，需要整个社会的司法文化、社会观念、经济发展基础等相配套。“司法改革必须打包，单项推进会致结构失衡……某些环节可能当下还无法一步到位，但在设计思路上和推进方向上一定要全盘考虑、配套推进，必须考虑到各个环节之间的系统性问题。”[①] 民事诉讼中的证人制度就是一个很好的例子，在缺乏必要的配套制度下，照搬对抗制模式证人出庭作证制度，最终反而使证人制度无法发挥应有的作用。[②]

绿色司法理念作为一种先进的司法理念，除了必须遵循司法规律，还应当领先于司法规律。理论创新是创新发展的先导。司法规律虽然是司法活动的内在规律，但它具有的稳定性同时也决定了自身难以实现创新发展，因此需要理论创新的先导。当前我国正处于发展的关键期，面临着新的形势、新的矛盾、新的要求，尤其需要理论上的创新来引导实践。绿色司法理念将绿色发展理念引入到司法领域，是对司法理念的创新，是司法发展创新的必然要求。同时绿色司法理念自身也在不断的发展，通过实践不断地丰富和完善自身内涵和理论体系，推进司法工作健康持续发展。绿色司法理念最终将为人们普遍所认可，进而发展司法规律，从而始终保持旺盛的生命力。

---

① 傅郁林：《司法改革必须打包 单项推进会致结构失衡》，载《新京报》2012 年 7 月 2 日。

② 徐昕：《法官为什么不相信证人？证人在转型中国司法过程中的作用》，载《中外法学》2006 年第 3 期。

论绿色司法

——对绿色司法的学习与思考

钱昌夫[*]

习近平同志指出："准确把握我国不同发展阶段的新变化新特点，使主观世界更好符合客观实际，按照实际决定工作方针，这是我们必须牢牢记住的工作方法。"绿色司法理念的提出，正是基于对新阶段我省检察工作现状的深入实践和思考，对改革开放大局和全面建设小康社会这一时代脉搏的准确把握，全面贯彻习近平总书记提出的"五大发展理念"和深刻洞察社会主义司法规律的基础上，形成的我省检察工作的新理念、新思想、新战略。绿色司法理念的提出，必将为我省检察工作走在前列、成为标杆提供重要指导。认真学习和深刻领悟绿色司法理念，精准把握绿色司法的实质和内涵，才能保持践行绿色司法的自觉性和坚定性。本文是作者在深入学习的基础上，对绿色司法理念的一些思考和认识。

一、提出绿色司法理念的现实必要性

（一）改革开放已经进入攻坚期、深水区，发展阻力越来越大，深层次矛盾越来越多

当前，我国经济社会进入深刻转型期，我们面临的是一个大变革、大发展的时代，矛盾凸显、问题涌出、挑战与机遇并存，是这个变革时代的鲜明特色。在改革的大背景下，必须用新的思路谋划发展，用新的精神凝聚力量，用新的措施破解难题。伴随着司法改革全面铺开，一些制约检察工作发展的体制性、机制性、保障性障碍也愈加突出，亟待破解，绿色司法理念的提出，可以说是为解决改革攻坚期检察工作中存在突出问题和矛盾应运而生的。

---

* 浙江省绍兴市越城区人民检察院。

（二）检察工作在促进社会治理现代化中的作用没有得到充分发挥

检察机关在促进社会治理现代化、实现“善治”的过程中不应缺位，而是要充分发挥其重要作用。运用法律调整社会关系、规范社会秩序是检察工作的使命，高昂的司法成本绝非仅仅换得“打击犯罪”的回报，更是要促进社会治理走向“善治”，因此检察工作和社会治理之间的关系应当是双向度的良性互动，但当前检察实践更侧重于单向度地解决打击犯罪问题，却对社会治理中存在的一些问题的回应和反馈不足，与社会的互动能力较弱。社会治理对“激活”检察对社会的回应能力的迫切需求，呼唤着绿色司法这一新的司法理念的产生。

（三）长期制约检察工作发展的瓶颈问题没有得到彻底解决，执法办案“短板”问题“老生常谈”却未能有效“补齐”

主要表现在宏观和微观两个层面。宏观上主要表现在长期以来公众对检察机关和检察工作的认知度不够高，检察公信力与理想之间还有较大差距。微观上，“案多人少”这一“司法雾霾”长期挥之不去，不仅没有得到缓解，还愈演愈烈，案子为何这么多，案子为何越办越多，这个难题至今没有破解；法律监督刚性不强、监督手段欠缺、不敢监督、不善监督、协商式监督、虚假监督等问题普遍存在，严重影响法律监督权威；不少检察人员就案办案、机械办案，或将执法办案理解为“案子诉出”，变“案件审查”为“案卷审查”，闭门造车，业务能力业务素质严重跟不上检察工作的需要；执法不规范、不文明、不理性现象时有发生，一些执法者重实体轻程序、重打击轻保护的偏颇观念根深蒂固，一些检察人员人文精神缺失，没有悲天悯人的情怀，却有粗暴蛮横的戾气，还有个别不遵守廉洁自律，违法违规等。长期以来，这些“瓶颈”和“短板”严重制约着检察工作的发展，却迟迟没有得到彻底解决，而过去那种零敲碎打、修修补补和头痛医头、脚痛医脚的解决方式已经不能满足需要，迫切要求有新的思维理念和方式方法去破除这些难题。

（四）经济社会快速发展的迫切需要与检察机关法治供给能不足、供给结构失衡之间的矛盾突出

司法服务也是公共服务，需要给经济社会的发展提供法治供给，为法治中国建设提供绿色动能。当前，我国经济社会飞速发展，可谓日新月异，对法治供给的需求量与日俱增。但检察机关的法治供给也存在“供给侧”问题。首先是供给不足，检察发展跟不上时代步伐，法律监督的体系不够完备，监督方法不够科学，许多新问题、新情况层出不穷却应对乏力。其次是法治供给的结构性矛盾的问题，体现为供需不对称、不协调，一些方面“产能过剩”，一些

方面则是“无效供给”、供非所需。在当前司法资源紧缺的情况下，如何整合优化现有资源，协调内部资源配置，“突出办案重点，优化办案结构”，优化法治供给结构，是亟需解决却又容易被忽视的紧迫问题。

二、“绿色思维”是绿色司法的精神实质

从汪瀚检察长对绿色司法的一系列重要讲话和阐述中，我们可以概括出绿色司法所涵盖的“绿色思维”方式和理念，而这些思维方式和理念，我们认为正是绿色司法的精神实质。

（一）发展的思维方式

马克思主义认为，发展的实质是事物合规律的、前进的、向上的运动和变化。汪瀚检察长在“十六检”会议上指出，“践行绿色司法，要把树立正确的政绩观作为第一位的要求”，正确的政绩观是正确的发展观的体现。不是所有的变化都是发展，发展是积极地向上的变化。坚持正确的检察政绩观，就是要在检察工作中追求检察工作的“绿色 GDP”而不是“带污染的 GDP”和“无效 GDP”，就是要改变唯数字办案 GDP 评价模式，坚决摒弃“以数字论英雄”，人为下达办案任务的思维和现象。

矛盾是发展原因和动力。绿色司法理念的提出，就是发现和正视检察工作中的短板，不掩盖、不回避，直面问题，把检察工作中存在的短板问题带来的压力转化为发展的动力，把发展中产生的问题，在发展中推动解决。

发展不是杂乱无章的，是有规律的。习近平总书记提出的“绿色发展理念”，本质上是要求在发展过程中尊重自然规律。“谁不遵守事物发展的内在规律，谁就会受到规律的惩罚”，司法工作也有其内在规律，绿色司法以“遵循司法规律为导向”，强调一切检察工作必须遵守和尊重社会主义法治的内在规律，并且只有在尊重规律的基础上，才能实现其“构建良好法治生态”的重大职责使命。

（二）人本的思维方式

习近平总书记提出的“五大发展理念”中，共享发展理念是重要的一部分，共享发展的关键是要通过有效的制度安排使全体人民在共建共享发展中有更多获得感。绿色司法对“规范司法、理性司法、文明司法”的无比重视，本质上是对司法为民的人本理念的无比重视。无论是对“案多人少”这一“司法雾霾”背后反映出的刑法调整面过大的深刻忧虑，还是对“克制性、妥协性、宽容性”司法理性的深入思考；无论是对“善治”的追求，还是对“和谐司法”的突出强调；无论是对要有司法良知、“约束内心魔障”及“对

社会要悲悯”的要求，还是对提升司法者文化修养、人文境界的倡导，都体现出了绿色司法背后的人文关怀和人本理念。“仁者爱人”，从人本这一维度看，绿色司法也是仁爱司法。

（三）回应的思维方式

司法工作和社会是互动的。一直以来，检察工作与社会的互动不足，回应不够，自我中心的单向度思维使得执法办案成了“闭门造车”，检察话语常常成为自说自话和自我欣赏陶醉，甚至满足于将执法办案沦为“司法生产线上的传送带环节”而不自省。绿色司法以建设高水平法治，“引领社会走向善治”为使命，凸显了司法要积极回应社会现实的积极主张。绿色司法理念坚决反对那种习惯于就案办案、满足于案结事了的消极司法态度，要求检察工作要立足司法办案回应社会治理的需要，包括以谦抑性司法态度回应社会自治空间的需要，以司法保护非公有制经济举措回应经济发展和市场法治的需要，以不起诉权积极行使回应制约侦查权的不当使用的需要等具体内容，这些都是对回应型思维最好的诠释。

（四）反思的思维方式

事物的发展是一个不断变化的过程，发展环境、发展条件不会一成不变，发展理念也不会一成不变，面对新的发展实践，有些东西过去有效，现在未必有效；有些过去不合时宜，现在却势在必行；有些过去不可逾越，现在则需要突破。新形势下，无论是面临的国家发展的大环境，还是我们检察工作内部发展的“小环境”，都在发生深刻变化，迫切要求我们在推进检察工作中解放思想、实事求是、与时俱进地分析矛盾，解决突出问题，刷新发展理念，以发展思路和发展方式的转变促进检察工作。绿色司法理念不仅自身是新的司法理念，其内涵也包含着反思精神和创新意识。长期以来，我们检察工作取得的成就有目共睹，检察事业的发展蒸蒸日上，当前的检察改革也进行得如火如荼，在这个欣欣向荣的背景下提出的以问题为导向绿色司法，不啻是对过往司法观念的一次检讨和反思，也是对当前的办案模式、管理模式、监督模式乃至司法思维的一次深刻的检视。绿色司法的这种反思精神要求我们不断在前进的道路上重新审视现状，发现问题，不陶醉于成绩，不故步自封。这种检讨和反思不是对过去的否定，而是为了推动更上一层楼。

三、绿色司法的理论特点及其方法论意义

（一）绿色司法的两个鲜明价值取向

一是坚持中国特色社会主义检察制度。邓小平同志指出：“中国的事情要

按照中国的情况来办，要依靠中国人自己的力量来办。”绿色司法理念归根结底还是中国特色社会主义法治理念的产物，是遵循社会主义司法工作规律的体现。只有毫不动摇地坚持中国特色社会主义检察制度，才能保证党对检察工作的领导，才能实事求是地接地气，发现和解决我们面临的实际问题，才能保证各项检察改革不跑偏。

二是坚持司法为民。人本理念是绿色司法理念的最重要组成部分。省十六检会议指出，“全省检察机关必须坚持以人民为中心，把司法为民作为重要的价值追求，做到心中有民，司法为民，以人民拥护不拥护，赞成不赞成、高兴不高兴、答应不答应作为衡量检察工作的根本标准”。绿色司法将提升检察公信力作为其本质要求，提升检察公信力归根结底在于提升人民群众对检察工作的公平正义获得感，“通过公正司法维护人民群众的合法权益，不仅让人民群众感受到我们在司法办案中做到了依法、合法，而且要让群众感受到公平、公正，感受到权益受到了公平对待，利益得到了有效维护，切实提升人民群众对检察工作的获得感”。

（二）绿色司法的理论品质

一是站位高远。汪瀚检察长提出绿色司法的缘起，虽然是针对检察工作中存在的个别问题，但是从一系列关于绿色司法的重要讲话看，绿色司法理念的形成和发展，已经远非针对一时、一事，而是站在全面建设小康社会的战略全局高度，在准确把握司法体制改革这一战略机遇期的特点，洞察社会主义司法工作规律的基础上，针对我省检察工作提出的以检察发展理念转变引领发展方式转变，以发展方式转变推动发展质效提升的重要理念，既着眼于促进社会治理现代化，又把检察工作内部的各条线、各方面通盘考虑，统筹协调我省检察工作的当前和长远，局部和全局的关系。这一理念的提出，显示了直面问题的勇气、克服难题的胆量和自我革新的气魄，也体现了浙江检察勇立潮头、敢为人先、争做旗帜标杆的雄心壮志。

二是重点突出，方向明确。绿色司法理念的提出，就是针对当前检察工作中存在的突出问题，为了解决司法顽疾，清除司法“雾霾”，防治司法“污染”，紧紧抓住了当前检察工作中存在的主要矛盾和矛盾的主要方面，坚持两点论和重点论相统一，突出薄弱环节和滞后领域，集中攻关，为补齐短板提出可行思路和务实举措，而这一理念树立的方向就是“推进社会善治进程，构建文明健康的法治生态”。

三是实践性强。绿色司法理念具有鲜明战略性，但同时也是围绕我省检察工作发展中的突出矛盾和问题提出来的，具有很强的实践指导意义，其坚持大处着眼、小处着手，步步为营、扎实推进，既给出了宏观指导，也给出了清晰的目标、明确的方法，具有很强的指导性、实践性和可操作性。

（三）绿色司法的方法论意义

在思想层面上，绿色司法理念的提出，掀起司法理念更新的“头脑风暴”。理念是实践的先导，要在实践上变革，必须要在理念上更新。当前，我们工作中还存在一些落后的、陈旧的理念。如前所述，在政绩观上，一些人搞不明白办案为了什么，做一天和尚撞一天钟，不思考，不研究，暮鼓晨钟，浑浑噩噩，还有一些人为了办案而办案，为数字攀升而工作，“以数字论英雄”；在执法办案思维方面，一些人不注重人权保障，一味侧重打击，表现出明显的刑法激进主义，缺乏应有的“克制性、妥协性和宽容性”；在执法理念层面，一些人缺乏职业良知，丧失起码的是非判断和职业道德。绿色司法理念的提出，可以说是掀起了“头脑风暴”，对落后陈旧思想观念当头棒喝，起到醍醐灌顶的作用。

在实践层面上，绿色司法理念的提出，打破了一直以来的“路径依赖”。“路径依赖是指人们一旦选择了某个体制，由于规模经济、学习效应、协调效应以及适应性预期，以及既得利益约束等因素，会导致该体制沿着既定的方向不断得以自我强化。”检察工作中也存在路径依赖的问题，一些问题长期存在，习惯成自然，积重难返。比如我们的检察管理中，还存在不科学、不合理、不符合司法工作规律、低效率甚至无效的管理方式；执法办案中还存在大量的照抄照搬、不假思索沿袭老路，将错就错的情况。另外，路径依赖也给司法体制改革带来极大的阻力。绿色司法理念的提出，为打破旧格局、旧传统开辟出了一条新的道路。

四、基层检察院如何正确理解和践行绿色司法理念

首先要正确掌握绿色司法理念的内涵和实质。“形而上者谓之道，形而下者谓之器”，我们认为，绿色思维方式是绿色司法理念的精神实质，“绿色”理念是绿色司法的“道”之所在。我们对绿色司法理念的理解不能简单停留在“器”的层面，因为绿色司法理念不是为了解决司法过程中某一具体的问题，而是为指导司法过程中遇到的种种问题提供一种“绿色”的思想方案。只有真正了解和掌握绿色司法理念的内涵和实质，才能在解决具体问题中加以运用，而不至于在面临具体问题时无所适从。比如我院在办理一起存疑不起诉案件过程中，被不起诉人反映其因有犯罪记录而找工作困难，我们马上开展了对被不起诉人（绝对不起诉和存疑不起诉）的犯罪记录封存问题的调研；我们根据被判处缓刑的涉罪外来人口一般都交由其户籍地进行社区矫正监督考察的现象，为有利于这些外来人口回归社会，促进司法服务均等化，我们也及时

展开了相关工作；为了消除案多人少这一司法“雾霾”，把刑法的调整面限缩在合理范围，我们提出了“用刑法总则消弭案多人少”的口号。这些都是运用绿色司法理念指导工作，发现、思考和解决问题的体现。

其次要以发展的眼光看绿色司法理念。任何一种理论、理念都不是一成不变的，而是随着实践的变化而发展提升，这既是作为一种理论自身的良好品质，也是符合客观实际的体现。绿色司法理念的提出和发展完善，需要在不断践行这一先进理念的过程中去创新、发展和完善，从这个角度讲，每一个检察人都是绿色司法理念的实践主体，也是绿色司法理念的创造主体。因此，作为基层检察机关，我们也要有“主人翁”的意识，在利用绿色司法理念指导检察工作的实践中，创新和发展绿色司法理念。

最后要以更宽阔的思维去理解绿色司法。绿色司法理念的提出，虽然是缘起于环保理念中的“绿色”，其目的在于实现良性法治生态，但是绿色司法理念的“绿色”，已经远非本源意义上的“绿色”所能够涵盖和象征，我们在理解、运用及创新发展绿色司法理念过程中，不必拘泥于环保概念的“绿色”含义，甚至一味生搬硬套环保概念，否则将是削足适履，限制了绿色司法这一先进理念的理论生命力。

以沈家本的刑法谦抑思想解读绿色司法

刘突飞 *

沈家本的刑法思想中体现了轻刑、慎刑的理念，“绿色司法”也蕴含着审慎、善意的精神，二者在体现谦抑性上存在共通之处，通过对比和延伸，发现“绿色司法”所蕴含的谦抑思想在价值取向、工作要求等方面具有丰富的体现。

一、与仁政结合——沈家本朴素的刑法谦抑思想

沈家本被誉为“中国法制近代化之父”、“中国近代法系的创立者”。深受儒家思想影响的沈家本将传统的仁政思想与西方的刑法思想相结合，形成了独特、先进的刑法思想。沈家本认为“各法之中，尤以刑法为切要”，并重点对刑律进行了改革，制定了《大清新刑律》。在新律中引进了如“罪刑法定原则、人道主义思想”等西方近代刑法思想和刑法原则。他主张反对酷刑重法，减省死刑、死刑唯一等人道主义思想；反对比附援引，慎重用刑、罪行相当的罪刑法定思想；反对刑法异制的法律面前人人平等思想；刑罚与教化互补思想等。他的这些刑法思想为新刑律的制定提供了理论指引，使中国刑法从野蛮落后迈向了现代文明。

沈家本主张德主刑辅的刑法思想、以仁政为先的立法精神以及以仁恕为心的司法原则，充分体现了最原始最朴素的刑法“谦抑”观。“谦抑”从语义上看包含谦虚、克制之义。据有关学者考察，“谦抑”一词进入中国刑法领域，是甘雨沛、何鹏教授（1984 年）在《外国刑法学》中首次提到刑法谦抑主义的概念并阐释其内涵：“谦抑就意味着缩减和压缩。”① 陈兴良（1996 年）探讨了刑法谦抑的价值蕴含，认为现代刑法的谦抑性是指“立法者应当力求以最小的支出——少用甚至不用刑罚（而用其他刑罚替代措施），获得最大的社

---

* 浙江省湖州市吴兴区人民检察院。

① 甘雨沛、何鹏：《外国刑法学》，北京大学出版社 1984 年版。

会效益——有效地预防和控制犯罪"①。后代学者进而对刑法谦抑性的新内涵进行了挖掘和拓展，认为刑法谦抑性是在立法、司法过程中的谦抑情怀，带有具体和动态的特征，而且它不仅是刑法本身的特性，更是对立法者与司法者的要求，是在立法和司法的全部过程中，对于谦抑理念的现实升华，包含了克制与宽容的精神要求。

因此，无论是从语义还是到法理分析，刑法的谦抑本质无外乎通过包容与克制的立法和司法获得最大的社会价值。也就是说，从立法层面，凡是适用其他法律足以抑制某种违法行为，足以保护合法权益时，就不要将其规定为犯罪。从司法层面，凡是能不定罪的就不要定罪；凡是能适用较轻的刑罚就不要适用较重的刑罚；凡是能适用非监禁刑的就不要适用监禁刑。司法的谦抑性正是从刑法谦抑理念发展而来。

目前，在我们继续进行法制改革和法制现代化的进程中，沈家本博大精深的超前于时代的法律思想，尤其是其刑法谦抑思想，对我们今天仍具有相当重要的参考意义和借鉴意义。虽然沈家本的刑法谦抑理念在其修律过程和著述中显而易见，但也不可避免地存在时代局限性，这一理念并不全面、完整，未真正形成理论体系，并得以贯彻。

二、绿色司法的谦抑内涵

浙江省检察院检察长汪瀚提出的绿色司法理念是契合"五大发展理念"尤其是绿色发展理念的新型司法理念，它以遵循司法规律为导向，以规范、理性、文明司法为核心，以司法公开、司法公正和司法公信力为本质要求。通过绿色司法，实现公平正义所要求的执法动机、方式方法和质量效果的统一，最大限度减少司法办案的负面产出，推进社会善治进程，构建文明健康的法治生态。要实现刑法的谦抑，检察机关司法环节，尤为重要。绿色司法理念，对检察机关司法环节提出了新的目标和要求，赋予了司法谦抑新的内涵，开启了司法新时代。

（一）谦抑是绿色司法的道德基础

绿色司法具有绿色的价值取向，即从单纯的追求办案，到案件法律效果、政治效果和社会效果的统一，到良好司法生态的追求。谦抑作为绿色司法的重要内涵之一，是实现绿色司法的内在道德基础。

司法机关是公民权利的捍卫者，是保障社会公平正义的最后防线。但是，

① 陈兴良：《刑法谦抑的价值蕴含》，载《现代法学》1996年第3期。

当前的司法领域存在种种问题，这些问题集中表现为“司法权力地方化、审判活动行政化、司法官职业大众化”。严重影响司法机关的形象和公信力，从而最终导致司法权威的受损乃至丧失。如何树立司法权威，一个普遍的观点是司法权威来自司法公正，而司法公正则取决于司法独立。这是众多学者的共识，也是我国当前司法改革的基本路径。司法改革的基本目标就是建立保障司法独立的制度体系。实现司法独立的同时，为避免矫枉过正，防止司法权的膨胀和滥用，就需要有效的制约和监督。加强和完善对司法工作的监督，如人大监督、检察监督等外部监督也是司法改革的重要内容，但内在的品质更为重要。司法机关要成为公平正义的守护神和代言人，必须塑造谦抑的习惯、态度和作风，在司法活动中应当保持足够的谨慎、自制和谦逊。因此，如果说司法独立是实现绿色司法的外部制度保障，那么司法谦抑是实现绿色司法的内在道德基础。

（二）谦抑性是绿色司法的本质要求

“理性、平和、文明、规范”是实现绿色司法的工作要求，四者均是谦抑理念的在司法办案中的具体表现，绿色司法的实现契合了刑法谦抑性的本质要求。

理性是思维基础。要求检察人员对犯罪、刑法的本质及其规律具有准确把握和科学认识，应当摆脱“仇视犯罪”、“刑法万能”、“积极司法”等传统认识的束缚，形成科学的犯罪观、刑法观和司法观。理性的司法者不应当是偏见与直觉的奴仆、权力与私利的傀儡，他应当能够最大限度地排除自身与外界的干扰，摆脱对武力的过分依赖，遵从于事实与法律、运用自己的智慧做出裁断。在定罪量刑的活动中，理性会指引着司法人员慎重定罪、审慎用刑。

平和是外在体现，是指刑事司法活动在法律许可的范围内应当尽可能的宽容、平和。检察人员应保持平等谦和的态度，在自由裁量的范围内，在犯罪认定上尽可能的从无、从宽。在我国构建社会主义和谐社会的过程中，平和对于尊重与保障人权、缓和社会矛盾、实现社会安定有序具有重要的作用。因此，平和应当成为检察机关司法的基本观念，要以公心、诚心、耐心对待各种诉求，最大限度增加和谐因素。

文明是内在禀赋。要求我们改进办案方式方法，坚决纠正简单粗暴的执法行为，用现代文明的方式执法办案，维护法律的尊严和权威，展现检察队伍的素质。

规范是基本要求。规范意味着检察人员的工作必须遵守专业和技术的规范，保持应有的审慎和严谨，要求我们把司法办案工作纳入规范化的轨道，强化规则思维、程序性思维，确保办案符合法定程序，确保实体公正和程序公正有机统一。

三、实现绿色司法谦抑性的路径

学界普遍认同的观点是通过非犯罪化、非刑罚化、轻刑化，并将其贯穿立法、司法、行刑全过程。司法谦抑要求司法主体保持中立，既要保持理性谦抑，又要做到恰当的能动司法，有所为有所不为，才能有效化解各种社会矛盾，应对复杂的法律实践，最大限度地促进社会和谐与稳定，实现法律效果和社会效果的有机统一。检察机关是刑事司法活动的重要参与者，如何在办理案件过程中秉持“绿色司法”理念，充分体现司法谦抑，笔者认为应从以下几个方面努力：

（一）培养谦抑性司法理念

保持司法主体的中立，一是要树立正确政绩观。以往的检察工作存在唯数字办案 GDP 评价模式，树立“绿色司法”理念，必须坚决摒弃“以数字论英雄”、人为下达办案任务、设定办案增长指标等违背客观规律做法，防止片面强调办案数量，就案办案。要倡导绿色办案 GDP，更加注重把案件办好办精，在办案中把握好打击与保护、实体与程序、公正与效率、宽与严等一系列关系，在检察工作中，充分体现司法的克制性、妥协性和宽容性。二是要有服务群众意识。检察工作是以追求公平正义为终极目标。在全面依法治国大背景下，人民群众的公平意识、民主意识、权利意识、法治意识不断增强，对促进公平正义、实现安居乐业的要求也越来越高，检察司法工作必须坚持以人民为中心，把司法为民作为最重要的价值追求，切实提高人民群众的司法获得感。三是要有谦和宽容的司法心境。就我国司法现实而言，无论是普通民众还是国家立法、司法者，都或多或少地有重刑主义观念，一个案件发生后，人们的惯性思维就是考虑动用刑法，应该用哪个罪名来惩治，如广东幼师虐童事件一出，故意伤害罪？虐待罪？侮辱罪？寻衅滋事罪？重刑思维方式，容易对刑法寄予过高的期望，加上舆论的不完全理性的助推，司法机关迫于媒体压力会轻易发动刑罚权，乃至超出刑罚度。因此，检察官应当充分尊重犯罪人的人格尊严，坚持以人为本，体现对人性的尊重与关怀，要宽和地对待犯罪、对待犯罪嫌疑人的意愿表达。应该持这样一种态度：无论其多么罪大恶极，他的宪法性人格仍然应该得到尊重，他的基本诉讼权利应得到保障。

我们应当广泛地开展理论学习和培训，促使检察官形成对犯罪、刑法、司法的本质及其规律的科学认识。以法治国家建设和和谐社会构建的大环境为依托，进一步强化检察人员的人权保障意识，促使其形成尊重与保障犯罪人权利的基本观念。加强“绿色司法”谦抑理念的倡导和学习，鼓励具体的司法谦抑行为，即对司法人员在自由裁量范围内做出的轻罪认定和从宽处罚予以支持和鼓励。通过这样的从宏观到微观、从理论到实践的持续的教育与引导，逐步实现司法观念的渐进和转化。

（二）采用谦抑性的办案方式

一是要在职务犯罪侦防工作、刑事检察工作、民事检察工作、行政检察工作、控告申诉检察工作等五大检察监督体系中充分展现谦抑、克制的工作方式。要不断推动职务犯罪侦查预防工作转型，提升法治化水平。重点要提升在公开、透明司法环境下审讯突破案件的能力，采用文明办案方式，构建新型检律关系，保障律师执业权利。要围绕以审判为中心的诉讼制度改革，提升刑事检察工作品质。不断健全完善检察环节认罪认罚从宽制度，发挥不批捕、不起诉、促成刑事和解、变更强制措施等作用；推进未成年人检察专业化规范化社会化建设，强化对未成年人全方位司法保护。要推进多元化民事、行政检察监督模式建立，要以加强对公权力的监督为核心，运用好抗诉、督促起诉、检察建议等手段。要发挥好举报控申窗口作用和内部监督制约作用，有效化解社会矛盾纠纷。

二是要构建一套“绿色司法”保障机制。通过加强科技信息化，借助信息化手段，提升办案效率，降低司法成本；建立规范司法长效机制，提升规范文明司法的自觉性，以规范倒逼自身能力素质提升；建立绿色绩效评价体系，着力研究建立科学的绿色绩效评价要素、标准和体系，采取定量定性等方式综合评判“绿色司法”成效；创建“绿色司法”社会化大格局，积极争取党委领导、人大重视、公检法协同发力、全社会广泛认可参与，形成全社会合力，把“绿色司法”作为一项系统工程，把谦抑思想发挥运用到极致，在公平正义与司法效率之间找到最大公约数，营造良好的绿色法治生态。

三是要防范办案副作用，抑制不必要的重刑主义倾向。坚持刑法审慎介入经济活动的原则，正确区分罪与非罪的界限，慎重考虑涉罪经济行为的背景、原因及社会危害性，能不用刑事手段打击的就不用。要制定重点类型案件证据审查指引，推进证据精细化审查，推行书面审查与调查复核相结合的亲历性办案模式。要严格批捕起诉标准，在不能补证或补证无效时，坚决落实非法证据排除、罪刑法定、疑罪从无等法治原则，切实抑制重刑主义倾向。

（三）加强人才队伍保障

加强人才队伍保障，要确保队伍的独立性、职业性和专业性。一是注重提高司法队伍的独立性。通过检察人员分类管理、实行检察官员额制、逐级遴选，构建彰显司法属性的办案组织，是确保独立性的必经之路。同时要以人为本、以优待检，积极创造条件，赋予检察人员足够的时间，提升从业幸福感。二是注重培养检察官特有的职业思维方式。正是因为他们具备专门化的思维方式，他们的活动才是值得信赖的，他们的活动才更趋于平和、公正。我们要培养这样的检察官：第一，运用专业术语进行观察、思考和判断，所有的社会问题，都能够运用法律语言转化为法律问题进行分析判断；第二，善于通过程序进行思考，始终小心翼翼、如履薄冰、谨慎护持；第三，注重缜密的逻辑，谨慎地对待情感因素。三是注重提升绿色司法能力。践行精益求精的工匠精神，努力培养一批在某一领域内有较高权威和知名度的专业人才，打造明星公诉人、明星侦查员等明星检察官。

通过“绿色司法”，最大限度地实现刑事司法的谦抑，但并不主张刑事司法一味的谦抑，也不主张没有限度的谦抑。司法的谦抑应该有着明确的底线。这个底线就是案件办理所追求的三个效果统一。就法律和政治效果而言，必须在法律政策规定的范围内行事；就社会效果而言，无论如何谦抑，都不能鼓励犯罪。

绿色司法的再解读

陈海霞*

浙江省人民检察院汪瀚检察长在今年三月全国“两会”上首次提出绿色司法的概念，并指出“将绿色发展置于司法语境下的绿色司法，是建立在有限的司法资源和日益增长的司法需求约束条件下，通过规范、理性、文明司法，提升司法质效的新型司法理念，旨在重构检察司法内外和谐关系，促进法治生态文明健康发展”。① 那么，绿色司法何以能推进检察工作高水平发展？笔者认为，该理念彰显了三种理性：逻辑理性、有限理性、实践理性；化解了两对基本矛盾：权力本质扩张性与司法要求谦抑性之间的矛盾、司法功能多元性与司法本质有限性之间的矛盾；明确了一个总体要求：检察司法工作要“最大限度减少司法办案负产出”②。本文将着重从“三种理性”、“两对基本矛盾”、“一个总体要求”这三个维度对绿色司法理念进行再解读。

一、绿色司法是对司法理性的再诠释

绿色司法是要求司法活动最大程度遵循司法规律、司法效果最大幅度契合法治要求、司法行为最大限度满足社会综合治理目标的新型司法理念，诠释了司法理性是一种逻辑的、有限的、实践的理性。

第一，绿色司法体现了逻辑理性的主要内涵。理性认识的两个逻辑形态分别为知性逻辑和理性逻辑：知性逻辑体现为思维将事物内在联系断裂后只对其中某一部分作相对静止的考察；理性逻辑体现为思维将事物作为一个考量整体分析其内部结构及分支间的特征，并对分支个体特征进行同质化后归纳提炼统一性认识，即对事物整体规律性的认知。人类的司法认知就是在司法实践基础

---

* 浙江省余姚市人民检察院。

① 汪翰：《践行绿色司法 推进检察工作高水平发展》，载《检察日报》2016 年 9 月 12 日。

② 汪翰：《践行绿色司法 推进检察工作高水平发展》，载《检察日报》2016 年 9 月 12 日。

上，不断由感性认识上升到理性认知的过程，绿色司法以绿色发展为模本，要求司法活动遵循司法规律、强化规律意识，摒弃粗放式司法理念、粗暴式司法行为，坚持规范、理性、文明司法，在司法领域实现从个案感知提升到类案抽象，而后从类案抽象具化共同性规律指导具体个案，实现知性逻辑与理性逻辑间的辩证统一，是逻辑理性在司法活动中规律性认知和规律性行为的具体体现。

第二，绿色司法契合了有限理性的内在旨意。“有限理性”是诺贝尔经济学奖获得者西蒙主倡的概念，是指介于完全理性和非完全理性之间的在一定限制下的理性。① 西蒙认为，决策者的目标不是单一的、明确的和绝对的；决策者并不是绝对的理性人，他掌握的信息和处理信息的能力都是有限的；决策制定总是要受到时间、空间、精力或其他成本的制约，现实生活中人作为管理者或决策者的人是介于完全理性与非理性之间的“有限理性”的“管理人”，② 因而人都是介于理性与非理性之间的“有限理性”。绿色司法在遵循司法活动规律及承认人类认知局限的前提下，要求实现司法动机、司法方法、司法质效的有机统一，最大限度地减少司法办案的负面产出，正是有限理性在司法领域的具体体现。司法活动作为社会管理手段之一，除存在人类认知局限性等普遍性问题外，还存在法律自身滞后性、僵化性、司法裁量相对开放性等特殊性问题，要求司法活动不出现任何负产出显然背离司法规律，但基于司法活动作为社会综合治理手段的终局性和强制性，要求“绿色”意识贯穿于理念到行动、过程到结果、实体到程序的司法全过程，尽最大可能减少司法瑕疵、避免冤假错案，最大限度地减少司法办案的负面产出，实现良法善治。

第三，绿色司法满足了实践理性的基本要求。实践理性是相对于理论理性提出的，它是在理论理性提供的关于客体的存在状况、内部结构、本质属性和发展规律的基础上，探寻并解决人类怎样改造世界的问题，是人类对自身与世界的关系“应如何”和人“应当怎么做”问题的观念掌握与解答。③ 它是在理论理性认知事物“本来面目”的基础上探究事物与事物、人与事物间理想的状态“应当如何”的问题，是一种通过实践将主观转化为客观、实然转化

① 转引自百度词条，载 http://baike.baidu.com/link? url = ufWjoZYbbLXvD21qbvOj_5hwL 4oapwIObWnzyfgLp0iVdFb_ m88Z7zeFyqHBmziIg7jhs0KqIm2r - U7fIt1Es89AfFfC3Vw8vCDutd C9kaOmCAnBSHTEjeKqW0eCB5tu，访问日期：2016 年 10 月 30 日。

② 张义祯：《西蒙的“有限理性”理论》，载《中共福建省委党校学报》2000 年第 8 期。

③ 王炳书：《实践理性辨析》，载《武汉大学学报（人文科学版）》2001 年第 3 期。

为应然的能动的、实践的、规律的认知方式。“绿色司法”并非单一的理念定义，还涵盖了提出背景、实现路径、价值取向、终极目标，在认识司法办案实践中的现实实然状况基础上，明确提出理想的司法状态“应如何”及司法办案人员“应当怎么做”。明确规范、理性、文明的理念核心外，还强调以司法公开、司法公正、司法公信力为价值取向，并对践行路径进行了规划（“五个更加注重”①），建立以办案数量、办案质量、办案效果等多个要素综合评价司法办案行为的价值标准，最终达成司法最大限度满足社会综合治理目标的实践理性。

二、绿色司法是对司法基本矛盾的再认识

司法活动作为一种特殊的社会活动，存在两对特有的基本矛盾，即权力本质扩张性与司法要求谦抑性之间的矛盾、司法功能多元性与司法本质有限性之间的矛盾。绿色司法从全新的角度提醒所有的司法职业者准确认知并正确处理这两对矛盾及其引发的相关司法问题。

（一）权力本质扩张性与司法要求谦抑性之间的矛盾

孟德斯鸠在其《论法的精神》中直言“一切有权力的人都容易滥用权力，这是万古不变的一条经验，有权力的人们使用权力一直到遇到界限的地方才休止”，历史学家阿克顿勋爵则在他《自由与权力》中写下了“权力有腐败的趋势，绝对的权力导致绝对的腐败”的自由主义名言。司法权作为调整社会关系程度最为严厉的一种法律手段，其利用法律赋予其限制、剥夺个人财产权、人身权乃至生命权的功能，显示了其他权力不可企及的刚性和严肃性，通过对具体犯罪行为的调控和规制彰显其威慑力，从而实现司法权权能。司法权在施行上述权力之时并不天然免疫于其他权力普遍具备的内在张力，司法行政化便是权力张力在司法领域的实际体现。但司法权同时又被要求具有司法领域特有的属性——谦抑性，司法权力行为的最终目的是通过司法修复被违法犯罪行为破坏的社会关系，而司法手段仅仅是修复社会关系的其中一种且较为僵硬的一种方式，因而被要求克制隐忍。绿色司法理念的核心在于推行绿色司法方式，注重谦抑司法，要求把检察办案放在创新社会治理的大背景下，体现司法的克制性、妥协性、宽容性，为司法介入社会关系修复留出足够的“自治”空间。在全面深化改革的社会背景下，作为社会治理手段之一的司法权显然需要更加

① 即更加注重谦抑司法，更加注重突出办案重点、优化办案结构，更加注重办案方式方法，更加注重宽严相济，更加注重延伸检察服务。

约束权力张力彰显司法谦抑性，以实现习近平总书记提出的“柔性执法”、“柔性维稳”的善治效果。绿色司法理念的提出，是对权力本质扩张性与司法要求谦抑性矛盾的准确认知后，结合社会背景和司法环境各项要素将司法谦抑性要求提到了更高的高度。

（二）司法功能多元性与司法本质有限性之间的矛盾

司法具有多重功能，集解决纠纷、调节利益、控制社会、制衡权力等功能于一身，随着社会发展新型矛盾的出现，司法的触角还不时伸向政策制定的领域（如各项刑事政策的制定以及由此延伸的相应社会政策形成），体现司法能动性的同时挑战司法本质的有限性。但司法本质同时具有有限性特征，司法本质的有限性在西方司法中体现为“司法底度主义”或“司法极简主义”，我国司法理论界主张的司法谦抑主义则是司法有限性在我国司法中的具体体现。复旦大学法学院院长孙笑侠教授认为现代司法的有限性，大致表现在：一是其权力范围有限，态度谦抑，不得逾越法律规则；二是遵循消极被动原则，尊重个案当事人优先于尊重社会利益，不主动干预社会生活；三是司法资源有限，无法像行政权那样具有广泛的强制性权力；四是对抗制程序使司法成为成本最昂贵的解纷方式；五是司法要保持对社会领域中一些基本规律和现象的遵从；六是司法主体必须遵循职业主义原则，俗称精英主义，法官只是少数。① 司法功能多元性与司法本质有限性的矛盾映射到司法实务现状就是案多人少的现实矛盾，缓解这一矛盾的措施可以是内部机制的创新，也可以是外部主体的引入。绿色司法就是对案多人少矛盾的有效衡平，案件繁简分流、侦捕诉协作、司法人员分类管理等都是检察司法机关内部机制的创新和探索；律师参与化解和代理涉法涉诉信访案件工作、人大代表等第三方角色参与案件公开审查、司法雇员制的引入等则是通过外部主体引入检察司法办案工作的具体做法。

三、绿色司法是对检察工作的再要求

绿色司法对检察工作的一个总体要求——“最大限度地减少司法办案的负面产出”，具体体现为要求不断完善五大检察监督体系（职务犯罪侦防体系、刑事检察体系、民事检察体系、行政检察体系、控告申诉检察体系），汪瀚检察长在第十六次全省检察工作会议上的讲话中就如何完善这五大体系分别做了明确要求。鉴于监察体制改革后部分检察职能的调整，本文围绕“4 + X”

① 孙笑侠：《人案矛盾与司法有限主义》，系作者于 2016 年 10 月 18 日上海一中院和遵义中院联合召开的“司法改革背景下人案矛盾破解”研讨会上的发言。

监督体系，就刑事检察监督、民事检察监督、行政检察监督、控告申诉检察监督、专项检察监督工作如何“最大限度地减少司法办案的负面产出”要求做一简单梳理。

检察机关作为法律监督机关，从较为概括的角度说，可以从正向制约和反向审视两个维度切实践行“绿色司法”，尽可能预防或减少检察工作的负面产出。

（一）切实履行正向制约职责

1. 刑事检察监督环节，强化“审前主导”作用。党的十八届四中全会作出的《中共中央关于全面推进依法治国若干重大问题的决定》提出：“推进以审判为中心的诉讼制度改革，确保侦查、审查起诉的案件事实证据经得起法律的检验。”此后不久，曹建明检察长提出要认真研究强化检察机关在审前程序的主导作用，强化引导取证，严把起诉标准，保证公诉案件的质量和效果。2016年3月，《最高人民检察院工作报告》中正式提出，“推进以审判为中心的诉讼制度改革，全面贯彻证据裁判规则。充分发挥审前主导和过滤作用，健全听取辩护律师意见机制，防止案件‘带病’起诉，确保侦查、起诉的案件事实清楚、证据确实充分，经得起法律和历史的检验”，至此，“审前主导”作为一种诉讼理念被官方正式确认。审前主导是检察机关提前介入侦查机关侦查活动，对其调查取证活动进行指导和引导，监督侦查活动从诉讼源头开始正常行驶于合法轨道，而不是在侦查终结后仅仅根据侦查机关移送的案卷材料进行事后监督，从而最大限度地防止侦查活动中容易出现的瑕疵和违法情形等司法办案之负面产出。

2. 民事、行政检察监督环节，加强执法监督效能。民行检察，随着民众法治意识的逐日提高不断被赋予新的历史地位，目前社会各项改革如日中天，尤其我省“三改一拆”、“五水共治”、“浙商回归”重大工程逐日推进，民行检察监督在城市化建设、法治化建设进程中的作用举足轻重。民行检察司法的前端大部分表现为民事、行政执法，因而减少司法办案负面产出的治本性方法在于减少执法的负面产出，或者至少是通过检察监督将执法负面产出限制并消弭于执法阶段，实现从绿色司法向绿色执法的延伸。

3. 控申检察监督环节，深化纠错监督职能。修改后刑事诉讼法和《人民检察院刑事诉讼规则（试行）》分别规定和细化了赋予控告检察部门的新增职能：对阻碍辩护人、诉讼代理人依法行使诉讼权利行为和对司法机关及其工作人员办理案件中违法行为的申诉或控告案件的审查办理权。通过对公、检、法等司法办案机关妨碍辩护人及诉讼代理人依法行使诉讼权利的案件办理，实现公正司法、保障人权、维护群众合法权益、提高办案质量等绿色司法质效。另外，控申检察工作还应当从日常信访工作中梳理人民群众反映的执法、司法过程中不规范、不合法的线索，通过检察建议、纠正违法通知书等监督方式将各种非绿色因素遏制在萌芽阶段。

4. 专项检察监督环节，立足本地实际。对于我省而言，专项检察监督在践行绿色司法理念上，已有“积极探索非公经济检察监督、互联网检察监督、金融检察监督等，为检察监督增添地方元素”① 等探索和实践，可结合当地实际情况继续推进专项检察工作，实现以专项带动全局的良好态势。

（二）积极发挥反向审视作用

反向审视，即以问题为导向，对已产生的“司法办案负产出”进行审查、反视，分析出现该问题的原因并提出整改手段，从而规范以后办案的工作机制。检察机关的反向审视工作可以分两个角度开展：

1. 外部反向审视。即在履行上述“4 + X”检察监督职能过程中，以通过监督发现的问题为抓手，对侦查机关、审判机关、行政执法机关等进行反向审视，敦促其纠正和整改，完善各项工作机制，实现绿色司法理念的前伸、后延功能。

2. 内部反向审视。对内反向审视工作可通过控申检察工作实现，即着重通过对每一件国家赔偿案件、刑事申诉案件的办理，归纳总结司法办案过程中存在的问题或瑕疵，从案件法律适用、事实认定、程序运行等各个环节进行审查扫视，不放过任何司法不规范的细枝末节，对发现的问题进行分析研究，促使进一步完善相关办案工作机制，倒逼司法办案规范化，从源头上预防和减少申诉、赔偿案件的发生。

① 范跃红：《浙江：以改革为契机强化检察职能突出监督重点》，载《检察日报》2017 年 1 月 26 日。

绿色司法的理论缘脉、实践反思与体系完善

胡　涛*

在全面推进依法治国、深入贯彻“五大发展理念”的新形势下，浙江省检察院秉持增强党委政府认同感、人民群众获得感的法治初心，因应有限司法资源与日益增长司法需求的矛盾，提出和践行了绿色司法理论，但实践中概念泛化现象也制约了理论的展开与深化。笔者不揣浅薄，试对绿色司法作理论缘脉、实践反思与体系完善，提出绿色司法广义上是营造良好法治生态的动态体系，狭义上是适应高水平发展要求的检察建设，希冀为绿色司法理论基础研究提供参考。

一、缘脉与提萃：绿色司法理论构建解析

2016 年 3 月，浙江省检察院汪瀚检察长在国内率先提出绿色司法理论，其后他在不同时期的多个场合作了递进式论述，分析理论的背景语境、情况问题，可清晰看出理论构建历经三个阶段，绿色司法的重心是优化通过司法政绩观、强化检察建设，以改进司法办案方式，推进检察工作内涵式发展。

第一阶段：2016 年 3 月起始，围绕贯彻落实“五大发展理念”，针对案多人少“司法雾霾”提出绿色司法理论。

2015 年 10 月，中央十八届五中全会提出“十三五”时期必须牢固树立并切实贯彻创新、协调、绿色、开放、共享的发展理念，“五大发展理念”对经济社会发展各项工作的指导意义。检察机关贯彻落实“五大发展理念”不仅应在服务发展上下功夫，也应把新发展理念落实到自身发展上来。

2016 年 3 月，汪瀚检察长在列席全国“两会”时首次提出了“绿色司法”理论。他把案多人少形象喻为“司法雾霾”，提出以“绿色司法”清除，要求“树立正确办案政绩观，改变唯数字办案 GDP 评价模式，不一味去追求

* 浙江省人民检察院。

立案办案数量，坚决摒弃就案办案、机械办案。”① 2016 年 11 月，汪瀚检察长在《浙江检察》上发表了《绿色司法视野下破解案多人少困境的思考》一文，对浙江案多人少现状、主客观原因作了全面梳理分析，提出构建绿色司法体系，包括倡导绿色司法理念、创新司法资源配置、创新办案工作机制以及创新信息化助力办案。② 2017 年 1 月，他在接受媒体专访时指出，近年来浙江检察机关刑事案件办案数量一直在高位运行，受理的审查起诉案件总量长期位居国内第二，人均办案量位居国内第一。“过去我们习惯把案多人少看成业绩，但冷静思考一下，应该看到这也是隐忧。我们到底需不需要这么多‘案子’?”“很多事情不一定都要变成案子——要不要批捕，要不要起诉。”③ 当月浙江省人代会的检察工作报告中，汪瀚检察长提出树立谦抑理念、审慎理念、善意理念，以“三降一补”为抓手，深入践行绿色司法，重点解决案多人少问题。“三降一补”即：降低轻刑起诉率，落实宽严相济刑事政策和认罪认罚从宽处理，会同有关部门对轻缓刑类案进行研究，控制入罪入刑；降低审前羁押率，加强逮捕必要性、捕后羁押必要性审查，减少轻刑案件羁押；降低不依法不文明办案投诉率，全面规范司法办案，提升人民满意度；补齐公共关系建设短板，加强社会互动，讲好检察故事，更好地接受人大监督、政协民主监督和社会各界监督，切实保障人民群众的知情权、参与权、表达权和监督权。

综上，“绿色司法”的提出、发展和司法实践重点的把握，始终突出了绿色发展理念中蕴含的资源节约、环境友好原则，贯穿了解决长期制约浙江检察发展的案多人少矛盾，所采取的树立正确司法政绩观，所采取的倡导绿色司法理念、创新司法资源配置、创新办案工作机制、创新信息化助力等机制措施，均属检察建设范畴。笔者认为，在有限的司法资源和日益增长的司法需求背景下思考绿色司法，在司法政绩观层面可概括为“轻微案件谦抑导向，简易案件效率导向”，重点落实降低轻刑起诉率、降低审前羁押率“双降要求”。

第二阶段：2016 年 7 月起始，围绕依法服务保障非公经济发展完善绿色司法理论。

2016 年 3 月 4 日，习近平总书记在全国政协民建和工商联的联组会上，

① 《汪瀚检察长：“绿色司法”缓解案多人少》，载浙江检察：http：//www. toutiao. com/i6261879434685448705/，访问日期：2017 年 4 月 7 日。

② 汪瀚：《绿色司法视野下破解案多人少困境的思考》，载《浙江检察》2016 年第 11 期。

③ 《汪瀚检察长接受中新社专访，再谈绿色司法》，载上虞检察：http：//www. toutiao. com/i6378625288422556161/，访问日期：2017 年 4 月 7 日。

作了关于非公有制经济发展的重要讲话，提出“国家保护各种所有制经济产权和合法权益，坚持权利平等、机会平等、规则平等，激发非公有制经济活力和创造力”等，并用“亲”、“清”两字概括新型政商关系，在全社会激起了强烈反响。最高人民检察院、浙江省检察院均从检察职能实际出发，下发了各界称为“高检院18条”“浙检21条”的依法服务保障非公经济发展的指导意见。工作中，浙江省检察院注入了“绿色司法”理念的要求。

2016年7月，汪瀚检察长在接受媒体访谈时提出，“浙江是民营经济发祥地，依法保障民营经济发展，是浙江检察机关的一道必答题”、“最重要的是树立‘绿色司法’理念，坚持‘轻拿轻放’，讲究办案方式方法，坚决防止案件办了、企业垮了。”① 同月，汪瀚检察长在第十四次全国检察工作会议上，以《树立“绿色司法”理念努力打造保障民营经济发展的标杆省份》为题，向大会报告了2016年以来浙江检察机关依法保障民营经济健康发展的做法，指出要“举一反三，全面倡导推行‘绿色司法’”，“检察机关要更好地融入大局、服务大局，最根本的是思想上树立‘绿色司法’理念，摒弃唯数字办案GDP评价模式，防止办案‘副作用’，确保法律效果、政治效果、和社会效果有机统一；巩固保障民营企业成果，关键是把体现理性、谦抑、文明的‘绿色司法’落实到检察办案的全过程。”②

综上，汪瀚检察长在依法服务保障非公经济中，紧扣绿色发展中的和谐原则，在“绿色司法”前加入了“理性、谦抑、文明”的定义前缀，提出树立“绿色司法”理念，摒弃唯数字办案GDP评价模式，坚持“轻拿轻放”的办案方式，防止办案“副作用”。在大局背景下思考“绿色司法”，是从破解案多人少矛盾“举一反三”推演而来，重点也应是通过检察建设把有限的司法资源集中在党委重视、民生关注的大局工作上，在司法政绩观上强化“大局案件效果导向”，在办案方式上充分体现“理性、谦抑、文明”“轻拿轻放”要求。

第三阶段：2016年8月起始，围绕为浙江“十三五”高水平发展营造良好法治生态确立绿色司法理论。

党的十八大以来，习近平总书记从“绿水青山就是金山银山”角度，提出要保护好绿水青山的自然生态，并延伸到全面从严治党领域，提出要打造政

---

① 胡永平：《汪瀚：树立“绿色司法”理念 防止办案“副作用”》，载http：//media.china. com/cmrw/2016－07－12/792324. html，访问日期：2017年4月7日。

② 《汪瀚检察长：树立“绿色司法”理念 努力打造民营经济发展的标杆省份》，载浙江检察：http：//fz. comnews. cn/n/20160728/20288. html，访问日期：2017年4月7日。

治生态上的绿水青山。全面推进依法治国，推进国家治理体系和治理能力现代化，法治生态同样也应是健康绿色的。“两山”重要思想在浙江诞生，浙江省委“十三五”时期确立了高水平全面建成小康社会的目标，势必要求以高水平法治为保障。

2016年8月，第十六次浙江省检察工作会议确立了“十三五”时期以绿色司法作为工作主线，研究通过了浙江检察“十三五”高水平发展规划，提出“十三五”时期要打造“一标杆省份三区一高地”，即：保障全面小康社会建设标杆省份、公正文明司法示范区、检察业务专业化建设引领区、检察信息化建设先导区、检察人才高地。汪瀚检察长会后接受媒体专访，提出“坚持以绿色司法理念为引领，准确把握绿色司法规范、理性、文明的内涵，把绿色司法作为高水平推进浙江检察工作发展的新的驱动力，落实到检察工作各个方面和司法办案全过程”①。9月12日，汪瀚检察长在《检察日报》发表《践行绿色司法 推进检察工作高水平发展》，清晰鉴定了绿色司法的内涵为“将绿色发展置于司法语境下的绿色司法，是建立在有限的司法资源和日益增长的司法需求约束条件下的，通过规范、理性、文明司法，提升司法质效的新型司法理念，旨在重构检察司法内外和谐关系，促进法治生态文明健康发展”。同时，他从不同维度作了把握：一是从内在规定性看，以司法规律为基本遵循；二是从司法管理看，以优化司法资源配置为重点；三是从司法过程看，以规范、理性、文明为核心；四是从价值取向看，以司法公开、司法公正和司法公信力为本质要求；五是从司法效果看，以实现司法动机、方式方法、质量效果的统一，最大限度地减少司法办案的负面产出为最终目标。② 2017年1月，汪瀚检察长在接受媒体采访时指出，“绿色司法”就是在五大发展理念特别是绿色发展理念引领下延伸到司法实践的一种新型理念。“将其作为高水平推进检察工作发展的新驱动力，落实到检察工作各个方面和司法办案全过程。”③

综上，汪瀚检察长突出了绿色发展蕴含的节约、和谐、可持续原则，指出绿色司法理论的提出，就是为解决有限的司法资源和日益增长的司法需求之间的矛盾、提升司法质效，确定绿色司法理念的核心为“规范、理性、文明”，

---

① 《汪瀚再谈绿色司法：树立正确政绩观防办案毒副作用》，载浙江检察：http://www.spp.gov.cn/zdgz/201608/t20160824_164513.shtml，访问日期：2017年4月7日。

② 汪瀚：《践行绿色司法 推进检察工作高水平发展》，载《检察日报》2016年9月12日第3版。

③ 胡永平：《汪瀚：树立“绿色司法”理念 防止办案“副作用”》，载http://media.china.com/cmrw/2016-07-12/792324.html，访问日期：2017年4月7日。

与中央政法委、最高人民法院、最高人民检察院在司法规范化建设中强调的“理性、平和、文明、规范”要求。一脉相承；从所把握的司法内在规定性、司法管理、司法过程、价值取向、司法效果等五个维度看，从浙江省检察院“十三五”高水平发展规划提出的“一标杆省份三区一高地”建设要求看，从“绿色司法”被作为检察工作高水平发展的新驱动力来看，也是定位在检察建设属性上。

二、泛化与反思：践行绿色司法中概念混同问题值得关注

第十六次浙江省检察工作会议把绿色司法确定为浙江检察“十三五”时期的工作主线，汪瀚检察长提出践行绿色司法的核心是推行绿色司法方式，做到更加注重谦抑司法、更加注重突出办案重点和优化办案结构、更加注重办案方式方法、更加注重宽严相济、更加注重延伸检察服务“五个更加注重”。①在此基础上，完善五大检察监督体系，加强职务犯罪侦防、刑事检察、民事检察、行政检察和控告申诉检察，实现绿色司法理念的要求全覆盖。② 分析“五个更加注重”，我们可以看到充分体现了这两年中央政法委、最高人民法院、最高人民检察院在贯彻习近平总书记对政法工作系列重要论述中，③ 反复强调

① “五个更加注重”的具体表述为：一是更加注重谦抑司法。把检察办案放在创新社会治理的大背景中，坚持司法理性，体现司法的克制性和宽容性，为社会关系修复留出足够的“自治”空间。二是更加注重突出办案重点、优化办案结构。围绕形势发展新变化和人民群众新要求，把有限的司法资源投入到打击严重犯罪行为、维护社会稳定中去，提高办案的针对性、有效性。三是更加注重办案方式方法。坚持效果导向，讲究办案策略与方法，慎重选择办案时机和方式，充分考虑办案可能带来的各种影响，防止和克服有罪推定观念、依靠强制和粗暴手段树立司法权威的做法以及简单化、机械化办案倾向。四是更加注重宽严相济。准确把握宽严尺度，健全完善检察环节认罪认罚从宽处理制度，发挥不批捕、不起诉等作用，在公平正义与司法效率之间寻求最大公约数，修复社会关系。五是更加注重延伸检察服务。寓服务于办案，做好司法保护、犯罪预防、释法说理等服务，切实保障经济社会发展、服务民生、服务社会治理。参见汪瀚：《践行绿色司法 推进检察工作高水平发展》，载《检察日报》2016 年 9 月 12 日第 3 版。

② 汪瀚：《践行绿色司法 推进检察工作高水平发展》，载《检察日报》2016 年 9 月 12 日第 3 版。

③ 十八大以来，习近平总书记对政法工作提出了系列重要论述，指出“社会治理是一门科学，不能简单依靠打压管控、硬性维稳，还要重视疏导化解、柔性维稳”、“准确把握社会心态和群众情绪，充分考虑执法对象的切身感受，规范执法言行，推行人性化执法，柔性执法，阳光执法”、“进一步提高政法工作亲和力和公信力”等。转引自《习近平总书记系列重要讲话读本》，人民出版社 2014 年版。

的各类司法方式，包括体现司法克制性和宽容性的谦抑司法，防止司法简单粗暴、机械化的柔性司法，宽严相济、修复社会关系的恢复性司法，延伸职能服务大局的能动司法，等等。

在浙江各地践行绿色司法的公开报道中，我们看到各地坚决贯彻省检察院部署要求，积极优化司法政绩观、强化检察建设、改进司法办案方式的积极作为。同时，也发现一些地方忽略了绿色司法建设属性，只看到五大检察监督体系中的司法办案要求，把强化检察监督工作视同为绿色司法本体，把谦抑司法、柔性司法、恢复性司法、能动司法等视为可替换绿色司法的概念。一是认为绿色司法就是检察监督工作方式方法的叠加、延伸。如宁波市 J 区检察院提出要逐步建立“专业化法律监督、社会化综合治理、恢复性司法实践”相叠加的生态检察模式。宁波市 F 县检察院提出把强化法律监督职能放在绿色司法的首要位置，在促进社会治理、促进社会发展过程中发挥积极作用。① 二是认为绿色司法就是发挥司法能动性，服务大局、保障民生工作。如温州市 D 县检察院提出因地制宜践行“绿色司法”，除了为海洋渔业执法提供有力的司法保障，还要打造旅游软环境，融入服务经济发展大局。② 温州市 L 区检察院提出把践行“绿色司法”理念融入到服务非公经济以及保障浙南科技城建设中，融入到保障民生的职能履行中。③ 温州市 R 市检察院提出当前绿色司法就是要抓好承担维稳安保职责、积极服务基层换届选举、服务和保障非公经济三项大局工作。④ 杭州市 C 县检察院、温州市 T 县检察院、衢州市 L 县检察院提出绿色司法就是护航当地生态立县的大局工作。⑤ 三是认为绿色司法就是提升司法办案质量。如宁波市 D 区检察院提出高质量办案就是绿色司法的核心

---

① 《以“绿色司法”为引领 高水平推进宁波检察工作》，载宁波检察：http：//mt. sohu. com/20160826/n466130837. shtml，访问日期：2017 年 4 月 7 日。

② 《如何践行“绿色司法”》，载瓯网：http：//www. wzrb. com. cn/article722982show. html，访问日期：2017 年 4 月 7 日。

③ 《如何践行“绿色司法”》，载瓯网：http：//www. wzrb. com. cn/article722982show. html，访问日期：2017 年 4 月 7 日。

④ 《浙江瑞安：“绿色司法”驱动新发展》，载最高检网站：http：//news. 163. com/16/1208/10/C7OP9K3G000187VE. html，访问日期：2017 年 4 月 7 日。

⑤ 《淳安县检察院：用“绿色司法”护航千岛湖》，载钱江晚报：http：//news. 163. com/16/1028/02/C4EARB5O000187VI. html；《“绿色司法”守护浙西绿水青山》，载今日龙游：http：//lynews. zjol. com. cn/lynews-system/2016/06/28/020545904. shtml，访问日期：2017 年 4 月 7 日。

内容。①

面对各地把绿色司法作为主导性司法理念，叠加检察监督、叠加各类司法方式的思考和行为，我们必须充分认可各地践行绿色司法的主动性，同时，绿色司法建设体现在司法办案方式方法上，以谦抑司法、柔性司法、恢复性司法、能动司法等面貌出现，也有其合理性。但我们也应当反思。

反思之一：绿色司法可否被视为主导性司法理念。

第十六次浙江省检察工作会议将绿色司法，确定为“十三五”时期统领浙江检察工作发展的主线。那么，是否可以将绿色司法视为检察工作的主导性司法理念。从以往的实践看，2005 年，浙江省检察院围绕“强化法律监督、维护公平正义”工作主题，针对检察基础建设薄弱的问题，确定了检察基础工作的主线；2008 年，又根据省委“创新强省、创业富民”总战略，确定以“创新强检”作为检察工作主线，以进一步强化检察基础建设、推动科学发展。可见，工作主线的确立是省检察院贯彻中央、省委、高检院不同时期的部署要求，基于全局把握，确定一个时期应重点推进的工作。但并不能应然地推论出，绿色司法就是这一时期的主导性司法理念。毋庸置疑，由依法治国、执法为民、公平正义、服务大局、党的领导五部分组成的社会主义法治理念，是我国主导性的法治理念，其体现了社会主义法治内在要求的一系列观念、信念、理想和价值的集合，是指导和调整社会主义立法、执法、司法、守法和法律监督的方针和原则。由此推论，主导性司法理念只能是社会主义法治理念，而绿色司法与谦抑司法、柔性司法、恢复性司法、能动司法等司法理念一样，都应当是处于社会主义法治理念之下的位阶。这些理念的提出，是基于正确把握和处理严格司法与规范理性文明司法、法律效果与社会政治效果、打击犯罪与保障人权、实体公正与程序公正、依法办案与服务大局等各类关系的考量，体现了社会主义法治理念在依法治国、执法为民、公平正义、服务大局、党的领导各方面要求，都是补充性司法理念。

反思之二：绿色司法可否视同为强化检察监督。

绿色司法“五个更加注重”所强调的谦抑司法、突出办案重点和优化办案结构、办案方式方法、宽严相济、延伸检察服务等五个方面的把握，也是这些年强化检察监督工作所突出强调的。一些地方在理解上混用了绿色司法与强化检察监督概念，笔者认为有两方面原因：一方面，是没有看到绿色司法是基于树立正确司法政绩观、加强检察建设提出的，绿色司法方式是由检察建设的

① 《以“绿色司法”为引领，高水平推进宁波检察工作》，载宁波检察：http：//mt.sohu. com/20160826/n466130837. shtml，访问日期：2017 年 4 月 7 日。

大前提所引申的逻辑自洽，加强检察监督工作中的业务建设并由此改进的司法方式可能是绿色司法，其他检察监督一般不能作为绿色司法来理解。另一方面，是没有看到“五个更加注重”落脚在司法方式上，不能把突出某个重点领域的办案数量的递增、办案结构的优化，就视为绿色司法本身。须特别注意的是，“两高”特别是最高人民法院在顶层设计中对办案中的绿色司法有特定指向，指的是保障生态文明建设。2015 年 11 月，最高人民法院副院长江必新在第一次全国法院环境资源审判工作会议上提出，“要用绿色发展的现代环境司法理念引领审判工作”，对绿色司法进行了完整表述。① 2016 年 5 月 26 日，最高人民法院出台了《关于充分发挥审判职能作用为推进生态文明建设和绿色发展提供司法服务和保障的意见》，不仅明确了我国环境资源审判工作对推进生态文明建设和绿色发展的保障性作用，而且对新时期的绿色司法进行了系统阐述。② 2016 年 2 月，最高人民检察院检察长曹建明在甘肃调研时强调服务和保障绿色发展，提出综合运用司法办案、检察建议、公益诉讼等法律手段，加快推进美丽中国建设。③ 浙江检察机关在检察监督工作中运用绿色司法概念时，应注意把握概念指向的特定性、鲜明性，与在生态环保领域所提倡的绿色司法概念区别使用，防止因概念混同降低其他司法机关和社会各界的认可度和协同力，防止人民群众对绿色司法的误读和无所适从。

反思之三：可否将谦抑司法、柔性司法、恢复性司法、能动司法都纳入绿色司法范畴，绿色司法能否承受如此之重。

绿色司法与谦抑司法、柔性司法、恢复性司法、能动司法都是社会主义法治理念下一位阶的补充性司法理念，即使有交叉，也只是绿色司法理念落到强化检察业务建设后，再在司法办案方式上的体现。浙江省检察院基于构建法治生态“绿水青山”的司法价值取向，在理论构架时采取了动态体系构建的方式，在广义概念上思考绿色司法。从缘脉可见，践行绿色司法要求树立正确司法政绩观，改变唯数字办案 GDP 评价模式，以“理性、文明、规范”为核心践行绿色司法，综合运用谦抑司法、柔性司法、恢复性司法、能动司法等善治方式，消解司法“雾霾”，营造良好的法治生态。绿色司法的主体属于检察建

---

① 秦天宝：《最高人民法院以绿色司法助推生态文明建设》，载 http：//news. yuanlin. com/detail/201668/236648. htm，访问日期：2017 年 4 月 7 日。

② 秦天宝：《最高人民法院以绿色司法助推生态文明建设》，载 http：//news. yuanlin. com/detail/201668/236648. htm，访问日期：2017 年 4 月 7 日。

③ 葛晓阳：《曹建明：为创新开放营造良好法治环境》，载 http：//news. xinhuanet. com/legal/2016 - 02/26/c_ 128754355. htm，访问日期：2017 年 4 月 7 日。

设、属于内涵式发展，其他良好司法方式都只能是绿色司法建设的结果，而非绿色司法本身。防止这些概念的混同使用，同样涉及绿色司法概念指向的特定性、鲜明性问题。

三、厘清与补强：完善绿色司法建设体系

厘清和补强绿色司法的内涵和外延是一项基础工作，虽然理论的大厦不能仅建立在定义的地基上，但基本共识的达成，有助于防止误读误用，有助于党委人大政府、政法各家和社会各界理解支持，也有助于理论研究的进一步展开和深化。

笔者认为，绿色司法在作为工作主线贯穿检察发展全过程时，体现为一个动态体系。广义上的绿色司法可以定义为：从让党委政府有认同感、让人民群众有获得感的法治初心出发，树立正确办案政绩观，强化以“规范、理性、文明”为核心的检察建设，改进司法方式，提升司法质效，重构检察司法内外和谐关系，实现法治生态的“绿水青山”。广义上的概念本文不再展开论述。

而在高水平发展语境下狭义思考绿色司法，应从绿色司法提出主要是应对高水平发展中有限司法资源和日益增长司法需求间的矛盾出发，更突出“轻微案件谦抑导向，简易案件效率导向，大局案件效果导向”的司法政绩观，更突出合理配置有限司法资源、提升司法办案质效的检察建设，以更精准地提升党委政府认同感和人民群众获得感。这也能有效解释高水平推进检察发展为何必须以绿色司法为主线。否则，基于法治生态可与检察监督各方面对接，讨论绿色司法问题便会泛化成讨论所有检察监督具体问题，这就难以准确把握绿色司法理论构建的初心本意，难以集中解决检察建设的实质性问题。

为使党委人大政府、政法各家和社会各界对绿色司法有更清晰的认知，狭义绿色司法可以“绿色司法建设”称谓。其具体辨识应坚持“奥卡姆剃刀定律——如无必要，勿增实体”。在外延上把握三个标准：第一，司法理念层面，看司法理念构建是否体现出绿色发展理念中所蕴含的节约、和谐、可持续等精神要义；第二，实务建设层面，看检察业务、队伍、信息化建设是否走集约集成高效低耗发展之路，是否最大限度减少司法办案的负面产出；第三，公共关系建设层面，看司法活动是否公开透明，社会互动是否理性平和，是否最大限度实现司法办案内外和谐关系，是否最大程度提升党委政府认同感和人民群众获得感。

在此基础上，笔者认为绿色司法建设有理念建设型、实务建设型、公共关系建设型三种类型。

第一，理念建设型绿色司法。牢牢把握节约、和谐、可持续的绿色发展精神要义，落实“规范、理性、文明”核心内涵。

1. 严守法律规范。这是检察机关绿色司法理念构建的前提，没有法律法规并不妨碍国家对犯罪的镇压和打击，可能会使打击犯罪更加及时有效，灵活便捷，但往往对保障人权造成伤害。实践中，我们常能看到诸多绕开或曲解法律法规，肆意干涉私人事务与私权利的行为，既有超越法律法规的特权，也有选择性、随意性履职，失职、渎职的行为，这里虽有司法成本节约的体现，但绝不是可持续的绿色发展。检察官的创设，是作为法律守护人面貌出现，既要保护当事人免于法官的擅断，也要保护当事人免于警察的恣意，严守法律规范“通往正义之路”,① 是检察官的基本价值追求。

2. 坚持理性克制。司法理性是指司法者在司法过程中遵循法律本意，遵从法律真实，慎重、周全地判断和实施司法行为的精神状态。② 实践中，需坚持“轻微案件谦抑导向，简易案件效率导向，大局案件效果导向”司法政绩观，对轻微犯罪案件，克服“斗争心理”，始终以法治思维法治方式理性分析，绝不能为追究犯罪而不择手段；对重大复杂敏感案件、涉检群访案件、群体性事件，坚持以积极关注、及时沟通、理性把握为要求；对关乎改革、发展、稳定案件，做到有预见性，理性分析研判，妥善提出意见建议，防止侦查阶段案件定罪定性不当进入检察环节；对进入检察环节重大复杂敏感案件，须始终保持法治定力，理性平和办理。

3. 增强人文关怀。司法者应当从生活本身审视规则，体会基本的人情世故，包括自己在内的普通公民的想法，设身处地考虑自己所要处理的问题，对多种价值观念进行衡量，体现司法的人文关怀。③ 实践中我们必须认真理解法律中的政治诉求、道德诉求、人心诉求和其他相关因素，善用司法政策、法治本土资源，坚决防止机械执法、粗暴执法，同时，更加关注人的自由和人权保障，坚持少捕、慎捕、慎诉，切实落实降低轻刑起诉率、降低审前羁押率、降低不依法不文明办案投诉率“三降”要求，充分尊重人的自由，强化人权保障。

---

① 在“通往正义之路”中，丹宁勋爵曾经告诫法律人：“起步伊始，君当牢记，有两大目标需要实现：一是领悟法律乃是正义的，一是务使其得被公正施行。”转引自许章润：《法律的实质理性——兼论法律从业者的职业伦理》，载《中国法学精粹》，高等教育出版社 2004 年版。

② 孙谦：《论检察》，中国检察出版社 2013 年版，第 447 页。

③ 孙谦：《论检察》，中国检察出版社 2013 年版，第 452 页。

第二，实务建设型绿色司法。在检察业务、队伍、信息化“三位一体”实务建设上走集约集成高效低耗发展之路，强化司法资源合理配置、提升司法质效，最大限度减少司法办案的负面产出。重点建立健全三项机制：

1. 建立健全“三降”工作机制。坚持“轻微案件谦抑导向，简易案件效率导向，大局案件效果导向”司法政绩观，围绕以审判为中心诉讼制度改革，更加注重发挥检察诉前主导作用，确保落实降低轻刑起诉率、降低审前羁押率、降低不依法不文明办案投诉率“三降”要求。一方面，以谦抑、审慎、善意理念为指引完善批捕起诉规范。完善证据审查标准，更加突出客观性证据的审查、运用，进一步明确非法证据排除的范围、标准和程序，完善讯问同步录音录像审查制度，发挥好审查批捕、审查起诉对证据的把关、监督和引导作用。完善法律适用规范，进一步明确不同犯罪特别是常见、多发罪名的办案基本原则、法律适用、政策把握等，构建认罪认罚从宽处理、不捕不诉工作标准，做到批捕起诉有依据、宽严相济有标准。完善程序适用规范，严格程序标准，针对刑事和解、刑事速裁、审前羁押监督等保障当事人权益的程序不具体、执行不到位的问题，单独或会同相关部门制定标准和指引。另一方面，以控制轻微案件、减少审前羁押为要求完善诉讼监督机制。针对制约监督工作的信息来源不畅、薄弱环节等“瓶颈”问题，积极参与和推进政法机关信息共享、监狱看守所监管信息共享、社区矫正人员信息共享等信息共享协作平台建设，全面掌握司法执法信息，及时发现和监督不应当立案而立案、超期羁押等问题。积极探索派驻基层公安机关检察室、定期巡查等手段，向检察监督工作相对薄弱的地区、领域、环节等延伸监督触角。会同有关部门建立情况通报、案件移送、联席会议和工作评价引导机制，促进监督工作与执法司法活动有效衔接。

2. 建立健全检察人才队伍培养、调配使用机制。倡导树立以绿色司法为本的理念和政策导向，有针对性地开展多层次、多形式的培训和岗位练兵活动，全面提升证据审查、出庭公诉和运用现代信息技术等能力。针对当前检察人才队伍断档、办案人员普遍年轻的问题，探索为每位年轻干警量身定制职业规划，推行检察官导师制度，做好传帮带，尽快培养造就一批业务骨干。把充分发挥高层次检察业务专家特别是紧缺实用人才作用作为重点，分门别类建立各类检察人才库，深化“明星公诉人”培养工程，加强人才资源的整合与使用。

3. 建立健全司法资源信息化配置、利用机制。以信息化管理优化司法资源配置和利用。一方面，是着眼解决有限的司法资源问题，以检察决策科学化、运行规范化、监督制度化为目标，加快建设权责明确、协作紧密、制约有力、运行高的业务管理体系，依托全国统一业务应用系统将全部办案活动纳入全程、实时、动态管理和监督。另一方面，是着眼解决司法资源的利用率问题，以需求为主导、以业务为主线、以应用为核心，全面构建检察信息化建设和应用体系，利用“云计算”、大数据等手段，加强数据集中管理，深入研判检察工作发展趋势，为加强检察管理和参与社会治理提供决策服务。

第三，公共关系建设型绿色司法。把公共关系建设作为增强党委政府认同感和人民群众获得感、实现检察机关形象公正额重要抓手，重点建立健全三项机制：

1. 深化阳光检察。一方面，努力解决群众想知道却没有办法知道的问题，让群众能够监督检察工作。坚持“公开是原则、不公开是例外”，加强案件信息公开，全面推行办案程序性信息和法律文书网上公开，避免公开迟滞或选择性公开，完善法律文书说理的评价体系、刚性约束和激励机制，确保法律文书释法说理实现逻辑性、针对性、充分性、法理性、情理性的有机统一，提高当事人和人民群众的接受度、认可度。另一方面，努力解决检察机关希望群众知道却没有办法提供的问题，让群众了解检察工作。注重推进全媒体融合发展，加快新媒体平台发展，探索建立区域范围内的微信矩阵，注重把检察宣传嵌入检察对外服务平台，突出检察宣传的群众需求导向，以输出服务带动输出内容，构建立体宣传平台。

2. 完善社会良性互动机制。坚持党的领导，接受人大监督，争取政府支持，自觉接受政协民主监督和新闻舆论监督，加强与公安、法院和其他部门的沟通，加强与人大代表、社会组织、发案单位以及广大人民群众的联系，进一步加强与人民监督员、特约检察员、律协、法学会等群体的联系沟通，不断增强党委政府的认同感和人民群众的获得感。

3. 构建司法公信力评价指标体系。要深入研究开放、透明、信息化条件给检察机关带来的新情况新变化，充分运用信息化手段，探索建立内外结合、各种要素综合的绿色司法评价指标体系，对内把“规范、理性、文明”的绿色司法要素统筹考量，贯穿检察建设的全过程；对外征求党委、政府、人大的评价意见，探索由社会中介机构进行社会调查、测评人民群众对检察工作的满意度，探索与省律协建立定期检律互评机制等，促进检察机关进一步端正绿色司法政绩观。

绿色司法理念的实践路径

张晓东*

在2016年8月召开的“十六检”会议上，浙江省人民检察院要求全省检察机关树立绿色司法理念，更加主动把检察工作摆到经济社会发展全局中来谋划和推进。① 由此，践行绿色司法理念逐渐成为全省检察机关和检察干警的思想共识和行动自觉。绿色司法理念揭示了一个动态平衡的司法过程，可以将其概括为以“规范”、“文明”、“正义”三元为“体”，“省约”、“谦抑”、“独立”三元为“用”的逻辑架构。其要旨在于以绿色发展理念为核心统领全部检察工作，在“省约”的前提下追求“规范”，在“谦抑”的过程中彰显“文明”，在“独立”的基础上达至“正义”。

一、在“省约”的前提下追求“规范”

这一动态过程旨在协调理顺检察机关自身内部管理关系。“将绿色发展置于司法语境下的绿色司法，是建立在有限的司法资源和日益增长的司法需求约束条件下。”② 司法资源的有限性与司法案件的扩张性之间的矛盾，表明依旧采取以往依靠人海战术、疲劳战术化解“案多人少”已然不可持续。为此，“倡导绿色检察发展理念，最根本的是要坚持好‘资源节约’‘环境友好’这两个原则，把这两个原则运用到检察业务建设、队伍建设、保障建设中来指导检察工作”，③ 通过司法俭省、优化效能，走出一条集约化、规范化、科学化发展新路。

---

* 浙江省义乌市人民检察院。

① 汪瀚：《践行绿色司法 推进浙江检察工作高水平发展》，载《浙江检察》2016年第9期。

② 汪瀚：《践行绿色司法 推进检察工作高水平发展》，载《检察日报》2016年9月12日。

③ 谢鹏程：《应从三个方面解读绿色检察发展理念》，载《人民检察》2016年第19期。

"省约"，意为"简省、简约。"① "司法省约"，就是以"资源节约"、"环境友好"引领发展思路、革新工作方式、评价工作绩效。"司法省约"在实践中应包含以下维度：一是优化资源配置。坚持集中、节俭、约束、统筹的原则，合理配置现有司法资源，将素质过硬、经验丰富的业务骨干最大限度安排到办案一线，摆脱单纯依靠增编补员、追加投入、铺新摊子缓解办案压力的路径依赖，避免不必要的人财物力浪费。二是严密流程控制。构建以精准为导向、效能为引领、集约为途径、科技为保障、规范为目标的检察管理体系，发挥"大数据"技术优势，统筹办案数量、质量和安全，最大限度降低司法内耗、避免负向产出。三是砥砺"工匠精神"。增强检察司法人员的责任意识、规矩意识、精品意识，克服办案中存在的"庸、懒、散、拖、浮"等不良倾向，以严谨、科学、老实的态度，恪守程序规范，确保在资源省约前提下落实职责精细、流程精准、品位精良，努力实现风险共担、行为规范。必须明确，"省约"不是"无为而治"，在所谓"敏感"领域自缚手脚；更不是简单应付，形式地追求"减人增效"；其要义在于在资源约束、绿色发展的前提下，确保司法办案的每一个环节、每一项工作都有章可循、有关必守、有错必纠。

"规范"既是司法的本质要求，也是司法理性的核心内容。不规范的司法，谈不上绿色司法。检察队伍专业素能首先体现在规范司法，司法实践中的诸多不规范问题，往往是因为能力不足、水平不高而在规范上打"擦边球"。② 笔者认为，在司法"规范"问题上，应特别注重办案规则的协调统一。下级院特别是基层院出台的办案规章制度，同样必须符合程序制度要求及上级相关规定；所有办案规则一经明确，必须严格落实。规范之所以有权威、有生命，不在体系有多庞杂、标准有多超前，关键在于科学、实际、管用。这就需要加强案例指导和司法解释工作，统一法律适用标准，防止"规则打架"、相互掣肘、各行其是。

二、在"谦抑"的过程中彰显"文明"

这一动态过程旨在协调理顺司法主体与外部环境的关系。司法是社会和国家、人民和政府之间最为宝贵的中间或者缓冲地带，两者可以在司法这个中间

① 商务印书馆辞书研究中心修订：《古代汉语词典》，商务印书馆2014年版，第1660页。

② 汪瀚：《践行绿色司法 推进浙江检察工作高水平发展》，载《浙江检察》2016年第9期。

地带协商、博弈。[①] 司法主体与司法对象不是管制与被管制、征服与被征服的关系。检察环节的社会治理功能，不仅体现在参与、监督，更体现于塑造、引导。检察司法谦抑，既是刑事司法本质、规律的客观反映，也是化解司法不公“雾霾”、回归司法公信“善治”的必要途径。

“谦抑，犹谦逊，意指谦虚、恭敬、谨慎。”[②] 刑事司法中的“谦抑”与“刑法谦抑性”是两个不同涵摄的概念。刑事司法“谦抑”，要求司法者保持一颗平等、审慎、克制、敬畏、利他的本真初心，涵养中华传统文明中“温良恭俭让”的精神谱系，“把检察办案放在创新社会治理的大背景，为司法介入社会关系修复留出‘自治’空间”。[③] 而“刑法的谦抑性，是指刑法应依据一定的规则控制处罚范围，即凡是使用其他法律足以抑制某种违法行为，足以保护合法权益时，就不要将其规定为犯罪；凡是使用较轻的制裁方法足以抑制某种犯罪行为、足以保护合法权益时，就不要规定较重的制裁方法”。[④] 由此可见，刑法谦抑性是相对于刑事立法而言的。刑事司法“谦抑”，确切地讲，只是刑事立法谦抑原则在刑法适用中的具体体现，而并非“刑法谦抑性”本身。正如张明楷教授所指出：司法实践中“处罚范围越窄越好并不是刑法谦抑性的内容。联系我国的立法和司法现状……对刑法的解释不能只单纯强调限制处罚范围，而应当强调处罚范围的合理性、妥当性”。[⑤]“如果超越我国社会主义初级阶段的国情、社会的平均价值观念以及人道主义所能允许的限度，把刑罚视为仁慈的东西，这也是背离刑罚的基本属性，不能为国家和人民所容忍”。[⑥] 毫无疑问，刑事司法“谦抑”，绝不等于要求在立法谦抑基础上“二次谦抑”，而是要求对司法相对方态度的谦逊和善、对自由裁量权行使的克制内敛，协调理顺检察机关与其他法律共同体成员之间的工作衔接、配合与制约，为检察司法营建宽容、和谐、可持续的外部环境。鉴此，司法谦抑应包含以下三个维度：一是节制用权。坚决纠正简单、机械、“能动”司法等不良偏向，以群众信服、注重衡平的方式司法办案。尽管刑事案件受案数量多少不以检察人员主观意志为转移，但在司法过程中可以遵循谦抑理念，充分运用轻微

---

① 郑永年：《保卫社会》，浙江人民出版社 2016 年版，第 301 页。

② 赵志华：《论刑罚轻缓化的实现途径》，人民法院出版社 2012 年版，第 28 页。

③ 汪瀚：《践行绿色司法 推进浙江检察工作高水平发展》，载《浙江检察》2016 年第 9 期。

④ 张明楷：《论刑法的谦抑性》，载《法商研究》1995 年第 4 期。

⑤ 张明楷：《网络时代的刑法理念——以刑法的谦抑性为中心》，载《人民检察》2014 年第 9 期。

⑥ 张明楷：《刑法格言的展开》，北京大学出版社 2013 年版，第 499 页。

案件刑事和解、简易办理和酌定不起诉、未成年人犯罪暂缓起诉等司法谦抑措施，将罪刑法定、疑罪从无、非法证据排除等体现恢复性司法、人性化司法精神的法律原则落到实处，避免因宽严相济政策在刑侦、预审等环节重视不够，导致检察司法环节连锁出现“过剩产能”。二是强化监督。围绕构建“亲”、“清”检察公共关系，建立健全检察司法人员与当事人、律师、特殊关系人、中介组织接触、交往行为约束机制，避免充当司法掮客，相互输送利益；围绕尊重保障人权、扩大诉讼民主，致力于恢复被害人在刑事诉讼中的主体地位等工作机制改革，切实提高司法公众参与度。三是扩大公开。阳光是最好的防腐剂。“权力运行不见阳光，或有选择地见阳光，公信力就无法树立。”① 构建开放、动态、透明、便民的阳光司法机制，是司法谦抑的重要内容。应借助阳光检务平台，深化落实法律文书释法说理和生效法律文书公开查询，依法及时公开司法依据、程序、流程、结果和生效法律文书，杜绝暗箱操作，接受社会监督，满足人民群众不断增长的司法诉求。

“文明”系指“人类社会发展到比较高级的阶段，即告别了蒙昧时代和野蛮时代，从而很大程度上摆脱了动物界而进入文明时代才开始呈现的进步程度和状态”②。文明司法，则是指摆脱“一谈到法就意味着惩罚、镇压、限制、禁止、束缚、没有人性、冷酷无情，使人们畏法、惧法、仇法、避法”③ 阴影的程度或状态。“现代法治的基础是市场经济。所以现代法治在价值功能上的特征，就完全不同于传统法制那种旨在禁止、束缚、限制、惩罚等消极方面，而是重在促进、引导、教育、调节等积极方面。”④ 笔者认为，文明司法具体包括“司法人员文明司法”和“司法机关文明司法”两个维度。在司法个体文明层面，要求司法人员对待司法对象态度平和、思维理性，举止文雅，作风开放，严禁盛气凌人、感情用事，言行粗鄙、坐井观天。司法文明是人道主义精神的外在体现，既“秀”不出来也“晒”不出来。司法是否文明，不取决于司法主体的自身感受，而完全取决于社会公众的判断认同。为此，要做到文明司法，仅有专业知识、理性思维远远不够，关键“要有司法良知，对社会有悲悯”。⑤易言之，“法律程序和法律形式系统的合法性问题在其本身内是无

① 习近平：《严格执法，公正司法》（2014 年 1 月 7 日），载《十八大大以来重要文献选编（上）》，中央文献出版社 2014 年版，第 720 页。

② 文正邦主编：《马克思主义法哲学在中国》，法律出版社 2014 年版，第 106 页。

③ 文正邦主编：《马克思主义法哲学在中国》，法律出版社 2014 年版，第 122 页。

④ 文正邦主编：《马克思主义法哲学在中国》，法律出版社 2014 年版，第 128 页。

⑤ 汪瀚：《践行绿色司法 推进浙江检察工作高水平发展》，载《浙江检察》2016 年第 9 期。

法解决的。它们需要道德——实践的论证"[①]。常言道"独木不成林"。司法文明形象并非司法者个人文明形象的简单相加，重在检察机关整体践行文明司法。这客观要求作为"关键少数"的各级检察领导干部树立正确的权力观、政绩观，身体力行绿色司法理念，以文明司法的实际行动取信于民。

三、在"独立"的基础上达至"正义"

这一动态过程主要是协调理顺检察工作与全局工作的关系。"要使事物合于正义，须有毫无偏私的权衡，法恰恰是这样一个中道的权衡。"[②] 由于种种复杂的社会历史原因，当前司法环节"非绿色的元素有很多，如党政机关一些领导干部对检察机关依法独立行使检察权的不当干预"[③]，等等。要发挥检察司法办案对于维护社会公平正义，全面推进依法治国的保障和促进作用，"排除用人和办案过程中的腐败和专横，营造风清气正的工作氛围，让每一位检察官都能够在良好的工作环境、人际环境中发挥自己的业务专长"，[④] 必须倡导"独立"和"正义"的司法理念。

"独立"是指"不受外来力量控制、支配"。[⑤] 在我国，司法权独立行使不仅是一项宪法原则，也是司法的一项基本准则。近年来，"多数学者都把独立性、中立性、公正性……纳入基本的司法规律。绿色司法作为一种全新的司法理念，必须遵循上述司法规律"[⑥]。司法权独立行使，不仅体现了司法规律的内在要求，更是落实"法律面前人人平等"原则的制度保障。"在今天的年代，我们敢说，平等已经是正义的重要成分。争取平等，而非保留不平等，被现代道德与法律哲学当作正义的一种重要作用。"[⑦] 笔者认为，司法独立理念同样包括两个层面：一是司法人员（相对）独立。在社会分工不断深化的现

---

① ［德］哈贝马斯语，转引自唐爱军：《马克斯·韦伯的现代性理论研究》，上海三联书店 2015 年版，第 270 页。

② ［古希腊］亚里士多德：《政治学》，吴寿彭译，商务印书馆 1981 年版，第 169 页。

③ 陈东升：《绿色司法的探索很接地气》，载《人民检察》2016 年第 19 期。

④ 谢鹏程：《应从三个方面解读绿色检察发展理念》，载《人民检察》2016 年第 19 期。

⑤ 中国社会科学院语言研究所词典编辑室：《现代汉语词典》，商务印书馆 2016 年版，第 335 页。

⑥ 汪瀚：《践行绿色司法 推进浙江检察工作高水平发展》，载《浙江检察》2016 年第 9 期。

⑦ ［英］丹尼斯·罗伊德：《法律的理念》，张茂柏译，上海译文出版社 2014 年版，第 90 页。

代社会，法律职业所具有的专门性、专业性、技术性特征日益突出。独立是公正的前提。司法人员的职务行为一旦被外部强力所左右，司法公正注定无从谈起。在这方面，“全国模范检察官”、新疆石河子检察院监所检察干警张飚排除干扰、平反冤狱的事迹无疑具有示范意义。二是司法机关（相对）独立。司法之所以有能力保障公民基本权利，归根结底在于司法机关具有相对的独立性。当前正在深入推进的司法体制改革，一个重要目标就是“解决领导机关和领导干部违规干预”这一“导致执法不公、司法腐败的顽瘴痼疾”。① 检察机关应通过深化和落实司法体制改革，健全司法履职保护机制和内部监督制约机制，落实插手案件处理记录、通报等制度，为司法机关和司法人员依法独立履职创造条件，防范和避免因不当干预导致冤假错案发生。

“正义是社会制度的首要德性，正像真理是思想体系的首要德性一样。”②“法律正义是一种通过创制和执行法律来调整人与人之间的关系及其行为而形成的理想状态。”③ 基于现实中“对正义的理解和认识，往往表现为一种‘应当’或者‘应然’的道德评价”，④ 笔者认为，有必要对公平、公正与正义三个毗邻概念的不同语意加以区分——在这三者之间，公平、公正以平等为尺度，侧重点在于“公允性”；正义则以“良善”为坐标，侧重点在于“正当性”。诚然，绝对的平等在阶级社会中尚无法实现，但正义作为一种普世价值却历来贯通古今。既然“司法是社会正义的最后一道防线”⑤，要实现人权保障与社会安定相统一，司法的终极目标就只能是正义。至于如何确保正义实现，或许不同的人从不同的角度会有不同看法，但归根结底，解铃还须系铃人——“除了法官的人格，没有其他的东西可以保证实现正义。”⑥ 应当看到，“改革开放以来，中国取得了巨大的经济成就，但付出的社会代价也是极其沉重的。可以确定地说，社会的不公正、不公平已经严重威胁到国人赖以生存的

① 中共中央文献研究室主编：《习近平关于依法治国论书摘编》，中央文献出版社2015年版，第73页。

② ［美］约翰·罗尔斯：《正义论》，何怀宏、何包钢、廖申白译，中国社会科学出版社2009年版，第3页。

③ ［美］罗斯科·庞德：《通过法律的社会控制法律的任务》，沈宗灵、董世忠译，商务印书馆1984年版，第73页。

④ 李林：《通过法治实现公平正义》，载俞可平主编：《国家底线：公平正义与依法治国》，中央编译出版社2014年版，第63页。

⑤ ［德］卡尔·马克思语，转引自尹晋华主编：《法律的追求》，中国检察出版社2010年版，封底。

⑥ ［美］卡多佐：《司法过程的性质》，苏力译，商务印书馆1998年版，第6页。

社会秩序的稳定。”① 面临公众的焦虑感和不安全感蔓延、越来越多的破坏性力量释放出来的“风险社会”，手持天秤和宝剑的司法者尤须“具有意志及道德勇气”，② 恪守“法不阿贵、绳不挠曲”的职业信仰，坚定“只服从事实，只服从法律”的朴诚信念，确保“平安”、“法治”建设始终沿着“和谐”、“正义”的轨道运行。我国社会主义法治所固有的人民性，决定了司法机关依法独立司职，必须以自觉接受党的领导，坚持司法为民工作导向为前提，把司法职能的发挥置于经济社会发展全局中加以认识和把握，努力实现司法办案“三个效果”有机统一。在推进司法改革过程中，加强司法专业化、职业化、正规化建设固然重要，但任何改革都应于法有据，统筹协调，在追求效率的同时把正义放在优先位置。倘若片面夸大技术唯理性和法律精英个人的作用，脱离现阶段基本国情过度强调司法活动的技术性、专业性，则很容易在程序正义与实体正义之间顾此失彼，使司法目标与人民群众所向往的绿色意旨背道而驰。为此，应把“独立—正义”理念作为引领检察事业绿色发展的“生命之线”，以长远的眼光、理性的精神执着呵护、倍加珍惜，不仅“手里要拿得稳”，而且“心里要拿得稳”。

---

① 郑永年：《保卫社会》，浙江人民出版社 2016 年版，第 97 页。

② ［德］鲁道夫·冯·耶林语，转引自陈新民：《公法学札记》，中国政法大学出版社 2001 年版，第 288 页。

践行绿色司法贵在知行合一

陈志君　孙婷婷*

今年全国“两会”期间，汪瀚检察长首次提出绿色司法理念。在全省“十六检”会议上，绿色司法被正式确立为全省检察工作的指导思想。省院要求把绿色司法作为高水平推进浙江检察工作发展的新的驱动力，落实到检察工作各个方面和司法办案全过程，切实走出一条具有标杆特色、凸显先行示范的浙江检察高水平发展之路。践行绿色司法，贵在知行合一。要以遵循司法规律为导向，优化司法资源配置，以规范、理性、文明为核心，以公开、公正、公信力为本质要求，实现司法动机、方式方法、质量效果的统一，最大限度地减少司法办案的负面产出，推进社会善治进程，构建文明健康的法治生态。

一、不忘初心，维护公平正义，牢固树立绿色司法理念是为知

著名思想家、哲学家王阳明认为，“身之主宰便是心；心之所发便是意；意之本体便是知；意之所在便是物”，也就是说，心为身之主宰，良知为心之本体，言听视动，学问思辨都是由“心”所生，道出了理念的重要性，不管从事何种事业，必先有某种理念形成于脑中。

司法理念是指导司法制度设计和司法实际运作的理论基础和主导的价值观，是体现在司法体制、司法组织、司法程序中，并直接作用于司法人员的重要因素。在现代法治社会，我们每个人都期待一种公平、正义和有秩序、有效率的理想境界，并相信借助于法的调整和规范，可以达到或接近于这种目标。这种观念、式样就是法的理念，是一种理想和信念，是人们对于某种法治理想的目标模式及其基本实现途径和方式的一种信仰、期待和追求。同样，司法理念也会反作用于事物的价值，可以说是人们对于某种事物固有价值的判断。司法价值判断正确，再付诸实行，事物价值就能充分、有效地释放，最终能够达到该种法律价值的总目标；司法价值判断不准或有错误，则付诸实行后该种法

* 陈志君，浙江省人民检察院；孙婷婷，浙江省台州市人民检察院。

律价值便不能很好释放，司法价值目标便不能顺利实现，整个社会、人民群众对司法就不会有认同感。

党的十八届五中全会提出的五大发展理念中，绿色发展意味着可持续发展，绿色发展理念是对社会主义“发展质量规律”的新认识。落实到司法领域，绿色司法理念以规范、理性、文明司法为核心，以创造良好的法治生态环境为目标，既是法治生态上，同时也是政治生态上的绿水青山在检察工作中的具体体现，是符合现代法治要求的全新工作理念。绿色司法不是简单的观点和看法，而是检察工作的重大理念创新，既是引导检察工作发展的战略、规划，也是管制、调控各项检察工作、机制的方针、对策。正如汪瀚检察长诠释的：树立绿色司法理念，首先要改变的就是过去过于强调数量，忽视质量的政绩观，与以往经济发展盲目追求速度和指标如出一辙的，是在司法领域中的传统思维定式，即宁信其有，宁重勿轻，宁抓勿放，宁多勿少；追求了速度，忽略了持续；追求了数量，忽略了质量，追求了力度，忽略了柔性。倡导绿色司法理念，就是要坚持问题导向和效果导向，方能不忘初心，敢于否定传统的思维定势，坚守底线，实现执法动机、方式方法和质量效果的统一，减少负面产出，提升检察工作的亲和力和公信力，推动社会善治。

二、干在实处，提升司法能力，让人民群众有获得感是为行

所谓的“知是行的主意，行是知的功夫”，亦即“真知必然包含行，知而不行，只是未知”。绿色司法不是停留在观念层面的一句口号，而是以深化司法改革、创新司法机制、优化司法资源、规范司法行为为动力，不断提高司法公正度和公信力，服务保障社会发展的一种新型实践模式。

（一）发挥绿色司法理念的引导功能，严防和减少各类司法“雾霾”，撑起法治的蓝天

绿色司法理念是根据社会环境和检察工作的实际需要，有针对性地声明一系列执法观念和价值观念，指引检察机关和检察人员应当做哪些事和不应当做哪些事，以及面临价值冲突时如何决定价值取向。在法治社会的建设过程中，一些原有的机制做法已经逐渐成为司法领域的“雾霾”，需要加以整治。对于案多人少的“雾霾”，绿色司法就是要在公正与效率之间找到一个最大公约数，司法改革是破解该难题的根本出路和最强动力，完善繁简分流机制，将有限的司法资源用于审理重大复杂疑难案件；对于“案件办了，企业垮了”的“雾霾”，绿色司法就是要讲究办案方式方法，轻拿轻放，最大限度排除司法办案给社会带来的负作用，慎用强制措施，使犯罪得到惩罚，企业生产得以保护，社会矛盾不被激化；对于司法不规范的“雾霾”，绿色司法就是要文明办

案，精益求精，让检察权在“阳光下”运行，平等对待每个诉讼参与人，释法说理，让人民群众在每个案件中感受到公平正义，感受到司法的温度；对于检察工作不接地气，群众、社会不了解甚至误解的“雾霾”，绿色司法就是要检务公开，“开放、动态、透明、便民”，在信息社会，“互联网+”是关键词，构建检察机关门户网站、“两微一端”、报纸杂志、电视栏目等组成的媒体矩阵，让人民群众有获得感，让检察工作不再神秘，公平正义不再抽象。

（二）发挥绿色司法理念的调控功能，立足检察职能服务大局，护航经济发展

在不同的时期或者发展阶段，检察工作的重点和优先价值目标是不同的，处理各种矛盾的方式和节奏也是随之进行调整的，绿色司法理念的提出就反映了根据这种客观需要，检察机关顺势作出的及时调整。转变司法理念，应该放在创新社会治理的大背景下去思考。在民营经济发达的浙江省，在小微企业金融服务改革创新试验区的台州市，绿色司法意味着保障和促进民营企业创新发展，意味着让企业在司法中有获得感，意味着司法的绿色与经济的可持续发展一起连成整个社会的和谐模式。绿色司法理念不仅指引检察机关和检察人员应当做什么和不做什么，还指引检察机关和检察人员应当先做什么和后做什么。应正确把握涉企犯罪案件的法律政策界限，严格区分经济纠纷与经济犯罪的界限、个人犯罪与企业违规的界限、企业正当融资与非法集资的界限、经济活动中的不正之风与违法犯罪的界限、合法的经营收入与违法犯罪所得的界限、执行和利用国家政策谋发展中的偏差与钻改革空子实施犯罪的界限，依法保护管理者和从业人员干事创业的积极性，为构建法治化营商环境有所为，有所不为。

（三）发挥绿色司法理念的管制功能，提升各项司法能力

绿色司法理念的提出对检察机关和检察人员的既有行为模式提出了更新更高的要求。绿色司法理念的管制功能是检察机关顺应形势要求，开拓新形势下检察工作的重要手段。首先，提升能力，是增强党的执政能力、巩固党的执政地位的必然要求。司法能力的提升，有利于密切党与人民群众的血肉联系，巩固党的执政基础；有利于惩治犯罪、化解矛盾和维护稳定，创造和谐稳定的执政环境；有利于维护司法公正、促进依法行政，推进依法治国方略的实施。其次，提升能力，是应对检察队伍年轻人比例高，实战能力不足的现实需要。特别是在当前的社会转型期，社会利益关系更为复杂，新情况新问题层出不穷，在机遇和挑战并存的新形势下，检察干警的法律素养和解决问题水平的提高需要有效的机制来打造出一条绿色健康的通道，培养出人民信得过的检察官，更

好的适应员额制改革的需要。最后，提升能力，领导干部不可缺席。领导班子的政治水平、决策水平、管理水平、法律水平直接影响着司法能力的提升，当前，检察机关领导干部要着力提升三种能力：一是引领力，要勤学善思，把绿色司法理念传导到每一位干警；二是创造力，要弘扬大陈岛垦荒精神，勇于担当，开拓创新，破解难题；三是坚持力，秉持“功不必在我”的正确政绩观，久久为功，积小胜为大胜。

三、勇立潮头，高水平推进十项检察，为践行绿色司法提供台州经验

2015 年 6 月，台州市人民检察院出台《全面推进“十项检察”服务保障“一都三城”建设的意见》，以“环保检察、金融检察、知识产权检察、民生检察、少年检察、创新检察、智慧检察、阳光检察、平和检察、文化检察”等“十项检察”作为全市检察工作的总纲领和总抓手，十项检察的基本内涵和追求的目标都与绿色司法完全契合，两者之间存在知行合一的内在逻辑关系。

（一）十项检察是绿色司法的生动实践

从内容上看，十项检察以环保检察保护绿水青山的法治生态，以金融检察优化金融法治环境，以知识产权检察服务社会创新，以民生检察保障群众权益，以少年检察护航青少年健康成长，以创新检察加快司法办案方式转型升级，以智慧检察推动信息化与法律监督工作的深度融合，以阳光检察提升司法公信力，以平和检察规范司法行为，以文化检察提升检察软实力，既包括检察机关履行法律监督职责具体内容的硬任务，又包含致力提升检察工作软实力的机制措施。其属性定位、价值取向和追求的司法效果，符合绿色司法理念对检察工作提出的内在要求，同时也为绿色司法的践行提供了实践依据。

（二）绿色司法理念是全面深化十项检察的精神引领

从成效和经验看，十项检察的推进验证了践行绿色司法的必要性和可行性。比如，环保检察、民生检察，以维护民生为己任，严厉打击破坏环境资源和危害食品药品安全案件，守护“绿色生态”和“舌尖安全”，率先出台《关于办理非法捕捞水产品刑事案件若干问题的会议纪要》向渔业领域违法犯罪行为“亮剑”，有效保护了渔业资源；金融检察、知识产权检察，走进银行、深入企业，保护金融生态，支持实体经济发展，初步构建了“亲”、“清”新型检企关系；少年检察，全面落实未成年人特殊检察制度，设立“爱・倾听”工作室，构筑“心・阳光”工程，创建“青春守护站”等工作品牌，开展未

检进校园、社区、农村、家庭等宣讲活动，为国家的未来筑好法律屏障。从推进过程看，各项检察虽各司其职，互为依托，但在内在联系上还缺少一种能够贯穿始终的主线或者说是精神支柱，这在一定程度上限制了十项检察发挥最大可能的功效。绿色司法理念的提出适时解决了这个问题，让我们对十项检察有了更高的站位、更深的认识和更新的目标。

（三）积极践行绿色司法，打造升级版十项检察

“好风凭借力，扬帆正有时。”日前，台州市人民检察院召开全市绿色司法专题读书会，回顾和总结十项检察开展以来的实际情况，并拟定了《关于高水平推进“十项检察”争创绿色司法标杆的十二条意见》，要求全市检察机关以绿色司法理念为引领，进一步拉高标杆，开拓创新，全面深化十项检察，在服务保障民营经济发展、服务保障转型升级“组合拳”、未成年人刑事检察工作、打造明星公诉人、打造良性互动新型检律关系、阳光检察、基层检察室建设、创新创优、侦查技术应用分析平台和检察文化建设等十方面打造标杆，创造台州经验，力争走在全省前列。

1. 争创服务保障民营经济发展标杆。深入推进“创新发展·检察伴你行”活动，总结推广服务保障民营企业创新发展的临海“华海模式”、天台“廉职办公室”等工作经验，保持先发先行优势；深化金融、知识产权检察，将保障促进民营经济发展作为“一把手”工程，继续加强各项服务工作；全面梳理总结相关案件中出现的问题，联合公安、法院着力破解涉及刑民交叉、互联网领域的重点难点问题；大力开展专项预防，帮助企业建章立制、堵塞漏洞；探索检察环节容错免责机制，营造支持改革、鼓励创新、允许试错的良好法治环境。

2. 争创服务保障转型升级“组合拳”标杆。全面深化环保检察，深入开展破坏环境资源犯罪专项立案监督活动，严肃查办环境污染背后的职务犯罪；推动环保执法从粗放型打击向精细化打击转变，从以打击污染环境为主向以打击对环境资源的过度利用为主转变，从陆上执法向海上执法延伸；加强环保执法调研，充分发挥检察建议作用，切实提升环保工作法治化水平。

3. 进一步打响阳光检察台州品牌。积极营造践行绿色司法良好的外部环境，大力推进检察公共关系建设，不断拓展案件信息公开范围和方式，利用公开审查宣告制度的全国首创优势，推动检务公开向深层次发展；严格执行《关于依法保障辩护律师在职务犯罪案件侦查阶段执业权利的若干规定》和《进一步保障律师执业权八项措施》，打造良性互动新型检律关系；完善推广临海“检务理堂”工作经验，加强与基层代表联络站的无缝对接；全面建成“一站式”检察服务大厅，切实保障人民群众对检察工作的知情权、参与权和

监督权；充分运用“两微一端”新媒体，讲好绿色司法故事，确保微信公众号影响力，传递检察正能量。

4. 完善创新机制，打造绿色司法新引擎。深化创新创优工作体系，发挥创新集成效应。立足台州实际，重点研究提前介入重大刑事案件侦查活动机制、疑难复杂案件证据公开审查机制、轻刑案件的非羁押诉讼制度、“一站式”询问未成年被害人办案模式、涉罪未成年人观护帮教体系建设、污染环境犯罪刑事附带民事诉讼、预防职务犯罪工作网格化管理等，组织开展“一院一品”和“一线一品”创建工作，变盆景为风景，让风景成为美景。

5. 坚持文化引领，打造绿色司法精神高地。充分发挥检察文化的引领、教育、凝聚、规制和激励功能，深培厚植“赤诚、守正、精进、阳光”台州检察精神。以全国模范检察官、浙江省优秀共产党员王盛为标杆，坚持典型引领，对标看齐，制定实施《打造明星公诉人建设高水平公诉队伍实施意见》，聚力优化培养措施，打造明星公诉人。从细节着手，让规范成为每个检察干警的习惯养成，让文明成为一种内心自觉，让检察职业尊荣成为一种情怀，努力建成一支政治过硬、坚守底线、有专业素质和人品修养的检察队伍；探索建立重品德重能力重业绩的人才评价机制、尊重和实现人才价值的人才激励机制、与检察事业发展深入融合的人才保障机制。

知行合一，止于至善。我们坚信，只要积极践行绿色司法，立足检察工作实际，识变求变，不断创新，我们的工作一定会向高水平推进，也一定会为绿水青山的法治生态提供更多更好的浙江经验。

以绿色司法为引领
不断深化“品质检察”实践

顾雪飞*

汪瀚检察长在全省“十六检”会议上提出，强化政治意识，践行绿色司法，以标杆姿态推进浙江检察工作高水平发展的要求，这为我们指明了“十三五”时期浙江检察工作的总体思路、目标任务和实现路径。绿色司法是全新的司法理念，启迪我们用全新的思维和视角，系统审视新形势下杭州检察工作的发展方向、思路和路径。全市检察机关要强化思想自觉和行动自觉，把“绿色司法”作为杭州“品质检察”发展的重要理论支撑和实践指南，紧密结合实际，理清工作思路，落实工作措施，奋力推进杭州检察工作高水平发展。

一、践行绿色司法，就是要加强学习思考研究，不断加深对绿色司法丰富内涵的理解和把握

绿色司法理念缘起于党的十八届五中全会提出的五大发展理念，特别是绿色发展理念。绿色发展的核心是资源节约、环境友好、持续发展。聚焦到检察语境，我们初步理解，“绿色司法”就是以“规范、理性、文明”为核心，重构检察内外人与人的关系、人与案的关系，重构检察公共关系，达到法治生态内外和谐共生。2016年以来，杭州市院组织开展对“绿色司法”进行专题研讨，取得了初步的阶段性成果。我们认为，“绿色司法”的内涵可从五个维度来认识和把握。

（一）绿色蕴含生命力及其状态，绿色司法，即要遵循司法规律，做到内涵型司法

也就是说要提升司法办案的内在品质。法治状态下的司法应当遵循自身的规律，偏离航向，司法就不能发挥其正常功能。陈光中先生指出：“在民主法

---

* 浙江省杭州市人民检察院。

治国家，司法规律首要的是以公正为灵魂。”所以，绿色司法，首先必须坚守法律底线，维护公平正义。树立法治思维，秉持司法理性，坚持公正为魂，推进精细化办案，确保每一起案件都经得起法律和历史的检验，努力让人民群众在每一个司法案件中都感受到公平正义。要根据检察权的不同属性，努力做到“绿色”办案。如，刑检工作的“绿色”意味着理性审慎，精准打击，既维护稳定，又保障权益；对于法律监督，“绿色”侧重于优质优效，维护公平，赢得支持。绿色司法，必须上接天线、下接地气、服务大局，提升三个效果相统一的办案水平。紧紧围绕司法的政治性、人民性、法律性，追求三效统一，反对就案办案、僵硬司法。比如办理涉及非公企业、“三改一拆”等相关案件，既要维护稳定，又要促进发展，达到法律效果、政治效果和社会效果的有机统一，取得社会各界对司法的认同和支持，努力提升司法公信力。

（二）绿色蕴含可循环，绿色司法，即要减少副作用和后遗症，做到谦抑型司法

司法权作为一种公权力，在运行中可能扩张、肆意和异化，须进行必要的自我克制。一是引入外部监督。通过人民监督员、律师、社会公众等的有效监督，减少执法冲动。二是优化办案方式。比如对于非公企业案件，要轻拿轻放，护航民营经济健康发展。三是主动修复社会关系。把宽严相济刑事政策真正落到实处，着重要从司法理念和制度设计两个层面解决“不敢宽”的问题，做到宽严有据、宽严有度，平衡好从严和从宽的边界。对于严重刑事犯罪、危害国家安全等犯罪，从严从重打击；对于未成年人等犯罪，依法从宽处理，注重社会帮教，修复社会关系。

（三）绿色蕴含低能耗，绿色司法，即要提升司法效率，做到集约型司法

当前，要着力破解案多人少矛盾的困境。路径是多角度、全方位构建绿色司法体系，把节约集约、质效优先理念融入司法办案，最大限度节约司法资源，降低司法成本，提升司法效能。要丰富完善业务标准建设，系统梳理各条线办案规范，与公安、法院及相关部门共同研讨，统一证明标准、法律适用、办案流程；要创新工作机制，加快案件繁简分流，探索实施刑事速裁、认罪认罚从宽处理等制度，实行集约化高效率办案；要推进检察信息化建设，科学运用大数据，为司法办案提供技术支撑。

（四）绿色蕴含包容性，绿色司法，即要主动回应社会关切，做到共生型司法

红、绿、蓝是三原色，自然界的色彩都由其交融演变而来。司法是法治社

会中连接国家与社会的重要桥梁。随着社会转型的不断深化、群众司法需求的日益增长，司法越要发挥能动作用，实现与社会的良性互动，达到内外部环境的和谐共生。一方面，提升融入大局、服务社会的能力。面对信息化、网络化快速发展的时代特征，检察机关必须打破封闭思维，积极回应人民群众的新期待。另一方面，加强以提升司法公信力为目标的检察公共关系建设。曹建明检察长在十四检会议上，首次提出加强检察公共关系建设。其主要任务之一是塑造形象，赢得公众信任。我们要深化检务公开，保障群众知情权；善于和媒体沟通，实现良性互动；依法保障律师执业权利，构建新型检律关系；加强与其他执法司法机关的沟通协调，形成工作合力。总之，要内外联动，达到外部友好融洽，人民满意拥护，为营造良好政商环境、和谐法治生态作出贡献。

（五）绿色蕴含可持续，绿色司法，即要进一步解决检察机关内部与外部的和谐问题，做到协同型司法

真正实现人的可持续发展和检察事业的可持续发展要树立科学的政绩观。要认真落实汪瀚检察长关于“把树立正确的政绩观作为第一位的要求”的指示精神，审慎反思案多原因，改变唯数字办案 GDP 评价模式，既要立足当前，创先争优；又要着眼长远，多做打基础、利长远、增后劲的事，努力追求遵循检察工作规律、质量效果好、没有后遗症的检察工作业绩。要确立协同的发展观。做到打击犯罪与源头整治、队伍建设与司法办案、内部提质增效与外部良性互动协同推进；全面推进司法体制改革各项工作，将内设机构改革与人员分类、办案组织建设和司法责任制改革协同推进；检察官、司法辅助人员和司法行政人员三支队伍建设协同推进；各业务线工作发展与资源配置整合协同推进。

二、践行绿色司法，就是要结合杭州检察实际，将绿色司法要求融入“品质检察”实践

近年来，杭州市人民检察院立足职能、立足实际，加强探索、加强实践，不断丰富杭州“品质检察”内涵，受到各方的肯定和认可，杭州检察机关的公信力不断提升。我们认为，“品质检察”与“绿色司法”在目标、方向、价值取向等方面相契合，与杭州市市委“全面提升城市国际化水平”的部署相适应，我们要在丰富、充实“品质检察”内涵的基础上，把深化“品质检察”实践作为杭州市检察机关践行“绿色司法”的总抓手。

（一）着力推行绿色司法办案方式，进一步提升司法办案的品质

充分考虑经济发展新常态、社会治理新要求、人民群众新期待、公开透明新环境、司法改革新考验，改进司法办案方式，使之更符合绿色司法内涵，更

符合司法规律，不断提升司法办案的品质。

1. 继续深化服务型司法“杭州模式”。贯彻落实五大发展理念，围绕推进科技创新、全面提升城市国际化水平等一系列决策部署，通过履行司法办案主责主业回应经济社会发展中的法治需求，通过依法办案有效防控风险、精准服务发展。及时固定检察环节峰会维稳安保的系列做法，使之成为可复制、长效性的工作方法，继续做好亚运会等重大国际活动的维稳安保工作。加强对非公经济的司法保障，落实“高检院18条”、“省院21条”，严把捕诉标准、准确适用强制措施，推行办案风险评估，特别是综合评估办案对企业经营、行业发展带来的影响，采取有针对性的措施，尽量将办案对企业发展的负面影响降至最低。完善对知识产权的司法保护，培养专业办案力量，明确知识产权类案件的法律界限和法律适用标准，准确办理侵犯知识产权犯罪案件，及时为企业提供知识产权风险预警，保护科技创新。落实“容错免责”机制，在严肃查处不作为、乱作为等渎职犯罪的同时，对于改革创新中出现的失误、偏差甚至造成一定损失的行为，严格把握政策法律界限，更加重视综合效果，营造支持改革、鼓励创新、宽容失败、允许试错的良好环境。

2. 继续拓展标准型司法“杭标规范”。近年来，杭州市人民检察院以公诉为切入点，以证据为核心，先后制定了刑事证据采证审证、客观性证据和电子数据流转、非法证据排除、疑难复杂公诉案件审查报告制作、死刑案件审查起诉流程规范指引等系列制度，形成刑事案件审查“杭标规范”体系。实践证明，建立“杭标规范”、加强业务标准化建设，是防止冤假错案、提升办案质量的有效方法。下一步，“杭标规范”建设应当从证据审查向证据的发现、收集、固定拓展，从证据审查标准化向办案程序、工作流程标准化拓展，从公诉向侦监、自侦以及诉讼监督各环节拓展，从制定标准向传导、应用标准拓展，通过标准化建设促规范、提质效，让杭州的规范司法走在前列，让所办的每一个案件经得起检验。

3. 继续积累集约型司法“杭州经验”。一方面，推进案件繁简分流，按照“轻轻重重”的原则，对案件进行难易分类，对程序进行繁简分流，形成普通程序、简易程序、速裁程序齐头并进的多元化格局，做到简案速办、难案精办，实现司法资源的最优配置。杭州市人民检察院继续推进刑事速裁程序试点工作，完善并总结检察环节刑事速裁程序办案模式、文书规范的“杭州经验”；积极开展认罪认罚从宽制度改革的试点，集中优势力量办好重大、疑难、复杂案件以及被告人不认罪案件。另一方面，建立与检察人员分类管理改革、司法责任制改革相配套的办案人员集约化模式。对知识产权、金融、毒品等专业性较强的类案，建立类案办理小组，集中力量攻坚，提升办案质效。

4. 继续丰富人文型司法“杭州实践”。在以往推行对在押女犯“一对一”帮教、未成年人犯罪“捕诉监防”一体化等人文司法新机制的基础上，更加注重恢复性司法理念在检察司法办案活动中的应用，更加注重在司法办案中体现理性谦抑、彰显人文关怀、促进社会和谐。要准确把握宽严相济刑事政策，依法慎捕慎诉，用好不起诉裁量权，开展刑事和解、检调对接，修复受损社会关系，减少办案“副作用”。同时，着力构建未成年人犯罪社会化帮教体系，通过检察环节司法办案，搭建好专业化矫治与社会化帮教的桥梁，完善合适成年人参与诉讼、不起诉案件圆桌帮教等制度，开展涉罪未成年人人格甄别，建立未成年人帮教关护基地，努力实现“办一个案子、救一个孩子”。

5. 继续开展兼听型司法审查“杭州探索”。遵循检察工作的司法属性，构建双向、兼听、公开的司法审查机制。积极推进审查逮捕双向审查工作及公开听证试点工作，探索开展不起诉案件公开审查、刑事申诉案件公开听证。同时，市检察院出台公诉环节主动听取律师意见和检察委员会委员集体听取律师意见两个“规范指引”，为控辩良性互动搭建平台，推进理性均衡的控辩审诉讼架构。

（二）着力厚植绿色司法保障要素，进一步积聚“品质检察”新动力

紧盯改革创新、科技信息和检察人才“三驾马车”，为打造品质检察、推进杭州检察工作高水平发展提供新引擎。

1. 运用科技信息助力绿色司法。按照加强信息与侦查、科技与证据、智能与工作“三个融合”的总思路，推进以信息化为主攻方向的科技强检工作，使司法办案从人力密集、简单粗放向信息密集、精准高效转型。加快推进侦查信息查询平台建设，加快公共管理和社会服务数据引入，加强数据比对分析，实现信息引导办案；加快以远程视频传输为基础的远程办案系统建设，提高远程视频办案网络的实际使用率，减少事务性消耗，实现远程提速办案；加快司法鉴定、电子数据实验室建设与应用，有效适用技术取证、技术鉴定、技术审查等检察技术手段，实现技术支撑办案。

2. 推进司法改革助力绿色司法。充分把握司法体制改革契机，实行人员分类管理、员额制管理，建立符合办案规律的办案组织和司法责任制，对内设机构、队伍结构、资源配置等进行优化整合。比如，从法治发展规律看，刑事发案率会相对稳定并逐步趋于下降；而随着公民权利意识的日益增强，权利的边界越需法治调整，民事行政案件会呈上升趋势。全国“十四检”会议首提检察监督体系，民事和行政检察是其中两大分支。在未来发展中，在检察各业务分支的工作机制、人力资源配置等方面，还需要我们科学统筹考虑。

3. 培养专业人才助力绿色司法。人才是绿色司法的重要保障要素，汪瀚

检察长的讲话和省院发展规划都提出打造绿色司法人才高地。就杭州而言，要继续丰富专业化人才培养载体和方法，运用学习培训、交流研讨、实战演练、对抗实训等方式，提升队伍整体素能。要巩固以往有效做法，探索科学的检察业务培训、竞赛体系，通过科学方式加强对业务骨干的选拔、培养和锻炼，打造明星公诉人、侦查能手、侦监业务标兵等办案骨干梯队，确保我市检察机关绿色司法人才队伍建设走在全省前列。

（三）着力营造绿色司法生态环境，进一步提升“品质检察”公信力

1. 加强法律职业共同体内部的良性互动，营造良好的司法生态。调整侦捕诉辩审关系，互相配合、互相制约，共同维护司法公正。在侦捕诉关系上，适应以审判为中心的诉讼制度改革，建立以检察为主导的审前程序，通过介入侦查、引导取证、互派人员跟班办案等方式，及时向公安机关及各侦查部门传导绿色司法理念、证据标准、宽严尺度，从源头上把好案件入口关。在检律关系上，继续推进保障律师执业权利立体化工作机制构建，推广“五表一书”全程留痕制度，完善面向律师网上、网下两个“一站式”服务大厅建设，推行律师电子化阅卷，制定听取律师意见的制度规范，探索开展律师参与化解和代理涉检信访、律师参与刑事案件速裁程序等工作，畅通侵犯律师执业权利的控告申诉渠道和救济途径，为律师依法执业提供全方位、立体化保障。同时，对律师违规执业进行有效监督，促进律师依法执业。在检法关系上，进一步统一司法办案的标准，坚持监督与支持并重、抗诉与息诉并重，构建以抗诉为核心的多元化审判监督格局，促进检察监督与其内部纠错相结合。此外，加强法律职业共同体之间的互动交流，完善业务沟通交流、信息资源共享、工作会谈协商等长效机制，广泛开展案件会商、业务研讨、专题讲座等活动，促进法治理念融合和业务知识互补，共同守护司法生态的“绿水青山”。

2. 加强检察机关与社会各界的良性互动，营造良好的社会生态。以营造良好外部环境为目标，大力推进检察公共关系建设。关注代表委员、人民监督员等群体，主动为他们参与检察、监督检察创造条件，不断提升特定监督群体对检察工作的理解支持度。要增强公开透明意识，大力推进检务公开，加快网上检务公开大厅建设，完善案件信息公开系统数据发布，开发应用集信息发布、律师阅卷预约、行贿犯罪档案查询、听取意见建议等功能于一体的杭州检察 APP 客户端，让人民群众以看得见、摸得着的方式感受公平正义。

3. 加强检察机关与新闻媒体的良性互动，营造良好的舆论生态。增强主动宣传意识，发挥“两微一端”的作用，讲好检察故事，提升检察新闻的感染力和影响力。加强舆论引导，及时发布准确信息，打消媒体和公众的疑虑误解，使公众客观理性地看待司法办案活动。提高媒体沟通素养，掌握新闻传播

规律，熟悉媒体运作流程，善于与媒体记者打交道，使媒体记者最大限度了解支持检察机关工作，最佳效果地宣传展示检察工作。

（四）着力重构绿色司法评价标准，进一步明确“品质检察”发展导向

1. 重构对个案质量的评价标准。从过去追求低不捕率、低不诉率、零无罪判决率向更加理性评价办案质量转型，科学看待无罪判决，客观分析撤回起诉、无罪判决的原因，不简单地将无罪判决与错案画等号。完善监督案件质量评价标准，遵循司法规律和诉讼经济原则，对诉讼活动的监督，与违法情形的性质、程度及诉讼阶段相适应，注重抗诉、纠正违法、检察建议、查办职务犯罪等监督手段和方式的综合运用和有效衔接，充分发挥监督作用。

2. 重构检察工作绩效评价体系。主动适应上级院办案评价模式的转变，坚持争先进位、走在前列不懈怠，坚持以司法办案为中心不动摇，坚持以法治思维和法治方式推进工作不偏离，更加注重办案质量和效果，更加注重通过司法办案保障民生民利，更加注重办案过程公开透明，更加注重增强人民群众对司法公正的获得感，建立健全案中听取意见、案后回访评议等制度，探索办案满意度测评、司法公信力评估，努力实现内部评价与社会评价相统一。

绿色司法是一个创新性的命题，其引领了检察工作发展理念之先；同时绿色司法又是一个开放性的命题，其内涵将在与检察实践相融中不断丰富和完善。绿色司法从理念走向实践，关键在于积极探索、勇于创新，坚持走内涵式、高品质发展之路，将是我们杭州检察践行绿色司法的基本遵循。

试论绿色司法理念背景下检察公信力建设路径

潘申明　周耀凤[*]

党的十八届五中全会强调，“十三五”时期的总体目标是以五大发展理念为引领高水平全面建成小康社会，浙江省检察机关积极响应中央、省委的新部署、新要求，将五大发展理念特别是绿色发展理念寓于检察工作之中。今年全国“两会”期间，基于浙江“案多人少”突出矛盾引发的思考，结合十八届五中全会的会议精神和习总书记的系列讲话精神，浙江省人民检察院党组书记、检察长汪瀚创造性地提出要践行绿色司法理念，严防案多人少问题成为司法“雾霾”。绿色司法理念的丰富内涵响应了中央、浙江省委的新部署、新要求，对于指引我省检察队伍开展工作，提高公众对检察机关满意程度、信赖程度和认同程度有着重要推动作用。习近平总书记在系列讲话中指出，“准确把握社会心态和群众情绪，推行人性化执法，柔性执法，阳光执法，进一步提高政法工作亲和力和公信力”，绿色司法与习近平总书记的讲话侧重点不同，前者强调司法过程，后者强调司法效果，两者的关系其实是绿色司法和检察公信力的关系。绿色司法和检察公信力存在什么样的关系，尚未有学者系统论述，开展这一研究有必要性和创新性。在论证这一问题之前，我们首先要对内涵丰富的“绿色司法”的起源、发展进行一个简要梳理。

一、绿色司法理念的发展

黑格尔在《法哲学原理》中提出“凡是合乎理性的东西都是现实的；凡是现实的东西都是合乎理性的”，各种概念的出现也必然存在一定的社会背景和理论基础，绿色司法也是如此。绿色司法这一提法不是凭空产生，不是生编硬造，更不是无中生有。这一概念的提出是在当前社会背景下，立足司法实务

* 浙江省宁波市人民检察院。

工作，结合中央政策，通过深思熟虑之后所提出的一个能够管很长时间、需要通过长期实践来实现的、具有引领性作用的理念。

（一）绿色司法的内涵发展

“绿色司法”这一词汇本身并非新词汇，以绿色司法为主题在“中国知网”搜索可以发现，2010年就有这一提法。① 而在《检察日报》网站上检索，也可以发现“绿色”对于司法机关来说不是新鲜词汇，早在2003年就以“绿色通道”的形式出现在大众面前，意指快速通道；之后2015年出现“‘绿色’检察司法新模式”的表述，但主要针对生态环境资源检察保障。2016年浙江省检察院检察长汪瀚首次提出内涵丰富、不局限于快速、高效内涵或生态环境检察保障含义的绿色司法，并多次从多方面多角度进行阐述。追根溯源，绿色司法理念缘起于党的十八届五中全会提出的五大发展理念，特别是绿色发展理念，是其在检察工作中的创新运用，两者一脉相承、内涵统一。

该理念的建构者汪瀚检察长在检察日报上发表文章《践行绿色司法推进检察工作高水平发展》将绿色司法总结为是以遵循司法规律为导向，以规范、理性、文明司法为核心，以司法公开、司法公正和司法公信力为本质要求，通过绿色司法，实现公平正义所要求的司法动机、方式方法和质量效果的统一，最大限度地减少司法办案的负面产出，推进社会善治进程，构建文明健康的法治生态，让人民群众对公平正义有更多的获得感。

绿色司法提出之初是基于对粗放式司法的质疑以及解决我省案多人少这一司法“雾霾”而引发的思考，经过半年多的学习、思考、调研、再思考之后，这一名词被赋予更加丰富的内涵，被放到更大战略、更高层面来理解和把握。一些专家学者对这一概念进行了深入思考和论证，有些学者认为，绿色司法有五个层次：第一是做到内涵型司法，遵循司法规律；第二是做到谦抑型司法，减少毒副作用和后遗症；第三是做到集约型司法，提升司法效率；第四是要做到共生型司法，主动回应社会关切；第五是做到协同型司法，解决检察机关内部与外部的和谐问题。② 有些学者认为绿色司法有八个鲜明特征，也即司法

---

① 参见中国知网：http://www.cnki.net，访问日期：2016年11月21日。根据搜索到的结果，“绿色司法”最早见于《人民法院报》2010年5月16日第2版，“浦城因地制宜打造‘绿色’司法品牌”。

② 参见《杭州市院顾雪飞检察长谈以“绿色司法”为主线不断深化“品质检察”奋力推进杭州检察工作高水平发展》，载浙江省人民检察院办公室编：《检察工作交流》（领导思路）第3期。

理念现代性、司法行为规范性、司法效果统一性、司法资源优化性、司法管理集约性、司法机制科学性、司法环境生态性、司法目的公正性。不同的学者对绿色司法有不同的认识和理解，大大丰富了绿色司法的理论内涵和外延。

我们认为，既然“绿色司法以‘五大发展理念’为指导”，而绿色发展的核心是尊重规律、资源节约、环境友好、持续发展，聚焦检察语境，绿色司法除了需要符合“司法”所要求的追求公平公正等要求之外，还应当是遵循司法规律的、节约司法资源的、注重司法环境的、注重司法可持续发展的。给绿色司法界定概念是有一定难度的，因为这一概念是因势而生、与时俱进、不断发展和完善的，但我们可以根据其内涵来较为容易地区分哪些是绿色司法行为，哪些不是绿色司法行为。

（二）绿色司法的意义

绿色司法理念作为一种全新的检察工作理念，既符合司法规律，又有鲜明的时代特征，是一种高层次的和谐司法。该理念体现了我省检察机关主动适应形势新变化和经济发展新常态，切实增强责任意识，把法治生态、司法效率、理性司法、透明司法、文明司法摆在更加突出位置，强化法律监督、强化自身监督、强化队伍建设，促进社会公平正义、保障人民安居乐业的职责使命，为全省高水平全面建成小康社会提供有力司法保障。

微观检察工作具体运行，绿色司法具有前瞻性和先导性，以理性平和文明规范为指导，是高水平推进检察工作发展的重要保障。近年来，全省检察机关扎实开展规范司法专项政治工作，接受人大、人民群众的依法监督，及时查找和解决了一些司法不文明、不规范问题，取得了一定成效，但仍有一些把握失度、规范公正文明不足现象存在。比如对批捕条件、证据标准把握不够严格，存在向侦监、公诉借时间的现象，有的案件存在超期现象；对当事人诉讼权利保护、律师权利的保障思想上还不够重视；法律文书方面存在内容不完整、形式不合要求的问题；财物管理方面有些由办案人员管理，存在处理不及时、该随案移送未移送等问题……有些问题虽小，却会直接影响检察工作运行，影响人民群众对检察机关的整体看法，所以必须重视。而绿色司法理念一定程度上可以时刻警醒我们，纠正旧有的、亟须纠正的疑罪从轻、口供至上、重实体轻程序、重口供轻其他证据等司法理念，补齐规范司法短板，推动检察工作更好发展。

综观检察工作与社会发展，绿色司法旨在重构检察内外人与人的关系、人与案的关系，重构检察公共关系，是达到法治生态内外和谐共生的必然要求。司法是法治社会中连接国家与社会的重要桥梁，随着社会转型发展，群众司法需求日益增加，给司法机关、司法工作人员带来更多挑战，需要司法工作人员发挥主观能动作用，实现与社会互动，达到内外部环境和谐共生。绿色司法理念能够帮助我们面对复杂形势，借助科技等力量，抽丝剥茧，有效应对。比如，针对信息化、网络化快速发展的时代特征，在绿色司法理念引领下我们运用"两微一端"、网站等，进一步深化检务公开，保障群众知情权，提升融入大局、服务社会的能力，积极回应人民群众新期待新要求。在案多人少矛盾凸显、各类新案件频频出现的当下，绿色司法正是我们破解困境的一个全新的理念，这一理念能引领我们在机制、路径等方面有全方位认识上的一个飞跃。

二、绿色司法与检察公信力的关系

"绿色司法是一个开放性命题。"① 相对而言，检察公信力的含义界定较为清晰，从检察权的性质出发来界定检察公信力，检察公信力是检察机关履行法律监督职责的权威和履职过程中获得的社会普遍认同，通过检察工作的客观业绩、社会公众的主观评价集中反映了社会公众对法律监督权运行及其结果的普遍信任程度与状态。检察机关作为建设社会主义法治国家的重要主体，是维护司法公正的具体承担者。检察公信力的强弱，是检察机关发挥主体作用以及社会文明进步的重要标志。严格公正执法是产生检察公信力的基础，而较高的检察公信力又为检察执法工作开展铺平道路。② 提高检察公信力是最高人民检察院一直以来的重要目标，通过课题研究、实证测评等一系列工作已取得一定成效。而今，绿色司法概念的提出，又进一步丰富了检察公信力建设的理念、方式和路径。

绿色司法与检察公信力具有多重联系，两者之间存在以下几种关系：

（一）路径与目标

目标是活动主体在观念上事先建立的活动的未来结果，必须通过主体运用

---

① 《浙江省检察长汪瀚再谈绿色司法 构建法治生态的"绿水青山"》，载 http://www.legaldaily.com.cn/locality/content/2016-08/22/content_6772268.htm?node=32012，访问日期：2016年11月21日。

② 常金英、任曙光：《深化司法体制改革 提高检察工作公信力》，载 http://www.jcrb.com/procuratorate/theories/practice/201603/t20160325_1601344.html，访问日期：2016年9月20日。

手段改造客体的对象性活动来实现，也是引起、指导、控制、调解活动的自觉的动因，作为规律决定着主体活动的方式和性质。路径则是实现目的的方法、途径，是在有目的的对象性活动中与主体和客体之间的一切终结的总和，尤指实现目标的工具和运用工具的操作方式、活动方式。根据浙江省检察院汪瀚检察长在界定绿色司法概念时明确提出的“以司法公开、司法公正和司法公信力为本质要求”，而司法公信力往往包含司法公开、司法公正，由此分析，践行绿色司法的根本目的是提升司法公信力。在绿色司法理念引领下，检察机关将全面构建繁简分流工作机制、健全刑事案件快速办理机制、完善刑事案件合计工作机制、依法充分适用不起诉制度等，而这些工作的最终目的都是更好地达到社会公众对检察机关的期待，让人民群众对检察机关更加满意、更加信任，使得提升检察公信力的目标顺其自然地实现。

（二）内生与外显

绿色司法更多的展现为一种内在理念，其他各类繁简分流、快速办理机制等都是在绿色司法理念引领下作出的一些符合绿色司法要求的方式行为。相比较而言，检察公信力则是一种外在显示的、虽然无形却可以通过测评来大概估计的公信度，每一个社会公众都可以自然彰显，有个人不同的判断和认识。也正是绿色司法的内生性和检察公信力的外显性，决定了绿色司法更多的需要司法机关、司法工作人员来学习、贯彻和践行，而检察公信力除了与绿色司法同样的内在要求外，还需要注重公开、宣传，增加社会公众对检察公信力的认识、了解和理解，从而很自然地产生一种认同和信任。

（三）融合与共生

从绿色司法与检察公信力依赖路径分析，两者都有赖于检察机关履职能力，存在融合关系。只有在检察机关履职能力有所保障的前提下才有可能进一步提出绿色司法理念，绿色司法理念是以一定的履职能力作为保障，致力于提升现有履职能力、从而使将来的履职水平高于当前的履职水平的一种先进理念。检察公信力建设亦要求如此，但除了检察机关履职能力外，还有赖于检务公开、公共关系构建等多个方面。所以，检察公信力的生成机制比绿色司法理念的践行要更加复杂。践行绿色司法从长远来说必将有助于检察公信力提升，但短期而言，这一效果不一定能立竿见影。如果检察公信力较高，则检察机关的绿色司法必然已有一定成效。绿色司法与检察公信力具有共生关系，既可以一荣俱荣，也可能一损俱损。

三、检察公信力存在现状及问题——以N市为分析样本

通过上述分析，我们认为，绿色司法的践行一定程度上有利于检察公信力

的提升，两者是一种相辅相成的共生关系。要提高检察公信力，除了之前探索的途径外，当前还应该从绿色司法语境下分析其建设路径。通过前两年的测评，我们可以从N市的检察公信力测评一窥当前检察公信力存在的短板及问题。

（一）调研概况

2014年11月，检察公信力测评办法经高检院党组讨论通过后，N市人民检察院专门成立了N市检察公信力测评领导小组，多次与N市统计局沟通协调，委托N市统计局作为第三方按照既定方案对辖区11个基层检察院进行检察公信力测评，至2015年4月正式完成。

根据既定方案，主观指标由第三方（N市统计局下属城调大队）抽样调查取得。调查主要是了解社会公众及特定群体（律师、法官、警察、司法行政人员、其他机关工作人员、当事人等）对N市检察系统在执法办案和队伍建设两方面的评价，具体包括执法办案的客观公正、监督有力、检务公开、文明规范、及时高效，以及队伍建设的清正廉洁、监督能力、责任担当、纪律作风、职业形象。调查在全市11个县（市）区开展，采用电话调查和面访调查相结合的方式。其中，电话调查样本1310个，对象为18～75岁的社会公众，城乡比例为7∶3；面访调查样本1320个，对象为特定群体，各类面访调查对象所占比例为2∶1.5∶1∶1∶1∶1。其中律师为当地律师事务所挂牌人员，法官为当地县级及基层法庭法官，警察包括县级公安局及基层派出所工作人员，司法行政人员为当地司法局司法所工作人员，其他机关工作人员为县乡两级人大政协人员、当事人全部选取看守所关押的已决人员。客观指标主要包括职务犯罪侦查、侦查监督、公诉、民事行政检察、控告申诉检察等八方面数据，由市检察院案件管理办公室根据统一业务应用软件中抽取等方式获取相关数据，综合评定后提供。测评报告客观收集了社会各界对N市检察工作的评价和意见建议，为科学评价各县（市）区检察机关执法办案水平和队伍建设状况提供了参考依据。

表1：N市检察公信力调查样本分布表

		电话调查			面访						
县市区	合计	小计	城区	农村	小计	律师	法官	警察	司法行政人员	其他机关工作人员	当事人
余姚市	270	150	105	45	120	32	24	16	16	16	16
慈溪市	270	150	105	45	120	32	24	16	16	16	16
奉化市	240	120	84	36	120	32	24	16	16	16	16
宁海县	240	120	84	36	120	32	24	16	16	16	16
象山县	240	120	84	36	120	32	24	16	16	16	16
鄞州区	270	150	105	45	120	32	24	16	16	16	16
海曙区	220	100	100	–	120	32	24	16	16	16	16
江东区	220	100	100	–	120	32	24	16	16	16	16
江北区	220	100	70	30	120	32	24	16	16	16	16
镇海区	220	100	70	30	120	32	24	16	16	16	16
北仑区	220	100	70	30	120	32	24	16	16	16	16
全市合计	2630	1310	977	333	1320	352	264	176	176	176	176

测评报告客观收集了社会各界对N市检察工作的评价和意见建议，为科学评价各县（市、区）检察机关执法办案水平和队伍建设状况提供了参考依据。经过认真统计调研，按照检察公信力计算方式，2014年N市各地检察公信力测评结果如表2所示：

表 2：2014 年 N 市各县（市、区）检察公信力指数

	特定对象评价得分	普通公众评价得分	主观评价综合得分	客观评价得分	公信力指数
A 区	36.33	31.16	67.49	16.80	84.29
B 区	37.62	29.97	67.59	17.40	84.99
C 区	38.10	28.84	66.94	18.00	84.94
D 区	38.63	30.50	69.14	15.40	84.53
E 区	37.11	30.18	67.28	16.00	83.29
F 区	36.61	31.45	68.06	15.40	83.46
G 区	35.89	31.97	67.86	15.60	83.47
H 区	34.16	28.89	63.05	15.70	78.75
I 区	35.39	31.24	66.62	14.40	81.02
J 区	35.82	31.72	67.54	16.20	83.75
K 区	35.38	28.62	64.00	16.40	80.40
基层院平均	36.50	30.41	66.91	16.12	83.03

注：以上分数已按主客观指标权重折算。基于各方面考虑，各地区用英文代号表示，不影响本文的分析。

根据调查数据，被访者对 N 市基层检察院公信力总体评价良好，平均满意度为 83.03 分，其中，主观评价折合权重平均得分 66.91 分，客观评价折合权重平均得分 16.12 分。从具体内容来看，主观评价得分情况显示，受访者对 N 市基层检察院执法办案的满意度为 84.06 分，对队伍建设的满意度为 82.97 分。

本次调查分别针对特定主体和社会公众进行了调查，调查结果显示，特定主体对 N 市基层检察院公信力的主观评价普遍高于社会公众。特定主体对 N 市基层检察院公信力的总体满意度高达 91.24 分，而社会公众对此的满意度为 76.03 分。同样，特定主体对执法办案和队伍建设的满意度均在 90 分以上，分别为 90.73 分和 92.20 分，而社会公众对上述两项的满意度分别为 77.39 分和 73.74 分。从各县（市、区）检察院来看，公信力存在一定差距。如级差即得分最高的 84.99 分与最低的 78.75 分差距为 6.24 分；另外 8 个县（市、

区）得分高于平均分等，说明11个县（市、区）之间存在一定差距。

（二）存在的问题分析

虽然测评机制总体合理，但仍存在一些有待改进之处。比如指标体系需要进一步完善，要更好地把握主观指标问卷中关于表意准确性和语言简洁性之间的平衡，主观指标测试方面可以尝试不特定主体也不限定电话访谈，探索采用面访和邮寄。部分客观指标的设置也不够科学化，没有平衡确定比例和绝对数之间的关系。

但不可否认，测评数据可以一定程度上反映N市检察机关公信力的现状。除了抽样调查取得主观指标和从N市检察院案件管理办公室根据统一业务应用软件中抽取的相关业务数据作为客观指标外，本次调查还以开放题的形式收集调查对象对N市检察院工作的评价和意见建议。从反馈结果来看，无论是执法办案方面还是队伍建设方面，调查对象均表示了较高的认可，尤其是在维护司法公平公正方面，N市检察机关得到了调查对象较高的肯定。但同时也存在以下几个问题：

第一，在执法办案方面，经调查发现，特定主体认为存在的问题主要集中在执法办案效率上。调查数据显示，以特定主体为主的被访者认为N市基层检察院执法办案效率有待提升，对此的满意度为88.54分，在执法办案涉及的所有问题中得分最低，其余均在90分以上。其次是查办腐败犯罪力度有待加大，调查数据显示，社会公众认为主要问题是检察院查办腐败犯罪的力度不够，对此的满意度为67.90分，与最高满意度78.69分相差了10.79分。

第二，在队伍建设方面，特定主体认为主要的问题是检察人员的能力水平有待提升，而社会公众则集中认为是检察院查办腐败犯罪的能力有待于进一步提升。根据调查结果，在涉及队伍建设的5个问题中，特定主体对N市检察人员运用证据、指控犯罪、适用法律的能力水平的满意度较低，为89.83分，其余满意度均在90分以上。

第三，在信息公开方面，社会公众认为还有待进一步加强。以社会公众为被访者的调查数据显示，信息公开有待加强是检察机关在执法办案方面存在的主要问题，被访者对当地检察院查询案件信息便利程度的满意度为72.52分，而涉及执法办案的其他问题满意度均在75分以上。

四、践行绿色司法理念提升检察公信的路径

汪瀚检察长强调，新时期检察司法实践面临太多新情况、新问题，希望借此引发大家对新问题的争议和讨论，倡导善于思考、敢于实践，积极参与理论创新，而不是在新问题面前显得“肌无力”。针对上述检察公信力当前存在的

一些短板和问题，结合检察公信力与绿色司法的关系，我们认为，在当前这一阶段，践行绿色司法提升检察公信力的路径主要有如下几个方面：

（一）推行繁简分流，提高司法办案专业化水平

检察公信力测评过程中特定主体所反馈的执法办案效率有待进一步提升，而绿色司法理念要求我们优化司法资源配置，特别是以司法体制改革为契机，遴选能办案、会办案的人员入额，优化办案组织结构，建立符合司法规律要求的办案组织体系、管理体系。我们认为，可从多个方面着手补齐短板：第一，通过明确刑事案件繁简分流标准、健全繁简分流分案机制、完善繁简分流办案组织机制、规范繁简分流办案程序等多个方面着手，全面构建繁简分流工作机制，实现繁案精办、简案快办，提高司法效率。第二，通过完善和落实认罪轻微刑事案件快速办理制度、健全类型化案件快速办理机制、健全疑难案件集中会诊制度和案例指导制度等措施多管齐下，提高办案效率。第三，通过进一步明确界定不起诉的适用标准，依法适当放宽相对不起诉的“犯罪情节轻微”条件，依法充分适用不起诉制度，积极适用未成年人刑事案件附条件不起诉制度，同时完善不起诉宣告制度、不起诉救济制度等。事实上，N 市检察机关已开展探索上述路径，比如多个基层院明确构成醉驾危险驾驶罪但血液中乙醇含量低于一定度数且无前科劣迹等从重情节的，可以不经检委会讨论作出相对不起诉决定，简化了这类相对不起诉案件的流程操作，节约司法资源，降低司法成本，提升司法效能，给当事人、案件承办人都带来极大便利。

（二）借力信息化建设，提升检务公开广度深度

在全国“十四检”会议上，曹建明检察长首次提出要加强检察公共关系建设，主要任务之一是塑造形象，赢得公众信任。要深化检务公开，保障群众知情权；要善于和媒体沟通，实现良性互动；要加强与其他执法司法机关的沟通协调，形成工作合力，要依法保障律师职业权利，构建新型检律关系。做好上述工作就要加强科技信息化保障，向科技要生产力、要战斗力，借助科技手段和信息技术，构建全方位、多层次、立体化的信息应用系统，推行网上办案、远程替身、视频接访等。运用大数据助力司法办案和检务公开，能实现司法资源利用的最大化，既改进检察机关的工作效率，又减轻了当事人的程序负担，增强司法权威。比如“两微一端”着力于讲好检察故事，提升检察新闻的感染力和影响力，能够加强舆论引导，及时发布准确信息，打消媒体和公众的疑虑误解，使人民群众更加客观理性地看待执法办案活动。而检务公开大厅的建设、案件信息公开系统数据发布的完善，集信息发布、律师阅卷预约、听取意见建立等多功能于一体的微信公众号的开发，大大便利了律师和想要了解

检察工作的社会公众。

（三）提升素能建设，打造法律监督人才高地

人才是绿色司法的重要保障要素，汪瀚检察长的讲话和浙江省院发展规划都提出打造绿色司法人才高地。针对当前检察公信力测评体现出来的检察人员能力有待提升的问题，我们要结合当前员额制改革状况对症下药。员额制改革能够彰显司法属性，确保专业的人做专业的事，要组织进入员额的检察官参加业务培训和岗位练兵，提升专业素能，成为各自专业领域的行家里手，通过科学方法加强对业务骨干的选拔、培养和锻炼，打造明星公诉人等检察业务标兵。对于没有进入员额的检察官助理，应尤其重视，这个团体是检察人员分类改革系统工程下的新产物，构成比较复杂，包含曾经的检察员、助理检察员和新进人员，既有老人，也有新人，从长远来看，检察官助理是未来检察官的重要储备力量，应尽快明确检察官助理的定位和职责，给检察官助理以明确的职业定位和职业预期，更好地稳定检察官助理队伍，真正实现人员分类改革初衷。此外，对检察官助理要尤其注重各类专业化培训和岗位锻炼，使其能够较好地成长和接班。各类人员各司其职、各尽其能、各有所长，方能使各项检察工作得到有序高效推进。

绿色司法与检察公信力是路径与目标的关系，前者的内生和后者的外显，让两者的融合与共生关系更加鲜明。践行绿色司法理念为提升检察公信力提供了一种全新的路径和视角。正如司法公信力包含检察公信力，但又不仅仅单指检察公信力，绿色司法也不是绿色检察，不是检察一家的事情，只有党委领导、人大重视、公检法司协同发力、各部门协调配合、全社会广泛参与，方能推动绿色司法成为司法共识和共同行动，上升为全社会共识，形成全社会合力，共同营造绿色司法良好生态。如果说检察公信力提升是一项需要我们长期努力建设的系统化工程，践行绿色司法理念则需要我们与时俱进、不断更新，需要且行且探索。

绿色司法办案政绩观之培塑

——基于谦抑司法语境下刑事冤假错案的预防纠错

倪晓一*

继湖北佘祥林杀妻案、河南赵作海杀人案、浙江张氏“叔侄强奸案”之后，2016年12月2日，最高人民法院对聂树斌故意杀人、强奸妇女再审案公开宣判，宣告撤销原审判决，改判聂树斌无罪。聂树斌被判无罪，无疑是健全冤假错案防范、纠正机制的重要成果，在我国法治进程中具有标志性意义。在这一案件中，检察机关同步对该案进行了审查、监督，及时提出了依法改判无罪的检察意见，被最高人民法院完全采纳，有效发挥了法律监督职能，确保该案得到了及时公正处理。综观这些冤假错案，虽然有着错综复杂的因素和背景，但在扭曲的办案政绩观下，过度追求破案率、批捕率、起诉率、定罪率等，确是公认的诱发因素之一，而这其中检察环节也有着不可推卸的过错和责任。对检察环节刑事冤假错案的预防纠错，浙江省人民检察院检察长汪瀚有着更深的认识和理解，特别是其提出的“绿色司法”理念，契合了谦抑司法的本质要求，开辟了预防刑事冤假错案的新路径，对于重塑检察办案政绩观，具有开创性的重大意义。

一、困境：扭曲办案政绩观下刑事冤假错案的成因分析

刑事错案有其重要的发生逻辑和现实背景因素，有刑事立法不完善的原因，更有司法实践中司法者违规违法的因素。在我国当前的司法体制下，检察环节刑事冤假错案的发生既有理念的原因、体制的原因，同时还有刑事诉讼构造及检察机关运行机制的原因，但最主要的还是办案政绩观扭曲所致。

（一）扭曲的办案政绩观导致执法理念落后，“疑罪从无”原则得不到落实

检察机关作为国家追诉机关，较之审判机关，具有更强烈的打击惩罚犯罪

* 浙江省丽水市人民检察院。

的使命感和责任感。在打击追诉犯罪为检察第一要务的目标下，检察机关参与刑事诉讼活动容易滋生重打击轻保护、重实体轻程序、重言词证据轻其他证据等观念，不管是过度使用逮捕措施还是对于事实不清、证据不足的案件勉强起诉，抑或是对辩方权力的救济不利，均体现了检察机关将追诉犯罪作为首要目标。与侦查机关在追诉犯罪这一共同目标的前提下，有罪推定的惯性思维就会占据主导，一旦认为证据真实可靠，就很难落实"疑罪从无"理念，对侦查机关刑讯逼供以及非法证据进行主动审查排除的积极性不高，当发现可能导致冤假错案时，不能认真听取犯罪嫌疑人的无罪辩解和律师的辩护意见，忽视了对被告人提供或辩护人提供的无罪证据进行认真核实，对于放纵坏人的担忧远超过对于可能冤枉一个无辜者的担忧。

（二）扭曲的办案政绩观助长了追求胜诉心理，容易产生执法观念偏差

在案多人少、追求办案业绩的办案政绩观驱使下，检察机关宁信其有，宁重勿轻，宁抓勿放，宁快勿慢，宁多勿少。追求了速度，忽略了持续；追求了数量，忽略了质量；追求了力度，忽略了柔性。控诉以及有罪证明责任承担者的角色造成检察官有着追求胜诉的强烈愿望，打击、惩罚犯罪的目标往往使检察官成为"热情的诉讼斗士"，不遗余力地争取胜诉，使其无法保持冷静，不能客观公正地践行检察官的客观义务，以致"许多检察官甘当打击犯罪的急先锋，而非兼顾被告利益的守护者"，因而侦查中只管不利证据，不顾有利证据，大幅提高了误判之风险。特别是在当前绩效考核导向下，为了追求办案效率和数量，一些检察官不顾客观情况追求批捕率、起诉率、定罪率，由此，"先入为主"、"有罪推定"、只注重收集犯罪嫌疑人有罪证据和罪重证据，而忽略收集甚至不收集无罪证据或罪轻证据。

（三）扭曲的办案政绩观导致对侦查机关配合有余、制约不足，检察权独立性欠缺

在通过打击犯罪来保障平安建设等服务大局的大背景以及"命案必破"的政治任务下，检察机关不能正确处理坚持党的领导与依法独立行使检察权、加强政法机关协同配合与发挥法律监督职能等关系。在具体的诉讼环境中，检察机关与其他诉讼机关，特别是公安机关的关系也过于紧密，"重配合、轻制约"的检警关系导致了检察权的监督刚性不足，制约乏力，错案的纠正与防控欠缺内在驱动。① 在服务大局的大背景下，有些检察机关不能正确处理坚持党的领导和依法独立行使检察权的关系，办案过程中受到行政机关的干预较

① 董坤：《检察环节刑事错案的成因及防治对策》，载《中国法学》2014 年第 6 期。

大，一些大要案在检察环节的处理还要配合政府的行政意识。当传统的司法断案蜕变成行政治罪，错案便不可避免。

（四）扭曲的办案政绩观导致检察机关内部行政化严重，绩效考核机制不科学

实践中，部分检察机关的检察首长以“检察一体”的名义将具体办案权与行政管理权都集中于自己手中，形成了所谓的“超检察一体”，以致具体承办案件的检察官权力被束缚或剥夺，常常要“奉命行事”，办案丧失独立性，但负责决定的检察长由于缺乏对案件的亲历性，不能全面、直接地知悉案情，在办理案件上往往以听从汇报为主，却又同时直接决定案件的走向和最终处理结果。同时，检察机关办案绩效考核机制设置不合理，考绩间接成为了上级领导控制检察官的工具，对检察办案的独立性产生了相当大的伤害，这与检察权的司法属性相背离。此外，绩效考核结果直接与检察官奖惩、职务升降等职业利益相挂钩，一些检察官为了在绩效考核中获取考核利益、规避职业风险，往往倾向于遵行围绕考评指标所形成的“潜规则”，忽视法定程序和制度目的的实现。①

二、突破：绿色司法理念的提出及其对办案政绩观的重塑

在面对案多人少的司法“雾霾”以及吸取张氏“叔侄强奸案”等错案教训的背景下，结合实际，浙江省人民检察院汪翰检察长提出了“绿色司法”理念，把树立正确的政绩观作为第一位的要求，改变唯数字办案 GDP 评价模式，坚决摒弃“以数字论英雄”、人为下达办案任务、设定办案增长指标等违背客观规律做法，防止片面强调办案数量、就案办案，更加注重把案件办好，在办案中把握好打击与保护、实体与程序、公正与效率、宽与严等一系列关系，切实防止从一个极端走到另一个极端。虽然，汪瀚检察长谦虚地回答：绿色司法是个开放性命题。但在某种意义上，绿色司法理念无疑是对检察办案政绩观的一次重塑。

（一）绿色司法理念是新型检察办案政绩观的集中反映

党的十八大之后提出了“五大发展理念”，新的发展理念必然要求一种新的司法理念与之呼应，来纠正过去司法用力过多、过猛对社会长远发展造成的负面影响，绿色司法正是在这样的背景下产生的一种既契合现代社会司法需求又符合司法规律的全新的司法理念和路径。绿色司法源于绿色发展理念，其内

① 董坤：《检察环节刑事错案的成因及防治对策》，载《中国法学》2014 年第 6 期。

涵与绿色发展理念具有一致性，是一种统筹兼顾全面协调可持续的现代司法观，要实现检察工作全面、协调、可持续发展，做出党和人民满意的成绩、功绩、实绩，必须坚持以执法办案为中心，重视数量、保证质量、体现效率、兼顾安全，最大限度地实现法律效果、政治效果和社会效果的有机统一，这是各项检察工作科学发展的强大思想武器。

（二）绿色司法理念是提升检察业务办案质效的必然要求

绿色司法以遵循司法规律为导向，以规范、理性、文明司法为核心，以司法公开、司法公正和司法公信力为本质要求。通过绿色司法，实现公平正义所要求的执法动机、方式方法和质量效果的统一，最大限度地减少司法办案的负面产出，推进社会善治进程，构建文明健康的法治生态。在执法办案过程中，只有以司法理性正确认识和把握司法办案中的各种辩证关系，在严守法律底线的前提下实现司法办案政治效果、社会效果的最大化，才能达到最好的办案效果，充分发挥检察职能。

（三）绿色司法理念是解决工作中突出问题的客观需要

在全面依法治国这一大背景下，人民群众的法治意识、公平意识、民主意识、权利意识不断增强，这种社会法治文明程度的提升，对整个政法工作包括司法机关也是一种倒逼机制，办案不规范、不文明，刑讯逼供等现象日益被互联网、新兴媒体放大曝光，各类问题亟待从根源上解决。绿色司法体现的是司法的方式，要求改进办案方式方法，坚决纠正简单执法、粗暴执法甚至刑讯逼供、变相刑讯逼供等问题，用现代文明的方式执法办案，使人民群众不仅感受到法律的尊严和权威，而且能感受到司法的温度和检察队伍的人文情怀。

（四）绿色司法理念是检察官客观公正办案的指引保障

绿色司法理念要求把司法办案工作纳入规范化的轨道，强化规则思维、程序性思维，确保办案符合法定程序，确保实体公正和程序公正有机统一。在这一理念的指引和保障下，检察官和检察办案人员可以更好地践行客观义务，不受过多的行政化、利益化等传统思想的困扰，更好从法律业务的角度思考问题，避免检察官客观义务与其承担的控诉职能发生直接的角色冲突。特别是在司法体制改革和员额制推进的当下，绿色司法理念都够让检察办案人员拥有一个正确的心态，不再纠结行政化的工作模式，充分发挥自己的主观能动性，做一个纯粹的职业法律人。同时，绿色司法理念主导下的检察办案绩效考核必将回归司法办案的本质，为公正办案提供机制上的保障。

三、方向：绿色司法理念下检察办案政绩观的内涵把握

综上所述，绿色司法理念重塑了检察办案的政绩观，绿色司法理念下的办案政绩观以规范、理性、文明司法为核心内涵，必须充分认识到规范、理性、文明司法是有机联系、不可分割的统一整体。因此，我们应正确把握以下几个方面：

（一）谦抑司法是绿色司法办案政绩观的本质要求

检察机关应在充分遵循罪刑法定、罪责刑相适应和人人平等谦抑性原则的前提下，坚持“疑罪从无、疑罪从轻”，适度可减不必要的犯罪认定或者抑制不必要的重型主义倾向。即当事实在罪与非罪之间存在疑问时，认定无罪，体现的是“疑罪从无”；当事实在轻罪与重罪之间存在疑问时，以轻罪处理；当事实在是否具备法定从轻或从重情节之间存在疑问时，认定从轻情节或者不认定从重情节，体现的是“疑罪从轻”。要把检察办案放在创新社会治理的大背景下，突出办案重点、优化办案结构，注重办案方式方法，注重宽严相济，坚持司法理性，体现司法的克制性、妥协性和宽容性，为司法介入社会关系修复留出足够“自治”空间。

（二）保障人权是绿色司法办案政绩观的基本遵循

树立“准确、快速破案是为了人民的利益，切实保护无辜者权益免受侵害也是为了人民的利益”，“打击犯罪与保障无罪的人不受刑事追究同等重要”等执法观念。准确把握法律政策界限，对法律政策界限不明、罪与非罪界限不清的，坚持执行法律与执行刑事政策相结合，依法慎重妥善处理。要坚持效果导向，讲究办案策略与方法，慎重选择办案时机和方式，充分考虑办案可能带来的各种影响，防止和克服有罪推定观念、依靠强制和粗暴手段树立司法权威的习惯做法以及简单化、机械化办案倾向。

（三）注重质效是绿色司法办案政绩观的根本保障

牢固树立办案数量、质量、效率、效果、安全相统一的业绩观，坚持以数量为基础、质量为生命线、效率为保障、效果为根本、安全为前提，做到五者协调统一、相辅相成。① 摒弃孤立办案、就案办案、关门办案的单纯业务观点，以司法理性正确认识和把握司法办案中的各种辩证关系，在严守法律底线

① 陈晓哲：《牢固树立“六观”是更新执法理念的关键切入点》，载 http://www.jcrb.com/zhuanti/jczt/kunming/dbfy/201109/t20110922_722516.html，访问日期：2017 年 1 月 20 日。

的前提下实现司法办案政治效果、社会效果的最大化。在稳定办案数量的同时提高办案质量，在保证办案质量的前提下提高工作效率，切实做到三者的有机统一，推动办案工作协调、健康发展。在追求法律效果的同时，努力扩大社会效果，使执法办案既符合法律要求，又促进经济社会发展，顺应群众的期待。

（四）公平正义是绿色司法办案政绩观的目标追求

绿色司法理念下的办案政绩观追求的不是打击犯罪，而是“努力让人民群众在每一个司法案件中都感受到公平正义”，“决不能让不公正的审判伤害群众感情、损害群众利益”。在绿色司法政绩观指引下，执法办案动机，不再是单纯地追求检察职能发挥，而是让人民群众对公平正义有更多的获得感。因此，绿色司法办案政绩观必须把公平正义作为办案的衡量标准，而不是单纯的数量或者质量、效果。注重延伸检察服务，更好地发挥检察机关服务大局、促进和谐、保障民生的职能作用。

四、途径：构建科学合理的绿色办案绩效考评体系

绿色司法不是一句口号，唯有付诸实践才有生命力。践行绿色司法办案政绩观，最终是要落实到绿色绩效评价体系机制的建立上。要着力构建科学的绿色绩效评价要素、标准和体系，综合对党的忠诚度、对上级决策部署的执行力以及党委人大的认同感、人民群众的获得感等要素，采取定量和定性、“正面”标准和“负面”清单相结合方式，综合评判检察办案工作的绩效。

（一）办案绩效考核要回归法律监督的职能定位，突出对程序公正监督的考核

绿色办案绩效考核应当着眼于优化检察权的行使，增加办案程序的考核内容，加大程序合法性占整体考核的权重，对违反程序的案件及责任人给予严厉的扣分等处罚，凸显程序价值在实体案件中的地位和作用。[①] 绩效考核程序考核的突破点在考核程序和结果的公开，将案件办理的各个阶段及办案人员的执法行为纳入考核监督的范围。绩效考核指标设置应当符合基本的诉讼规律和检察规律，通过设置科学合理的考核评价指标体系，强化程序与正义并重，强化正确的侦查观、追诉观。

（二）以法治化、个体性考核取代行政化、整体性考核

此轮司法改革已经明确规定案件终身责任制作为目标之一。因此，要变对集体考核为对个人考核，设立公诉、侦监等部门独有的绩效考核体系，应明确

① 陶杨、赫欣：《检察院绩效考核机制调查》，载《理论界》2016 年第 1 期。

检察官如果出现“冤、假、错”案及违法违纪问题，即应依法定程序作出处理，对检察人员个体考核进一步稳固化、刚性化、简约化。尤其可将检察机关正确履行职责，纠正错案、违法办案、保障律师合法辩护权等纳入指标体系，在指标体系上更加突出检察工作的特色。

（三）注重考核的职业化、差异性，消除办案人员不作为的担心

健全法律职务的晋级标准，灵活确定考核评价指标，在检察系统内部设置一套灵活的机制，确立差异化的量化标准，根据办案岗位差别设定考核评价指标，将法律监督工作直接和办案人员晋职晋级进行法治化挂钩，对群众举报后有案不立或有错不纠等不作为现象作为考核内容，加大惩罚力度。① 同时，要采取客观评价和主观评价相结合的模式，建立上下级检察机关动态抽查机制，强化考核的真实性，避免检察机关内部由于考核指标压力而出现内耗。

（四）以刑事诉讼周期为考核周期，弱化年度考核和结果考核

对检察业务考核要以刑事诉讼周期作为考核周期，不能任意缩短或延长办案周期，确保每一个时段的案件都能得到持续到底的绩效考核，防止出现年度侦结率、批捕率、起诉率和有罪判决率等违背诉讼周期规律的考核指标设立。要取消捕后不诉率、起诉率、结案率等不合理的量化指标，弱化检察工作的结果考核，善于从刑事案件办理规律角度来强化过程考核，设立如律师阅卷权、会见权保障等过程性的考核指标，以充分保障办案过程的公正。②

总之，绿色司法理念无疑为检察办案政绩观的重塑，提供了一个新的探究窗口。随着司法体制改革的深入推进，检察办案政绩观必将回归以“检察官”为中心的主体责任考核评价体系，为绿色司法理念提供新的实践平台和空间。

① 黄敬波、杨德斌、窦慧琴：《科学构建检察绩效考核制度的实践探索》，载《人民检察》2014 年第 24 期。

② 陶杨、赫欣：《检察院绩效考核机制调查》，载《理论界》2016 年第 1 期。

当前检察机关践行绿色司法的路径探析

——以鹿城区人民检察院为视角

张纯亮　金　琳*

一、践行绿色司法的时代意义

今年，省院汪瀚检察长提出绿色司法理念，要求检察机关通过践行绿色司法构建法治生态的“绿水青山”。绿色司法，是绿色发展理念的重要延伸，是立足依法治国角度，对司法理念的全新领悟和生动诠释，是扎实推进省委建设高水平法治的重要部署。随着社会逐渐步入改革的深水期，我们面临的形势和问题与以往相比越来越复杂，如果不能立足全局去思考司法办案的目的、效果、意义，仍然单纯地以案办案或者是仅仅着眼于自身强化法律监督职能，无疑会与全面依法治国的要求相偏离。绿色司法的提出，既为检察机关今后发挥法律监督机关的作用提供了实践的方向，也给检察机关提供了一个思考的空间，让检察人员能够沉下心来斟酌当前司法办案过程中可能存在的弊端。除了案件结果和办案数量外，如何围绕“规范、理性、文明”来重塑检察工作的新局面是今后工作的重心。在“互联网 +”的时代背景下，人民群众获取检察工作的渠道日渐广泛，微博、微信以及官方网站等多种平台都能让群众了解到当前检察工作的情况，司法公开、司法公正、司法公信的情况在公众的监督之下，比以往任何时候都更能触动公众的神经，因此积极践行绿色司法，会促使我们尽快冲破传统司法理念的樊篱，从积极能动、效果导向、资源节约、环境友好、开放包容等方面重新定义检察工作，开辟检察工作新局面。

二、绿色司法的内涵释义

（一）绿色司法要具有轻盈性、福祉性

这里包含了两层意思：第一层意思是当前案多人少、办案压力突出的种种

---

*　浙江省温州市鹿城区人民检察院。

情况就向锁链一样拴住了司法人员办案的积极性，也让办案质量难以有一个根本的提升，因此绿色司法意指检察机关在司法办案中要破除可能影响司法公正、制约办案效率的顽疾痼障，让司法人员甩掉超负荷办案的种种压力，还司法办案一个干净、清爽的环境，让司法人员办案的热情和活力能够充分激发，使司法办案呈现出一个灵动、轻盈的状态。鹿城检察院作为温州地区的A类大院，由于辖区内外来务工人员较多，刑事案件多发，因此案多人少的矛盾向来比较突出，对基层院来说，要在司法的效率和公正之间作好最佳的博弈，要避免过多的办案量让案件审查变成“流水线上的作业”，要在调动办案人员积极性的基础上严把案件的“质量关”。

第二层意思是随着国家治理体系和治理能力现代化取得重大进展，人民对于司法满意度的期待相比以前发生了很大的变化，人民关注的不单单是一个案件的结果，还关注整个案件的处理过程，关心整个社会的平安稳定，司法机关要通过提升办案质量、推进法治社会建设，让人民有满意感、获得感，因此司法要具有福祉性。基层检察院作为最贴近人民群众的司法办案部门，与群众打交道的情况更多，与民生民利有关的大部分案件都是由基层检察机关负责审查，群众通过信访等各种渠道反映诉求和困难一般也是先经过基层检察机关，因此基层检察机关更要在办案过程中维护好人民群众的切身利益。

（二）绿色司法要具有可持续性、发展性

这里也包含了两层意思：第一层意思是绿色发展的本意是经济发展要能够与社会、环境的承载能力相适应，绿色司法同样也有这样一层含义，即司法工作要能够积极传递中央的会议精神，要能够与依法治国的理念相适应，要与党中央的治国理念、社会发展面临的深层次变革相适应。当前中国经济社会发展面临深刻变革，因此我们在工作中要树立服务发展、服务大局的目标，“防控风险、服务发展”是检察工作的主线，唯有找准和把握好与大局工作的“切入点”和“结合点”，积极服务社会经济转型，将检察工作放在大局中谋划布局，才能推动检察工作更好地服务于人民、服务于发展。因此鹿城检察院应紧紧围绕温州经济发展转型的实际，深刻领悟区委、区政府在鹿城新的五年发展规划上推行的各项举措，配合做好“三改一拆”、“五水共治”、全国法治工作示范区建设等中心工作。

第二层意思是我们要立足检察职能诠释践行五大发展理念，为提升办案效果释放更多的空间。党的十八届五中全会提出要树立并贯彻“创新、协调、绿色、开放、共享”的五大发展理念，为今后社会的发展指明了具体的方向，也为检察事业今后各项工作的开展注入了新的内涵。绿色司法意味着我们在践行绿色发展理念的同时，还要围绕其他几大发展理念，钻研探索检察工作开展的新思路，要坚持将创新突破作为提升检察工作的着力点，让司法办案与检察工作的其他内容有效衔接，促成检察机关与其他机关的和谐互通，以开放、共享的理念为检察事业开创工作的全新局面，也为社会发展营造公平竞争的营商环境、发展环境。这样检察工作在新时期的发展方向才能更明确，我们围绕检察工作制定的各项措施、开展的各个探索才能够充分符合当前社会前进发展的规律，才能够真正发挥司法的价值。

（三）绿色司法要具有恢复性、平和性

绿色司法是来源于“绿色发展”的现代环境司法理念，是从司法的角度对绿色发展理念从理论到实践的转变和贯彻。绿色发展的宗旨是打造生态环境，通过环保的、可持续的发展方式实现生态环境的循环平衡，从而实现造福人类的目的。因此，绿色司法意指司法在运行过程当中，对社会环境也要有一定的修复作用，能够使社会因为各类犯罪遭到的人财物方面的损失减小到最小，从而使得社会不断向好的方向发展前进。因此践行绿色司法，要求检察机关积极运用法治思维和法治方式化解社会不稳定因素，为社会关系修复留出足够“自治”空间，积极推进法治社会建设进程。基层检察机关要改变工作方式方法，要让司法办案与基层社会综合治理完美结合，我们的司法办案要避免单打独斗，既要重视严厉打击惩治违法犯罪，又要注重增强人民群众守法懂法的自觉，要从保障社会的长治久安着眼，通过积极参与社会治安防控体系建设、加强基层矛盾纠纷化解、排查解决涉诉涉检信访危机等，营造和谐有序的法治生态环境。

三、践行绿色司法的具体举措

（一）围绕司法办案提质增效，夯实绿色司法根基

践行绿色司法要倡导绿色办案 GDP，以“规范、理性、文明”办案为核心，通过完善司法办案保障机制，让检察机关冲破“案多人少、唯数字论”的樊篱，避免司法办案释放负能量。

1. 要提升办案效率，改变办案过程中出现的冗长、呆滞的状况。基层检察院办案压力大，要解决上述问题，不仅要在办案机制上下功夫，而且要在案件实体审查上出新招，要双管齐下，真正为提升办案效果提供一剂良方。首先，要针对繁案不精、简案不快、效率不高等问题，继续推进轻微刑事案件速裁程序试点的相关工作，做好目前速裁程序试点中存在问题的梳理、总结，努力解决速裁程序随意启动、取证粗糙等问题，使得案件能够实现诉前分流、速裁分流，积极推行专业化办案和事务性工作集约管理。其次，对我区非法吸收

公众存款、骗取贷款等经济类犯罪案件，开设赌场、赌博类等危害社会管理秩序类案件，涉及非公企业的拒不支付劳动报酬等案件多发的情况，可以成立专门的办案团队，总结该类案件办理的法律适用特点、疑难焦点问题、办案技巧等问题，实现专业化集中办案。还可以根据侦监、公诉、职侦等业务条线办案的特点，梳理出对案件具有实体决定权和程序处理权的具体事项，划出其中能够由员额检察官独立行使的职权，使得今后员额检察官在办案过程当中能够明细职责权限，有效改革层层审批的办案模式，简化办案流程，提高办案效率。

2. 要在狠抓办案质量上发挥“守、破、离”的工匠精神。“守”即是要严格遵守扬善除恶、守护司法公正的办案原则，坚持依法办案、秉公办案，发扬一丝不苟、兢兢业业的办案作风。“破”是指在办案方式方法上不拘泥于传统的办案模式，面对疑难复杂案件、大案要案、社会敏感性强的案件敢于思考、总结、钻研，形成有针对性、案件切入点准、分析说理透彻的办案思路。“离”是指对每一个案件精雕细琢，从案件质量、社会效果上全面把握，让司法办案的宗旨能够单纯的打击违法犯罪提升到促进社会和谐发展的高度。

3. 要健全和落实纠防冤假错案的长效机制。首先，强化对侦查活动中突出违法行为的监督，健全落实罪刑法定、疑罪从无、非法证据排除等制度，加强羁押必要性审查，做好对刑讯逼供、非法取证的源头预防，提高侦查监督工作法治化、现代化水平。准确把握以审判为中心的诉讼制度改革的精神和要求，从事实和证据两个方面认真给每个案件把好脉，系统梳理重大案件、典型个案办理中的疑难杂症，及时明确罪与非罪的界限、捕与不捕的标准，提高对证据分析判断的能力，把好案件证据关，加强证人、鉴定人、侦查人员出庭作证工作，充分发挥检察机关审前主导作用。其次，要对办案过程中发现的问题及时做好内部监督。譬如对撤回起诉、被法院改判罪名、部分事实不予认定、某类检法两家意见不统一的案件要定期开展梳理工作，分析总结原因，尽快在单位内部统一认识，同时定期开展业务专题学习、办案技能教学等，让年轻干警能够有效提升办理复杂案件的水平。此外，还可以通过开展办案文书质量评比、模拟法庭辩论比赛、疑难案件讨论等岗位练兵活动，努力打造精英化的办案队伍，在单位内部能够形成一种你追我赶、锐意进取的良好办案范围。

4. 要围绕文明、理性、规范的要求，补齐当前办案过程当中的短板。保障律师会见权和文明办案是今年检察机关重点开展的两项工作，这两项工作从规范办案程序和优化办案机制入手，表明了当前检察办案除了在内容上抓住公平正义的核心要旨之外，从程序上也在不断进步，因此这两项工作是增强人民群众对司法办案结果满意度的重要举措，亦是我们践行绿色司法的重中之重。鹿城检察院要在已经出台的《关于自侦案件严格规范司法的十项规定》的基础上，抓好“四确保四严禁”，将规范司法的细则规定拓展至侦监、公诉环节，优化整合案件评查、专项检查和检务督察、部门自纠四项工作，对司法办案的整改落实情况进行再督察，实现司法办案行为的内部监督制约，纠正和防范司法办案存在的不规范问题和瑕疵，努力实现再督察制度的常态化，强化文明办案的制度刚性。要依托检察服务大厅平台，做好对外服务职能集约化管理和“一站式”服务，运用微信、检察官网等平台，规范和细化律师咨询、阅卷、会见、变更强制措施等各类事项的受理、流转、督办和管理，充分保障律师对重大程序性信息的知情权，加强对律师违规职业的监督惩戒。

（二）围绕中心工作践行发展理念，助力绿色司法服务大局

践行绿色司法，检察机关要牢牢把握好服务区委中心工作的大局，主动适应社会经济形势的变化，在履行法律监督职能时能够高瞻远瞩，找到检察工作的出发点、着力点和落脚点。围绕护航经济转型、三改一拆、五水共治等区委中心工作进一步推进现行各项工作的进展。目前我们围绕护航非公有制经济发展已经制定了八项措施、设立了检察服务站、强化了与企业的定点联系，与鹿城检察服务康奈的微信群，这是一个很好的开始，今后这项工作还可以更深入、更细化。譬如与民营企业做好“深入对接”，实现服务常态化；抓准涉企违法违规行为的突出表现、症结所在和危害后果，对涉企案件定期开展“研判评估”；围绕在司法办案环节发现的突出问题和民营企业的重点需求，认真做好“分析引导”，指导民营企业在发展问题上攻坚破难；严禁任何插手、干预非公企业经营、对涉企案件久拖不决的行为，着力整治影响非公企业发展的苗头性、倾向性问题，为企业“排忧解难”。还可以开展有针对性的警示教育、预防宣传，发放明确记载检察院服务非公经济的范围、方式的非公有制企业联系卡，并提供相关人员联络方式，通过受理企业咨询、解答疑难问题、帮助非公有制企业维权、建章立制。针对区委工作涉及三改一拆、五水共治等重点领域，可成立专门的侦查办案机构和情报研究机构，加强对举报材料和新闻媒体、网络信息等筛选、研判，提升通过各种途径收集信息情报的能力，设置专门的情报机构和人员，建立案件线索内部移送机制，建立健全检察机关内部的公诉、控申、监所检察等部门与侦查部门直接配合、信息沟通反馈的机制，健全和完善检察机关与公安、法院、司法行政、纪检、财政、审计、工商、税务、海关等部门的联系制度，有效推进我院针对重点领域的职务犯罪侦查工作。

1. 要在履行检察职能的创新上下功夫。今年，鹿城区检察院专门制定了“品牌创新”、“自侦突破”、“正风肃纪”等五个年方案，力求切实补齐鹿城检察工作短板，让鹿城检察事业上一个新台阶。因此，鹿城检察院要紧扣

“品牌创新年”方案提出的要求，加大对各项体制、机制的创新力度，为司法办案营造一个全新的环境。譬如结合“品牌创新年”活动方案中提到的职务犯罪预防发展品牌，将重点工程建设、征地拆迁惠农扶农、生态环境保护等重点领域的职务犯罪侦查与职务犯罪预防相结合，继续完善预防职务犯罪教育基地、南郊预防职务犯罪工作室、双屿检察室“三位一体”预防宣传教育阵地，针对各行业触险的概率确立不同的职务犯罪预防难度等级，根据职务犯罪的原因、特点、规律等要素建立职务犯罪数据库，划分不同的职务犯罪预防区域，进一步强化职务犯罪分类预防，加强个案释法说理预防教育。还譬如协调、综合民行科、反贪局、反渎局、侦监科等部门的职能，围绕生态环境、资源保护、食品药品安全、公共安全、国有资产保护、安全生产等有关社会民生重点关注的领域，从执法线索查找、行政监督手段运用、深化府检联动等多方面，打造行政执法检察监督创新品牌。

2. 要增强开放意识，增强检察工作透明度，最大限度地满足人民群众对检察工作的知情权、参与权、表达权和监督权，提升检察机关的司法公信。从去年到今年，鹿城检察院通过检察开放日、邀请特约人员、人民监督员对检察工作挑刺，在全市率先成立专家咨询委员会开展“公信提升年”等活动，使检察机关走入了公众的视野，而且都取得了不错的效果。今后我们的目标就是健全检委会运行机制，规范自由裁量权行使边界，通过邀请专家委员列席检委会，发表专家意见，为检委会决策提供参考。在组织检察实务调研论文研讨评审活动时，邀请专家委员担任评委，开展点评、辅导和讲座。此外，对鹿城检察院正在探索的一些检察机制创新的问题，我们也可以根据需要邀请人民监督员、人大代表、政协委员到场 一方面可以让他们中的专业人士建言献策，另一方面也可以让他们对我们当前的工作提出意见。

3. 要协调好与公安、法院两家之间的关系，加强公、检、法在办理刑事案件中的衔接和配合，协调解决工作中的突出问题，共同提高案件的质量和效率。我们在办案过程发现，侦查机关移送案件的证据存在瑕疵、没有采取羁押措施的犯罪嫌疑人不到案等情况大大制约了检察机关正常办案的进程，造成案件退查的频率明显提高，与法院在案件定性、量刑方面存在分歧也影响到我院审查起诉的权威性。因此今后我院要在凝聚三方共识、形成三家合力上下力气，一是要统一认识，统筹协作，相互配合，加强沟通，不定期召开刑事工作联席会议，积极探索和共同推进刑事案件合作机制建设；二是建立重大案件旁听制度，对于开庭审理的重大疑难案件，法、检、公各单位组织有关部门的人员参与旁听，通过旁听找出问题，予以改正；三是建立联络员制度，负责对接协调工作。

4. 要树立共享理念。当前我们处于大数据信息化的时代，共享意味着信息的沟通、理念的对接，还意味着办案模式由单一化向多样化的切换。只有树立共享的理念，我们才能最大限度地提升检察办案的专业化水平和信息化水平。因此，鹿城检察院要积极推行“科技实现数据共享、智能助力案件审查”的科技强检思路，还要用大数据时代的思维重新审视检察办案，通过侦查信息查询系统、远程视频网络系统的建设，切实提升侦查破案和审查办案的效率和水平，强化证据全面审查和比对分析的精准度，有效节约司法办案时间。以鹿城检察院开展“自侦突破年”活动为契机，继续争取区委支持，借鉴苍南、平阳等地工作模式，健全我区刑事司法与行政执法信息共享机制，建立纪检、检察、审计机关在反腐倡廉工作中的协作配合机制，努力争取与相关部门实现信息实时共享。同时我院还可以积极探索与公安机关、法院等单位的司法资源共享平台，这个共享一是指三家会议、检法一些内部规定的文件、案例指导等一些资源的共享，主要是解决三家在办案过程中对证据以及案件定性存在分歧的情况；二是指对需要公安机关、法院等配合的一些机制，譬如速裁程序、认罪认罚协商制度等，依托共同的平台，检察机关能够与两家单位实现更好的沟通。

（三）着眼社会共治积极植树造林，营造绿色法治生态环境

践行绿色司法，要求检察机关积极运用法治思维和法治方式化解社会不稳定因素，为社会关系修复留出足够“自治”空间，积极推进法治社会建设进程。要探索形成以专业化法律监督为基础、以社会化综合治理为核心、以恢复性司法实践为补充的立体式检察工作机制。

1. 要积极运用检察建议提升社会矛盾排查化解能力，促进社会管理创新，扩大司法办案的社会效果。用好检察建议是当前我们延伸检察职能触角，参与社会治理的表现，它能使检察机关及时抓住社会建设、社会管理领域案件背后事关全局的源头性、基础性和根本性问题，积极向党委、政府献计献策。今年上半年鹿城区检察院对这方面的工作非常重视。譬如上半年，我院在办理一起销售有毒有害食品案件中，发现区市场监督管理局在发现和查处辖区内无证经营及销售有毒有害食品行为上存在监管不到位的情形，便及时发出行政执法检察建议，促进区市场监管局对仰义街道城郊结合部等餐饮服务行业开展火锅底料专项抽查等五大行动，保障了辖区餐饮服务环节的食品安全。今后我院还要在参与社会综合治理时增进与工商、税务、卫生局、发改委、环保、市场监督管理局等行政执法部门的联系，根据上述部门的执法特点，发现、梳理当前社会治安、市场秩序监管等方面的纰漏，围绕环境保护、民生服务等领域联合出台相关的制度，协助上述部门加强监督和管理，共创人人懂法、人人守法的法

制环境。

2. 要健全完善宽严相济的刑事政策的相关机制，着力构建恢复性司法模式。首先，要探索构建检察机关轻微刑事案件认罪认罚量刑协商制度。在当前该项制度全省范围还没有明确的制度规定的前提下，鹿城检察院作为试点单位，要加强对轻微刑事案件量刑协商案件具体适用范围、量刑协商的具体程序、辩护律师参与环节等的探索和调研，尽量使得被害人的权益能够得到有效保护，犯罪嫌疑人也能够通过真诚悔罪获得相对较轻的处罚，真正实现辩诉双方的双赢。其次，要在未成年人刑事检察工作中贯彻恢复性司法的理念，在工作中突出矛盾化解，坚持双向保护，强调“对于符合刑事和解条件的，要发挥检调对接平台作用，积极促进双方当事人达成和解，及时化解矛盾，修复社会关系”，努力追求少年最佳利益、被害人合法权益及社会安宁秩序三者之间的平衡，并以此促进社会安全和涉罪少年的复归。

3. 要在法制宣传教育上加大力度，努力推陈出新，通过提高公民的守法意识，筑好防治各种违法犯罪发生的防火墙。人们的法治意识增强了，懂法、学法、守法的主动性提高了，社会的法治环境才能呈现出一个新面貌。我们要继续深入推进“点餐式送法进社区”活动，面向偏远地区、农村地区拓宽“送法”覆盖面，规范引导基层工作人员正确处理情、理、法三者关系。有针对性地开展各种主题的青少年积极开展法制进校园、暑期社区普法等活动，提高青少年自我保护意识。

4. 最后是抓紧落实涉检信访工作。要开展涉检信访矛盾专项排查清理，在明确摸排范围和具体责任要求的前提下，做到风险预测在先，预防到位，加强社会治安形势分析研判，在落实维稳安保工作中占据主动权，要强化对重点信访件坚持院领导包案，提升对信访案件的释法说理水平。

践行绿色司法理念
提升检察官职业品位

胡　勇*

如果在法律职业者身上每时每刻不再充分思考其职业生涯，同时也不再迫切地思考其职业深刻的问题性，那么一个较好的法律职业的人就将不再是一个较好的法律人。

——拉德布鲁赫①

第十六次浙江省检察工作会议提出的绿色司法理念，是绿色发展理念在浙江检察工作中的创造性转化，是司法理念的一次重大突破和革命性飞跃，不仅为高水平推进浙江检察工作发展指明了方向，也为新形势下加强检察官职业素能建设提出了更高的要求。绿色司法理念，作为一种全新的、更高层次的司法理念，需要高素质的检察官队伍作保障。在绿色司法理念的指引和观照下，检察官职业素能建设要从应知应会的基本素能培养向全面提升以贵族气质、人文情怀和工匠精神为核心的职业品位转型。

一、涵养贵族气质

贵族气质，是指贵族精神在人身上所表现出来的一种内在精神气质。贵族精神作为源自欧洲的一种古典精神传统，其内涵主要包括教养、荣誉、责任、勇气和自律等精神元素。作为“法律守护人”的检察官，其职责不仅在于刑事被告人之追诉，还在于对国家权力的双重控制，既要保护被告人免于法官的擅断，也要保护其免于警察的恣意。检察官的角色定位及其职责使命，决定了其职业素养和精神气质与贵族精神所内涵的精神元素具有高度的契合度，决定

* 浙江省人民检察院。

① ［德］拉德布鲁赫：《法律智慧警句集》，舒国滢译，中国法制出版社 2001 年版，第 140 页。

了高素质的检察官应当涵养贵族气质，努力成为法律职业共同体的法律专家、知识精英和精神贵族。

（一）成为知识精英

贵族气质，首先表现出一种文化特质。贵族精神，特别强调对知识的追求与人格的养成。古罗马法学家乌尔比安认为，法学是关于神事和人事的知识，是正与不正的学问。司法不仅是一项知识性活动，要求司法人员必须掌握法学知识，熟悉法律文本，具有法律思维和法律推理等司法技艺，而且更是一项智识性活动，需要长期的经验积累和丰富的实践智慧。诚如英国柯克法官所言："法律是一门艺术，在一个人能够获得对它的认识之前，需要长期的学习和实践。"当前，我国正处于依法治国全面推进和信息技术革命日新月异的时代，知识瞬息万变，呈"几何级"递增，新类型案件、疑难复杂案件层出不穷，对检察官的法律专业素养和知识更新能力提出了新挑战。检察官要适应和胜任新形势下司法这一神圣的职业，就必须要时刻保持"本领恐慌"的警醒，树立终身学习的理念，不仅要潜心钻研法律业务，做到精研法律，通晓法理，具有深厚的法学理论功底和精湛的司法实务能力；而且要博览群书，加强对人文社会科学、互联网等信息技术的学习，不断开阔视野、拓展思维，努力成为司法领域的行家里手和知识精英，以渊博的学识和高超的专业能力，赢得当事人的信任和法律职业共同体的尊敬。

（二）重塑职业尊荣

法国政治学家托克维尔指出，贵族精神的实质是荣誉，它始终恪守美德和荣誉高于一切的原则。在西方，为什么要求法官穿法袍？它有重要的司法象征意义。法袍是法官身份与地位的象征，一般而言，只有贵族和精英才能穿得与众不同以示身份尊荣、地位超脱。中世纪史学家坎特罗维茨认为，有三种职业有资格穿长袍以表示身份，这就是：法官、牧师与学者。这种长袍象征着穿戴者思想的成熟和独立的判断力。我国司法权包括审判权和检察权，我国司法官包括法官和检察官，检察官作为司法官，理应具有特殊的身份意识和神圣的职责意识。然而，由于我国正处于社会转型期，社会矛盾多发，刑事案件高发，检察官办案压力增加、工作强度增大、待遇落差较大，再加上司法体制改革的阵痛，一些检察官出现了迷茫和浮躁的情绪，产生了抱怨、悲观的氛围。在这种情势下，检察官涵养贵族气质、重塑职业尊荣，显得尤为重要和紧迫。只有重塑职业尊荣，才能塑造检察官职业共同体清高精神气质和维护法律的坚定信念，才能保持检察官职业共同体的凝聚力和较高的道德水准。对此，一方面，检察官要深化对检察职业的认识，增强对检察职业的认同感、荣誉感和神圣感，将检察职业不仅视为一种谋生的手段，更是作为一项志业和事业去追求。另一方面，必须破除检察官行政化管理模式，完善检察官职业保障，不仅在法律层面明确检察官的职务保障，而且要赋予检察官与其独立性相适应的身份保障，为提升检察官职业尊荣感提供制度支撑，确保检察官在履职时能坚持职业判断和秉持司法良知，维护司法公正。

（三）强化责任担当

强烈的责任意识和担当精神，是贵族精神的重要价值内核。西方的航海业有个不成文的规定，当一艘船遇到危险要沉没的时候，船长肯定是最后一个离开的，甚至有的船长干脆选择和船一起沉没，这就是贵族精神所延续的担当精神。检察官作为法律的实施者和公平正义的守护者，无论是审查逮捕、审查起诉，还是诉讼监督工作，都面临着权力的干预、金钱的诱惑以及人情的困扰，如果没有责任意识和担当精神，就难免会沦为权力的附庸、罪恶的帮凶或金钱的奴隶。检察官涵养贵族气质，就是要做一名敢于担当的检察官，锤炼铁的品质，培育职业理性，坚持把公平正义作为首要的价值追求，通过严格的程序化作业和限制性的社会交往，养成独立、超然、审慎的行事方式，坚守法律底线，恪守职业操守，严格司法，秉公办案，刚正不阿，在权力、金钱、人情面前敢于说“不”，维护宪法法律尊严和社会公平正义。

二、厚植人文情怀

清代著名书画家郑板桥的墨竹图题诗“衙斋卧听萧萧竹，疑是民间疾苦声，些小吾曹州县吏，一枝一叶总关情”，是对人文情怀的真实写照和形象表达。法律作为人类存在和经验世界的一种方式，人文关怀是其重要的精神维度。如果说，司法的理性使它闪烁着智慧的光芒，那么司法的善性则使它闪耀着人性的光辉，使它具有更高的超越性和理想向度。随着法治文明的进步和发展，人文关怀已经成为当代司法的普适性价值理念，正如舒国莹教授所指出的：“法律人的责任不仅仅是机械精细地、刻板而冷峻地操作法律，而且是要把伟大的博爱精神、人文关怀、美学的原则和正义的情感，以专业化的理性而艺术的方式表现出来。”① 检察官践行绿色司法理念，就要厚植人文情怀，把对人的终极关怀融入司法过程，使人民群众不仅感受到法律的尊严和权威，而且能感受到司法的良善与温情。

① 舒国滢：《在法律的边缘》，中国法制出版社2000年版，第58页。

（一）坚守职业良知

法律乃良善公正之术。良知与司法密不可分。检察官的职业良知是检察官在司法活动中所体现的对公正司法、主持公道的道德义务感以及对履行职责的自我反思与评价，是人文关怀的内心体现。司法不是纯粹理性的独角戏，严格司法固然是公正司法的前提和基础，但是司法绝不是逻辑三段论的简单运作，而是逻辑与价值，理性与非理性相互博弈、协调互融的过程，需要心与脑的对话。美国大法官卡多佐曾感叹道："即使人们已经竭尽全力，我们仍然不能使自己远离那个无法言传的情感王国，那个根深蒂固已经成为我们本性一部分的信仰世界。"① 司法良知不仅决定着司法官对待司法的态度，而且攸关司法的公正。正是良知的驱使，司法官才会有一种超乎一般职业的责任心和道义感。实践中，许多案件不需要多少法律专业知识，仅凭良知就能明辨是非，不少冤错案的产生，往往是司法良知缺失所致。司法权力特别是刑事司法权力，事关人的生命、自由、财产与尊严，检察官作为刑事司法官，特别需要一种"吾日三省吾身"的精神，特别需要坚守职业良知，保持自由意志和独立品格，在严格依法的基础上，对证据的取舍、证据证明力大小以及对案件事实的认定，都要遵循自己的良知、理性形成内心确信而作出判断，排除法外因素的干扰，对自己负责，对职业负责，对社会负责，经得起历史的检验、良心的检验。

（二）尊重常识、常理、常情

法律的意义隐藏在丰富的生活事实之中。司法只有植根于生活情境之中，才能够实现对生活世界的清晰观察和合理判断，公平正义的法律理念只有与世俗认同的天理人情交融在一起，才能够构成一种适度的张力，从而实现社会建构与日常生活的均衡协调。诚如法学家许章润所言："法律的答案常常在法律之外，即在自法理而人情，由规则至人事，循世象而世道，于此在人世往彼在合一之境的辗转推陈之中。"② 检察官的司法智慧产生于不断变化的生活世界，生活常识和生活情怀可以帮助检察官更加真切地去关注人的命运，去梳理具体生活情境中的错综复杂关系。检察官只有将自己的认知判断建构于生活常识之上，才能够更加贴切适当地解释法律，防止恣意和武断。职是之故，检察官不仅仅应当是知识精英、专业人士，更应当是生活之道的成熟驾驭者，对案件的

① ［美］卡多佐：《法律的成长》，董炯等译，中国法制出版社 2002 年版，第 48 页。

② 许章润：《法学家的智慧——关于法律的知识品格与人文类型》，清华大学出版社 2004 年版，第 6 页。

处理，要在法律考量的基础上，充分考虑到中国的文化特质，努力做到法理与常识、常理、常情的融合。

（三）践行人性化司法

绿色司法是对传统的就案办案、机械司法的反思与超越，强调人性化司法或司法的人性化。弗朗西斯·培根曾劝司法官员“应当在法律范围内以公平为念而毋忘慈悲；应当以严厉的眼光对事，而以慈悯的眼光对人”。樊崇义教授也要求刑事司法人员“对事严厉，对人慈悯”，他认为：“这种虽不同对象而产生的情感的两分式投射，并不是一种矫情，而是基于对人性弱点的深切体察和对人生悲剧的深切同情的自然反映，人们一方面痛恨犯罪，另一方面又对犯罪人错误的人生选择及其悲剧怀有同情，并且由于自身的文明素养，司法人员即使对十恶不赦的罪犯，对其人格和权利仍予以应有的尊重。”① 践行人性化司法，一方面，要严格贯彻执行刑事和解、未成年人犯罪特别程序以及轻刑化和少杀慎杀等刑事诉讼制度和刑事政策；另一方面，要破除传统司法方法单一化、刚性化、封闭化的束缚，积极倡导和确立多元的、回应的、开放的柔性司法，强化人文说理，增强司法说理的可接受性，增强司法结论的质感和温度，以更好地回应社会，实现办案法律效果与社会效果的有机统一。

三、培育工匠精神

工匠，一般是指从事器物制作、技艺高超的手艺人。工匠精神，是指凝结在工匠身上的精益求精、追求极致的工作态度和敬业精神。检察官与工匠虽然职业性质不同，但职业精神相似相通，如果说，工匠打造是的器物产品，那么，检察官打造的则是司法产品。践行绿色司法理念，检察官尤其需要培育匠人品质和工匠精神，推动司法从粗放式向精细化转变，努力打造司法精品，提升司法品质。

（一）确立追求极致的专业态度

但凡工匠，总是孜孜追求自己的作品保持卓越。司法职业是一种具有特殊品质的专门职业，无论是案件事实的甄别、证据的审查判断，还是法律条文的筛选适用，都要求极高的法律专业素养和严谨细致的工作态度。绿色司法是一种精密型司法，检察官践行绿色司法理念，就要确立追求极致和卓越的专业态度，将工匠精神融入司法办案中，把办案视同制作和加工一件艺术品，对案件

① 樊崇义：《迈向理性刑事诉讼法学》，中国人民公安大学出版社2006年版，第80页。

中的每一个事实、每一份证据、每一个司法程序、每一个细节都要进行反复推敲、细致审查，不放过任何一个疑点，拒绝一切瑕疵，使每一个法律环节都环环相扣、严丝合缝，不断追求程序运行、法律适用和实体认定的完美精准，做到事实认定符合客观真相、办案结果符合实体公正、办案过程符合程序公正，把每起案件都办成精品“铁案”。

（二）树立对检察职业的敬畏意识

工匠精神不仅是一种技能，更是一种职业意识和职业伦理。工匠从来不只把工作当成挣钱谋生、养家糊口的工具，而是有一种对职业敬畏、对工作执着的纯粹态度。检察官作为具有法律监督属性的司法官，享有良好的社会地位和职业声誉。但检察官的职业尊荣与检察官的职业敬畏是彼此共生的，即检察官的职业体面不能仅仅从社会地位、权力优势、职业保障等方面去感受，而应当从公正司法中找到职业的成就感，从廉洁司法中找到职业的尊荣感。在社会转型、思想开放、利益多元的当下，检察官面临日趋增多的各种诱惑，唯有培育超然孤傲、卓尔不群的匠人品质，才能远离市侩，拒绝平庸。唯有确立匠人般的敬畏意识，自觉把检察职业作为安身立命的根本和人生追求，才能多一份专注、少一份功利，多一份精进、少一份浮躁，始终保持对检察事业的热爱与忠诚，推动检察事业的永续健康发展和个人自我价值的实现。

（三）提升超越自我的创新能力

工匠从来不会满足已有的成就，其目标始终是不断追求自我超越，打造出本行业其他同行无法匹敌的卓越产品。这种不断自我超越的精神寓于检察实践，就是要求检察官要有永无止境、追求卓越的创新意识和创新能力。随着法治的进步和权利意识的勃兴，尤其是以审判为中心诉讼制度改革的深入推进，对侦查取证、规范办案、人权保障、法律适用等提出了更高要求，司法办案中各种深层次的新情况、新问题将不断出现，而无论是司法理念、司法技巧、司法能力还是司法经验都有一个不断完善进步的过程。检察官要以时不我待的紧迫感和危机感，积极转变司法理念，创新工作机制，改进工作方法，以创新驱动司法办案与时俱进、转型升级，更好地适应时代发展的新要求，满足人民群众的新期待。

践行绿色司法
探索检察工作科学发展新路径

王晓光*

中共十八届五中全会提出“必须牢固树立并切实贯彻创新、协调、绿色、开放、共享的发展理念”。2016 年全国“两会”期间，汪瀚检察长结合“五大发展理念”，针对我省案多人少这一司法“雾霾”，首次提出“绿色司法”的概念，并在省“十六检”会议上，再次提出要以绿色司法理念为引领，把绿色司法实践落实到检察工作的各个方面。在检察语境下，如何践行和发展绿色司法应是一个仍在发展中的开放性命题，需要实践来不断丰富其内涵和外延。

一、培育生态司法理念，为绿色检察完成文化积淀

理念是行动的先导，文化积淀是实践的动力之源。践行绿色司法，首要的是培育绿色司法理念，锻造司法胸怀，永葆司法情怀，牢记司法关怀，完成绿色司法文化积淀，为绿色司法实践准备好思想基础和文化氛围，提升行动的自觉性和自信感。

1. 要有总揽全局的司法胸怀。要在大的历史背景和社会环境下思考检察工作，以总揽全局协调各方的宏伟战略来谋划和推进检察工作。一是要有历史思维。完成司法体制改革、完善检察监督体系是时代交给这一代检察人员的历史使命。正在进行的司法体制改革符合时代发展要求和我国目前国情，检察人员作为法治改革的亲历者和参与者，应杜绝孤立地思考、部署检察工作，要以世界性的眼光和历史性的智慧来谋划和推动检察工作。二是要有战略思维。要牢记政治使命，积极服务大局，摒弃就案办案、关门办案的单纯业务观点，使检察工作上接天线；注重社会背景，坚持司法性与社会性相一致，正确处理打击与保护、监督与促进、服务与融入的关系，使检察工作下接地气、更合民

* 浙江省杭州市下城区人民检察院。

意。三是要有创新思维。绿色司法是针对“司法雾霾”、司法体制存在的不足提出的引领性观念，践行绿色司法需要前瞻性的工作思路和开创性的工作方式，要有解放思想、敢为人先、勇于突破的进取精神，以完成改革的历史使命。

2. 要有担当勇毅的司法情怀。“理想因其远大而为理想，信念因其执着而为信念。”一是忠诚法律信仰。“法律必须被信仰，否则它将形同虚设。”检察人任何时候都要保持对法律的忠诚，在任何情况下都不能破坏和触碰法律底线，要在法律的框架内践行绿色司法。二是树立职业自信。从世界范围来看，检察制度历史十分短暂，且伴随着争论和挫折。但是三十多年来，检察制度在我国逐步发展完善，检察工作的社会影响力逐步显现，检察职业的民众认同感逐步树立，检察人要进一步明确自己的职业价值，树立对中国特色社会主义检察制度和检察职业的信心。三是捍卫检察荣誉。知荣辱方能明得失，明得失方能知进退，荣誉感与责任感常并存共生。拥有司法情怀和职业荣誉是成为一名优秀检察人的必备素质，也是一种至高无上的精神奖励。作为一名检察官，必须做到严于律己、公正执法、清正廉洁，以身作则捍卫检察职业荣誉。

3. 要有亲民爱民的司法关怀。习近平总书记在“七一讲话”中讲到要“永远保持对人民的赤子之心”。司法，国之重器，轻则裁断财产利益，重则裁断自由生死，不可不慎，要时刻牢记司法为民，保有亲民爱民的司法关怀。一是要有司法良知。司法良知是法律工作者在实践中审慎地趋向司法公正的品质，要求在司法工作中做到忠于事实真相，不“指鹿为马”；明辨是非，不糊涂办案；将心比心，不裁量失度；尊崇社会公德，不逾道德底线。二是常怀悲悯之心。悲悯之心是一种感同身受的善意情感和包容之心，是法律工作者保持正义天平平衡的砝码之一。检察官常怀悲悯之心，就能敬畏手中的司法权力，在利益衡量间端正标尺，在得失取舍间摆正身姿。三是重视司法谦抑。绿色司法本身蕴含和体现着刑法谦抑性，要求司法机关在实践中适度克减不必要的犯罪认定或抑制不必要的重刑主义倾向，体现司法的克制和宽容，减少适用刑法带来的副作用和后遗症，主动修复社会关系，维护社会的稳定和发展。

二、健全科学管理机制，为绿色检察打造体系保障

从司法管理来看，绿色司法以优化司法资源配置为重点，以高效利用为目标，要求合理整合、科学调配现有司法资源，实现“最小投入、最大产出”，提升司法效率。

1. 建立科学的管理模式。一是条线合理配置。以司法体制改革为契机，理顺检察业务条线的关系，优化整合内设机构，合理配置和利用检察资源，有

效改变检察业务部门“冷热不均”的现象。二是案件繁简分流。简单案件提高办案效率，充分运用简易程序、速裁程序等高效机制，节约司法资源；疑难案件注重办案质量，集中优势业务力量办好疑难、复杂、重大案件，建立类案办理小组，办理专业性强的案件；敏感案件优化办案效果，综合考量群众关注度、社会影响力等案外因素，减少负面社会效果和舆论影响。三是人员分类管理。根据检察业务实际需求及发展趋势，科学设置各类人员职数比例，分别制定检察官、检察辅助人员、行政管理人员、检察技术人员的管理办法，建立分类科学、结构合理、职责明晰、管理规范的分类管理制度，实现人员各归其类、各展其才、各得其所。实行梯队管理，做好业务传承，完善人才储备，同时建立合理有序的人才流动机制，做到岗位和人员双向互动，防止梯队固化。

2. 健全有效的监督机制。一是完善检察系统内部监督机制。加强上下级监督，主要包括加强上级院对下级院的业务指导工作、健全下级院检察长向上级院报告工作制度、规范上级院交办案件程序、健全案件备案审查制度等；发挥部门之间的监督制约职能，定期开展案件互查、检务督察、专项检查等活动。二是自觉接受法律职业共同体监督。在检法关系上，建立业务沟通、信息共享、主题联席会议等长效机制，进一步统一办案标准，促进法治理念融合，形成互相学习、互相监督的良性互动。在检律关系上，健全保障律师执业权利工作机制，探索实行疑难案件检委会听取律师意见、律师参与化解涉检信访等工作，接受律师参与和监督检察工作。三是主动打造社会监督平台。自觉接受人大、政协监督，定期通报检察工作开展情况，报送编印的检察调研和信息简报等内部资料，主动邀请人大代表、政协委员参与检察重大活动。主动接受媒体、群众监督，继续深入推进人民监督员制度，开展“检察开放日”、检察工作沙龙、实务论坛等活动，让社会各界近距离接触、了解和监督检察工作。

3. 构建务实的评价体系。一是转变检察绩效观念。树立正确的政绩观，遵循司法规律和诉讼经济原则，改变一味机械设定办案任务、片面追求各项指标增长等不符合客观规律的绩效评价方法，坚持内部评价与社会评价相结合，实现检察工作政治性、人民性和法律性的高度统一。二是科学设置案件质量标准。从唯数字论转变为综合评价，改变片面追求零无罪判决、低不捕、不诉率、高抗诉率的评价方式，理性、客观、全面评判办案质量，设置法律效果与社会效果相结合的案件质量标准。三是探索容错免责机制。为敢于担当者担当，是改革创新是否具有长久生命力的关键性问题之一。在检察事业面临变革的今天，要推行新的司法理念，开创新的工作局面，应当尝试建立合理的容错免责机制，营造宽容失败、允许试错的良好创新环境，赋予检察工作人员工作活力和动力。

三、规范集约司法实践，为绿色检察探索理性模式

从司法实践来看，绿色司法蕴含低能耗、集约型司法的要求。要以规范化、低能耗、高效能为目标，重点建立标准的办案流程、科学的办案模式，不断优化办案和服务效果，为绿色检察打造理性的实践模式。

1. 确定标准化办案流程。一是加强流程控制。规范办案程序，依法明确和细化办理案件的操作程序，杜绝办案随意化问题。规范办案标准，严格落实刑事证据采证审证、非法证据排除等证据审查规定，统一司法尺度，规范自由裁量。规范办案责任，健全过错责任追究制度，建立检察档案制度，全面记录检察工作过程，严肃追究责任。二是细化责任分工。厘清各条线、部门、人员的职责分工，明确每个岗位所承担的具体职责以及履行职责应达到的质量、效率、效果。做好工作流转和衔接，科学设计案件程序管理，并以制度的形式予以确定。三是养成文明习惯。规范、培养检察人员的言行举止，杜绝粗暴野蛮的司法方式，在职业行为、职业作风、职业礼仪、职业用语中体现理性平和文明规范的职业风范，将文明司法内化为每个检察人员的习惯、气质和品格。

2. 建立集约式办案模式。一是提升办案质效。实行案件繁简分流，落实简单刑事案件速裁程序工作办法和快速办理认罪轻微刑事案件等规定；建立类案快速办理机制，培养类案办理人才，组建类案办理小组，逐步建立可供参考的类案模板，减少类案办理时间，提高办案质量。二是开展风险预估。建立案件风险预估机制，将最易引发社会矛盾、信访风险的案件类型纳入预警评估范围，明确评查案件的风险类别和等级，由侦监、公诉等部门选派人员组成案件质量监督小组，预先评估案件，及时发现和纠正办案中可能发生的风险，强化源头预防，确保案结事了，避免案后问题和资源浪费。三是优化办案效果。坚持以人为本的办案理念，准确把握社会心态和群众情绪，探索开展兼听性、亲历性办案方式，继续贯彻落实宽严相济的办案理念，积极推进刑事和解、检调对接、社区矫正、未成年人帮教等恢复性司法方式，发挥不批捕、不起诉、变更强制措施等作用，优化办案效果，促进社会和谐。

3. 开展服务型司法实践。一是增强主动性。检察工作要变被动为主动，确保党委政府中心工作推进到哪里，检察服务保障就跟进到哪里。主动衔接各司法、行政管理部门，加强检察工作融入性。在刑事案件办理中，注重与公安、法院工作相衔接；在民行监督工作中，探索与政府行政执法监督工作相结合；在保护经济发展中，加强与工商联部门的互动；在法治宣传中，密切与司法局普法教育的配合。二是注重平衡性。检察机关要转变观念，从单纯的“法律工匠”转变为“法律艺术大师”，在矛盾中探求法律适用的最佳平衡点。

在批捕、公诉环节，重点把握惩治犯罪和教育挽救的平衡；在诉讼监督环节，重点把握追诉犯罪与追求公平正义的平衡；在服务中心工作上，重点把握独立办案与顾全大局的平衡。三是突出服务性。更加注重检察工作的延伸服务，服务政治，检察工作必须承担服务大局的政治责任，坚持正确的政治立场和导向，以足够的政治智慧引领工作，为政治和谐作出应有贡献；服务经济，结合经济社会中遇到的新情况，充分发挥检察职能，化解改革风险，以法治促进和保障经济改革和发展；服务民生，做好司法保护、犯罪预防、法治宣讲等，建立健全便民利民措施，切实增强人民群众对检察工作的认同感。

四、厚积优质司法保障，为绿色检察提供持续动力

培养检察队伍，做到正规、专业、职业；提升检察装备，善用网络、信息、科技；改善法治生态，实现和谐、共建、共赢。从人力、物力、科技力等方面为践行绿色检察积累司法保障。

1. 人才队伍保障。一是提高检察干警综合素质。注重政治教育，准确把握检察机关政治属性和政治方向，确保检察人员永葆忠诚的政治品格；加强业务培训，健全业务培训体系，创新培训方法，强化实战实训，锻炼培养一批业务专家、办案能手；严肃纪律作风，持续抓好中央八项规定精神贯彻执行，坚决整治和查处不正之风。建设一支政治过硬、业务过硬、纪律过硬、作风过硬的检察队伍，为检察事业科学发展提供优质队伍保障。二是畅通检察干警成长渠道。最高人民检察院司法体制改革领导小组第 11 次会议中，曹建明检察长强调，要畅通检察人员发展渠道，更广泛激发支持拥护改革活力。基层检察院要进一步健全干部培养和竞争激励机制，为检察事业长远发展提供组织保障。三是保障检察干警从业幸福感。坚持把和谐理念贯穿到工作和生活的全过程，改善干警工作环境，活跃干警文化生活，引导干警崇尚正确的价值理念、养成乐观的生活心态，提高干警对领导班子、同事关系、工作岗位、工作环境的幸福指数，从内心深处感受从事检察工作的职业自豪感和获得感。

2. 科技信息保障。一是运用互联网体系保障运行。综合管理工作中，积极运用车辆派遣管理系统、来访人员检控系统、检察 OA 办公系统、政治处综合管理系统等信息化应用系统；检察业务工作中，充分利用案件网上办理、检委会多媒体讨论、律师网络阅卷等网络系统，保障工作顺利运行。二是普及信息化手段节约成本。向科技要生产力，依靠科技节约资源。采用远程提审、视频接访等方式，节约检察资源；建立网上法律法规库、两执法平台、自侦信息化侦查平台等检察信息化系统，实现便民利民。三是配置高科技设备提高效率。不断加强信息中心机房、办案工作区、高清视频会议室、侦查指挥中心、

电子数据实验室等重点区域建设，用足用好科技配备费，确保专款专用，逐步配齐测谎、警用安防、电子证据检测等办案适用的高科技装备，助力绿色检察实践。

3. 社会环境保障。一是规范公正办案，赢得公众信任。随着法治建设逐步推进，人民群众对司法工作的要求越来越高。检察工作人员要做到公正司法，不断提升司法公信力；严守底线，杜绝冤假错案；清正廉洁，时刻保持检察机关的良好形象。二是善于沟通协调，实现良性互动。加强检察公共关系建设，打造全社会对绿色司法的共识和共同行动力。加强检察机关与社会各界的良性互动，主动邀请“两代表”、人民监督员等群体参与、监督检察工作，增强检察工作透明度。加强检察机关与新闻媒体的良性互动，主动宣传，及时发布准确消息，正确引导舆论，使群众客观理性地看待司法活动。三是做好宣传工作，树立良好形象。拓宽宣传渠道，切实发挥好自媒体、新媒体和传统媒体的作用，打造检察系统内部的宣传平台；丰富宣传方式，采取实地宣传、文字宣传、影视宣传等多种方式，打造全方位宣传模式，讲好检察故事，传播检察正能量，树立良好检察形象。

践行绿色司法　打造“四型”检察

——以婺城区人民检察院实证案例为样本

金华市婺城区人民检察院课题组*

浙江省人民检察院汪瀚检察长在2016年全国“两会”上首次提出绿色司法这一新型司法理念。基层人民检察院作为绿色司法理念的践行者，有着大量具体生动的司法实践。本文以婺城区人民检察院实证案例为样本，分析当前司法办案中影响绿色司法实现的主要问题，指出践行绿色司法理念的现实路径及防范误区，以期为绿色司法理念在基层的深入推进提供参考。

一、当前司法办案中影响绿色司法实现的主要问题

绿色，代表生命和健康。正如生命机体受到疾病侵害后需要医疗手段进行治疗，当社会机体出现健康危机时，需要借助司法力量来定分止争、化解矛盾。当下，传统的不当的司法理念和粗放式的执法方式所造成的弊端日益显现，给法治生态和社会生态造成“毒副作用”，形成“司法雾霾”，成为影响绿色司法实现的主要障碍。从基层实践来看，主要表现在四个方面：

（一）刑事司法过度介入造成“小病大治”

绿色司法要求实现司法权力的合理行使，即要慎重对待社会变革过程中的各类矛盾，准确把握法律界限，防止司法权的过度介入。而当前社会治理中，原本应作为解决矛盾“最后手段”的刑事司法，有时会习惯性地被用作“优先手段”使用。如婺城区人民检察院受理的一起“骗取购车定金”案中，被害人因在交付定金后未能如约提车，于当日以嫌疑人涉嫌诈骗向公安机关报案。从审查情况看，这只是一起普通的民事纠纷，但由于案件已经进入刑事程序，加之前期对案件管辖审查不严，导致该案经历了侦查、起诉、改变管辖、退回重新移送起诉等一系列诉讼环节，历时长达1年3个月，最终仍以证据不

---

* 课题组成员：徐洪彬、施方展、丁夏维、钱卓艺，浙江省金华市婺城区人民检察院。

足作不起诉处理。案件反映出，虽然从表面上看，利用刑事手段的强制力，有利于督促当事人尽快还款，但刑事司法的过度介入，造成一些原本应当通过民事、行政手段解决的案件，进入刑事司法程序，不仅挤占了办案资源，而且由于刑事案件的证据标准要求高，容易造成此类案件“定不下、判不了”，从而引发新的矛盾。

（二）司法行为不规范造成“有病乱治”

绿色司法要求实现司法权的规范行使，即要严格遵守司法办案规范，确保案件的事实公正和程序公正，防止人为片面追求打击效果，将案件办成“糊涂案”、“问题案”甚至是冤假错案。当前在司法实践中，重实体轻程序，重打击轻保护的问题仍然较为突出。诸如违法采取强制措施、违法取证、违法查封扣押冻结处理涉案财物；私下接触当事人及律师，泄露案情或帮助打探案情；讯问人数、身份不规范，笔录制作缺少签名，不依法听取当事人和律师意见，文书送达不及时等问题仍然不同程度存在。如婺城区人民检察院受理的一起容留卖淫案中，犯罪嫌疑人江某始终否认参与犯罪，但在侦查机关提供的证据中，房东及三名卖淫女均对江某进行了指认，看似已经形成完整证据链。然而，承办人经过进一步审查，发现本案还有另一名犯罪嫌疑人谢某有重大作案嫌疑，而谢某与江某长相十分相似。侦查人员在侦查过程中主观上认为江某系作案人，因此，未对谢某进行询问、辨认。后经过对两名犯罪嫌疑人的再次辨认，先前指认江某的三名证人的证言均发生变化，且通过对承租合同上的笔迹进行鉴定，发现并非江某的笔迹。案件暴露出，侦查过程的“有罪推定”，造成办案依赖强攻硬取，忽视程序规范，给案件质量带来严重隐患。

（三）检察监督缺乏刚性造成“治疗乏力”

绿色司法要求完善检察监督体系，即要通过检察监督职能的充分发挥，保障司法权、行政权的合法行使，营造公平正义的法治生态。但在当前司法实践中，检察监督权却存在法律地位高，但监督效果弱的尴尬局面，尤其是在监督普遍性的执法不规范问题时，更加困难重重。如 2016 年，婺城区人民检察院民行部门在办案过程中发现，交警部门对于交通肇事案中酌定不起诉的犯罪嫌疑人，未按照《道路交通安全法》的规定吊销其机动车驾驶证，遂依法提出行政执法建议。但在建议的落实过程中，交警部门认为其执法过程依据的是公安部制定的《道路交通事故处理程序规定》，即“应当在人民法院作出有罪判决后”才能将肇事行为人的机动车驾驶证吊销，且省内各地均是按照该规定统一执行。虽然根据下位法不能与上位法冲突的原则，这种情形明显应当适用《道路交通安全法》，但交警部门也提出在执法标准和统一性上的顾虑，最终只答复对同类案件开展全面清理，并与检察机关建立对接机制，但仍未改变对此类案件的执行。案件暴露出，由于检察监督的后果缺位，监督效果的取得取决于被监督对象的自我纠正，导致监督周期过长，监督缺乏刚性。

（四）司法处置不到位造成“久治不愈”

绿色司法要求实现司法权的有效行使，即办案要在严守法律底线的前提下，追求政治效果、社会效果的最大化，防止司法办案的“毒副作用”影响经济社会发展。当前实践中，因案件处置不到位造成当事人上访、闹访等情况多有发生，如婺城区人民检察院2013年10月办理的一起“历时4年的非正常访”案件中，嫌疑人刘某因不满法院对某司法服务所变更的确认，从2009年开始以“个人权益受到侵害不满处理”为由重复信访，在上级信访部门出具终结信访意见后，仍多次进京赴省上访，并在市政府大门前设摊上访，甚至利用网络多次在多家国内知名论坛发帖谩骂、攻击国家机关及工作人员，造成恶劣社会影响。该案中，法院裁定、司法部门的答复均有充分的事实和法律依据，也符合相关工作程序规定，但仍然引发了刘某长达4年的重复闹访。尽管案件最终因刘某的行为构成诽谤罪被定罪判刑，其行为仍给司法公信力带来严重负面影响。

二、基层检察院践行绿色司法理念的实践路径——以婺城区人民检察院打造“四型”检察实践为样本

针对粗放式司法带来的诸多弊端，汪瀚检察长指出，践行绿色司法，核心是推行绿色司法方式，做到“五个更加注重”。[①] 婺城区人民检察院在司法实践中，坚持以“五个更加注重”为纲，将建设服务型、规范型、品质型、集约型的“四型”检察，作为践行绿色司法的主要路径，努力做到检察办案的“无害化”处理和检察权的高效运行。

（一）充分认识绿色司法的大局观，建设“服务型”检察

服务大局是中国特色社会主义检察制度对检察工作的本质要求，也是践行绿色司法的应有之义。婺城区人民检察院围绕社会治理中，经济和民生两个重要方面，强化司法履职，通过抓好司法办案的主责主业，服务保障经济社会健康发展。

---

① 五个更加注重：更加注重谦抑司法；更加注重突出办案重点、优化办案结构；更加注重办案方式方法；更加注重宽严相济；更加注重延伸检察服务。汪瀚：《践行绿色司法 推进检察工作高水平发展》，载《检察日报》2016年9月12日。

1. 精准打击侵害非公有制企业权益的职务犯罪。针对当前非公企业在项目审批、银行信贷等过程中遭遇的“潜规则”，运用法律视角进行分析研判，对其中存在的权力寻租、恶意索贿等行为进行坚决打击。如金华市建设银行金西支行原行长徐某，利用审批企业贷款的职权，私下向多家获取贷款的企业无息借款，用于炒股等个人投资，未支付利息数额达百万余元。徐某的行为不仅占用了企业的流动资金，而且加重了企业的融资成本，严重损害了企业的合法权益。但这种行能否构成受贿罪，在全省乃至全国都鲜有判例。婺城区人民检察院经多方论证，认为徐某利用职权为企业谋取利益，以不支付借款利息的形式索贿，是一种新型受贿犯罪行为，遂依法以受贿罪对其提起公诉，最终得到法院支持。

2. 审慎把握刑事政策避免影响非公企业正常经营。从个案实际出发，充分评估强制措施可能给非公企业造成的负面影响，避免出现“办一个案子倒一个企业”。如金华某体育设施工程公司法人代表余某，因涉嫌伙同他人挪用公款被依法刑事拘留。羁押期间，他人冒用该工程公司名义承建学校操场，因“毒操场”质量问题被中央、省、市多家媒体曝光，致使余某的公司商誉严重受损。考虑到在企业面临生死存亡的紧要关头，急需身为法人代表的余某前去处理相关事宜挽回损失，婺城区人民检察院在对羁押必要性进行评估后，果断对其变更强制措施。事后余某发来感谢信：“婺城检察院查办了我挪用公款犯罪，避免我进一步滑入犯罪的深渊，是挽救了我；在我的公司出现危机的时候，及时对我取保候审，是挽救了我的公司，我衷心表示感谢。”

（二）正确理解绿色司法的政绩观，建设“规范型”检察

实践中，重打击、轻保护，重实体、轻程序的司法粗放化现象普遍存在，要冲破这一司法雾霾，走出一条绿色司法之路，当务之急是要树立绿色司法政绩观，改变唯数字办案 GDP 评价模式，防止片面追求办案数量、就案办案、机械办案。婺城区人民检察院准确把握司法规范要求，从影响办案质量的三个突出问题入手，不断加强规范化建设，确保实体和程序并重，争取公正和效率双赢。

1. 坚持无罪推定理念，严把证据标准，确保案件质量。充分重视无罪或罪轻的辩解，加强对据以定罪的关键环节和重点问题进行实质性审查，以保证案件质量。如一起盗窃香烟案件中，犯罪嫌疑人胡某一直辩称案发时不在现场，辩护律师也提出案发现场提取的犯罪嫌疑人指纹可能是其在从事烟模加工过程中遗留。但侦查人员未对上述情况进行核实，而是直接凭借三个盗窃案现场提取到的胡某指纹，以胡某涉嫌多次盗窃报捕。侦监部门审查后认为，虽然指纹证据指向明确，但犯罪嫌疑人的辩解具有合理性，应予以高度重视，遂要

求侦查人员前往胡某某工作单位调查取证。后查实，胡某的确从事生产加工烟模的工作，且案发时确系在工厂上班未曾离开，因此对该案作出不批准逮捕决定，避免了错捕错诉情况的发生。

2. 秉持司法谦抑精神，倡导理性司法，推进社会善治。在充分遵循罪刑法定、罪责刑相适应原则的基础上，坚持适度克减不必要的犯罪认定或抑制不必要的重型主义倾向，为司法介入社会关系修复留出足够的“自治”空间。① 如一起买卖假证案中，犯罪嫌疑人张某曾通过国家统一考试获得了浙江省人力资源和社会保障厅颁发的高级专业技术资格证，结果在工作中不慎将证遗失，考虑到年检时间临近，补办手续烦琐，张某自作聪明联系了办假证人员伪造了一本资格证书备用。数日后，涉案的制假证团伙及张某均被查处，公安机关以涉嫌买卖国家机关证件罪将张某移送审查起诉。公诉科承办人审查后认为张某本身合法获取了国家机关颁发的资格证书，其购买假证非用于违法活动，主观恶性不大，且至案发时假证尚未被使用，未造成恶劣影响，犯罪情节轻微，如果被判了刑，张某的前途将毁于一旦。在慎重权衡之后，婺城区人民检察院决定对张某免予起诉，挽救了一位技术型人才。

3. 坚守法律底线，坚持非法证据排除，充分保障人权。冤假错案蚕食的是司法公信力，吞噬的是人民对法治的信仰。婺城区人民检察院把严防冤假错案作为坚守的底线，在证据采信问题上不存侥幸心理，在有罪和无罪问题上不勉强定罪，切实维护公平正义。如在审查一起盗窃案中，承办人注意到犯罪嫌疑人童某某始终否认被指控的三起盗窃事实，但侦查机关提供了三起盗窃案现场的监控视频及童某某妻子邵某作出的有关视频中出现的可疑男子均为童某某的辨认笔录。看似在案证据已经形成了证据链，但承办人在认真查看了每份监控视频录像后，发现视频中出现的人影模糊，常人无法准确辨认，于是向证人邵某核实辨认情况。邵某坦言其只能辨认出其中一段视频中出现的男子是其丈夫，而其他两份辨认是迫于公安机关施加的压力而作出的。再进一步调查，确实发现侦查人员在让邵某辨认的过程中有不当行为，一定程度上给邵某造成了胁迫性压力。最终，婺城区人民检察院根据非法证据排除规则对非法获取的言词证据予以排除，并做出不批准逮捕童某某的决定，避免了一起错案的发生。

（三）高度重视绿色司法的发展观，建设“品质型”检察

绿色司法的最终目标是在办案中实现司法动机、方式方法、质量效果的有机统一，通过办案，增强党委政府对检察工作的认同感和人民群众的获得感。

---

① 汪瀚检察长在第十六次全省检察工作会议上的讲话，2016 年 8 月 15 日。

为此，婺城区人民检察院切实提高办案的针对行和有效性，在优化办案结构、贯彻宽严相济、强化法律监督等方面花心思、出重拳、谋实效，以呈现司法办案的品质效应。

1. 优化办案结构，突出办案重点。近年来，包括电信诈骗、开设赌场、组织领导传销活动在内的互联网犯罪持续高发，不仅损害了人民群众的切身利益，还严重危害了经济社会的健康发展。婺城区人民检察院紧紧围绕社会形势的发展变化，把有限的司法资源投入到打击严重刑事犯罪的工作中，集中开展了打击互联网电信诈骗、危害电商发展犯罪等专项行动。如 2014 年办理欧某等 40 余人现货平台诈骗案。在该案件移送审查起诉时，公安机关认定诈骗金额仅 100 余万元，而公诉部门审查后发现，涉案现货平台上显示的诈骗数额达 1600 余万元，遂要求公安机关固定提取电子数据，请审计部门出具鉴定意见，并从中监督立案 2 人，追诉 5 人，最终该案经移送市检察院起诉，主犯欧某等 2 人被判处无期徒刑，10 余名骨干成员被判处 10 年以上有期徒刑。

2. 落实宽严相济，传递司法温情。绿色司法强调更加注重宽严相济，做到区别对待，宽严适度，既有力打击和震慑犯罪，维护司法的严肃性，又尽可能地减少社会对抗，最大限度地促进社会的和谐稳定。婺城区人民检察院通过实行慎捕重教、轻罪和解、暂缓起诉、未成人犯罪轻缓化处理等宽缓政策，传递柔性司法的温度，彰显检察办案的人文情怀。如一起未成年人抢劫案。犯罪嫌疑人赵某临时起意盗取他人手机，却因逃跑时行迹败露，情急之下殴打了被害人，构成转化型抢劫。承办人在审查案件的同时开展了全面的社会调查，了解到赵某是一名高三在校学生，在校表现良好，因在案发前半个月被人骗走 1500 元生活费导致心理失衡诱发犯罪。本着教育、感化、挽救涉罪未成人的精神，启动了对赵某附条件不起诉的相关法律程序，并与学校配合开展观护帮教。考验期内，赵某通过高考被湖北省一所高校录取，这位失足青年迷途知返，回归社会。

3. 加大监督力度，发挥监督实效。我省经济较为发达，民事债权债务纠纷较多，虚假诉讼与执行困难的问题日益凸显，严重损害了司法公正。作为国家法律监督机关，要求我们在维护公平正义方面有更大的作为。婺城区人民检察院立足检察职能，切实加强对公权力的监督，坚持对案件监督和对执法人员违法行为监督并重，通过查办虚假诉讼，打造了民事申诉案件监督和虚假诉讼监督相互补充、相互促进的良好局面，提升了民事检察监督工作的综合实效。如婺城区人民检察院民行科经调查发现，婺城区法院执行法官张某某在办理一起民间借贷案时，在查封财产、终结执行等方面存在严重违法行为，损害了当事人的合法权益，遂针对错误裁定及法官违法行为分别向婺城区法院发出检察建议，婺城区法院对张某某涉嫌违纪进行了调查处理，给予其记过处分并调离执行岗位，同时撤销了错误裁定书。又如金华市哥尼亚洗涤用品有限公司法人代表王某某等人通过26件虚假民事诉讼，企图获得债务清偿，婺城区人民检察院民行科第一时间向公安机关移送了该线索，使王某某等人受到应有的法律制裁。同时，婺城区人民检察院就26件虚假诉讼案件分别以再审检察建议及提请抗诉的方式进行监督，最终全部得到法院依法改判。

（四）推动落实绿色司法的资源观，建设“集约型”检察

践行绿色司法以优化司法资源配置为重点，要求针对司法资源有限性的特点，通过科学配置，提高司法办案效率。为此，婺城区人民检察院通过建立健全各项办案机制，不断提高司法办案质效。

1. 健全重大疑难敏感案件办理机制，有效化解“案多人少”矛盾。实践中，重大疑难敏感案件案情复杂、定性争议大、不稳定因素多，在检察环节中占用的资源比重最高。像近年来婺城区人民检察院承办的“万家购物”全国最大网络传销案、“中天黄金”全省涉案金额最高的非法经营黄金期货案、全国特大新型“地沟油”案、全省首例基督教牧师职务侵占案等。与普通刑事案件相比，此类案件办案难度大、周期长，耗费了办案人员大量时间和精力。因此，重大疑难敏感案件也成为“案多人少”矛盾突出的突出症结。为了破解这一难题，婺城区人民检察院基于丰富的实践经验，充分利用自身优势，紧贴办案实际需求，探索建立了一套涵盖“办案理念定位、办案组织架构、信访维稳应对、证据审查把关、庭审控辩战备、办案效果提升”的“六位一体”重大疑难敏感案件办理机制。通过推行重大敏感案件提前介入、业务专家全程指导、上下一体化联动办案、“侦诉审”协作配合等一系列制度，有效化解了办案疑难、加快了办案进度、提升了办案品质。形成了践行绿色司法、破解“案多人少”矛盾的婺城模式，工作成效在全市检察机关“一院一品”评比中获得一等奖。

2. 建立证据不足不捕案件跟踪监督制度，有效提高案件质量。实践中，对于检察机关因证据不足不捕的案件，公安机关即使未能补充到有利证据也直接移送审查起诉，导致证据瑕疵案件在公诉环节大量积压甚至“难产”。为了从源头上解决这一现实问题，婺城区人民检察院认真研究了刑事诉讼法的相关规定，并多次与辖区两个公安分局召开联席会议进行沟通，出台证据不足不捕案件跟踪监督制度，把牢案件质量的“入口关”。制度执行后，检察机关对自身不捕说理、二次报捕审查、跟进案件处理等方面行为进行了规范，并畅通了重大敏感案件和法律适用分歧案件的沟通程序。公安机关对检察机关侦查监督部门作出证据不足不捕的案件，则必须进行补充侦查，在调取到据以定罪的关

键性证据后，须重新报请批准逮捕。若侦查监督部门审查后仍作出证据不足不捕，则该案原则上不应再向公诉部门移送审查。该项制度是婺城区人民检察院践行绿色司法理念，前移证据审查关口，引导侦查机关强化证据意识，提高案件质量的有利举措。

三、践行绿色司法理念需防范的思想误区

绿色司法理念作为全新的司法理念，高度契合法治社会发展的现实需求，也符合以“司法责任制”为核心的司法体制改革的必然要求，具有独创性和新颖性。基层检察院在践行的过程中，必须准确把握绿色司法规范、理性、文明办案的核心，防范司法实践的错误倾向，正确处理好各类关系，避免司法办案从一个极端走向另一个极端。

（一）避免背离司法规律讲绿色司法

绿色司法要求以遵循司法规律为导向，因此在司法实践中要注意防止三种倾向：一是要防止对绿色司法的践行浮于表面。当前社会环境复杂多变，而法律的制定具有滞后性，这就要求司法方式不断与时俱进以弥补法律条文本身的不足。因此，践行绿色司法必须与解决司法实践中的实际问题紧密联系，以破解难题的成效体现践行效果，防止将绿色司法停留在学习传达阶段，流于形式。二是要防止在法律原则问题上打折扣。维护公平正义是司法的根本追求，绿色司法要求减少司法办案的“负面产出”，但不能以损害正义为代价。因此在践行绿色司法的过程在必须守住法律底线，防止以绿色司法为借口，对案件作降格处理。三是要防止司法权过度干预经济社会生活。司法权和行政权一样都存在局限性，不可能面面俱到解决一切社会问题。因此践行绿色司法必须找准侧重点，在服务大局、服务中心工作上精准发力，防止将原本可以“自愈”的社会关系运用司法手段过度干预。

（二）避免脱离司法体系讲绿色司法

绿色司法目的在于构建文明健康的法治生态，因此不能只有检察机关一家唱独角戏，关键要争取三方面力量：一是要争取党委的支持。厘清党委对检察工作的领导和检察机关依法办案之间的关系，在践行绿色司法的过程中，紧紧依靠党委解决影响稳定的突出问题和调处影响司法活动正常进行的干扰因素。二是要争取政法部门间的协同配合。公、检、法分工负责、相互制约、相互配合，是我国刑事诉讼法确立的基本原则。要厘清检察机关与公安、法院协调配合与依法监督之间的关系，加强部门间的信息沟通，使绿色司法理念成为执法、司法办案的共识。三是要争取行政执法部门的参与。依法行政和公正司法

是全面推进依法治国的两个重要命题，都是推进法治社会建设的重要基础。因此，必须注重厘清司法权和行政权之间的关系，完善刑事司法与行政执法衔接机制，实现以司法生态影响执法生态。

（三）避免偏离主责主业讲绿色司法

绿色司法的基础是检察职能的高效履行，践行绿色司法归根结底是要办好案、办精品案，让群众在每一起案件中感受到公平正义。因此在践行绿色司法的过程中，要注重把握三组关系：一是要把握好办案和服务的关系。坚持检察服务立足司法办案，在司法办案中延伸检察服务，使两者相辅相成、相得益彰。二是要把握好宽严相济的关系。既要防止错捕错诉，也要防止该捕不捕、该诉不诉，提升司法办案的法律效果、政治效果和法律效果。三是要把握好成绩与成效的关系。以科学绿色绩效评价体系，取代传统的数字 GDP 考评模式，使考评成绩客观反映司法办案的效果。

践行绿色司法的过程，是一个不断发现问题、解决问题的过程，婺城区人民检察院通过探索践行绿色司法的实践路径，不断优化司法办案的质效，重构检察司法内外和谐关系，推动提升检察工作发展水平。但绿色司法的实践探索之路远没有结束，需要在未来的工作中继续前行，以检察司法的生动实践构建法治生态的“绿水青山”。

下　编

绿色司法理念与检察实践的融合与对接

——以S市人民检察院绿色司法实践为视角

彭新华*

一、绿色司法理念的内涵

把握绿色司法理念，必然要联系到中央十八届五中全会提出的“五大发展理念”之一“绿色发展理念”，绿色司法理念是绿色发展理念在检察工作中的实践体现，是绿色司法的思想基础。根据辞海解释，绿色是生命的原色。绿色就代表了生命、健康、活力和对美好未来的追求，哪里有绿色，哪里就有生命。同时，绿色又是一个特定的形象用语，以“绿色”表示合乎科学性、规范性、规律性、持续性的含义。中央提出的绿色发展理念，就是借用“绿色”语意，赋有特定内涵，是把马克思主义生态理论与当今时代发展特征相结合，又融汇了东方文明而形成的新的发展理念，是将生态文明建设融入经济、政治、文化、社会建设各方面和全过程的全新发展理念。所以，我们要把握和领会绿色司法的内涵同样不能偏离这种语境和精神。

历史上任何一项制度变更都是在先进理念推动下开始的，检察理念也是如此，它体现检察制度的本质属性和内在规律，是影响检察品质和价值的最关键要素。从我国检察制度的变革和发展历程看，新中国检察理念体现出一个从茫然到自觉、从激情到理性的发展历程。绿色司法理念正是我国传统检察理念的总结和升华，最初是汪瀚检察长在今年三月全国“两会”期间提出的，当初是基于解决当前案多人少矛盾而引发的思考，现在已经上升到全省检察机关“十三五”规划的指导思想，作为高水平推进我省检察工作发展的新驱动力和重要着力点。理念具有抽象性、指引性，同时在实践中又具有滞后性。每一项检察制度革新源于某种新型理念，但是在实际执行中，人们往往不能迅速从传统的理念转变过来。譬如说，人权保障、程序公正、非法证据排除等刑事司法

---

* 浙江省绍兴市人民检察院。

具体理念，早已经提出并变为相关规则制度，但是一些执法人员受思维惯性的制约，头脑里仍然不能彻底排除传统理念的阴影。因此，必须真正把握和树立绿色司法理念，把这种新理念吃透、吃准，并在具体检察实践中自觉消化，这是践行绿色司法理念的前提条件。

绿色司法理念集中体现在“规范、理性和文明”三个方面，三者是一个有机联系、不可分割的统一体，但是各自的侧重点有所不同。这里，首先要正确认识和处理绿色司法理念与平时所提倡的程序正义等司法理念的关系。简单地说，人权保障、程序正义、监督制约等司法理念与以“规范、理性和文明”为核心的绿色司法理念并不冲突，两者是点和面的关系，前者主要侧重于对某一类司法行为的理念指引，具有相对具体性和特殊性，后者是对前者的总结、提炼和升华，具有相对抽象性和普遍性。因此，要避免出现讲绿色司法理念就丢弃人权保障等司法理念的思维困惑。

1. 准确把握规范司法理念。规范在某种意义上与“规则”是同义语，就是要讲行为规矩，这也是对执法办案的基本要求。司法公正的实现，最终还是要落实到每一起案件的办理过程，体现在每一个具体的司法行为上。正如习近平总书记强调的“要努力让人民群众在每一个司法案件中都感受公平正义”。人民群众对公平正义的获得感不仅要求在实体处理结果上不偏不倚，而且要求以看得见的方式体现，即程序公开公平。规则是司法运作的前提，执法不在规则范围内活动，则谈不上司法公正。因此，检察办案一定要信守规则，领悟规则，以法治思维和方式办理案件。

2. 准确把握理性司法理念。“理性”主要是指检察执法的良知（内在动机）和辩证思维。一般而论，理性司法集中体现在三个方面：一是客观性司法。检察官在办案时，应当坚持客观公正原则，全面收集证据、审查案件和出庭诉讼，履行好客观义务。在具体办案中要做到：既要收集有罪证据，也要收集无罪或罪轻的证据；平等保护案件当事人的合法权益；全面听取当事人和辩护人的意见；客观冷静地对待判决结果，尤其是不混同于一般当事人片面追求胜诉的结果等。二是平和性司法。“平和”，不偏激、平正和谐、调和之意。平和司法是检察官履行职责时的一种心态，更是一种崇高的神圣的司法境界。司法人员具有良好的职业操守，善于运用柔性司法艺术，善于用法眼观察人世、人情、案情，逻辑思维严谨，善于统筹运用“情理法”来化解矛盾，修复社会关系。三是谦抑性司法。谦抑，就是办案要讲克制、协商和宽容，它不仅是刑事立法原则，也是刑事司法原则。刑罚是一种最严厉的制裁措施，不到万不得已之际一般不用，高检院提出的“可捕可不捕的不捕”、“可诉可不诉的不诉”等司法实践原则，无不体现检察权的谦抑性。检察办案要体现以人为本、宽严相济的刑法精神，特别是对青少年犯罪、老年人犯罪、残疾人犯罪、下岗职工犯罪等特殊群体，能够在法律框架和立法精神的指引下体现刑法的温情一面，该从轻处罚的，就应当多从轻处罚方面考虑，能够运用非刑罚方法下行处理的，就争取下行处理。

3. 准确把握文明司法理念。文明司法与司法文明是两个不同的概念，两者是母概念与子概念的关系。司法文明就是指司法机关在长期处理各类案件的过程中所创造的法律文化及其各种表现形式的总和。司法文明是政治文明的一部分，包括司法理念文明、司法制度文明、司法环境文明和司法行为文明。这里所指的“文明司法理念”主要是指司法行为方式及其语言、态度、形象和思维等符合先进司法理念，尤其是通过改进司法方式，纠正执法中的简单粗暴行为，既要让人民群众感受到法律的威严，又要体现司法的人情关怀。

二、绿色司法的行动标尺

绿色司法不仅是一种全新的现代司法理念，更重要的是一种符合当前我国政治经济社会发展形势和司法规律的实践模式。绿色司法不是政治口号，不是纯粹抽象的思想观念，而是先进理念指引下的具体实践。我省在诸多领域内积累了绿色司法的实践经验，但是离绿色司法的总体要求还远远不够，需要不断努力、提速，探索比较完善的绿色司法实践路径，并且达到能够复制推广的目标。

（一）以规范办案为核心，提升检察品位

进一步推动检察办案转型升级，规范办案行为方式，促进检察办案工作健康发展。转型升级是新时期检察机关适应规范司法行为要求的重要举措，也是绿色司法实践的重要内容之一。

1. 坚定转型升级理念。理念坚定是行为方式转变的前提条件，但是基于每个人的认知方式和思维惯性影响，对新生事物的接受度不一。因此，不能一开始就要求所有的检察干警完成接受并化为自觉行动。西方有句格言：“罗马不是一天建成的。”净化司法理念上的“雾霾”，需要政策叠加，几经反复，绝非一朝一夕之功就能一蹴而就的，但是一定要有信心，下苦功，出硬招。借用毛泽东同志的话说：“九分半不行，九分九还不行，非十分不可。”

2. 探索转型升级方式。鉴于监察机制改革，检察院的职务犯罪侦查与预防职能转隶，因此，检察工作的重心集中于刑事检察和诉讼监督。在刑检工作方面，要积极应对“以审判为中心的诉讼制度改革”给刑事检察带来的机遇与挑战，强化诉前主导、审前过滤、庭审指控作用，建立以证据为核心的刑事指控体系，建立审查逮捕案件诉讼式审查机制，推进审查模式的转变，强化客

观性证据审查，实现以被告人口供等言词证据为核心到以客观性证据为核心的转变，实现对“在卷证据”封闭式、坐堂式审查到对“在案证据”开放式、亲历式审查的转变，实现片面注重案件证据有效性到证据“三性”并重的转变，不断提高证据审查能力和水平。在诉讼监督方面，深入推进司法权运行的刚性监督，把工作重心和精力放到监督纠正执法不严、司法不公的突出问题上，真正树立检察监督权威，尤其是民行监督工作目前正处于转型的关键时期，要进一步适应民事诉讼法修改对民行工作的影响，转变长期以来提抗为主的思维惯性，充分运用民事诉讼法赋予的执行监督权、检察建议权以及对审判违法监督权，着力构建有效的监督格局。

3. 突出转型升级效果。转型升级工作并非一帆风顺的，在具体检察实践中要善于提炼总结和升华，既要对于工作中的成功经验或好的做法及时总结推广，又要对工作中的实际问题或各种困难及时排查，寻找合适可行的解决办法。检验转型升级的实际成效应当把握以下基本标准：（1）严禁违法办案。把违法违规办案作为绝对不能触犯的“高压线”，强化和落实领导责任制，严格对照检查，坚决整改杜绝。（2）杜绝办案安全隐患。严格落实安全防范制度，强化办案安全防范措施，特别是要加强办案风险评估，认真实行讯问犯罪嫌疑人录音录像，强化执法监督，消除各种办案安全隐患。（3）规范涉案赃证物管理。严明检察纪律，规范管理制度，加强监督检查，确保随案流转中的涉案款物规范化处理。（4）强化律师权利保障。全面落实“律师执业权利保障十项承诺”，防止律师执业“旧三难”变为“新三难”，营造良好的律师执业环境。（5）严格执法作风。强化执法为民的宗旨意识，坚决反对特权思想和霸道作风，切实纠正执法方式简单、不作为、乱作为等问题，树立检察机关可亲、可信、可敬的良好形象。（6）正确处理涉检信访。依法妥善解决好群众反映的实际问题，并结合执法办案大力加强群众工作，积极化解矛盾纠纷，从源头上减少涉检信访，促进社会和谐稳定。

（二）以强化检察服务大局为重点，突出工作特色

无论什么时候，“服务经济发展、维护社会稳定”是检察工作永恒的政治使命，也是党领导检察事业的重要标志。近年来，S 市两级检察院在服务大局上很有自觉性、针对性和成效性。一是依法保障和促进非公有制经济健康发展。紧紧围绕省院“21 条意见”，扎实开展包干联系联访企业，举办“亲”、“清”政商关系推进会和“诚信发展—检察伴你行”系列活动，主动适应经济发展新常态。二是积极发挥检察职能为 G20 峰会保护航。主动融入地方党委维稳工作大局，充分发挥审查逮捕、起诉等职能，打造 S 地区特色的“护航工程”。先后出台“维稳安保工作的十项举措”，联合市公安局制定“加强法

律监督工作实施意见”、开展涉法涉诉信访矛盾大化解专项活动等。三是深入推进“生态—环境保护”专项检察。根据党委政府部署的“五水共治”、“生态文明建设”等重大工程，及时部署开展生态环保专项检察，先后联合公安、法院、环保、国土等部门，出台《关于在环境监管领域加强法律监督保障依法履职的实施意见》、《生态环境违法案件通报衔接工作暂行规定》、《关于建立生态环境司法修复机制的规定》等文件，并查处一批污染环境案件及与此相关案件。在看到工作成绩的同时，也要反思工作中存在的不足。譬如，生态环保专项检察还存在以下问题：措施的刚性不足，执行手段和办法不多，检察监督的触角还不能积极延伸到行政执法过程中；监督面不广，办理的案件基本上针对一些污染企业及其负有监管职能的行政执法人员；监督效果没有达到理想目的，虽然监督办理了一批生态环保案件，但是数量比较有限，全市监督移送立案 42 人，监督公安立案 17 人，院平均起来都是个位数，有些案件还并非一定是纯正的环保案件或监督立案；工作主动性不够，形式多于实质，甚至某些工作发了文，开了会，就没有进一步执行落实和跟踪督促。因此，下一步要严格依照省院“十三五”规划和市委的统一部署，在服务大局上还要多下功夫，多想办法，多出亮点，打好“组合拳”，做出更大成效，彰显更鲜明特点。

三、绿色司法的必要保障

（一）立足检察工作实际，创新实践绿色司法机制

2016 年 8 月，S 市院围绕“践行绿色司法破解案多人少矛盾”这个主题，专门召开研讨会，对绿色司法的内涵、特点和实践指导意义进行一次比较深刻的理性思考与探讨。会后，正式出台《关于完善刑事办案机制促进绿色司法的八项举措》，明确规定“建立刑事司法工作常态协调机制”等八项机制。这八项机制比较切合实际，很有针对性和指导性，尤其是对贯彻执行省院绿色司法部署具有示范先行作用。一是强化执行落实。八项机制总体上比较抽象、笼统，仅仅是起到提纲挈领作用，只是作了前半篇文章，后半篇文章需要“纲举目张”。也就是说，要围绕这些“纲”，把握绿色司法精神，结合各自实际，去研究探索其具体实施办法，弄清楚八项举措的指导思想、工作目标、基本内容、具体方式、实施进程和效果评估等“目”。二是学会举一反三。这八项举措的初衷是针对解决案多人少矛盾而言的，但是其实际影响和涉及内容而已经超出“解决案多人少矛盾”单一的问题。譬如，建立刑事司法工作常态协调机制中的“三长”联席会议制度、业务研讨制度、信息通报制度、案件质量联系会议制度等，这些内容不但对解决案多人少矛盾问题有较大的推动作用，

同时也有助于理顺公检法相互配合制约关系，有助于提高检察队伍基本素能，有助于创新信息共享机制，有助于提高案件质量。所以，我们要站在绿色司法的整体框架上去理解运用这八项举措，不能仅仅局限于解决案多人少矛盾一个问题。同时，八项举措并不全面，要有拓展思维，由此及彼，不断丰富和完善践行绿色司法机制，如创新审查逮捕方式，构建提前介入重大刑事案件侦查活动工作机制，推进公诉人出庭举证质证机制改革，完善客观性证据审查模式等，最终形成一种比较完备的机制体系。三是注重经验总结。工作经验总结是对一定时期工作开展情况的分析研究，肯定成绩，发现问题，达到认识探索其内在规律的目的，是感性认识到理性认识的必由之路。好的经验做法可以复制、推广，能起到超越其本身的示范功效。因此，我们在执行落实上述机制的实践过程中，要善于分析总结每一阶段工作开展的得与失，取长补短，精益求精，正如汪瀚检察长所说的，要讲好每一个检察故事，经验总结是讲好检察故事的一种有效方式，让绿色司法理念获得社会各界的认同和支持。

（二）牵住司法改革“牛鼻子”，强化绿色司法驱动力

目前，司法体制改革正在稳步推进，中央态度很明朗、很坚决，各地司法部门积极跟进。2016 年 7 月，中政委在吉林召开全国司法体制改革推进会，我省员额制改革已经进入实质性阶段。“开弓没有回头箭”，这次司法体制改革是我国检察机关恢复重建以来所面临的一次最伟大的历史性变改，也是我国政治体制改革的“重头戏”之一，我们没有理由回避、退缩，只能以积极的态度融入到改革洪流中去。同时，改革必然导致利益格局的变化，会导致极少数人利益损失，但应当看作支持党和国家重大改革的奉献，是一种光荣，一种境界。

1. 理性对待员额制改革。员额制检察官改革是司法改革的关键环节，由于入额比率的限制，可能会使部分原有检察官身份的人员退出检察官行列，并在个人利益或荣誉上有点损失，部分未能入额人员有一些思想波动是难免的。但是我们对司法改革要有正确认识，要以一种理性、平和的心理来面对，要树立绿色司法理念。一方面，这次司法改革是历史必然，是一次前所未有的具有里程碑意义的深刻革命，关系到我国检察事业的科学持续发展，我们每一个检察干警要从讲政治、讲大局的高度去认识；另一方面，员额制改革重点并非调整收入分配，这次改革的主要目的是改革传统行政化色彩浓厚的检察体制，促进司法资源的优化配置，提高规范司法的能力和水平。从顶层制度设计来看，努力让绝大多数司法人员带来共享改革红利是主要基调。

2. 正确处理权责关系。权力的边界就是责任的边界，权力与责任犹如一块硬币的两面，相辅相成。实行检察人员分类管理、落实检察官员额制后，就

要做好定岗授权明责工作。根据履行职能需要、案件类型及复杂难易程度，确定检察官办案组、独任检察官等办案组织，并在此基础上区分刑检、侦查、监督等不同岗位情形，区分办案组织人员分工、区分上下级办案的领导、指导和把关特点，明确各层级检察官的权力行使范围和相应责任。司法责任制是司法改革的核心。从表面上看，这项改革是为了实现错案追责，实质上是通过明晰办案主体责任，突出检察官办案主体地位，改变不符合司法规律的行政化管理甚至行政干预，防范因权限不清、责任主体不明导致的渎职、徇私枉法等现象发生。有权必有责，滥权必问责，这是司法责任制的应有之义。但是也不能产生“谈责色变”的恐惧心理。我们只要坚持绿色司法理念为导向，做到“理性、规范、文明”办案，责任风险就会控制在最小限度。

3. 完善绩效评估机制。“员额制”改革是新一轮司法改革的基石，其根本目的是遵循司法规律配置人力资源，实现检察官队伍建设迈入正规化、专业化、精英化的轨道。同时，“员额制”又是一种开放性机制，大大激活检察人力资源的流动性，谁进谁出，谁上谁下，要遵循优胜劣汰竞争规律，始终以办案质量和效率为衡量标尺，入额检察官并非“铁饭碗”。因此，建立和健全科学的绿色绩效评价模式至关重要，要根据绿色司法要求，彻底改变传统的GDP数字式的考评模式，结合各地实际，大胆探索与实践，早谋划、早出经验和成效。近年来，S市越城区院紧扣时代脉搏，因势利导，在充分调研论证的基础上，大胆尝试创新检察官业务绩效考核机制，并出台《检察官业务绩效评价办法》及其实施细则，实际成效比较明显，一线检察官的办案热情得到激发，案件质量和效率得到提高，一些平时默默无闻的年轻检察官脱颖而出，“案多人少”矛盾得到实质性缓解。要进一步以绿色司法为导向，根据“十三五”规划的部署要求，不断总结和完善，探索出一条可以复制推广的绩效评估模式。

（三）注重整体工作格局，强化绿色司法基础保障

1. 突出检察管理保障。检察管理的内涵非常丰富，就如一个“大口袋”，涉及检察工作的方方面面，案件管理、队伍管理、事务管理等都包含于其中。加强检察管理是高水平推进检察工作的有力保障，要以管理集约化为目标，构建机构合理、权责明确、协作紧密、运行高效的检察管理体系。一是树立现代检察管理理念。检察管理就是基于司法规律的认识和把握对检察权公正高效运行进行的组织、调控、评价和引导。要树立全方位、全过程、多层次检察管理思维，防止简单化、庸俗化、纯事务化倾向，通过管理方向的正确性、管理内容的重点性、管理方式的合理性、管理效果的良好性实现检察“良治”。同时要正确处理检察管理与其他检察实践活动的关系，继续推进以执法办案为中

心、以制度规范为基础、以检察管理为前提、以监督制约为关键、以执法保障为条件的“五位一体”的工作格局，强化检察管理，推动检察工作全面发展。二是坚持案件管理和队伍管理并重。案件管理主要是围绕检察权运行的重点领域和环节，健全业务管理和监督机制。案管业务涉及面较广，主要包括依托统一业务应用系统，组织开展期限预警、程序监控、文书管理、涉案财物管理、案件信息公开、统计数据分析以及质量评查工作，重点要处理好管理与服务的关系，以流程监控和质量评查为抓手，突出案件管理在规范司法行为中的实质性推动作用。“人才是第一要素”，检察机关要积极实施“人才强检”战略，不断增强做好检察人才工作的使命感、责任感和紧迫感，把检察人才工作作为一项重要任务抓紧、抓实。具体要做好“引、育、管、用”四篇文章，努力营造尊重人才、信任人才、爱护人才、重用人才的良好氛围，为检察人才工作发展奠定坚实基础。“引”是抓人才引进，实现检察人才工作的“输血”功能，多渠道广揽人才，重点引进高层次复合型人才，为检察队伍输送了新鲜血液；“育”是抓教育培训，实现检察人才工作的“造血”功能，形成多元化教育培训方式，提高检察干警整体素质；“管”是抓人才管理，实现检察人才工作的“固血”功能，以规范化建设为抓手，建立健全干警管理规章制度；“用”是抓人才使用，实现检察人才工作的“活血”功能，坚持以人为本，确保各类人才各展其长、各得其所，增强职业荣誉感和成就感。三是重视检察文化的助推作用。要把检察文化建设作为强化检察管理的重要手段，以检察文化的无形力量推动执法办案、检察队伍、检务保障等检察工作管理水平，实现高层次、现代化的检察管理。要坚持“德治”和“法治”兼顾原则，体现人本精神，注重制度保障，利用信息化手段，提高检察管理的品格。

2. 突出协同合力保障。汪瀚检察长在“十六检”会议上指出，绿色司法不是检察机关一家的事情，要积极争取党委领导、人大重视、公检法协同发力、各部门协调配合、全社会广泛参与，形成司法共识和共同行动。绿色司法的实现是多种力量共同推进的结果，在当前背景下，公检法之间的协同发力尤其显得重要。一方面，要进一步认识公检法之间的辩证关系。“公检法分工负责、互相配合、相互制约”，是我国宪法规定的一项基本原则。“分工负责”是划定职责界限的基础配置，“互相配合”是保障程序流畅的基本机制，“互相制约”是防纠执法差错的辅助机制，两个“互相”则体现前后工序的双向互动作用。在刑事办案实践中，公检法之间应以配合为主、以制约为辅，或者说注重配合，兼顾制约，配合重于制约。制约是为了更好地配合，不能借口制约而阻碍配合，更不可颠倒配合与制约的关系。另一方面，要找准协同发力的“发力点”。“好钢用在刀刃上”，找准“发力点”是提高公检法协同作战效果的前提和基础。总体来看，三家协同发力的涉及面很广，空间很大，应当突出重点。在服务大局上发力，如依法保障非公有制经济健康发展、深入推进“生态—环境保护”、预防和打击 G20 峰会期间的重点刑事案件等；在推进司法改革上发力，如构建繁简分流工作机制、共建案件信息共享平台、推进刑事轻案快速处理、探索以审判中心的诉讼机制改革等；在实践刑事司法政策上发力，如构建公检法“大三长”和“小三长”的定期沟通机制、实行刑事轻案下行机制、部署刑事司法专项行动、研究刑事案件动态发展规律等。总之，公检法协同发力工作有其自身的特点和规律，要在实践中不断探索和总结。

枫桥经验启示下的绿色司法

——检察机关参与社会治理机制探索

绍兴市人民检察院课题组*

党的十八届三中全会《关于全面深化改革若干重大问题的决定》提出要改进社会治理方式，坚持系统治理，加强党委领导，发挥政府主导作用，鼓励和支持社会各方面参与，实现政府治理和社会自我调节、居民自治良性互动。检察机关作为国家法律监督机关，担负着维护人民合法权益、维护社会公平正义、维护社会和谐稳定的神圣使命。社会治理与检察工作密切相关，既是检察机关履行职责的重要内容、发挥职能的重要领域，也是检察机关必须承担的重要社会责任。尤其在当前国家监察体制改革形势下，如何强化法律监督职能积极参与社会治理创新是检察机关面临的重要课题。枫桥经验是文明、理性、民主、追求善治的基层社会治理经验。绿色司法与枫桥经验内在精神相契合，两者追求目标、核心理念、价值取向相一致。践行绿色司法要求检察机关深化法律监督职能充分参与社会治理。域外许多国家和地区检察机关的检察职能完整充分，能够融通民事、行政、刑事检察职能介入社会治理。我国刑事检察制度较完善，履职较充分，民事、行政检察制度不够健全。从治理功能角度看，过于着重打击功能，预防、监督、教育、保护功能实现不够。借鉴域外做法，总结我国实践经验，应当以绿色司法理念为引领，前移检察监督端口介入社会治理，健全包含民事、行政、刑事检察的完整职能体系，着重强化民事行政检察，建立互补互通的充分履职机制，完善一体化的检察监督程序启动机制、调查机制、审查机制和分流处置机制，实现通过司法促进社会善治的目标。

一、枫桥经验的“善治原理”解读

从 20 世纪 60 年代初起源时，枫桥经验就是我国基层社会治理的成功经

---

* 课题组成员：胡东林、曾于生、金庆微、何宁，浙江省绍兴市人民检察院。

验，在实践中取得了良好的实效。自1963年毛泽东同志亲自批示要各地仿效推广后，1964年和1965年，浙江省刑事案件发案率为万分之二点七和万分之二点三；捕人率为万分之零点五三和万分之零点二五，出现了“捕人少，治安好”的安定局面，也是中华人民共和国成立以后发案率和捕人率最低的两年。[①] 半个多世纪以来，“枫桥经验”一直被誉为我国政法战线上的一面旗帜。从社会管理学角度看，枫桥经验在基层社会实现善治的原理是什么呢？笔者以20世纪60年代起源时社会主义教育运动的枫桥经验为例本进行如下探析。

（一）枫桥经验是政府与群众合作治理的经验

从全社会的范围看，善治离不开政府，但更离不开公民群众。1963年社会主义教育运动枫桥经验就是政府与基层群众互动合作，尤其是突出人民群众主体作用的治理经验。首先，党和政府起了指导发动作用。当时的省委指示规定在社教运动中除现行犯外，一律不捕人。而后省委派出工作队深入群众，组织基层干部和群众学习党和国家的有关政策和法律，引导他们敞开思想，展开辩论，用回忆对比的方法，总结土地改革以来对敌斗争的经验，回答群众提出的问题。其次，突出了人民群众的主体作用，让基层群众充分参与其中。体现在三个方面：一是斗争（治理）的方式由群众讨论决定，最后通过“大辩论”得出采用摆事实讲道理的“文斗”方式。[②] 二是斗争（治理）的具体对象由群众评审决定。当时批判与改造四类分子首先必须通过“群众评审”，“以生产队为单位，全体社员群众参加，对四类分子普遍进行评审。先评守法的，再评违法的。对于守法的，给以适当鼓励，基本守法的，指出他好的地方，批评他不好的地方：有一般违法行为的，给以严厉批评；对于有严重违法破坏行为的，作为评审的重点，由群众批判斗争”。三是斗争后如何处理由群众讨论决定，斗争后的改造由广大群众监督。突出人民群众的主体作用是枫桥经验的精髓，具有先进性和科学性，与现代社会治理原理相契合，也是其实现基层社会善治的根本性原因。

（二）枫桥经验是文明理性的治理经验

1963年社会主义教育运动枫桥经验坚持了文明斗争的方式，就是摆事实讲道理，以理服人的“文斗”，提出“武斗斗皮肉，外焦里不熟；文斗才能斗倒敌人，擦亮社员的眼睛”，真正解决了多捕不如少捕好的问题，彰显了文明

---

① 吕剑光：《“枫桥经验”的前前后后》，载《人民公安》1997年第19期。

② 参见中共浙江省委工作队、中共诸暨县委：《诸暨县枫桥区社会主义教育运动中开展对敌斗争的经验》，该文件保存于诸暨市枫桥经验陈列馆。以下相关内容引述同此。

理性的力量。当时的枫桥群众就认识到罪犯上交劳改队里劳改不如在生产队里改造好，而且清晰地认为这样有四个好处：一是社员最了解四类分子的底细，眼睛多，管得牢；二是经常评审他，大家脑子里灵清一些；三是管好了是队里的一个劳动力，对集体有利，对他们的家属子女的教育也好办一些；四是可以减少国家负担。这些做法与恢复性司法理念相契合。

（三）枫桥经验是具有公信力的治理经验

1963年社会主义教育运动枫桥经验对“阶级敌人”采用群众评审的斗争方式，坚持摆事实，讲道理，并且允许敌人申辩，这样的方式取得了群众特别是斗争对象和他们家属的信服。有些四类分子说，评审是“明镜高悬，好坏分明”，表示要“悬崖勒马，重新做人”。四类分子的家属对评审也表示满意。斗争对象的认罪信服证明了当时治理方式的公信力。

二、践行绿色司法参与社会治理是检察环节坚持枫桥经验的体现

绿色司法理念与枫桥经验的内蕴相契合，两者追求目标相一致，均以促进和实现社会善治，构建良好社会生态，让人民群众有获得感为根本目标；核心理念相一致，均以理性、文明的方式介入社会治理；价值取向相一致，均以提升公信力为本质要求，绿色发展是人本发展，绿色司法与枫桥经验均以人民为中心，把为民服务作为最重要的价值追求。因此，可以说践行绿色司法是检察环节坚持与发展枫桥经验的直接体现，而检察介入社会治理是通过司法实现善治的重要方式，也是实现绿色司法的必然路径，检察介入社会治理应当具有人民性、能动性、服务性和实效性。

（一）风险社会的形成需要完善刑事检察职能更多介入社会治理

近代以来的社会经济变化造成了现代风险社会，在此背景下，学者们提出了“安全刑法”的概念。安全刑法在规范上体现为立法者将刑法的防卫线向前推置，从犯罪类型上来说，安全刑法的重心以危险犯为主。刑法的保护法益不再限定于生命、财产、名誉等与个人有关的具体现实的利益，而向超个人的普遍法益扩展，国家和社会公共秩序、环境秩序以及行政职能之类的抽象的、普遍的法益也逐渐被纳入刑法的保护范围，并且种类有不断增加的趋势。安全刑法的防卫前置扩张必然导致刑事检察职能更多地介入社会治理。

（二）私法自治的限制和弊端需要健全民事检察职能更多介入社会治理

私法自治是对个人自由的保护和促进，而自由必然伴随着限制。如果没有对私法自治的限制，则一个背井离乡的农民工，就无法在平等条件下“自由”地作出真实的“意思表示”，以与强大的企业主讨价还价，磋商劳动条件；通

常的个体消费者，如果没有私法自治的限制，就无法对抗在市场上居于优势地位的企业商家，意思自治徒具虚名。在这些情形下，检察机关作为法律守护人和公益公序维护者，应当依法介入私法领域，以维护社会的公平正义，限制私法自治原则之滥用，促进社会善治。

（三）法治建设的推进需要强化行政检察监督职能更多介入社会治理

依法行政是推进依法治国的关键。依法行政的重点在于约束和监督行政权，建立纠正违法行政行为的新常态。我国80%以上的法律法规都是由行政机关具体实施的。要使行政主体恪守“权力清单”，就必须以强有力的监督作保障，行政权力运行必须受到制约监督。检察机关是国家法律监督机关，应当通过依法独立公正行使检察权，监督行政权依法行使。强化行政检察监督制度是构建法治政府的必然途径。

三、域外检察职能介入社会治理制度

经过了几十年的司法实践，域外国家在检察介入社会治理层面有着比较完备的体系。

现代的检察制度发源于法国，法国的检察机关享有广泛的社会参与权。根据现行宪法规定，法国检察官天然拥有司法与行政的双重属性，以民事检察为重心的检察介入社会治理模式也比较稳定和完善。检察官可以参与大量案件，《法国新民事诉讼法典》第426条规定：“检察院可以了解其认为应当参加诉讼的其他案件。”从社会实践来看，凡是存在妨害公共秩序之事实，检察机关均可以为维护公共秩序而参与。同时检察机关监督法律、命令和判决的执行，并依职权对涉及公共秩序的执行予以追诉。法国检察机关参与民事监督会采用“联合当事人”作为常规的民事监督手段参与到民事诉讼之中。此时检察机关并非作为原被告参与案件，而是类似于“法庭之友”，为法官提供建议咨询，以减低司法审判的错误率。检察官依职权可以直接提起民事诉讼的案件有婚姻案件、监护案件、亲权案件、收养案件、继承案件以及身份关系案件等。对于以上案件，检察院既可以以原告的身份提起诉讼，也可以作为被告应诉。①法国检察机关介入民事领域另一重要特点在于对部分企业的监督。在一般情况下，检察机关无权干涉企业运行，只有当企业产生破产重组等情况时，出于对企业处于困境时可能发生犯罪行为的考虑，检察机关会对企业及其监督机构进行监督或者干预。

① 黎蜀宁：《论法国民事行政检察监督制度》，载《法学杂志》2004年第4期。

德国的民事检察制度受法国影响较大，但在参与民事监督的权力配置上，德国的检察权远不及法国，自19世纪下半叶以来，德国法律先后赋予检察机关对于国家社会与公共事务的监督权。随着法律的变更发展，在民事领域，检察机关不再参与婚姻无效之诉和禁治产之诉，仅仅保留了在死亡宣告这一非讼程序中的参与权。当然，对于涉及国家和社会公共利益的民事案件，检察官仍然保留参与权。如对由于企业疏忽造成的重大环境污染案、重大侵犯消费者权益案等提起诉讼或者参与诉讼。虽然德国检察机关在民事诉讼的参与面比较窄，但检察机关享有对医生、律师、会计师等职业的监督。联邦律师条例（BRA0）、专利律师法（PatAnwO）、税务师法（StBerG）、会计师条例（WiPRrO）等规定了检察机关参与相关职业程序，并对参与范围也做出限定，仅限于由职业法庭做出惩戒措施。对比法国检察机关的权力，德国检察机关在参与民事领域方面，仅仅享有个别的权力。

同样受法国的影响，日本的民事检察制度较德国而言享有更大的参与权，主要集中在民商事非讼领域。检察官参与非诉案件，可以对案件陈述意见，并参与审问。在民事非诉案件中，检察官可以参与法人案件、信托案件、法人及夫妻财产契约登记案件；在商事非诉案件中，检察官可以参与公司及拍卖案件、公司整顿案件、公司清算案件、委托商业登记案件。①

1980年，美国国会通过《谢尔曼反托拉斯法》奠定了美国反垄断法的坚实基础，也开了美国民事检察制度的先河。但是，美国的民事检察体系相对分散，主要集中在反垄断、商业欺诈、侵犯消费者权益、环境污染等几块领域。在这些领域，美国联邦检察官或者州检察官充分运用民事诉讼的方式行使监督权，维护国家和社会公共利益。具体包括检察机关直接提起民事诉讼、代表诉讼以及共同诉讼，甚至贯穿了民事审判和执行的全过程。除了诉讼的方式，美国检察机关还享有社会管理权。例如，采取ADR机制或社区检察等方式。检察机关可以通过谈判、调解等方式让一些民事纠纷或者轻微犯罪人以付出道歉、赔偿、社区劳动等为代价，化解矛盾。这一机制主要是强调问题的解决、受害人赔偿以及未来是否再犯的状况，且更多倾向于用温和的手段，即当事人谈判、调解等方式。1980年，美国国会通过了《纠纷解决法》以对ADR进行引导与规范，使得这一机制在美国司法领域中真正兴起并广泛使用。

四、我国检察机关参与社会治理的实践

我国刑事检察制度较完善，履职较充分，民事、行政检察制度不够健全，

① 贺恒扬：《抗诉论》，中国检察出版社2008年版，第227页。

但是各地检察实践中对民事行政检察介入已有不少探索。

（一）民事检察机关参与社会治理的实践

以抗诉为主要手段的审判监督不是检察机关介入社会治理的主要手段。社会治理型民事检察监督的主要方式包括督促起诉、支持起诉、民事公益诉讼和民事和解。

1. 督促起诉。督促起诉机制是浙江省检察系统首创，后经过最高人民检察院在全国范围内推广。从目前的司法实践来看，督促起诉有以下特点：一是从督促起诉的范围看，督促起诉范围包括污染环境、食品药品领域、国有资产流失领域、国有文物、公共工程招标等领域；① 二是从督促起诉的效果看，以浙江为例，督促起诉案件数量逐年增加，多数案件并未真正起诉；三是从案件处理方式看，浙江等地的检察机关创造了“以督促起诉为主、诉前协商还款为辅”的方式。②

2. 支持起诉。《民事诉讼法》第15条原则性地规定了机关、社会团体、企业事业单位对损害国家、集体或者个人民事权益的行为，可以支持受损害的单位或个人向人民法院起诉。在司法实践中，支持起诉具有以下特点：一是从支持起诉的主体看，实践中检察机关支持起诉占绝大多数；二是从支持起诉的范围看，支持起诉针对的范围是国家、集体甚至是个人的权益。实践中，支持起诉的范围包括污染环境、食品药品领域、国有资产领域、弱势群体、交通肇事、赡养费等领域。自公益诉讼试点以来，截至2016年12月，全国各地试点共办理民事公益诉讼诉前程序案件120件，共提起民事公益诉讼57件，49.1%的民事公益诉讼案件通过诉前程序得到有效解决。

督促起诉和支持起诉作为公益诉讼的前置程序，在实践中，主要存在以下问题：一是案件线索来源少；二是范围不明确，《人民检察院提起公益诉讼试

---

① 《浙江省检察机关办理民事督促起诉案件的规定（试行）》第3条规定：“人民检察院发现有下列情形之一的，可以督促有关监管部门或国有单位向人民法院提起民事诉讼：（一）在国有土地、矿藏、水流、海域、森林、山岭、草原、荒地、滩涂等自然资源出让、开发过程中，国家或社会公共利益受到损害的；（二）在国有文物保管、收藏、使用、保护过程中，国家或社会公共利益受到损害的；（三）在公共工程招标、发包过程中，国家或社会公共利益受到损害的；（四）政府部门基于各类扶助目的而向企业或个人出借的专门财政资金未按规定或合同约定及时收回，或违反相关政策规定将资金出借给不符合条件的当事人的；（五）在国有企业改制过程中，造成国有资产流失的；（六）在国有资产拍卖、变卖过程中，造成国有资产流失的；（七）其他由于监管不力或滥用职权，损害国家或社会公共利益，需要督促起诉的。”

② 韩静茹：《社会治理型民事检察制度初探》，载《当代法学》2014年第5期。

点工作实施办法》规定的范围太窄，各地检察机关实践操作的范围不一；三是没有建立跟踪回访机制，基本上把被建议单位的回复函作为结案的标准；四是督促起诉和支持起诉与刑事附带民事诉讼的关系不顺。

3. 民事公益诉讼。从目前的司法实践来看，检察机关提起民事公益诉讼的范围主要集中在环境污染领域、食品药品领域和国有资产流失领域（详见表1）。检察机关在提起公益诉讼时，针对环境污染案件，诉讼请求主要为停止侵害、排除妨害、消除危险、拆除违法建筑、恢复原状、赔偿环境污染损失等；而在国土资源流失领域，诉讼请求主要为确认买卖合同无效。

表1：全国各地民事公益诉讼的实践探索

环境污染领域		
案例	**诉讼请求**	**处理结果**
雷章、熊金志等三人合伙在乌龟山上开发旅游餐饮项目期间，未经审批在水源区附近修建房屋，破坏山上林木植被2000余平方米，贵阳市人民检察院在调查清楚后提起诉讼。	1. 停止侵害，拆除违章建筑； 2. 恢复被损害的林木植被。	调解结案，被告同意拆除违建，恢复林木植被。
湖北省恩施州人民检察院在履职中发现五洲牧业公司污染环境的线索，在没有适格主体提起民事公益诉讼的情况下，以原告身份向五洲牧业提起诉讼。	1. 停止对环境侵害； 2. 被告赔偿其违法排放养殖废水对环境造成的损失，并赔偿生态环境受到损害停止之前的服务功能损失； 3. 被告承担本案的评估费等费用。	支持检察院诉讼请求。
国有资产流失领域		
案例	**诉讼请求**	**处理结果**
河南方城县人民检察院认为工商所擅自将一所价值12万元的房屋低价卖给汤某，导致国有资产流失，遂提起诉讼。	确认买卖合同无效。	判处买卖合同无效。

检察机关参与民事公益诉讼主要存在以下问题：一是大多案件未以诉讼程序结案，诉前结案虽然有利于提高司法效率，但由于缺少跟踪机制，社会效果差；二是诉前与法院沟通协商、诉中法检联合给被告做工作等异化现象偏离当

事人平等原则;[①] 三是检察机关在公益诉讼领域的介入范围和程度与其他社会团体、个人提起诉讼的次序不明；四是检察机关在提起公益诉讼时是否可以要求损害赔偿，检察机关是否可以代替被损害的公益接受被告人的赔偿等问题争议较大。

（二）行政检察监督参与社会治理的实践

1. 以检察建议的形式，督促行政机关履职或纠正违法行为。参与社会治理的检察建议具有软法的特征，能够弥补行政机关内部管理制约机制的不足,[②] 但是存在以下问题：一是调查核实不到位；二是作为公益诉讼前置程序的检察建议强制力不够；三是缺乏相应的跟踪监督机制。

2. 开展行政公益诉讼，促进依法行政。自公益诉讼试点以来，截至 2016 年 12 月，全国各地试点共办理行政公益诉讼诉前程序案件 3763 件，共提起民事公益诉讼 437 件，88.4% 的民事公益诉讼案件通过诉前程序得到有效解决。行政公益诉讼在一定程度上从反向倒逼行政机关依法履职或纠正其违法行为，增强了检察建议的强制力。行政公益诉讼主要存在以下问题：一是检察机关对案件范围把握不准。一些地方检察机关将一般行政违法行为按公益诉讼案件受理。二是动态取证补证意识不足。随着诉讼程序的仅需，办案人员没有主动收集行政机关是否履职的相关证据。三是提起诉讼率低。对于行政机关形式上履行职责但实质上并没有履职的情形，民行办案人员鉴别能力不强。

五、绿色司法引领下的检察机关参与社会治理机制完善

（一）完善检察机关参与社会治理的启动机制

检察机关介入社会治理需要符合公益性原则，笔者认为检察机关介入社会治理的案件范围如下：

1. 民政案件。对于婚姻、亲权、监护以及人身确权等案件，只要严重影响了公共利益，检察机关就可以介入。

2. 国有资产流失案件。国有资产流失将导致全民利益受损，当国有资产遭到侵害时，检察机关有权代表国家进行干预以维护公共利益。

3. 环境污染案件。环境保护属于不特定多数人的利益，很难从私权的角度去解决，需要检察机关介入。

---

① 王社坤：《检察机关在环境公益诉讼中的法律地位及作用调研报告》，载《中国环境法治（2012 年卷上）》，法律出版社 2012 年版，第 73 页。

② 项谷、姜伟：《检察建议：一种参与社会管理的软法机制》，载《中国检察官》2012 年第 4 期。

4. 治安和轻微刑事案件。公安机关在处置治安案件之时存在超权处置、以罚代刑等情况。检察机关介入这类案件，可以有效监督公安机关的执行情况。

5. 未成年人案件。随着社会发展，处理留守儿童犯罪、涉网少年犯罪一直保持着高位运转。检察机关应当以教育为主，惩罚为辅的原则办理未成年人案件。

（二）完善检察机关参与社会治理的调查机制

"抓大放小"是检察机关介入社会治理一直停滞不前、无法深入的实际原因。随着监察委员会的成立，自侦部门脱离检察院，检察机关应该重视调查权。

1. 调查权的性质。检察机关参与社会治理的调查权具有权利型调查与权力型调查的双重属性。一方面，检察机关的调查权具有客观性、确定性和一定的强制性；另一方面，检察机关的调查权以不妨碍被调查人的正常工作为限，同时不得限制被调查人或相关当事人的人身自由或财产权利，严格按照法定的范围、方式和程序行使。

2. 调查权的行使方式。检察机关可以根据案件需要，采取调阅、复制有关卷宗材料、询问、咨询专业人员、鉴定、评估等方式，核实相关行为的正当性、合法性。

3. 调查权的程序与保障制度。第一，调查的启动程序。检察机关调查权启动主要有三种途径：一是自行发现。检察机关在办理其他案件或者在收集到可能损害公共利益的有关信息时，需要进一步调查核实的，可以启动调查权。二是公众申请。检察机关收到社会来信来访要求检察机关介入调查，经初步审查认为属于检察机关参与社会治理的范围，启动调查权。三是其他机关单位转办、交办的案件，接收后随即进入调查程序。第二，调查的中止、终止程序。一是经过调查认为公共利益不处于受损害状态，则中止调查；二是经过调查后，因证据不足而终止调查。第三，调查权的保障制度。一是抓好线索收集；二是做好线索评估工作，准确把握案件的待证事实，明确调查方向；三是根据案件推进状况，及时补强相应的证据。

（三）完善检察机关参与社会治理的审查机制

1. 审查案件是否有明确的主体。绝大多数检察介入的案件主体清楚，但部分环境污染案件和民商事案件，主体的界定存在一定难度。比如针对一起多家企业排放废水致河流污染的案件中，如何在区域内划定涉事企业的责任成为案件的重难点。为此，要确定明确的主体就需要第三方鉴定机构的辅助并确定主体的责任标准。

2. 审查检察机关是否有管辖权。除属地管辖外，检察介入的案件更需要审查级别管辖。民商事案件和环境污染案件，可以根据损害数额和危害范围来确定管辖；未成年人案件，则需要根据违法犯罪的情节严重程度来确定管辖。此外，还可以根据当地社会经济发展的不同而制定不同的介入标准。

3. 审查是否属于检察机关可以介入的公益领域。只有在损害国家和社会公共利益时，检察机关才可以介入。

（四）完善检察机关参与社会治理的分流处置机制

根据对象和程度的不同，检察机关可以作出以下处置：针对民事公益领域损害问题，检察机关可以督促或者支持有关组织提起公益诉讼，若有关组织不提起诉讼或者无适格主体提起诉讼，有关公益仍处于受损害状态，检察机关可以提起民事公益诉讼。针对行政公益领域的损害问题，检察机关可以制发检察建议督促有关部门履职或纠正违法行为，若有关行政主体拒不履职或纠正，相关公益仍处于受损害状态，检察机关可以提起行政公益诉讼。此外，需要对下列问题进行梳理完善：

1. 建立健全公益诉讼分层分流起诉机制。针对环境民事公益诉讼案件，应当以行政机关履行职责并行使环境公益诉讼主导权，以社会团体和公民个体行使环境公益诉权为核心，强调把环境公益诉讼的启动权交给普通公民。① 一般情况下，行政机关优先于社会组织提起环境民事公益诉讼。只有当特定人群的环境利益受到损害时，社会组织才是第一顺位的原告。在环境民事公益诉讼中，检察机关审查认为应提起诉讼的，应先督促或者支持上述两大主体提起民事公益诉讼。只有当上述两大主体不提起诉讼或者没有适格主体提起民事公益诉讼，而环境公共利益仍处于受损害状态的，检察机关方可提起民事公益诉讼。

针对食品药品安全领域侵害众多消费者合法权益的民事公益诉讼案件，以省级以上消费者协会提起公益诉讼为主导，如果消费者协会提出需要检察机关支持起诉的，检察机关可以依照相关规定支持其提起民事公益诉讼。当消费者协会不起诉或者没有适格主体提起诉讼时，相关社会公共利益仍处于受损害状态，检察机关应当提起诉讼。

行政公益诉讼应该由检察机关作为唯一的提起主体。② 但是，检察机关在

① 齐树洁：《环境公益诉讼原告资格的扩张》，载《法学论坛》2007 年第 3 期。

② 姜涛：《检察机关提起行政公益诉讼制度——一个中国问题的思考》，载《政法论坛》2015 年第 6 期。

提起行政公益诉讼时必须经过诉前程序。只有当行政机关拒不履职也不纠正违法行为，国家和社会公共利益仍处于受侵害状态时，检察机关才可以提起行政公益诉讼。

2. 增强公益维护功能。检察机关在提起环境民事公益诉讼时，除了要求被告停止侵害、排除妨碍外，还可以要求被告人赔偿生态环境受到损害至恢复原状期间服务功能的损失、生态修复费用等补偿性赔偿。如果上述补偿性赔偿无法计算的，可以设置惩罚性赔偿，强化侵权责任的损害填补功能。惩罚性赔偿应当用于修复被损害的生态环境。

3. 加强公益类检察建议效力。检察机关在制发检察建议的同时，要提出切实可行的整改方案，并予以跟踪回访调查。被建议单位回复做好相应整改措施的，也需要进一步关注其进度。一旦发现被建议单位没有按照回复函的内容做好相应整改措施，涉案社会公共利益还处于受侵害状态，检察机关可以提起公益诉讼。

绿色司法在推进社会善治过程中的职能作用

——基于六起骗取贷款不诉案的剖析和思考

叶晓路*

时代发展到今天，习近平总书记在安吉考察时提出的“绿水青山就是金山银山”已成为家喻户晓的一句佳话，绿色生态已上升为与经济发展并驾齐驱的一大发展主题。党的十八届五中全会正式提出了绿色发展理念，刚召开的十八届六中全会强调要净化党内政治生态，可见绿色发展已渗透到了政治、经济、社会、法治、文化等各个领域。随着现代社会治理的法治化、精细化要求不断提升，检察机关如何在履行自身司法职能中践行绿色发展理念，发挥司法在推进社会善治过程中的作用，日益成为新一代检察人的职业梦想和要求。

一、绿色司法理念的提出

绿色司法是省人民检察院汪瀚检察长基于司法机关案多人少的突出矛盾，在今年全国“两会”期间首次提出的。在省第十六次检察工作会议上对绿色司法理念作了系统阐述，指出绿色司法是当前和今后一个时期全省检察工作的基本根据，其要义是以司法规律为基本遵循，以优化司法资源配置为重点，以规范、理性、文明为核心，以司法公开、司法公正和司法公信力为本质要求，以实现司法动机、司法方式方法和质量效果的统一，最大限度地减少司法办案的负面产出为最终目标。

汪瀚检察长在《践行绿色司法推进浙江检察工作高水平发展》① 一文中对践行绿色司法进行了必要性分析，指出践行绿色司法是担当构建良好法治生态职责使命的必然要求，是运用法治方式改进社会治理实现社会善治的必然要

---

* 浙江省绍兴市柯桥区人民检察院。

① 汪瀚：《践行绿色司法 推进浙江检察工作高水平发展》，载《浙江检察》2016 年第 9 期。

求，是补齐规范司法短板实现精细化司法的必然要求，是理性认识司法功能局限注重谦抑司法的必然要求。并提出了树立正确司法政绩观、倡导绿色办案GDP，五个更加注重，完善五大检察监督体系，打造与高水平推进检察工作发展相适应的人才高地等四方面路径，为全省各级检察机关践行绿色司法指明了方向和道路。

二、六起骗取贷款不诉案的情况介绍

我院一方面认真贯彻省市院的会议精神，多次组织开展以绿色司法为主题的理论学习、交流和探索；另一方面结合本区实际，积极践行绿色司法理念，用理念指导办案，优化办案效果。今年3—10月，我院对公安机关移送审查起诉的骗取贷款类案件的办理就是贯彻绿色司法的较好实践。

（一）案情介绍

1. 相关背景。以“时闻机杼声，日出万丈绸”著称的柯桥，纺织印染产业历来在经济总量中占比较大，随着经济社会新常态的发展，我区轻纺业正面临转型升级的重大调整，由于国内外市场萎缩、金融市场风险加剧、传统产业效能滞后等因素影响，部分轻纺企业出现了经济压力过重、资金回笼困难、金融次生债务攀升等困境，涉企融资纠纷有所增加。随着各级公安机关集中打击整治恶意逃废债专项行动的实施，近年来我区司法机关受理的企业融资类刑事案件有较大幅度攀升。

从近三年我院受理的融资类刑事案件情况来看，骗取贷款类案件较为突出，2014—2016年共受理移送审查起诉的骗取贷款案16件16人，受理数逐年增加，2016年有较大幅度增长（见下图）。从审结情况来看，2014年审结1件1人（移送市院审查起诉），2015审结1件1人，2016年审结10件10人（截至2016年11月25日），其中不起诉6件6人，2016年骗取贷款类案件不起诉率达60%。

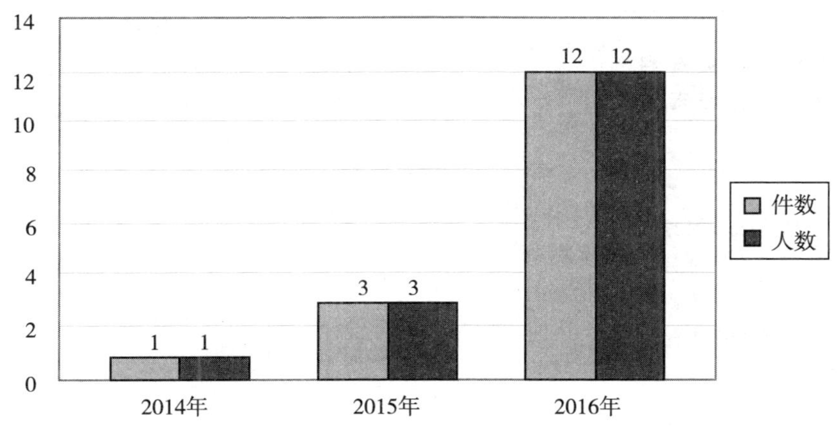

2014—2016年我区受理骗取贷款类案件情况图

2. 案情特点。下面重点就我院今年办理的六起骗取贷款不诉案作一梳理。以阮某骗取贷款案为例，基本案情如下：

阮某系 A（针纺）、B（无纺材料）、C（时装）公司的实际控制人。（1）2013 年 11—12 月，阮某分别以 A、B 公司法人代表的身份分三次向 D 银行申请贷款，提交了资产负债表、利润表、购销合同等资料，第一笔贷款 500 万元由 E、F、G 三家公司以及朱某、阮某等提供担保，第二笔和第三笔贷款合计 1000 万元，分别由萧山某家园的 4 套房屋作为抵押，E 公司、朱某、阮某等提供担保。D 银行经资料审核和实地调查，认为公司提交的财务数据与公司实际状况有部分出入，但总体认为 A、B 公司经济效益好、销售收入稳定，行业前景乐观、抵押物变现能力强、担保人财物状况良好，遂与 A、B 公司签订了《借款合同》，并依约发放贷款。上述贷款借款到期后，A、B 公司未依约归还本金及利息。另查明，A、B 公司提供的购销合同系虚构，未按照约定使用贷款，部分贷款用于公司生产经营，部分用于偿还其他借款。（2）2013 年 12 月 31 日，C 公司法人代表金某（实际控制人是阮某）向 D 银行申请贷款，并提交了资产负债表、利润表、购销合同等材料，D 银行在知道 C 公司提交的有关材料系虚构的情况下，与 C 公司商量，由 C 公司承担 H 公司在 D 银行的 200 万元不良贷款，后 D 银行再贷款给 C 公司 300 万元，共贷款给 C 公司 500 万元，经两次转贷，C 公司在借款合同到期后，无法依约归还本金及利息。D 银行已就上述事项向法院提起了民事诉讼，法院作出民事判决并已部分执行。2016 年 1 月 29 日，我区公安局经侦大队对阮某涉嫌骗取贷款罪立案侦查并于同年 3 月 17 日移送我院审查起诉。

综合六起案件情况来看，虽然案情各有差异，但存在以下几方面共性：

被不起诉人身份	申请贷款提交资料是否真实有效	提供的担保是否真实有效	影响银行放贷的主要决策依据	无法归还借款本金及利息的主要原因	是否已启动民事制裁程序
阮某（某轻纺等3家企业负责人）	公司财务数据有部分出入；购销合同系虚构	房产抵押情况真实；担保人（公司、个人）情况真实	企业的资产和利润情况，抵押物和担保人情况。部分贷款存在银行与企业协商，帮助其他企业归还不良贷款	公司经营不善，资金和担保链断裂	已有民事判决确认，房产抵押物以执行完毕
唐某（某纺织公司法定代表人）	公司财务报表数据与实际经营情况有差异；购销合同系虚构	房产抵押情况真实；担保人（公司、个人）资信状况良好	企业的资产和利润情况，抵押物和担保人情况。部分贷款存在银行与企业协商，帮助其他企业归还不良贷款	公司经营不善，资金和担保链断裂	已进入民事诉讼程序，部分已判决，尚未执行
金某（某体育用品公司法定代表人）	财务报表存在虚假成分、购销合同系虚构	房产抵押物真实、担保公司资信良好(已部分偿还贷款本息)	企业的资产、利润及资信情况，抵押物和担保公司资信情况	公司经营不善，资金和担保链断裂	已有民事判决确认，部分已执行
吕某（某印花公司法定代表人）	财务报表存在虚假成分、购销合同系虚构	房产、土地等抵押物真实；担保公司资信良好（已部分偿还贷款本息）	企业的资产、利润及资信情况，抵押物和担保公司资信情况	公司经营不善，资金和担保链断裂	已有民事判决确认，部分已执行
毛某（某染织等4家公司法定代表人）	财务报表存在虚假成分、购销合同系虚构	房产抵押物真实、担保公司资信良好（已部分偿还贷款本息）	企业的资产、利润及资信情况，抵押物和担保公司资信情况	公司经营不善，资金和担保链断裂	已有民事判决确认，部分已执行
陈某（某建设公司法定代表人）	财务报表存在虚假成分；购销合同系虚构	担保人资信良好（已部分偿还贷款本息）	企业的资产及利润情况，担保公司资信情况	公司经营不善，资金和担保链断裂	银行提起民事诉讼，法院裁定驳回

（二）我院做法

对上述六起骗取贷款案件，我院经审查，一致作了不诉处理，具体理由和做法如下：

1. 分析案件背景，深入查找案发原因。经审查发现，该类刑事案件多发，主要受以下因素影响：一是我区轻纺产业发展挑战与危机并存，部分企业特别是中小企业的发展由于受到资金、市场及各种生产要素的制约和印染业转型升级的冲击，面临生产经营不善、负债过重、资金链断裂等困境；二是银行业金融机构对企业的融资行为缺乏足够有效的源头性监管和规制措施，银行对企业资信状况一定程度上还停留在形式审查上，给企业在融资过程中虚报财务数据、虚构购销合同等不规范行为一定的衍生空间；三是在刑事政策的宽严把握上，由于受到来自行政、社会因素的不当干扰，在打击逃废债专项行动的实施过程中出现了对民营企业融资违法行为的打击偏离司法规律性的倾向，致使借款企业在已承担还款责任的同时被刑事追诉。分析上述骗取贷款类案件，不应仅仅着眼于个案当事人本身，而是应将视野放宽到整个地区经济社会发展特定时期、特定形势、特定条件下去综合考量。

2. 遵循立法本意，准确界定行为性质。骗取贷款罪是《刑法修正案（六）》确立的罪名，指以欺骗手段取得银行或者其他金融机构贷款，给银行或者其他金融机构造成重大损失或者有其他严重情节的行为。该罪名弥补了《刑法》第193条贷款诈骗罪在认定“非法占有故意”上取证难的不足。考虑到实践中以欺骗手段获取银行和金融机构贷款，有些虽不具有非法占有目的，但实际给金融机构造成了重大损失，扰乱了正常金融秩序，有必要规定为犯罪。从立法本意来看，骗取贷款罪不需要认定借款方有非法占有的主观故意，但要把握两个关键要素：一是行为人采取的骗取手段足以使银行或其他金融机构限于错误认识而发放贷款；二是给银行或其他金融机构造成重大损失或有其他严重情节。上述六起案件都存在这两个要素的缺失或部分缺失，如果不从立法本意和构成要件出发，容易混淆此类案件的刑民责任，导致企业与银行之间一般的借贷合同纠纷直接面临刑法调整或者刑法、民法双重调整，有违民法自由协商原则和刑法谦抑性原则。

3. 把握因果关系，审慎认定疑罪从无。从骗取贷款罪的两个构罪的关键要素来看，首先需要确定借款方采用欺骗手段足以使银行被骗而作出放贷决策，骗取行为与银行放贷之间存在刑法上的因果关系，也就是说行为人采取的欺骗行为必须对银行发放贷款具有实质影响力，并且具有侵害本罪法益的可能性。上述六起案件中借款公司的资产和经营状况良好，且提供的抵押物和担保人真实有效，但都使用了不实的财务数据和虚假的购销合同，而仅凭这种申贷中的瑕疵行为，并不足以导致银行高估其资信现状，因为银行作出放贷决策的主要决定性依据是申贷企业本身的资产、利润情况以及其所提供的抵押物和担保人的资信情况。也就是说，对这六起案件中行为人的骗取与贷款人放贷之间因果关系的认定，缺乏充分的证据支撑，按照疑罪从无的原则，不宜作犯罪处理。在阮某、唐某案中，还存在银行和企业协商，以让企业帮助承担其他企业不良贷款为前提向其提供贷款的行为，据部分诉讼参与人反映，银行相关工作人员对企业提交不真实的财务数据和合同是知情的。可见，行为人借款和银行放贷在意思表示上真实一致，不影响双方之间借款合同的效力，行为人因经营不善、资金担保链断裂等原因导致不能还款应属于民事违约行为。

4. 紧扣社会危害性，正确评估行为后果。社会危害性是犯罪的本质特征。没有社会危害性，就没有犯罪；社会危害性尚未达到相当的程度，也不构成犯罪。犯罪的社会危害性是质和量的统一。就骗取贷款罪而言，其社会危害性主要表现为给银行或者其他金融机构造成重大损失或者有其他严重情节，破坏金融管理秩序。最高人民检察院、公安部 2010 年 5 月《关于公安机关管辖的刑事案件立案追诉标准的规定（二)》规定，凡以欺骗手段取得贷款等数额在100 万元以上的，或者以欺骗手段取得贷款等给银行或其他金融机构造成直接经济损失数额在 20 万元以上的，或者虽未达到上述数额标准，但多次以欺骗手段取得贷款的，以及其他给金融机构造成重大损失或者有其他严重情节的情形。据此，对借款人已经还清贷款本金利息或者只有部分还清但数额未达到法定标准的，一般不应入罪。在金某等四起案件中，存在借款人已将部分贷款的本息全部归还银行或有对应价值的不动产作为抵押，并未给银行造成相应的实际损失，对该部分事实不应作为犯罪处理。

5. 着眼司法质效，注重修复社会秩序。绿色司法理念强调司法动机、司法方式方法和质量效果的统一，最大限度减少办案的负面产出。我院在办理此类骗取贷款案件过程中把司法办案的最终质效作为践行绿色司法的落脚点。六起案件都是基于企业与银行的借款合同法律关系，且都辅以抵押或担保合同来保证主合同债务的履行，当借款人发生债务履行不能的情况下，银行一方均已就相关事项提起民事诉讼，大部分已通过生效判决确认并进入执行阶段，部分借款人已履行了偿还债务的民事责任。此时如果对涉案企业再纳入刑法评价，追究其刑事责任，可能会诱发以下几方面负面效应：一是减轻涉案企业不履行债务的罪孽感，使其怠于履行偿还责任。涉案企业以接受自由刑和罚金刑等刑事责任为代价，势必削减其积极履行民事责任的内心约束。二是约束了涉案企业的生存发展，从而削弱其偿还能力。六起案件的当事人均为轻纺（房产）

类公司的主要负责人，对其人身自由的限制会对其所管理企业的正常运营造成不利影响。三是可能导致有能力履行担保责任的保证人脱离担保链束缚。最高人民法院《关于适用〈中华人民共和国担保法〉若干问题的解释》第 8 条规定，“主合同无效而导致担保合同无效，担保人无过错的，担保人不承担民事责任”。据此，如果借款人骗取贷款构成犯罪，则借款合同自始无效，担保人有可能因此而摆脱担保责任。综上，对上述六起案件作不诉处理，更有利于保障企业的生存发展，挽回银行经济损失，修复被破坏的金融管理秩序。

三、对践行绿色司法、推进社会善治的几点思考

基于以上案例，笔者从履行检察职能的角度，对如何发挥绿色司法在社会善治中的职能作用，作了以下几点思考。

（一）立足于本职，正确发挥刑事司法的惩治功能

党的十八届五中全会提出创新社会治理，推进国家治理体系和治理能力现代化。刑事司法作为社会治理的重要手段之一，首先要注重发挥好惩治犯罪这一基本功能，促进社会有效治理。在崇尚文明和法治的今天，野蛮粗暴的执法和司法方式已不为社会所容，在司法体制改革大背景下，检察机关需要进一步思考和定位自身的职能作用，树立绿色司法理念，从以下几方面发挥好惩治犯罪的职能：

1. 恪守罪刑法定，规范司法。罪刑法定是我国刑法确立的基本原则之一，“法无明文规定不为罪，法无明文规定不处罚”并非一句空洞的口号，落实到司法实践中，要求我们在界定行为性质时，从刑法的立法本意、犯罪构成要件、社会危害性等方面综合评判，而不是局限于对法条的单一、片面、机械化理解，要避免有罪推定的思维定势，防止非罪行为入刑。六起骗取贷款案都存在部分缺失犯罪构成要件的情形，如骗取行为与放贷决策之间因果关系的缺失，因借款人已偿还或部分偿还借款本息导致危害后果的缺失等，从而将上述行为排除在刑法规制之外。

2. 坚持谦抑原则，理性司法。对违法或不良行为的治理，可通过道德、纪律、民事、经济、行政、刑事等多种手段来加以防范和处置，刑事制裁作为最严厉的治理手段，应当居于末端，不得已而加以使用，秉持刑法的谦抑性，是实现社会善治的要求。这就需要我们扭转过度依赖刑事制裁手段的倾向性，保持司法的独立和理性，坚持司法独特的规律性，防止受到行政及其他因素的干扰。近年来多发的骗取贷款案对我们如何做到理性司法，如何有效区分刑事责任、民事责任、行政责任的界限，既是教训也是经验。

3. 尊重有效辩护，文明司法。将有效辩护奉为被告人的宪法权利，是美

国刑事诉讼制度的特殊经验。① 确立有效辩护理念、推动辩护制度改革，对于我国正在推进的以审判为中心的诉讼制度改革，极具现实意义。作为检察机关，构建彼此尊重良性互动的新型检律关系②，是保证司法公开、司法公正、提高司法公信力的迫切需要。对律师辩护意见的充分尊重和沟通，是改进检律关系的关键一步，也是文明司法的内在要求。“一个好的辩护人造就一个好的公诉人”，就此意义而言，检律同属法律职业共同体，相得益彰，殊途同归。六起骗取贷款案中，辩护人均提出了不同程度的辩护意见，如阮某案的辩护人提出，涉案企业向银行提供了不动产抵押和相关公司作担保，主观上不存在骗取贷款的故意，客观上具备偿还能力，却被列入逃废债对象，相关债务已有民事判决确认，再给予刑事追究是否存在重复评价之嫌。承办人在认真吸纳和听取辩护人意见的基础上，客观公正地对案件的法律适用作出了评价。

（二）放眼于全局，着力提升刑事司法的保障作用

“法无古今，惟其时之所宜与民之所安耳”③，良法的标准即合大局、顺民意，依良法而治需要司法坚持全局性。一名优秀的检察官，必然能透过冰冷的卷宗洞察鲜活的大千世界。检察官的眼界和学识，决定了对案件的把握和透析能力，进而决定了办案的最终效果。惩治犯罪是刑事司法的基本目标，但不是唯一目标。现代社会治理理念越来越强调刑事司法的预防、服务、保障等社会功能的挖掘。就案办案、机械办案、孤立办案如“盲人摸象”，失去了全局性必将导致司法工作失去正确的政治方向。

1. 把握捕诉工作重点。近期国家刚刚出台的《关于完善产权保护制度依法保护产权的意见》④ 指出，“加快完善产权保护制度，依法有效保护各种所有制经济组织和公民财产权，增强人民群众财产财富安全感，增强社会信心和形成良好预期，增强各类经济主体创业创新动力，维护社会公平正义”。省检察院结合我省实际，提出了《关于依法保障和促进非公有制企业健康发展的意见》。从我区实体经济发展的结构特点来看，保护非公企业产权和合法权益无疑是当前和今后一个时期刑事司法工作的重点，对非公企业经营管理人涉嫌骗取贷款、集资诈骗、非法吸收公众存款等违法犯罪行为要慎重审查、公正处

① 陈瑞华:《刑事诉讼中的有效辩护问题（一)》，载《苏州大学学报（哲学社会科学版)》2014 年第 5 期。

② 曹建明:《着力构建彼此尊重良性互动的新型检律关系》，载《检察日报》2015 年 11 月 9 日。

③ （明）张居正:《辛未会试程策》。

④ 2016 年 8 月 30 日中央全面深化改革领导小组第二十七次会议通过。

理，从护航我区经济发展的高度保障非公企业实现诉讼地位和诉讼权利平等、法律适用和法律责任平等、法律保护和法律服务平等。

2. 把握捕诉工作难点。当“互联网+”吹进社会生活的各个角落，美国学者理查德·斯皮内诺关于“网络对人类而言是铁笼还是乌托邦之门?”的疑问，不仅敲醒了社会公众，也给司法机关带来了新的困惑。网络信息传播无传统的边界，网络犯罪行为缺乏传统的“警察规制”，存在成本低、获利快、涉及面广、犯罪手段隐匿的特征，随着传统犯罪向网络化、数字化方向演变，不断攀升的线上犯罪给司法机关带来了地域管辖确定难、有罪证据收集难、犯罪事实认定难、法律规定适用难等新问题。2016 年 12 月 19 日，“两高一部”针对犯罪势头迅猛、严重侵害群众财产安全的电信网络诈骗犯罪中面临的司法实务难题，专门出台了相关意见①。笔者认为，刑事司法作为最严厉的社会控制手段，应更多地指向电信网络犯罪等重大疑难复杂且具有严重社会危害性的犯罪行为，尽可能不要触及私法领域通过私力救济可以解决的问题，才能真正体现民意、保障全局。

3. 凸显法律监督职能。一八届六中全会后，国家监察体制改革试点已铺开，检察机关面临前所未有的职能调整和重组。如何彰显检察机关的法律监督职能，对于树立检察机关的司法公信、提升检察机关参与社会治理的效能，将起到举足轻重的作用。从诉讼内监督看，加强对侦查行为的正确引导，对违法立案、侦查行为的及时纠错，对案件作出公正的不捕不诉处理等，都是诉讼内监督的重要内容，特别是对多方利益交织的复杂经济案件的办理，更要擦亮慧眼，明断是非。从诉讼外监督看，要善于运用发散性思维和逆向思维，通过办理个案总结类案的经验，发现案外隐藏在社会治理过程中的深层次矛盾和问题，通过发送检察建议、纠正违法通知等方式加强监督，防患于未然。“违规融资多发，与国家宏观货币政策变化、社会经济结构调整和金融体制改革不无关系”②，其背后也暴露出了金融监管体系和措施的漏洞，检察机关应有所作为。

（三）扎根于人民，尽力彰显刑事司法的人性关怀

叶落归根，人民就是一切权力的根，就是司法的根。司法权植根于民、服务于民、取信于民，是每一位司法工作者至高无上的职业目标，也是司法工作

---

① 最高人民法院、最高人民检察院、公安部《关于办理电信网络诈骗等刑事案件适用法律若干问题的意见》。

② 温州市院课题组、省院研究室：《当前非公企业融资领域刑民交叉案件情况调查分析》。

永葆生机的动力源泉。

1. 更加重视人权保护。刑事司法领域的人权保障集中体现了一个国家的人权发展水平和社会的民主文明程度。刑事诉讼人权保障表现为对被追诉者、被害人等多方权利的尊重和保障，以及对他们所在的家庭和背后社会关系的修复。刑法“担负着缓和被告人与被害人对立关系，修复因犯罪行为而遭到破坏的社会关系，并使之恢复到原来状态的任务”①。上述每起骗取贷款案长达数十页的审结报告，涉案的相关人员、企业互联成一张复杂的社会关系网，司法机关能否对当事人依法作出公正妥善处理，直接影响着诸多利益共同体的命运，可谓牵一发而动全身，如果处理不当将可能引发广阔的潜在社会矛盾，其负面的辐射效应是不可估量的。

2. 有效防范冤假错案。刑事冤错案的发生是对司法人民性最深刻的践踏，也是对司法公信力最致命的破坏。当一起起冤错案沉寂多年后被洗白，展现在世人面前的刑事司法，不是闪耀着正义的光辉形象，而是沾着血与泪的丑陋嘴脸。要除清司法雾霾，还法治一片碧水蓝天，必须坚决防范冤假错案。检察机关要把好审前程序这一防范冤假错案的关键环节，重视司法的亲历性，采取多种方式对案件进行实质性审查，预防和纠正非法取证、违法采取强制措施、侵害律师执业权利等行为，严把事实关、证据关和法律关，发挥好诉前指导和审前过滤作用，防止案件带病起诉，杜绝错案最终流入庭审程序，酿成恶果。

3. 用心传递司法温度。“法不仅应有秋风扫落叶般的严酷，还要有春风旭日般的温暖。”② 这种温暖如春风十里，如旭日普照，灿烂着每个人的笑脸。司法的人性关怀首先应着眼于个案的诉讼参与人，法与理的结合会让司法更具亲和力、认同感。在对六起骗取贷款案作出不起诉处理时，承办检察官向被不起诉人、被害人、公安机关各方充分论述了案件不起诉的法律依据和具体事实理由，并对六位被不起诉人真诚提出了“三告诫”：一告诫其尽心担责，积极履行相关民事责任，为银行挽回损失；二告诫其潜心创业，为本地区实体经济的发展贡献力量；三告诫其诚心做人，诚实守信乃做人之本、立业之基。司法的人性关怀还应关注群体乃至整个社会的利益需求。针对经济、环境、资源等重点民生领域出现的侵害公众合法利益的行为，检察机关以公益诉讼人身份提起诉讼，是保护国家和社会公共利益的重要手段③，集中体现了人民群众的获

---

① 雷东生：《刑法的社会机能和司法实现》，载《人民检察》2015 年第 21 期。

② “法治的最大特征应当是使人成其为人。”——陈兴良语

③ 曹建明：《检察机关提起公益诉讼制度的优越性逐步显现》，载《检察日报》2016 年 11 月 7 日。

得感。古罗马法学家塞尔苏斯说：“法乃公正善良之术。”当司法代表了公正、诠释了善良，我们身边的法治生态必然是绿色的，社会治理也才会不断向善发展。

解困“案多人少”矛盾的调查分析

——立足A市人民检察院的探索实践

王宪峰　黄　箭*

当前，“案多人少”已是经济发达省份司法机关共同面临的困扰。① 为了应对这一问题，现有对策性研究主要集中在增加人财物资源的供给、提高工作强度等方面，这些举措在短期内的确可以缓解部分压力，但总体上仍是回应性的，从效果上看，其局限性已日趋明显，“案多人少”形势依然严峻。这种局面严重阻碍了检察事业的健康发展，甚至影响到我国法治化进程的顺利推进，因此，有必要对“案多人少”进行新的探讨。本文拟通过反思检察院应对“案多人少”现有措施的不足，寻求问题的症结所在，并结合A市人民检察院的探索实践，指出有效破解“案多人少”的可行性路径。

一、“案多人少”的假对策

应肯定的是，实践中开展的基于“案多人少”问题的各项改革确实积累了不少经验，为检察机关推进绿色司法进一步提供了参考。不过也应看到，有的检察院对如何破解“案多人少”推进绿色司法的认识仍存在一些偏差。

1. 盲目增加人力资源，容易造成以牺牲检察效益为代价，理应慎重。当前的“案多人少”在很大程度上，实际上并非主要由于检察官队伍的绝对人数过少，而是在于真正专门承办案件的检察官人数不足。应对“案多人少”，如果只是简单地寄希望于大量扩充检察官编制和增加检察官人数的做法绝非良策。一方面，大量扩充检察官编制必然会直接受到财政等因素的制约，程序非常复杂，时间也较长②，可行性和可操作性都不强；另一方面，在目前检察官

---

* 浙江省永康市人民检察院。

① 汪瀚：《严防案多人少成为司法“雾霾”》，载《法制日报》2016年3月14日。

② 长期以来，检察院编制员额的确定，一直是沿用以辖区人口数量为依据的定编方法，短期内很难有转变。

内部检察业务和行政事务管理之间的关系并未匹配至最佳状态的情况下，大量增加检察官编制和人数，同时也意味着从事行政管理事务的岗位的增加，非但未必能够解决问题，反而有可能使得“一线办案检察官相对不足”的情况更为恶化。因为“只要是管理，就要有组织，有层级（显著的和隐秘的），就有决策和执行（领导与服从）的问题，而任何机构只要人员增加了，即使只是想增加干活的人，其副产品之一也会是科层制的增强”①。进而会从检察官中分化出不办案的管理阶层。同时“三个和尚没水喝”的故事也在告诉我们，人与人的合作不是单纯的人力相加，其情况微妙甚至复杂，因为人力的合成效果未必是正向的，相互推动时，自然事半功倍，相互抵触时，则一事无成。检察官人数增多有时反而容易导致互相推诿，增加不必要的内耗，进而影响检察工作效率。

2. 片面加大工作强度，容易造成以牺牲干警幸福为代价，难以为继。“人少”首先表现为一线办案检察官偏少。在“人少”问题短期得不到有效解决的情况下，多数基层院的实际情况就是检察官的工作强度在不断增大：案件高位运行，一线干警长年累月加班加点，处于满负荷甚至超负荷的工作状态，“5+2”、“白+黑”在不少地方成为常态。② 当然，在特定条件下，集中加大工作强度是可以解决一定问题的，但长此以往通过这种方式来提高司法效率是不成立的。因为工作强度加大的空间有限，人的精力也有限，如果取之过度不可避免会出现衰竭，导致案件办理质量下降，错误频出，反而使“高效率”付出了其他方面的代价，最终伤害的是正义的实现。③ 而且，一个司法人员的总效用受他的工作时间、闲暇、收入、声誉等因素影响。④ 重压之下，为了追求更多包括时间、闲暇上的收益，就会出现检察官的逆向选择：不但辞职倾向增加，还有很多人想转岗到非一线办案部门或提前退休，进而产生“负荷过重下的检察官流失问题”。

3. 单纯追求速度和程序简化，容易造成以牺牲办案效果为代价，毫无意义。“迟来的正义非正义”，效率对于实现公正非常重要。但如果单纯地将效率理解为速度，表现为对办案时间越少越好和办案程序能省尽省的追求，无异

---

① 苏力：《审判管理与社会管理——法院如何有效回应“案多人少”》，载《中国法学》2010年第6期。

② 汪瀚：《严防案多人少成为司法“雾霾”》，载《法制日报》2016年3月14日。

③ 蒋惠岭：《论司法效率的“法治账”》，载《中国审判》2010年第12期。

④ 参见［美］理查德·波斯纳：《超越法律》，苏力译，中国政法大学出版社2001年版，第135~138页。

于“涸泽而渔”。简化程序确实能提高司法效率，比如繁简分流、扩大简易程序的适用范围、建立健全速裁机制等。但实践中，有的办案时间的节省，如疑难复杂案件讯问敷衍草率、远程视频提审适用范围随意扩大、未成年人帮教工作流于形式等，使得必要的职能履行没有充分的时间保证；有的简化程序没有保持最基本的程序正义要素，背离了执法办案的规范化要求，如压减听取律师意见、非法证据排查、羁押必要性审查、案件社会风险评估等环节，必然影响程序的基本功能发挥，最终都导致解决案件的司法总成本的提高而非降低。[①]因为一般来讲，程序越完备和精细，经其处理纠纷的过程就越公正。前述“缩水”的程序和办案时间必然损害当事人的实体权利和办案的综合效果，结果是案件办理周期越来越短了，但是案结事不了，涉法涉诉信访问题却没有取得预期的解决效果，检察机关最基本的法律监督职责也没有得到准确履行，容易引发冤假错案，应引起重视并加以纠正。

二、“案多人少”的真症结

知其症结所在，方能对症下药。“案多人少”是疑难杂症，欲求破解良方，必先找准症结。从司法实践的供求关系来看，“案多”是指司法需求过剩，症结在于“存在不合理的需求和重复需求”，而“人少”则是指司法供给不足，集中表现为“供给的机制不畅、手段不多、能力不足、效率不高”等症结。

1. 检察监督的规范性指引缺失滋长不合理的司法需求。中国步入21世纪后，改革进入深水区，“社会阶层分化日益明显，社会结构发生断裂性变化，断裂所造成的各个阶层之间的猜忌与隔阂极大地妨碍着社会信任的确立刺激着各种纯粹自利的短期行为”[②]，加上法制不健全、伦理道德缺失，进而引发复杂多样的民众纠纷，而公民权利意识的增强又使纠纷更多地以诉讼方式解决，国家司法政策的调整进一步刺激了民众对司法的倚重，司法需求不断增长，“案多人少”成为经济社会发展的必然结果，也是我国一定程度上进入“诉讼社会”的集中表现。[③] 然而，不断增长的司法需求并非都是不可避免，有的是

---

① 近年来纠正的“呼格吉勒图案”等冤假错案的发生，就是对公平正义的最大折损。其中原因无不与“没有严格遵守法律程序”有关。

② 钟君：《当前中国的社会风险外壳初探》，载《国家行政学院学报》2014年第4期。

③ 罗东川：《案多人少的“瓶颈”能否打破》，载《人民法院报》2011年3月9日。

没有必要的，如部分轻微刑事案件可考虑作非罪化处理①，有的完全是人为的，如少数刑事侦查中的“钓鱼执法”等，都是不合理的司法需求。而“这类案件也同样经历了烦琐漫长的司法程序，耗费了大量的司法成本，这是导致案多人少矛盾突出的原因”。② 之所以出现这一状况，虽主要是公安机关内部唯数字论的不当考评机制所致，如在2012年的“破案会站”中，全国公安机关共破获经济犯罪22.9万起，是2011年的2.3倍③，但不可否认，检察机关没有充分发挥好检察监督应有的规范指引功能，如针对公安机关不应当立案而大规模立案、案件移送起诉后发现不构成犯罪又集中撤案等情形监督不到位，也是难辞其咎。

2. 检察环节释法说理不够引发重复司法需求。透彻、充分、有理、有据的说理可以揭开执法神秘主义的面纱，增进当事人与司法机关之间的理解和沟通，使当事人及公众从中获得对司法决定的合法性和合理性认识，消除猜疑指责和抵触情绪，以信服的心态心悦诚服地接受和认可处理结论；反之则容易导致当事人及社会公众对司法机关执法行为的合法性、合理性产生怀疑，进而损害司法公信力和司法权威。④ 然而长期以来，受检察人员思想认识不重视、司法能力平庸⑤的影响，检察环节释法说理工作一直被人为地蒙上神秘的色彩。执法者大多只简单地说明审查的结果，对于是如何审查、分析和作出判断的，很少有充分的阐述，这种只重结果不重过程的执法方式使执法活动的严肃性和权威性遭受质疑，容易引发当事人及社会公众的不满意，进而无休止地上访缠诉就成为其正当化、常态化的救济途径。近年来，化解涉检信访案件的实践表明，检察机关办理的一些案件无论程序还是实体确实没有任何问题，但是当事

---

① “近3年来，浙江省检察机关受理的审查起诉案件中，盗窃、危险驾驶、赌博、轻伤害等犯罪，基本上每年都位列前十位，2015年仅盗窃、危险驾驶犯罪分别占总数的25.9%和16.6%。2015年，被判处3年以下有期徒刑、拘役、管制或者单处罚金的累计有96534人，占比高达86.4%，其中适用缓刑的有34773人，占比36%。”参见汪瀚：《严防案多人少成为司法“雾霾”》，载《法制日报》2016年3月14日。

② 汪瀚：《严防案多人少成为司法“雾霾”》，载《法制日报》2016年3月14日。

③ 公安部：《全国公安机关严厉打击经济犯罪“破案会战”回顾》，载新乡公安网：http：//www.xxgaw.gov.cn/policemien/worldnews/2012－11－06/24800.html，访问日期：2016年11月1日。

④ 张际枫、邢永杰、侯晓焱：《检察执法环节释法说理的正当性、路径及限度》，载《云南大学学报（法学版）》2012年第2期。

⑤ 司法说理与司法平庸是一对永恒的悖论，由于平庸，说理既不愿，也不能。长此以往，平庸而不说理就成为合理的存在，并成为反对说理的基本国情和司法实际。参见宋建强：《司法说理的国际境界》，法律出版社2010年版，第23页。

人就是不认可、不满意，还要到处上访，其中一个很重要的原因就是没有做好释法说理工作。

3. 检察机关的行政化樊篱严重束缚了审查效能。长期以来，检察权运行一直深受“行政化”、“科层制”等沉疴痼疾的掣肘。一方面，传统“审者不定”、“定者不审”的层报审批模式，耗时长，效率不高。因“长”辈人数过多、权力与责任的边界不清，层报审批充斥着大量形式化的重复审查工作。如一个审查逮捕案件的办理，无论案件是多么的简单明了，都至少需要经过承办人、科长、分管副检察长的三级审批，疑难复杂的还要经过检察长审批甚至检委会讨论，才能作出是否逮捕的决定，而且最终的处理决定一般都是同意承办人意见，意味着逐级审批制存在大量的无效重复劳动，浪费了大量司法资源。另一方面，在“科层制”中，检察长、副检察长、科长不仅是业务决策的审批者，同时也是行政管理事务的领导者，这些领导还承担着沉重的“非司法职责”，如检察长一般都是当地“五水共治”工作的市级河长，副检察长都身兼数个各种党委政府牵头组建的领导小组成员，这些工作已经成为检察院领导日常工作的一部分，仅参加有关会议就牵扯了大量精力，很难保证在第一时间完成案件审批，影响了案件审查效率。而且这些领导多数都是从办案一线检察官精英中提拔，如今在领导岗位很难充分发挥“实打实”、“个顶个”的资源优势，造成了精英检察力量的重大浪费，进一步加剧了“案多人少”矛盾。

4. 检察信息化的低层次应用制约了检察发展空间。当前，在高检院强力推进以信息化助推检察工作科学发展的形势下，各地基层检察院在以网络为基础、广泛运用计算机及多媒体技术作为办公办案手段的信息化建设方向，都给予了相当的重视。但在发展的过程中还存在一些问题和不足，与科技强检的总体要求还存在差距，并且存在信息化应用严重滞后于信息化建设的现象，有的只是争取经费买进设备就以为万事大吉，先进信息化设备闲置不用或低层次运用，职务犯罪侦查仍然习惯于传统“由供到证”模式，摘录侦查卷笔录仍然占用大部分公诉案件办理时间；有的虽然信息化的应用范围在不断拓展，各项检察工作都不同程度地使用了计算机作为办公或办案工具，但大部分只是单项应用，系统的标准化、通用性和易用性都较低，应用水平还有待进一步提高。因此，必须大力推进检察信息化的实战应用，这是高水平推进检察工作的现实需要。检察机关面对复杂案件数量逐年上升，法律监督工作难度不断增大，职务犯罪智能化日趋突出的新情势下，只有将计算机网络领域的先进技术广泛应用到检察决策、指挥、组织、协调、监督、办案管理中，才能保证更好地履行法律监督职责，才能更好地提高队伍的战斗力、应变力和办案效力。

5. 检察人员的“本领恐慌”阻碍了检察发展步伐。随着民众法治意识的逐步增强以及推进阳光司法的需要，以往可以通过“暗箱操作”不说理或简单、概括、模糊、不当说理在与当事人的接访博弈中造就的任性擅断，绝不可持续；随着执法规范化的要求越来越严以及加强文明办案的需要，以往可以通过连续夜审、疲劳审讯、限制律师会见等“打擦边球”的方式在与犯罪嫌疑人的审讯博弈中形成的信息不对称，已不复存在①；随着大量律师抱团死磕的“推动”以及保障律师执业权的需要，以往可以利用公权力的优势以及审判人员的偏袒在与辩护人的庭审博弈中形成的略微压制，基本也消失殆尽。② 与之相对应的是，新形势下检察工作必须高水平推进，案件办理必须注重高质量、好效果，由此暴露出检察人员各种“本领恐慌”，集中表现为“侦查讯问问不出”、“法庭指控辩不过”、“法律监督说不服”、“释说法理解不透”等能力短板。③ 不可否认，这些能力短板也有“案多人少”方面的原因。毕竟案件大量积压④，使得检察官“唯案是从”，无暇学习知识、钻研业务，存在“用到一点再学一点”等临时抱佛脚的不良倾向，影响了检察官的知识更新和司法能力提升，久而久之，检察官深陷压力，日渐变成了机械工、操作工，甚至成为办案机器。但孰不知“魔高一尺、道高一丈”，与其坐等“案多人少”蚕食能力发展空间，倒不如先发制人努力补齐短板，加快破解“案多人少”步伐。

6. 检察管理滞后造成过多“哭乐不均”、“推诿扯皮”等不必要内耗。我国的检察官数量并不少，只是相应的检察管理还很滞后，以致很多检察官“忙闲不均”、部级门之间“推诿扯皮”等浪费了司法资源。首先，检察业务与综合管理部门之间人员配置不均衡。检察业务部门的人力资源配置应占据整个检察院人力资源的多数或绝大多数，然而，能满足这一要求的检察院很少，而且相当一部分具有检察官身份的人员分布在综合部门。其次，检察业务不同

① 浙江省检察机关开展的“保障律师会见权和文明办案两个专项整改活动”虽告一段落，但省院汪瀚检察长明确指出，问题的深入整改、工作的持续推进，永远在路上，不仅要全面推动保障律师会见权、文明办案的常态化落实，还要“打造公正文明司法的示范区”，推动浙江检察在公正文明司法建设上起到示范和引领作用。

② 浙江省检察机关开展的“保障律师会见权和文明办案两个专项整改活动”虽告一段落，但省院汪瀚检察长明确指出，问题的深入整改、工作的持续推进，永远在路上，不仅要全面推动保障律师会见权、文明办案的常态化落实，还要“打造公正文明司法的示范区”，推动浙江检察在公正文明司法建设上起到示范和引领作用。

③ 汪瀚：《以“查补短板”为抓手打造过硬检察队伍》，载《检察日报》2016 年 3 月 28 日。

④ 据不完全统计，有的公诉部门承办人长期积压 20 ~ 30 件的案件，高峰期甚至高达 40 件以上。

部门之间工作量分配不合理。检察机关按照业务性质设置内部机构有一定的优势，但实践表明其弊端也越来越明显，尤其部门工作的“忙闲不均”，工作量的大小存在很大差异，容易影响检察官工作的积极性和办案效率，使得检察资源未能物尽其用，而且各检察业务部门的横向沟通也较为缺乏，进而导致“推诿扯皮”。最后，检察业务监管设置不合理。目前的检察业务管理中，一般只侧重对实体进行考核而忽视对程序是否规范的监管，如是否尊重犯罪嫌疑人的人格尊严、是否不正当限制律师会见、是否严格执行全程同步录音录像制度等，以至于规范文明办案的要求对检察干警缺乏刚性约束，无法形成倒逼机制，进而影响检察工作的健康、长远发展。

三、“案多人少”的破解秘方——以A市人民检察院探索实践为例

A市人民检察院立足以“打造绿色·智匠检察”为目标，坚持以司法化理念引领改革创新，以检察信息化、人才精英化、管理精细化为支撑，全面促进检察监督效益提升（简称“一引领三支撑”），有效破解“案多人少”困境。

（一）司法化理念引领改革创新

检察机关推进绿色司法需要打破一些固有的价值取向、思维模式，用创新的思路、改革的办法解决制约检察发展的瓶颈性因素，进而助力解困“案多人少”。而检察工作又是司法链条上不可或缺的一环，必须在遵循司法规律的前提下推动检察创新，才能保证检察权在法治轨道上准确运行。

1. 强化检察指引实现有效“控案”：从“失范”到“规范”。“在‘人少’的矛盾短期内无法解决的现实条件下，我们首先是要在‘控案’上下功夫……”① 强化规范指引是“控案”的有效手段，检察机关可以通过“慎捕”、“慎用刑罚”、“强调依法打击”、“强调宽严相济”等理性司法手段，有效引导侦查机关树立正确办案政绩观，改变唯数字办案GDP评价模式，实现司法资源最优配置，同时也引导群众加强行为约束，自觉远离犯罪。近年来，A市人民检察院以执法办案为中心，坚持数量、质量、效果相统一，努力通过强化检察监督的规范指引，实现有效“控案”。一是控制案件诉讼流程，实现司法节流。强化谦抑性司法理念，自觉提高人权保障意识，更加注重逮捕必要性、社会危险性证明和羁押必要性审查，做到少捕慎捕，2016年共决定不捕

① 汪瀚：《严防案多人少成为司法“雾霾”》，载《法制日报》2016年3月14日。

390人，不捕率达30.9%，同比增长15.4个百分点。同时还研究制定了《常见犯罪公诉案件办案指引》，对常见犯罪拟作非刑罚处理的情形形成统一适用标准，努力实现“同罪同罚”“同情同处”的法律公平，2016年共对352人作相对不诉处理，同比增长67.6%，其中“醉驾”案件不起诉111人，同比增长1.26倍，着力引导公安机关正确把握打击重点。二是控制案件移送质量，便于快速审查。坚持准确打击犯罪、不偏不倚，通过严格遵循证据裁判规则，正确把握罪与非罪、严格限制无罪撤案等，倒逼公安机关自觉规范执法行为，强化取证程序合法意识，确保移送案件的质量；与市公安局联合出台《关于加强诉侦配合等有关工作的纪要》，进一步强化诉侦配合、提前介入等工作，引导公安机关及时完整收集证据，并探索轻微刑事案件“刑拘直诉”机制，助力提高审查效率。三是控制案件发案数量，源头减少犯罪。围绕办案加强职务犯罪预防工作，统筹检察预防与社会预防，加大预防宣传和警示教育力度，更好地防治腐败。强化办案中的矛盾化解与防控意识，发挥基层检察室和检企、检校共建帮教基地作用，加强涉检司法问题掌握、排查和处理，着力减少社会对立面，从源头上减少犯罪。2013年以来，共在众泰集团等大型私营企业开展职务犯罪宣讲60余次，促进企业内生法治化理念形成；2015年以来，共在共建学校开展法制宣讲6000多人次，被宣讲对象均保持“零犯罪率”，成效明显。

2. 深化释法说理抑制重复司法需求：从“神秘”到“公开”。第三方司法力量介入是检察借力社会优良资源，推进社会治理法治化改善的良策，可有效抑制重复司法需求。2015年以来，A市人民检察院全面推行以律师为主的社会第三方参与检察机关涉法涉诉信访矛盾化解的工作机制，充分听取各方意见，引入公开审查、公开听证、公开答复的法治解决渠道，深化检察环节释法说理、情绪疏导、司法救助等工作，依法依规、合情合理化解了多起信访积案，既解法结，又解心结。

2016年以来，积极探索量刑建议“诉前多方沟通”，就量刑问题诉前主动听取公安机关、律师或者法定代理人意见，促成各方进行充分的意见交流，增强律师参与检察环节案件处理的积极性和主动性，进而推进诉前证据开示和量刑说理，在合法、透明的前提下努力扩大“认罪服法效应”，减少法庭伏击、无畏上诉等不必要的诉讼负累，促进司法公平公正与效率提升。

3. 优化权力运行模式提质增效：从“粗放”到“集约”。2014年以来，A市人民检察院积极探索的“听审式”审查逮捕工作机制就是打破检察工作行政化樊篱的一个样本。该项工作机制是在检察机关、侦查机关和犯罪嫌疑人之间设置的三角型抗辩式构造，加上配套推行的主办检察官制度，推动实现了审查逮捕的“审”、“定”合一，便于在听审后当场作出捕或不捕决定，还使得以前“串联”开展的审讯、听取意见等法律规定的审查工作，“并联”在同一个时空维度下完成，侦辩双方可以当面将事实、证据、观点依法充分阐述，检察官可以集中听取各方意见，有利于集中精力找准案件的焦点、评议案件的争议，提高了审查质量，同时也大大缩短了审查决定的周期。与此同时，还进一步完善了公诉、未检、自侦等领域主办检察官办案权力清单，促进权力运行扁平化和权责相符，进而实现效能提升。今年以来，“听审式”审查逮捕已常态化开展，共听审案件794件1071人，占报捕案件总数的65.7%和66.4%，审查逮捕周期平均为5日，比以往缩短了1个工作日，明显加快了办案节奏，提高了工作效率。

（二）检察信息化支撑：从“建设”到“应用”

紧紧抓住“科技强检”工作的牛鼻子，大力推进信息化与检察工作的深度融合，向“信息化”要检力要效率，实现办案、办公和服务的便捷优质高效。

1.“检察指挥中心+各实验室”促进职务犯罪查处快侦快结，增强反腐刚性。充分利用检察指挥中心的实时远程指挥功能延伸智力支持，同时推进数据分析、话单分析、身心监护、数据恢复等侦查实验室的实战运用，大力提升侦查能力和作战实效，实现犯罪发现与惩办由偶然性向必然性的良性发展。五年来，共立案查办贪污贿赂犯罪93件110人，渎职侵权犯罪44件57人，大案率98%。

2.“检察智库平台+两法衔接平台”促进个案监督转向类案监督，提升监督效益。刑检、民行都可以在加强个案监督的基础上，将个案监督发现的问题与检察智库平台、两法衔接平台中的海量碎片化信息进行碰撞分析，以充分挖掘可能存在的类案性问题，实现监督效果倍增。如在办理一起民事行政申诉案件时，通过查询“检察智库”和“两法衔接平台”信息，发现被申诉人曾被违法适用“暂缓执行行政拘留”，进一步探索比对后还发现并非个案，遂发出检察建议要求清理检查，并以点带面，督促形成规范性文件《关于规范行政案件停止执行拘留审批程序的通知》，彻底堵塞公安机关在行政拘留执行过程中的监管漏洞，解决类案问题。

3.“互联网+检务”促进办案、办公、办文模式更新，打破时空界限。不仅在刑检办案区设置了远程视频提审系统、远程视频听审系统，目前还在建立远程视频庭审系统，实现干警“足不出院”就可以完成提审、听审、出庭等办案工作，极大节约了时间；还对原有手机“OA”综合办公系统进行升级改造，优化了公告通知、收文发文等功能模块，实现检务处理随时化，新增了案件程序性信息自动推送功能，实现便民服务自动化，开发了对接该院检察智库的接口，支撑数据获取即时化，最终实现内部提效。

（三）人才精英化支撑：从“短板”到“样板”

在全面深化司法体制改革背景下，推进检察队伍正规化、专业化、职业化建设，走检察官职业化、精英化之路，既是全面推进依法治国的必然要求，也是切实解困“案多人少”推进绿色司法的根本保证。

1. 传帮带机制促进干警成长。出台《年轻干警导师辅导制实施办法》，根据新录用青年干警的实际情况，指定一名检察业务骨干进行一对一“传帮带”，通过以老带新、以熟带生、以强带弱的方式传授工作方法和实践经验，使其尽快胜任工作岗位；通过给年轻干警多压担子，激发其热情，磨炼其意志，促其快速成才。

2. 个性化培养打造业务尖兵。出台《优秀检察人才培养办法》，采取“项目制”、党组成员联系制“一对一”定点式培养人才。依托省市院、高校资源以及其他专业性培训机构，结合干警自身优势和特点，围绕实务突出问题和前沿问题，开展点对点、个性化、实用型培训，全面提升干警在侦查突破、证据审查、出庭公诉和诉讼监督等方面的素质能力，打造业务尖兵，涌现出“全省侦查监督十佳检察官”等各级检察业务人才 15 人。

3. 检察文化建设培育争创意识。以特色检察文化为抓手，从永康特有的“黄帝铸鼎，春秋铸剑，汉造弩机”、“胡公为官一任造福一方”、“陈亮文化”等地方文化中汲取精髓，提炼出以“鼎正一方法治”为基本内涵的检察精神，引导价值取向、激发人才活力、激励智力投入、凝聚队伍合力，引领干警树立“逢先必争、逢标必夺”的争创意识。经验做法在全国检察机关文化建设工作会议上作交流，并被评为全国基层文化示范院。

（四）管理精细化支撑：从“滞后”到“精细”

加强和改进检察业务运行管理，是严格、公正、高效司法的重要保证。推进“绿色司法”，还应当在精细化管理上聚集用功，着力形成整体协调、运行顺畅、控制有力的动态管理机制，实现系统效能提升。

1. 优化岗位设置，完善用人机制。抓住司法改革的契机，通过缩并内设机构、明确员额分配、设置分档奖励等途径，科学整合检察人力资源，逐步破除特有的“内退制度”，杜绝人浮于事的作风，并建立以公开、平等、竞争、择优为导向的，有利于优秀人才脱颖而出、充分施展才能的选人用人机制，激励人才、留住人才、重用人才。

2. 细化内部协作，增强工作合力。探索建立涵盖检察各业务环节的协作配合机制，理顺工作关系，促进各业务部门之间以及与上级部门之间的信息互通，努力构建各司其责、齐抓共管、全面推进的法律监督一体化工作格局，以强化执法配合和监督制约，形成整体合力。

3. 强化监督管理，严明纪律作风。健全完善院内规章制度，制定《A市人民检察院纪律考评办法》，强化内部刚性监督和制度落实，实现以制度管人、管事、管案；创新廉政教育方式方法，通过勤政廉政劝导、廉政场景指引、铁规禁令教育、维权机制倒逼等柔性引导和刚性制约相结合的方式，切实增强干警规范文明办案和防腐拒变的自律意识。

以绿色司法为引领　打造特色检察品牌

葛朝华　季炳荣　熊晓虹*

2016年3月，汪瀚检察长首次提出了“绿色司法”概念，并指出绿色司法的最终目的是最大限度减少司法办案的负面产出，推进社会善治进程，构建文明健康的法治生态，让人民群众对公平正义有更多的获得感。绿色司法既是理念，又是路径，更是一种信仰、一种精神，学习贯彻绿色司法、努力践行绿色司法，是当前摆在我们面前的最大任务。龙泉市人民检察院积极践行绿色司法，以服务保障大局为核心，以强化司法办案为根本，以建设过硬队伍为保障，主动把检察工作摆到地方经济社会发展和为群众提供有力司法保障中去谋划和发展，着力打造龙泉检察剑瓷品牌。

一、立足当地实际，切实找准目标定位

龙泉市人民检察院将践行绿色司法的目标定位为：以绿色司法的实际成效，守底线、创特色、创三优，全力打造廉洁高效的政务环境、公平正义的法治环境、和谐稳定的社会环境、诚信有序的市场环境、绿水青山的生活环境。

（一）强化使命担当

担当精神是检察队伍必备的品质。汪瀚检察长曾在全省检察长会议上强调：“一把手”要在守规矩上勇于担当，在促发展上勇于担当，在带队伍上勇于担当，在崭新的舞台上，比学赶超、积极作为，合力推进全省检察工作高水平发展。当前，人民群众对司法公正、权益保障期待日益提高，特别是在新的历史时期，随着大量民生诉求诸如食品药品安全、环境保护、知识产权、涉金融管理、涉税、涉劳资纠纷等进入司法领域，作为直接面对群众的广大检察官面对矛盾敢于担当，迎难而上，大力提升及时发现问题、有效解决问题的能力。五年来，龙泉市人民检察院致力打造龙泉法治建设“绿水青山”生态和“剑瓷龙泉”的检察品牌，以更高标准、更严要求确保龙泉检察业绩优、队

* 浙江省龙泉市人民检察院。

伍素能优、社会评价优。先后荣获全国集体一等功、全国先进基层院、“2015—2016 年度全省政法系统先进集体”，2014—2016 年连续三年的“全省先进基层检察院”等称号，共获得丽水市级以上集体荣誉 48 项、个人荣誉 42 人次。

（二）主动服务大局

作为检察机关，服务大局是检察工作的出发点和归宿点。龙泉市人民检察院紧紧围绕汪瀚检察长在丽水调研时提出的“绿色司法服务绿色发展”指示，立足党委政府中心工作，坚定不移地贯彻龙泉市政府提出的“要把青瓷历史经典文化产业培育成为主力产业，以青瓷推动龙泉借力‘一带一路’走向世界”的发展目标，积极配合市委、市政府做好“三改一拆”、“五水共治”、创建“国卫”、服务保障剑瓷产业等工作，始终做到检察工作和大局需求同频共振。龙泉市人民检察院贯彻绿色司法服务绿色发展，精准服务于“青瓷小镇”、“宝剑小镇”两个省级特色小镇建设，打造世界历史经典文化小城；精准“三定位”服务剑瓷企业，定时、定点、定人深入企业，综合运用打击、预防、监督、教育、保护等手段，引导非公企业经济向法治化方向发展，促进社会治理完善，赢得当地党委政府肯定和百姓口碑。

（三）维护公平正义

公平正义是检察工作的生命线，坚持严格公正文明规范司法，是践行绿色司法的前提基础，是提升执法公信力的重要途径，是全面推进依法治国的基本要求。龙泉市人民检察院始终将构建绿色司法的检察规范作为核心工作，严格落实省院规范司法专项整治活动要求，以丽水市人民检察院“三查一评”为契机，在丽水市基层检察院中率先开展案件质量评查工作，把案件质量评查作为强化内部监督的主要手段，倒逼办案质量和办案行为规范。加强对职务犯罪案件讯问同步录音录像等制度执行情况的检查，杜绝违法办案行为发生。严格涉案财物管理，确保查封、扣押、冻结涉案财物处理过程规范、有序、安全。积极发挥检察服务大厅的功能和统一业务软件案件流程监控的作用。通过规范、文明、理性办案执法，做到实体公正、程序公正、形象公正，营造风清气正的良好法律生态，让群众切实感受到公平正义。

二、强化本职工作，全力提升案件质效

坚持绿色司法，最基本的要义，主要在充分发挥检察职能的基础上，找准落脚点，选准突破口，深挖潜力，提升司法办案的内在品质，确保每一起案件都经得起法律和历史的检验。

（一）强化检察监督，促进执法文明公正

1. 强化刑事诉讼监督。一是加强对立案、侦查、起诉等办案环节的全程法律监督。五年来，监督侦查机关立案18件21人，其中，监督立案后被判处三年以上有期徒刑10人；对不应当立案而立案的，监督撤案20件21人；对应当逮捕而未提请逮捕的，纠正漏捕6件6人；对应当起诉而未移送起诉的，追诉漏犯42件45人；依法保障犯罪嫌疑人诉讼权利，对违法侦查行为发出纠正违法通知书42份。二是坚持重大复杂案件派员提前介入侦查、引导取证。参与重大案件讨论32次，参与现场勘查52次。对认为定罪量刑错误的刑事案件提出抗诉后，法院依法改判和采纳意见8件。三是延伸监督触角，加强刑事执法活动监督。2017年2月8日，龙泉市人民检察院在全省成立首家派驻高速交警检察官办公室。对重要案件引导公安机关侦查取证，在此基础上将监督范围延伸至城区4个基层派出所，加强对各类刑事案件、交通类案件等方面开展全方位监督，实现对基层派出所的监督“无缝对接”。

2. 强化民事行政监督。一是注重对虚假诉讼的监督。通过和法院审监庭联系与深入法院旁听相结合、走访律师与列席律师事务所案件讨论会议相结合、走访信访部门与介入“148司法热线”相结合等方式，积极扩展案源，强化监督，共初查虚假诉讼线索6件，办理虚假诉讼案件1件，经法院再审获改判。二是加强审执人员违法监督。将民行检察监督重点从传统的“对案监督”转移到“对人监督”，通过对违反回避、送达制度、与当事人单方接触等问题的审查，发现某院执行局副局长季某执法不公问题及时发送检察建议，最终，对其调离岗位、党内严重警告处分。三是强化行政检察监督。针对人民群众反映强烈的食品药品安全、环境保护等突出问题，建立与环保局、市场监管局、综合执法局等部门的信息共享机制，制定出台《龙泉市食品药品行政执法与检察监督衔接工作制度》，加强对行政生效判决、审判程序和执行活动监督，向行政执法部门发送检察建议61件。针对油条、卤制品等与百姓密切相关的食品中违规使用添加剂，以及“假冒里脊肉”等危害群众身体健康的食品问题，提前介入，依法监督行政执法机关移送、监督公安机关立案查处危害民生民利的食品安全犯罪5件5人。

3. 强化刑事执行监督。一是开展刑罚执行和监管活动监督，向监管部门发出检察建议、纠正违法通知书48份；审核减刑、假释案件18件18人；开展财产刑执行监督112件；审查符合特赦条件的罪犯8件8人；办理留所服刑人员再犯罪案件1件1人；办理律师违规会见案件4件4人。二是积极开展监外执行（社区矫正）检察监督。对不符合监外执行条件人员依法监督收监执行24件24人；对刑事执行活动中存在违规行为的3名工作人员进行调查，并

移送党政纪处理。三是开展联合执法检查，加强与相关部门的配合，加大对社会服刑人员漏管、虚管、脱管的检查力度，避免监管对象重新犯罪，促进司法行政部门严格执法，规范司法。

（二）注重谦抑司法，确保案件办理效果

1. 降低轻刑案件逮捕起诉率。一是认真落实宽严相济刑事政策对罪行较轻，在案发地无固定居所、主观恶性较小的初犯，交通肇事、邻里纠纷引发的轻伤害等案件，经双方达成和解协议的，尽量做到少捕慎诉。二是创新未检办案方式。联合公安、教育、市人民医院出台《未成年被害人“一站式”询问办案模式运行实施细则》，探索建立“一站式”询问办案模式，创办亮晶晶未检工作室，引入沙盘游戏对未成年被害人及涉罪未成年人进行心理帮扶。同时，在丽水成立首家未成年人观护帮教基地，并先后建立7家基地开展对涉罪未成年人的保护性司法措施。

2. 降低审前羁押率。一是全面把握逮捕条件，提高审查逮捕质量。做好讯问、询问、听取意见等相关工作。严格按照逮捕的要求审查逮捕案件，做好讯问每一个犯罪嫌疑人，向相关证人、被害人核实证据，听取律师意见等工作，确保案件质量。二是完善协调沟通机制，畅通捕后羁押必要性审查渠道。加强侦监、公诉、监所，以及司法调解中心的协调沟通，在审查逮捕过程中，尤其是对一些轻微侵财、轻伤害、交通肇事等案件，犯罪嫌疑人如有认罪和悔罪表现，可以根据受害人与犯罪嫌疑人的和解意愿，尽力促成刑事和解。同时，完善羁押必要性审查机制，对逮捕后犯罪嫌疑人的羁押必要性进行评估，防止一般案件的“一押到底”。三是建立案件联席会制。召开相关部门联席会议，统一执法标准和执法尺度。针对案件办理存在争议的，通过听取案情、介入现场勘验、参与案件讨论、提出侦查取证意见等方式，做好引导取证和侦查活动监督工作。加强批捕后的督促取证工作，及时掌握补证情况，防止出现以捕代侦、消极取证等情况的发生。

3. 降低检察司法办案不规范投诉率。一是补齐规范司法短板。根据省院专项整改活动部署，2016年以来，龙泉市人民检察院采取多形式进行案件自查，对查出问题进行深入剖析原因。通过对案件的动态全程监督，对存在风险隐患及时提醒，着力纠正司法办案存在的突出问题。二是检律关系更加和谐。出台《关于保障和规范律师会见看守所在押人员若干问题的规定（试行）》，依法保障和规范律师会见权利，依法监督八类违规会见行为，明确了律师违规会见的处理规定。发现并查处3起律师违规会见情况，及时向监管部门发放检察建议要求予以监管；加强“律检互动”。由分管副检察长带队主动走访律师事务所，充分听取意见建议，加强检律业务交流、合作；积极开展检律业务研讨，在丽水检察系统举行首届“检律辩论赛”，促进双方沟通交流，推动良好的亲清检律关系。

三、坚持创新驱动，着力打造检察新形象

汪瀚检察长在丽水调研时强调，小院也要有大作为，打造自己的特色。作为丽水唯一的县级市，面对经济落后、力量薄弱、基础条件差的现实，龙泉市检察院紧紧围绕“绿色司法服务绿色发展”中心目标，立足龙泉地方特色，积极创新检察工作方式方法，切实以“绿色司法”引领检察工作服务当地经济社会和谐发展。

（一）推进三项工作，切实服务绿色发展大局

一是全力保障治水拆违工作。紧紧围绕市委“生态立市”发展战略部署，进一步完善服务我市“五水共治”工作机制，保障全市治水深入推进；实行部门信息共享、线索流转等工作机制，加大行政与刑事司法衔接工作力度，加强联动执法检查，推行涉水、拆违等刑事案件的优先办理、快速办理“绿色通道”。二是推行生态修复补偿机制。2016 年，龙泉市人民检察院率先探索建立恢复性司法修复补偿机制，联合公安、法院、环保、林业等部门加大对补植复绿执法检查力度，及时通报办理的环保犯罪案件诉讼程序、判决结果，积极推动和协助有关行政执法机关建立健全生态环境监管长效机制。针对该市 8 名犯罪嫌疑人在禁渔期内非法捕捞水产品破坏生态环境案，联合相关执法部门组织犯罪嫌疑人自购鱼苗，在案发地开展放生活动，以此修复龙泉溪水域生态。三是积极参与社会综合治理。以围绕建设“平安龙泉”的目标，制定“平安龙泉”建设督查机制，开展定期、不定期的暗访检查；针对涉及民生热点问题、影响社会稳定的案件，实行快速办理；依法履行审查逮捕、审查起诉职能，加大对影响社会稳定、危害人民群众生命财产安全等刑事犯罪的打击力度；深化律师参与涉法涉诉矛盾化解，将律师作为第三方引入控申信访接待，成功化解缠访闹访、久办不结等案件 6 件。同时，控申检察工作发挥好集信访、举报、纠错、赔偿、救助功能的特色检察职能，努力化解社会矛盾纠纷。

（二）聚焦三个重点，保障剑瓷企业健康发展

一是聚焦企业需求点。由检察长挂帅，分 4 个服务组深入 13 家剑瓷企业开展“一对一”结对帮扶，针对龙泉剑瓷企业发展特点，龙泉市人民检察院在丽水市成立首家知识产权检察工作站，在检察服务大厅专设剑瓷产业服务窗口，为企业主依法维权提供建议和帮助。2016 年 8 月，成功解决龙泉四家宝剑电商因同时在淘宝销售“诛仙剑”、“轩辕剑”等发生的知识产权纠纷，保

证了宝剑电商的正常经营。二是聚焦企业风险点。龙泉市检察院针对中小非公企业法律知识欠缺，在经营中易采用非法集资、虚开票据、串通招投标等违法手段，及时开展法律服务，督促企业查漏补缺。针对涉企问题，建议企业及时做好相关风险防控，增强规避风险能力，帮助企业建章立制，督促企业守法经营。三是聚焦惩处侧重点。贯彻宽严相济刑事政策，对于罪行较轻、社会危害性较小、主观恶性不大的非公企业违法犯罪，依法从轻、减轻处罚，最大限度减少办案对非公企业正常经营活动的影响。同时，加大对合同诈骗、破坏生产经营、侵犯知识产权等损害非公企业合法权益犯罪的打击力度，切实维护企业合法权益和市场正常秩序。

（三）狠抓三大工程，不断提升检察司法公信

一是加强队伍专业化建设。深入实施青年干警主辅岗双责制、“师徒帮教培优工程”，切实提高检察人员综合能力。创建检察文化长廊、文体活动室、检察网络平台（两微一端），不断深化文化育检工程。继续实行由每位班子成员带领2名干警进行专题调研课题写作，积极开展个案会诊、疑案讨论。二是全面推行“一站式服务”。在丽市检察系统率先成立并启动检察“一站式”服务大厅，进一步完善检察机关信息查询、律师预约接待、权利义务告知、嫌犯侯讯、案件信息公布等对外运作。规范案件办理流程，实行终结性法律文书对外公开，扩大群众参与和监督检察工作力度。三是全方位打造“龙检网阵”。以建设“全方位检务公开平台”为目标，深入推进“检察网站、微信、微博、手机客户端”四位一体建设，推送检察工作时实动态、检察文化、案件聚焦等信息予以发布，发挥“两微一端”纽带作用。

四、树立问题意识，深入查找工作短板

（一）对绿色司法理念的认识需进一步提高

自汪瀚检察长首创“绿色司法”理念一年以来，全省各地检察机关积极采取各种措施，出台相关工作意见，以实际行动践行绿色司法新理念。然而受传统惯性思维模式的影响，检察干警对绿色司法理念在实际办案中的严格深入贯彻落实还需有一个过程，尤其是对绿色司法如何服务绿色发展的路径还不是很清楚，在绿色司法服务绿色发展方面工作实践中缺乏系统性、全面性。

（二）绿色司法指导检察工作的评价机制需进一步完善

践行绿色司法是运用法治方式改进社会治理实现社会善治。长期以来，我国司法的“粗放化”特征较为明显，“重打击，轻保护”、“重实体，轻程序”、“重有罪证据，轻无罪及罪轻证据”、有罪推定、疑罪从轻等不符合现代

文明司法要求的观念还存在，并且在不同方面、不同程度上影响着当前具体的执法司法活动。加之片面追求办案数量而忽视办案质量、办案效果，很可能会背离检察工作的初衷和本质要求。因此将绿色司法理念根植于司法办案全过程，建立办案数量、办案质量、办案效果等方面的评价机制需加快完善。

（三）推进绿色司法理念的环境氛围需进一步营造

倡导绿色司法，就是要把绿色司法作为高水平推进检察工作发展的新的驱动力，落实到检察工作各个方面和司法办案全过程，以检察司法的生动实践构建法治生态的“绿水青山”。然而，一些检察干警在践行绿色司法服务绿色发展过程中，只停留在表面，注重于形式，如在服务和保障非公企业、社会治理等工作中，发挥检察职能的作用还不够，如何将规范、理性、文明的绿色司法理念融入到检察工作服务全市经济社会大局仍需不断探索推进。同时包括有关机关、团体在内的社会各界目前对绿色司法服务绿色发展认识不到位，有关绿色司法服务绿色发展的文化氛围未有效形成。

五、凝聚检察正气，努力创建特色品牌

（一）强化理念引领，深刻认识绿色司法要义

理念是行动的先导，绿色司法服务绿色发展的前提条件是正确认识新理念，摒弃旧观念。这就要求我们切实以“绿色司法”理念指导工作，树立“理性平和文明规范”的司法观，并将这一理念始终贯穿于执法办案的全过程，切实做到实体公正、程序公正、形象公正，最大限度地实现公平与正义。要深入学习、深刻领会第十六次全省检察工作会议、汪瀚检察长在丽水调研时的讲话精神，结合当地工作实际，强化监督主业，深化监督途径，提高监督效果。要厘清绿色司法的内涵外延，抓住绿色司法的精神实质，不断增强谋划工作的计划性、系统性和前瞻性，把绿色司法作为高水平推进检察工作发展的新驱动力，以有益有效的执法实践构建法治生态。

（二）注重刚柔并济，彰显三个效果有机统一

践行绿色司法，其最终目的是为了让人民群众不仅感受到法律的尊严和权威，而且感受到司法的温度和人文情怀。检察机关要在保障龙泉经济社会稳定发展大局的同时，有效修复社会关系，减少司法办案“副作用”。对于危害国家安全、恐怖、毒品、严重暴力等犯罪，必须保持打击的高压态势，维护人民群众的安全感。对于主观恶意小的轻微案件办理，要以谦抑司法、柔性司法为主。正如总书记在全国政法工作会议上提出“准确把握社会心态，充分考虑执法对象的切身感受，规范执法言行，推行人性化执法、柔性执法，阳光执

法，不要搞粗暴执法那一套”。实践证明，践行绿色司法还需要构建一个由党委统一领导、包括检察机关在内的司法机关主导，政府及职能部门协同，社会企业参与的大格局，通过综合运用和解、调解、公开听证、公开审查等手段，实现案件办理的政治效果、社会效果和法律效果的有机统一。

（三）提升司法公信，营造绿色发展良好氛围

公正是法律本身的价值目标，公开则是公正的有力保障，两者既是司法公信力的评价标准，也是树立司法公信力的有效途径，以公开、公正促公信。一是要依托全国案件信息查询系统，向社会公开发布法律文书和案件程序性信息，构建开放、动态、透明、便民的阳光机制，获得社会认同。二是要加强绿色司法服务绿色发展理念的学习研讨，提高队伍正规化、专业化、职业化建设水平，根植绿色司法理念，提升规范、理性、文明办案的能力素质。三是要讲好检察机关服务绿色发展的检察故事，运用检察开放日、“两微一端”新媒体、报纸等渠道扩大检察工作宣传的影响力，积极争取得到人大代表、政协委员和社会各界的理解和支持，争取形成大众一心服务绿色发展的良好氛围。

绿色司法视角下运动式执法的法治化

——以2012年公安部“破案会战”为研究样本

姚嘉伟*

刑事司法中的运动式执法，是指行政机关在特定时间内集中人力、物力，对专门领域内的特定违法犯罪行为重拳打击的执法方式。其主要特征有三：第一，针对某一类特定犯罪行为的专项行动；第二，关注“量”，强调打击的规模效应，在处罚上并无从重的硬性要求；第三，一般由公安机关单方面发起，检法两家是被动地参与其中。

运动式执法在整合资源、提升效率、整治治安环境等方面的确具有一定的积极作用，其也在一定程度上契合了刑罚世轻世重的精神。但同时需要看到，运动式执法就其运行方式而言，与绿色司法格格不入。绿色司法的核心是推行绿色司法方式，强调规范、理性、文明，但运动式执法虽然一般都符合法定程序，但在推进过程中往往容易忽视社会效果，法律的尊严和权威反而收到的损害。

对此，本文以2012年“严厉打击经济犯罪破案会战”（以下简称“破案会战”）为背景，选取具有典型性的东部某经济发达城市A市为样本，以绿色司法为视角对运动式执法下的刑事司法运行状况进行剖析，并对如何将运动式执法纳入法治化轨道提出建议。

一、运动式执法的实证分析

此次“破案会战”以省、市为单位，采用竞赛的形式，从3月1日起，到8月31日止。据统计，在“破案会战”中全国公安机关已立各类经济犯罪案件14.5万起，破案10.2万起。在此，我们以A市检察机关在“破案会战”中办理

* 浙江省宁波市人民检察院。

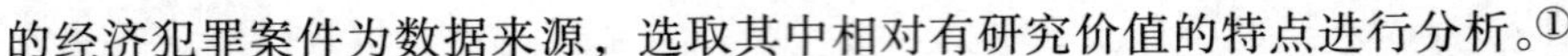

的经济犯罪案件为数据来源，选取其中相对有研究价值的特点进行分析。①

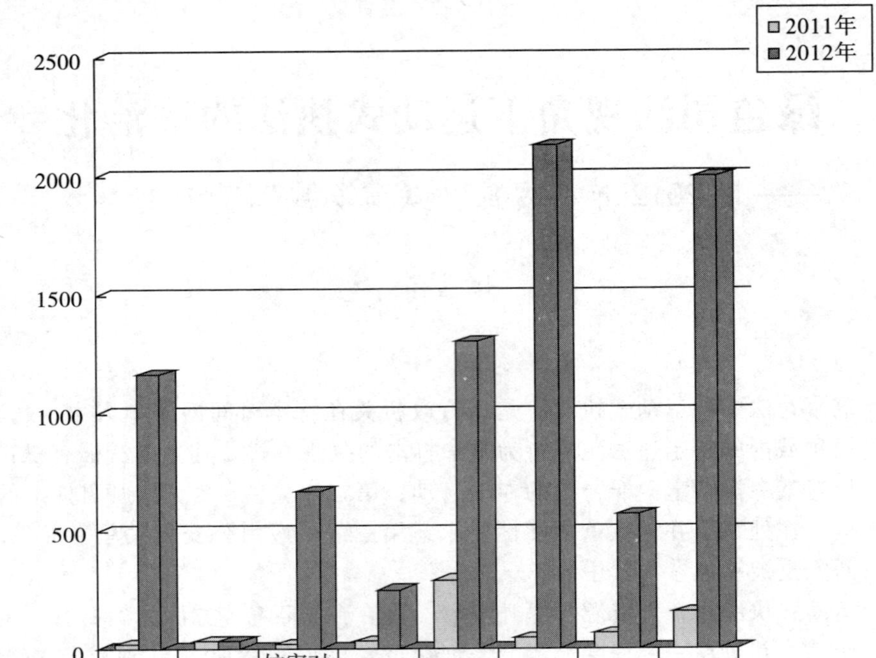

	生产、销售伪劣产品	走私罪	妨害对公司、企业的管理秩序罪	破坏金融秩序罪	金融诈骗罪	危害税收征管罪	侵害知识产权罪	扰乱市场秩序罪
2011年	16	30	16	31	291	42	66	154
2012年	1164	29	671	249	1300	2130	574	1997

图1：A市经济犯罪移送审查人数2012年5—9月与2011年同期比较情况

（一）移送审查人数增长迅猛

从上图中可以看到，2012 年 5 月至 9 月各类罪移送审查人数中，除走私罪与 2011 年同期基本持平外，其他几种类罪同比均呈现出爆炸式增长。这其中，生产、销售伪劣产品罪，妨害对公司、企业的管理秩序罪及危害税收征管

① 在这里，笔者选取了 2011 年 5 月至 9 月与 2012 年 5 月至 9 月这两个时间段进行对比，这主要基于如下考虑：破案会战开始于 2012 年 3 月 1 日，但这只是公安机关专项行动的开始时间，相关的数据体现到检察环节则相对滞后，基于同样的原因，统计的结束时间也没有采用破案会战的结束时间，同时为保障案件确属破案会战的结果，因此只是延后了一个月。但需说明的是，这里的数据仍不是破案会战的准确数据，而只是具有相对典型性。

罪三类犯罪的增长率尤为突出，分别达到了7175%、4094%、4971%。从总数上看，2012年整年移送审查人数为8888，这其中5月至9月移送审查人数为8134人，占全年案件总数的91.5%，而2011年同期该数据仅为646人，增长率达到了1159%。从下图中可以清楚地看到，移送审查人数在1—4月呈平稳状态，到了5月人数开始出现上扬，直到9月数据达到了峰值。这一运行特点吻合了破案会战的起止时间，印证了移送审查人数的增长主要是基于破案会战的开展。

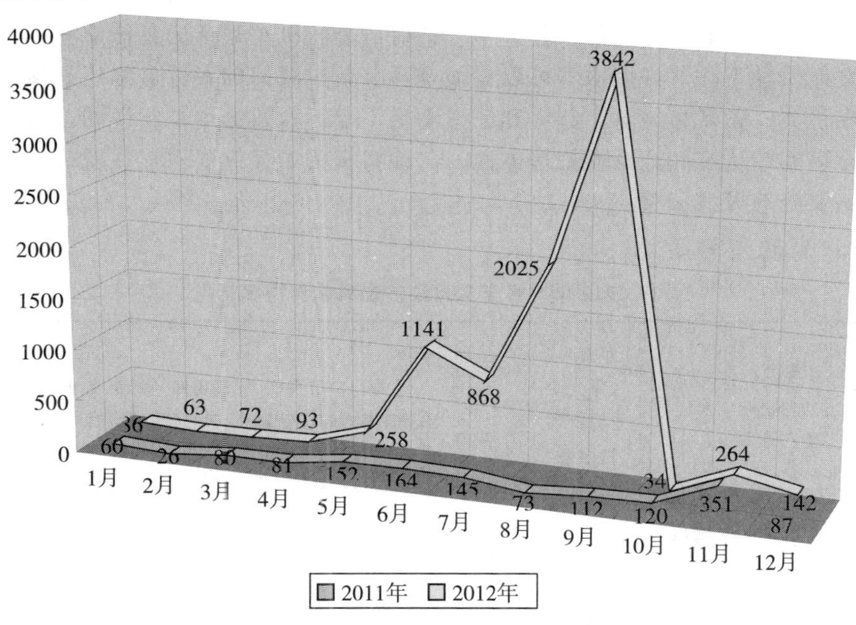

图2：2011年与2012年破坏社会主义市场秩序罪移送审查起诉人数情况

（二）不起诉率高

表1：2012年5—9月与2011年同期已办结经济犯罪案件起诉情况对比

类别 / 年份	已办结（人）	起诉（人）	不起诉（人）			
			总数	绝对不起诉	酌定不起诉	证据不足不起诉
2012	2702	2090	612	121	483	8
2011	579	545	34	2	32	0

2011年5月至9月办结的经济犯罪案件中，起诉人数为545人，不起诉人数34人，不起诉人数占总数的5.87%。这其中，以酌定不起诉居多，占将近

94%。2012年已经办结案件中，共起诉2090人，不起诉人数612人，不起诉人数占总数的22.65%。从不起诉率看，2012年5月至9月经济犯罪不起诉人数比例相比2011年，有了大幅度的增长，高于五分之一的不起诉率可谓前所未有。从三种不起诉类型的分布结构上看，2012年绝对不起诉的比例从5.8%提升到了19.8%，相应的酌定不起诉率从94.1%下降到了78.9%，同时证据不足不起诉这一类型在2012年出现并占据1.3%的比例。不起诉率的提高一方面说明检察机关在审查起诉阶段严格把控质量关，增强了出罪的主动性和积极性，但另一方面如此高的不起诉率，折射出公安机关移送的案件中有相当一部分案件质量不高，许多原本可以在侦查环节就过滤掉的案件最终还是移送到了检察机关，尤其是绝对不起诉和证据不足不起诉数量的增长，说明在侦查环节中对事实的认定和证据的把握方面，与检察机关的控诉要求存在脱节，导致了司法资源的极大浪费。

（三）撤案率高

表2：2012年5月至9月经济犯罪案件撤案情况

类罪名	生产、销售伪劣产品罪	走私罪	妨害对公司、企业的管理秩序罪	破坏金融管理秩序罪	金融诈骗罪	危害税收征管罪	侵害知识产权罪	扰乱市场秩序罪	总数
移送审查人数	1184	29	671	249	1300	2130	574	1997	8134
撤案人数	558	1	412	196	267	1025	215	1113	3787
撤案率	47.13%	3.45%	61.40%	78.71%	20.54%	48.12%	37.46%	55.73%	46.56%

从撤案率上看，在A市2012年5月至9月移送审查起诉的8134人中，公安机关总共撤案3787人，撤案率达到46.56%。而从具体类罪来看，除走私罪撤案率较低外，其他类罪均存在高撤案率的情况，其中，破坏金融管理秩序罪的撤案率更是达到了惊人的78.71%。这一方面反映出与高不起诉率相同的问题，即侦查环节案件质量把控不严；另一方面也反映出了破案会战中刑事诉讼程序“逆流”现象的常态化，即案件在移送审查起诉后，检察机关退回公安机关补充侦查，最终公安机关作撤案处理终结案件的做法。与正常程序中案件历经公检法这种顺流过程不同，刑事案件在移送审查起诉后原本应由检察机

关作起诉或不起诉处理，退补后由公安机关作撤案处理的情况只是一种例外情况，但从数据上可以看到，在破案会战中，这种逆流的处理方式成为终结刑事案件的常态方式。

（四）提请逮捕率下降

从提请逮捕的人数看，2012 年 5 月至 9 月经济犯罪的提请逮捕人数为 418 人，2011 年该数据为 253 人，增长了 65.22%。但这只是从绝对数量上进行的比较，如果与移送审查起诉人数 1159 % 的增长幅度相比，我们发现这一提请逮捕人数的比例其实是大幅度降低。这可能一方面是因为“破案会战”对打击面过广，一旦企业负责人大面积被逮捕，会影响所涉企业的日常经营，进而影响地区的经济稳定，所以在选择强制措施时有所考虑；另一方面，联系前述中不起诉率和撤案率高的特点，可能与案件质量不高，错捕可能性上升有一定的关系。

二、绿色司法视角下运动式执法中的非法治化元素

上面是以“破案会战”为样本，用实证分析法对运动式执法中刑事司法运行过程中的异常现象进行剖析。这些异常现象的产生一方面与现行刑事司法体制的缺陷有关，而运动式执法强化或放大了这些缺陷，如公检法之间的配合制约关系；另一方面也是运动式执法本身内在逻辑的结果，如过于追求数量的考核方式。这些问题的存在对刑事司法的法治化造成了巨大破坏，使得刑事司法无法顺着规范、理性、平和的轨迹运行。

（一）运动式执法的启动——论证程序的缺失

在法治社会中，任何有关公民重大权益的行动都要让各种法律价值在规范的对话条件下进行碰撞和权衡，通过事实和理由的论证达成最后的结论，以防止一种价值的独尊。运动式执法的启动同样面临着各种法律价值的冲突：一方面，运动式执法有利于执法效率的提高和社会治安环境的治理，体现了效率价值和安全价值；但另一方面，运动式执法的开展也可能会牺牲法律统一性、稳定性乃至公平性，具体在经济领域，还可能对经济发展、就业等造成影响。虽然在理论层面上两者并不必然抵牾，但现实是，在疾风暴雨式的运动中两者很难得到兼顾。另外，运动式执法虽然是由公安机关单方面发起，但刑事司法的流程决定了检察机关和审判机关必然被“绑架”，同时由于经济犯罪涉及群众就业、行业发展、经济稳定等问题，相关的行政管理部门也无法置身事外。更为重要的是，运动式执法的集中性、突击性等特点决定了，一旦其运转起来，人民群众的实体权利和诉讼权利很容易受到侵犯。但这样一次涉及面广且法律

价值内在冲突尖锐的行动，却可以由公安机关单方面不受任何约束地发起，而没有任何程序上的制约，这显然不符合法治精神。

（二）运动式执法的环境——非规范性因素渗透办案过程

法治不仅仅是一种制度安排和治理工具，在法治实施过程中，要求无条件维护法律的尊严和权威。从“破案会战”的开展情况来看，司法机关在这过程中基本上做到了依法办案，坚守住了法治的形式理性。但我们也发现在破案会战中，一些非规范的因素与法律规定混杂在一起，或显或浅地影响着执法办案的过程及其结果，损害了法律的确定性。

第一，犯罪标准的变动不居。由于经济犯罪中很多罪名都是数额犯，因此犯罪数额的稳定是公民预测可能性的重要保障，但是在运动式会战中，犯罪标准在时间和空间两个维度都缺乏稳定性和统一性。在破案会战中，一方面，有关经济犯罪的司法解释出台时间较早，随着经济的飞速发展，相应的标准已不适用现实情况，如虚开增值税专用发票罪；另一方面，由于经济发展水平的差异，司法解释中通行的标准在一些经济发达地区已经显得过于严厉。有鉴于此，在实际办案中，某些经济发达地区对一些罪名确立了高于司法解释的内部标准。这些标准虽然与司法解释不符，但却符合地区的经济水平和时代的发展脉络，体现了社会危害性的实质特征。但在“运动会战”中，这些内部标准纷纷被弃用，转而适用司法解释，这在事实上导致了犯罪标准的降低，扩大了犯罪圈。然而随着犯罪圈的扩大，一旦打击面过广，犯罪圈还存在进一步缩紧的可能性，这不仅损害了公民的预测可能性，还使得短时间内出现同案不同判的情形，破坏了法律的公平性和权威性。例如，销售假伟哥的案件，在破案会战开始之初，已有法院对销售 1 粒伟哥的犯罪人判处了实刑，但在几个月后，由省高院发出通知，将入罪标准提高到了销售 60 粒以上，短短几个月入罪标准发生了翻天覆地的变化。

第二，案外因素渗透办案过程。由于运动式执法的开展是建立在常规执法失效的基础上的，因此一旦运动式执法启动，就意味着打击范围会极度扩张，随着影响面扩大，各种案外因素将渗透案件处理过程中，影响最终的处理结果，如一些地方在维稳怕乱的心态下，对案件进行不适当的干预。在案外因素的干预下，案件处理的统一性、稳定性、公平性会受到不同程度的破坏，法治的权威受到挑战。就“破案会战”来说，由于其针对的是经济犯罪，因此经济因素是相对显性的影响因子。如 D 市是全国私营企业比较发达的县级市，由于塑料产业发达，被誉为“中国塑料之乡”。“破案会战”开始后，公安机关在 D 市某塑料城市场查办了大量的偷税案件，按照法律规定这些案件都已达到了构罪的标准，但最终因涉及面太广，地方政府出于对地区经济稳定的担忧进行了干预，最终绝大多数案件做了撤案处理。

（三）运动式执法的环节——形式主义至上

法治是形式理性与实质理性的有机统一体，形式理性是实现实质理性的手段，实质理性是形式理性的价值取向，因此司法机关在办案过程中要两者兼顾，那种过于追求形式却忽视实质正义的做法，不仅容易陷入形式主义的窠臼，也会对公民合法权益造成侵害。而运动式执法通常以“从严打击、绝不姑息”为指导精神，“总是倾向于对行政行为的内容做格式化处理，且通常将立法授权的法律效果定格在对行政相对人权利侵害最大的选项上”。① 导致具体执法过程中形成了重形式统一性轻个案特殊性、重案件数量轻案件质量的办案思维。具体来说，运动式执法中形式主义的做法主要有以下两个方面：

第一，案件数量至上。运动式执法采取的是短期内集中治理的方式，为保证执法效果，上级通常会采用一定的考核办法来指引、敦促下级机关，但这种考核更多地表现为数字上考核，而非实质效果上的评价，导致了办案过程中重数量轻质量的思维倾向。如“破案会战”中，公安部采用了以数量为指标、以地区为单位的竞赛方式，积极营造你追我赶的氛围，在这种竞赛的气氛下，公安机关在具体开展过程中会形成唯数额论的倾向，这是本次破案会战案件数量剧增的重要原因。

第二，否定个案特殊性。办案人员在运动式执法中出于对案件数量的追求，对案件的基本法律事实进行裁剪，更多地关注行为是否达到了犯罪标准，但对许多出罪的情节熟视无睹，以形式统一性为名牺牲了个案正义。

以本次“破案会战”为例，经济犯罪中大部分罪名都以情节严重、数额较大为构成要件，这些情节和数额通常配有相应的司法解释予以明确。另外，也有少部分罪名刑法分则并未对情节或数额提出要求，即所谓的行为犯，如生产、销售有毒、有害食品罪。对这两类罪名，公安机关出于对破案率的追求，在理解上都过于僵化。表现在一般只要行为符合刑法分则的规定，就予以处理，如销售假药罪，只要行为人有销售的行为，哪怕只有一颗，公安机关就认为达到了犯罪标准，而不管其是否属于《刑法》总则第 13 条但书中“情节显著轻微，危害不大”的情况，也不考虑是否贯彻了宽严相济的刑事政策。但是“就犯罪行为本身来说，其社会危害性是在逐步增加，只有实施在一定程

① 郑春燕：《行政裁量中的政策考量——以“运动式”执法为例》，载《法商研究》2008 年第 2 期。

度，才是最充分地实现构成要件的行为”①。这样，许多并未达到起诉条件的行为被移送到了检察机关，导致了不起诉率、退捕率以及撤案率的高企。

（四）运动式执法的制度——司法制约弱化

从某种意义上说，法治的主要意义就在于限制国家公权力，这里的限制除了将公民权利作为权力的边界外，还需要权力之间互相制约和牵制，否则不受约束的权力必定会对公民权益造成侵害。在刑事诉讼中，侦查、起诉、审判的分权及其相互制约，是保障司法公正的重要保障。根据《宪法》第135条的规定，“人民法院、人民检察院和公安机关办理刑事案件，应当分工负责，互相配合，互相制约，以保证准确有效地执行法律”。但实践中，受司法制度和司法理念的影响，司法机关之间配合有余制约不足的问题十分突出。在运动式会战中，这个问题尤为明显。

1. 公检法一体化趋势。运动式执法是一种强调犯罪控制的司法模式，这一模式强调国家机关的职权作用及相互配合，在这一过程中，政法委协调案件变得常规化，公检法三家形成了共同的价值取向即犯罪控制，共同认可特定的行为方式，刑事诉讼呈现出典型的线性结构特征。刑事诉讼的线性结构虽然有助于打击犯罪，保障无辜公民不受追究，但过分倚重会“忽视刑事诉讼中三方组合互动的诉讼本质，轻视被告人的主体地位及辩护人的能动作用，忽视审判活动中控诉方与辩护方的平等关系”②。最终，刑事司法的运作过程可能会异化为行政性程序，损害刑事诉讼的公正性。在这次“破案会战”中可以看到，面对数量如此庞大的案件，公检法三家在政法委的协调下，形成了共同的目标即快速处理案件，针对撤案、不起诉、审判三种不同的处理办法，对相应的案件进行划分，并形成适用的标准，用以指导此后的办案实际。由此，刑事诉讼的线性结构压倒了三角结构，公检法相互配合成为主旋律。

2. 制约的弱化。配合强化的必然结果是制约弱化，以检察机关的侦查监督为例，检察机关作为国家法律监督机关和追诉活动的主要承担者，一方面，应当加强检警合作，共同提高侦查取证的质量，为控诉夯实基础；但一方面，鉴于侦查活动关系到公民的正常生活和各种权利，而且对合法有效地追诉犯罪具有决定性的作用，检察机关应当加强侦查监督，强化对公民合法权益的保障。因为“侦查中所犯的错误往往具有不可弥补性，许多实证研究指出，错误裁判最大的肇因乃错误侦查，再好的法官、再完美的审判制度，往往也挽救

① 金泽刚、张正新：《行为犯的概念及其既遂形态研究》，载《法商研究》1999年第3期。

② 龙宗智：《相对合理主义》，中国政法大学出版社1999年版，第107页。

不了侦查方向偏差所造成的恶果，因而，身为侦查主的检察官如何主动进行侦查活动。或者说，如何智慧监督警察办案，实际上成为裁判结果的指针，关系着将来裁判的客观性和正确性”①。尤其在运动式执法这种大范围集中式侦查过程中，检察机关侦查监督功能的有效发挥，既关系到打击犯罪的效果，同时又与公民合法权益的保障休戚相关。但现实是，检察机关对侦查活动的司法制约显然远远不够，对此，有学者就指出：“一是检察对侦查活动的调控力度不足，不适应形势发展的需要，在刑诉制度对控诉活动要求更高的情况下，检察机关对警方的侦查取证控制指导不够，难以保证其侦查活动符合追诉要求，导致控诉力量不足，妨碍对犯罪的有效追诉；二是法律与实际的脱节。检察机关的法律监督名不副实，警察行为不能受到检察官有效的法律控制，仍然存在所谓‘侦查任意主义’，妨碍了侦查程序的法治化。”② 从本次“破案会战”来看，以上两个问题确实存在。就第一点来说，由于“破案会战”中公安机关过分追求案件数量，但检察机关对侦查行为调控力度不足，导致了大量不符合追诉条件的案件被移送到了检察院，产生了一大批不起诉的案件及刑事案件的“逆流”现象。就第二点来说，公安机关的立案活动很少受到检察机关的监督，特别是针对不应当立案而立案侦查案件往往缺乏有效的监督，导致不少未达起诉标准的案件进入了审查起诉环节，这不仅大大浪费了本已非常紧张的司法资源，也对广大个体或企业的日常经营造成了影响。

三、绿色司法视角下运动式执法的法治化路径

绿色司法强调实现公平正义所要求的执法动机、方式方法和质量效果的统一，要求最大限度减少司法办案的负面影响，构建文明健康的法治生态。从上述要求看，运动式执法确实存在一系列的问题。但在现阶段行政管理和司法水平普遍不高的现实下，运动式执法仍有存在的必要，但其运行模式必须符合绿色司法的要求，从执法动机、方式方法和质量效果等方面规范运动式执法，尽可能发挥其正面价值，同时将其副作用降到最低。

（一）通过程序获得正当性基础

运动式执法的种种弊端意味着其启动必须慎重，这就要求运动式执法必须通过程序树立起权威，并需要接受正当化论证过程的检验，采取权力制约的方

① 林钰雄：《检察官论》，法律出版社2008年版，第12页。

② 龙宗智：《评检警一体化——兼论我国的检警关系》，载《法学研究》2000年第2期。

式来维护正当性基础。①

首先，必须注重常态治理。运动式执法的启动往往意味着常态治理的缺位，从这次“破案会战”中发现的犯罪行为来看，许多行为人长期实施特定的犯罪行为，却没有得到处理，这在一定程度上形成了行业内的潜规则，同时也助长了行为人的投机心理，导致了犯罪行为的泛滥。另外，运动式执法的负面作用也决定了只有常态治理才是最有效的管理方式，“社会越是处于常态或正常时期，公检法相互制约的可能性就越大，人权保障更有力”②。因此，公安机关及相关行政管理部门应当转变过去的执法方式，以刑罚的统一性、稳定性、规范性为价值追求，突出刑罚的必然性和及时性，从制度层面构建常态治理机制，加大对违法犯罪行为的打击力度。

其次，运动式执法的启动必须经过相应的程序论证并对各种法律价值的碰撞进行权衡，在确保其具有正当性基础时才能予以启动。具体来说，在运动式执法启动前，必须建立由各相关部门组成的会商制度，在现有法律的框架内和宽严相济刑事政策的指导下，就运动式执法如何贯彻宽严相济刑事政策提出具体意见，并对运动式执法的正当性基础、执法尺度、适用范围等问题进行协商。因检察机关和法院必然会成为运动式执法的参与主体，因此也是会商制度中的当然主体。除此之外，当运动式执法集中针对某一领域时，相应的政府管理部门也应当出席。在具体研究过程中，应当从以下几个方面出发，探讨运动式执法的正当性基础：一是必要性。只有在违法犯罪活动极其严重，而常态治理无法见效的情况下才能运用运动式执法。二是实效性。运动式执法与常态治理相比，最大的优势在于其收效快、成效明显，但如果行动不仅难以取得成效，反而会对社会稳定、经济发展等造成不利的影响，那么运动式执法就不应当开展。因此在会商时，要对运动式执法的政治效果、社会效果、法律效果等进行论证，确保行动能取得实效。三是经济性。运动式执法必然要投入许多人力物力，我们要考虑这些投入与取得的效果是否能成正比，另外，还要考虑这些投入是否会对其他常规工作造成影响。

（二）将非规范性因素转化为规范因素

正如十八大报告中所强调，“任何组织或者个人都不得有超越宪法和法律的特权，绝不允许以言代法、以权压法、徇私枉法”，法治要求“把从前常常在法律以外的东西纳入法律以内”，③ 体现在司法中，就是要将过去在规范之

① 参见季卫东：《论法制的权威》，载《中国法学》2013年第1期。

② 侯猛：《“党与政法”关系的展开》，载《法学家》2013年第2期。

③ 克拉勃：《近代国家观念》，王检译，商务印书馆1957年版，第25页。

外的因素纳入法律的框架内进行考量。

首先，我们认为，在运动式执法的开展过程中，要承认地区的差异性，但也要坚守法治的统一性。目前我国地区发展不平衡的问题相当突出，东西部之间经济水平、居民收入水平存在着巨大差异，这意味着相同情节的犯罪行为在东西部可能蕴含着不同的社会危害性，如同样是盗窃2000元人民币，在东部可能刚刚达到追诉标准，但在西部落后地区却可能是社会危害性较大的行为，因此过于整齐划一的法律规定将不免与地区的差异性产生一种紧张关系，因此我们必须承认地区的差异性，否则必然以形式公平掩盖事实上的不公平。但同时，法治的统一性也必须得到维护和尊重，犯罪标准在运动式会战开展前后必须保持相对稳定，不能随意因打击犯罪的需要而降低标准，也不能随意因缩小打击面而提高标准。其次，犯罪标准在一定的区域内保持相对稳定，在经济发展水平相当或相邻的区域内，犯罪标准要保持相对一致。

（三）宽严相济——克服形式正义

宽严相济刑事政策是我国基本的刑事政策，不论是常规执法还是运动式执法，遵循这一刑事政策都应当成为其基本的底线。对运动式执法来说，尤其要注重宽缓的一面，既要看到形式统一性，也要看到个案特殊性，真正做到宽严有别、以宽济严。

1. 合理制定考核制度。考核对司法行为的目标及实际运作具有指引性，是执法行为的指挥棒。科学合理的考核制度有助于合理配置司法资源，提升整体的司法效能，但是不合理的考核制度也会使执法行为偏离司法规律。因此，在运动式执法中，既要承认考核制度的存在价值，也要在制定考核标准时遵循司法规律及宽严相济刑事政策。对此，首先要改变唯数量论的做法，在考核细则中要降低案件数量的权重，更不宜采取竞赛的方式，而应当采取实质化的标准来检验执法效果，如社会治安是否好转、人民群众的满意度等。其次不能以刑罚的轻重来判断执法成绩，要积极鼓励对犯罪进行轻缓化处理，要允许一定比例的无罪率存在。

2. 宽严相济把握执法标准。宽严相济刑事政策的侧重点在于犯罪处理的轻缓化，这要求我们在办案实践中要讲求实质理性与形式理性的结合，不仅要关注构罪及罪重的情节，更要关注出罪及罪轻的情节。具体到运动式执法中，应当从以下几个方面来把握：第一，针对运动式执法中执法标准僵化的情况，我们认为应当遵循宽严相济刑事政策，更加强调个案的特殊性。在执法过程中，不仅要关注行为是否符合刑法分则的规定，还要遵循刑法总则的规定，关注案件是否存在法定或酌定的从轻情节。第二，判断行为是否构成犯罪，要从社会危害性和人身危险性两方面出发，从严把握入罪标准。对于行为刚刚达到了犯罪的社会危害性程度，但是人身危险性较轻的，如有自首情节等，应该更加主动地予以出罪。

（四）司法制约——防止权力滥用

将运动式执法纳入法治化轨道，需要公安机关从自身出发改变办案思维、改革办案方式，也要强化检察机关的司法制约，这其中，将侦查监督落到实处是当务之急。具体到运动式执法中，针对其可能存在的执法标准形式化、随意性执法、案件数量中心主义等问题，我们认为应当从以下两个方面入手加强侦查监督：一是在运动式执法过程中，检察机关的监督范围要进一步扩大。特别是对一些事关公民重大权益的强制性侦查措施，用之不当必定会严重影响公民的正常生活生产秩序，如搜查、扣押、冻结等，虽然刑诉法规定这些措施可由公安机关自行决定，但基于法律监督机关的地位，检察机关对这些措施加强监督是符合法律规定和现实需求的。二是监督方式要进一步拓展。运动式执法是一种特殊时期开展的专门性行动，其在执法办案中难免会存在不规范的情况，因此检察机关在实施侦查监督时必须改变去过的监督方式，对行动的全程进行跟踪监控。但鉴于目前检察力量与案件数量的尖锐矛盾，要求检察机关对侦查活动的全面监督尚不现实，因此可以考虑实施个案提前介入和宏观指导相结合的监督方式。其中，对于一些大案、要案，检察机关要实施个案提前介入，“在掌握、熟悉情况的基础上，提出收集、固定证据的建议，指出侦查中应当查明的问题和注意的问题”，[①] 发现违法行为的，提出纠正违法的意见和建议。同时，在宏观上，检察机关首先可以通过要求公安机关建立立案报备制度或共享信息网络等方式，及时掌握行动进展情况；其次要在宽严相济刑事政策和法律的框架内，就宽严相济的尺度、强制措施的适用原则等问题进行协调；最后可以通过向公安机关派驻检察官的方式，对侦查行为的合法性、公平性、统一性实行全程动态的跟踪。

---

① 龙宗智：《检察制度教程》，中国检察出版社2006年版，第216页。

绿色司法视野下法律监督格局的发展完善

樊玉成　王小光*

一、绿色司法检察理念的提出及内涵

司法理念作为哲学意义中的理念与司法专业活动的有机结合，是指导司法制度设计和司法实际运作的理论基础和主导的价值观，也是基于不同的价值观（意识形态或文化传统）对司法的功能、性质和应然模式的系统思考。“法学界对司法理念有着多种不同的认识，有的认为司法理念应包括司法独立、法律至上、司法公正、司法高效、司法文明五个方面。”① 也有学者认为司法理念应包括司法中立、司法公正、司法独立、司法民主、司法公开、司法效率、司法廉洁、司法程序和司法职业化等九个方面。② 司法理念在不同的历史时期有着不同的内涵，即使同一时期的不同的国家和地区，司法理念的内容也存在一定的差异，这也就形成了司法理念的地域化特征。一般来说，以司法公正、司法公开、司法效率等为核心的基本司法理念，应当成为司法工作人员最基本的价值理念。但是，各个地区的司法实践情况各不相同，各地司法机关所面临的本地司法生态、司法环境、司法人员素质、案件现状等也存在差异，所以各地司法机关在司法工作中往往形成了各具特色的工作亮点和特色，这些工作亮点和特色背后的是各地具有特色的司法工作理念。衡量司法理念是否具有进步性的标准，可以归纳为：该理念是否符合基本的司法规律；是否有助于解决司法实践中遇到的问题；其内容体系是否完整协调。

长期以来，浙江检察系统在业务工作中，面临着案多人少等一系列问题。为此，浙江省人民检察院提出要将绿色发展置于司法语境下的绿色司法，是建立在有限的司法资源和日益增长的司法需求约束条件下的，通过规范、理性、

---

* 樊玉成，华东政法大学；王小光，浙江省舟山市人民检察院。

① 转引自汤维建：《论司法公正的保障机制及其改革》，载《河南省政法管理干部学院学报》2004 年第 4 期。

② 蒋惠岭：《现代司法理念基本问题（一）》，载《人民法院报》2003 年 1 月 23 日。

文明司法，提升司法质效的新型司法理念，旨在重构检察司法内外和谐关系，促进法治生态文明健康发展。在浙江省人民检察院制发的《关于制定高水平推进浙江检察工作发展规划的说明》中，系统阐述了什么是绿色司法，为什么要倡导绿色司法，以及如何践行绿色司法等一系列新观点、新思想。绿色司法以遵循司法规律为导向，以规范、理性、文明司法为核心，以司法公开、司法公正和司法公信力为本质要求。通过绿色司法，实现公平正义所要求的执法动机、方式方法和质量效果的统一，最大限度减少司法办案的负面产出，推进社会善治进程，构建文明健康的法治生态绿色司法的内涵符合司法规律的基本要求，其以优化司法资源配置为重点，以规范、理性、文明为核心，以司法公开、司法公正和司法公信力为本质要求，以实现司法动机、方式方法、质量效果的统一，最大限度地减少司法办案的负面产出为最终目标。绿色司法理念以解决检察工作中遇到的问题为出发点，坚持遵循司法基本规律，形成了独具地方特色的理论体系内容，是具有实践价值的一次理论探索。比如，从2009年起，舟山市检察机关就开始主动思考自身在全省检察机关中的特色，以“差异化、一体化”的发展路径，以“人无我有、人有我优”的目标定位，坚持服务型司法，在融入中心护航大局上打造和提升舟山检察特色，形成了独具舟山特色的绿色司法品牌。

二、绿色司法对完善检察机关法律监督格局的意义

“‘法律监督’的术语是新中国法制史上的一个创造，是中国法律中的一个专门术语，是指专门国家机关根据法律的授权，运用法律规定的手段对法律实施情况进行监察督促并能产生法定效力的专门工作。”① 法律监督格局是近年来各地检察机关在检察工作中经常提到的一个用语，是指检察机关在法律监督工作中所形成的一种比较稳定的工作关系和工作内容格局。绿色司法理念的提出，一方面赋予了检察机关法律监督工作新的内涵和要求，另一方面也对检察机关法律监督工作提出了更高的要求。

（一）绿色司法开拓了检察机关法律监督的新领域

党的十八大以来，习近平总书记从“绿水青山就是金山银山”的高度，提出要保护好绿水青山的自然生态，并延伸到全面从严治党领域，提出要打造政治生态上的绿水青山。全面推进依法治国，推进国家治理体系和治理能力现代化，要求法治生态同样也应该是健康、绿色的，而健康、绿色的法治生态必

---

① 张智辉：《论检察》，中国检察出版社2013年版，第5~9页。

然要求绿色司法。长期以来，检察机关承担的工作绝大多数集中在刑事司法领域，特别是以职务犯罪侦查、刑事案件公诉为工作重心，检察机关的资源也主要分配到这两个板块，不少检察学者也积极论证职务犯罪侦查、公诉的法律监督属性，但是一直没有消弭争议，达成共识。同时，检察机关所承担的其他法律监督职能，比如行政执法行为的法律监督、对刑事侦查的深入监督、公益诉讼等方面，受到的重视不足，一直以来发展缓慢。检察机关也要与时俱进，摒弃陈旧观念，更新司法方式，绿色司法正是在新形势下运用法治方式改进社会治理的有益探索。绿色司法理念强调检察机关充分重视人民群众所关心的社会生活中的司法问题，积极满足广大人民群众的司法需求，在此理念下，检察机关的法律监督体系也要进行适当调整，需要更加重视监督那些涉及民生，危害公共利益的违法犯罪行为，充分利用好公益诉讼、民行监督等手段，锻造检察机关多方位的法律监督能力。

（二）绿色司法是指导检察机关法律监督的新理念

绿色司法以规范、文明、理性为核心，提倡改变过去那种唯办案数量的数字办案GDP评价模式，防止片面强调办案数量、就案办案，要求办案工作重新回到检察工作的初衷，并且符合检察工作的本质要求。过去我国司法机关办案的“粗放化”特征较为明显，重打击、轻保护，重实体、轻程序等现象普遍存在，司法不文明、不规范问题较为突出。近年来，随着国家法治建设进程的加速，全国检察机关的办案已逐步规范化、文明化，在保护人权方面的进步非常大，但是仍然存在进一步改进的空间。绿色司法正是在此形势下提出来的，其要义是以人民为中心，把司法为人民作为最重要的价值追求。检察机关在开展法律监督工作中也要充分体现人本精神，从心底里摒弃那种国家工作人员高人一等的心理，不讲工作方法以俯视的心态对待人民群众，而应真正的领悟为民服务的要求，把规范、文明、理性的精神贯彻到具体的检察业务工作中，通过更新法律监督的理念，改进办案方式方法，用现代文明的方式司法办案，使人民群众不仅感受到法律的尊严和权威，而且能感受到司法的温度和检察人员的人文情怀。只有这样，才能为检察机关的法律监督工作打好牢固的群众基础。

（三）绿色司法推动检察机关法律监督模式的转型

绿色发展是遵循自然规律的发展，绿色司法作为一种全新的司法理念，同样也必须遵循司法规律。绿色司法以实现司法动机、方式方法、质量效果的统一，最大限度地减少司法办案的负面产出为最终目标。总的来说，在我国宪政体系下，检察机关作为宪法所确定的法律监督机关，其法律地位是明确的。当前检察机关的法律监督体系正处于不断变动之中，一些原有的监督领域和监督手段逐渐淡出检察机关的业务范围，一些新的监督领域和监督方式也亟待检察机关去探索和完善，检察机关在这些新的监督领域内有很大的发展空间，充分发掘好这些监督领域可以进一步完善检察机关的法律监督体系。另外，检察机关开展法律监督工作，在原有的法律监督领域内，也要积极反思法律监督手段、方式、方法问题。随着社会发展，民众法治理念的进步，检察机关在刑事领域、民行领域的法律监督手段和方式方法也面临着许多不足，监督效果尚不能充分发挥出来，监督手段无力，监督方式方法比较单一的问题也很突出。绿色司法理念强调司法行为方式方法和质量效果的统一，对当前法律监督工作有很强的指导意义，检察机关的法律监督也要及时探索新的监督模式，积极完善法律监督的方式，探索新的监督路径，实现新时期法律监督模式的转型。

三、绿色司法视野下完善检察机关法律监督格局

浙江检察机关探索的绿色司法理念，对于完善当前的法律监督格局有着非常积极的意义，有助于开拓法律监督监督领域，并推动法律监督手段方法的完善。在此理念指导下，完善检察机关法律监督格局需要重点从刑事检察、民行检察领域展开。

（一）“以审判为中心”完善刑事诉讼法律监督格局

1. 破解刑事立案监督困局。刑事立案监督是国家赋予检察机关的一项重要的法律监督职能，检察机关通过行使立案监督职能，可以监督侦查机关依法行使侦查权，保护刑事被害人的合法权益。从当前全国各地检察机关开展刑事立案活动的现状来看，检察机关的立案监督工作还存在许多问题，比如刑事立案监督案源线索少，监督的主动性不足，过于依赖专项工作的支持，检察机关在立案监督中的调查权受到限制，这些问题限制了检察机关立案监督职能的有效发挥。要破解这些问题，可以从以下几方面入手：第一，通过立法充实检察机关立案监督中的调查权。赋予检察机关在立案监督中充分的调查权，甚至直接的立案侦查权，使其能够通过自行调查发现立案程序中存在的问题，以真正发挥立案监督的作用。第二，设立检、警立案信息共享平台。尝试利用当前检、警两机关已经取得的网络办公技术成果，探索设立刑事案件立案信息共享平台，检察人员可以通过该信息平台查询公安机关立案信息，查阅接处警记录，查看受理线索的电子笔录，并跟踪案件网上流转过程，对刑事案件立案进行全方位监督。第三，深化“行刑”衔接合作机制。检察机关应积极与行政执法部门进行合作，建立常态的联席会议制度，加强行政执法与刑事司法的衔接，探索检察机关提前介入监督的机制，及时发现行政执法中查处的涉嫌犯罪

的案件线索，确保那些构成犯罪的案件进入刑事司法程序处理。

2. 强化刑事案诉讼侦查监督格局。检察机关依法对侦查活动进行法律监督，是规范侦查权行使方式、保护当事人合法权益，实现侦查法治化的重要路径。长期以来，我国刑事诉讼中公检法之间的关系存在扭曲的问题，分工负责、互相配合、互相制约的基本原则异化为配合有余，制约不足，也导致了侦查监督缺乏刚性的问题，最终也制约了检察机关侦查监督职能的有效行使。党的十八届四中全会以来，中共中央多次提出要加强对侦查活动司法监督，检察机关作为国家司法机关，应当积极履行其法律赋予的法律监督职能。强化刑事诉讼侦查监督格局，加强对基层派出所的侦查监督。检察人员转变理念，借助现有的监督平台，深入基层侦查一线发现线索，督促基层派出所依法开展侦查活动。其次，构建结构完整的侦查监督体系。一方面要强化对侦查行为的司法监督，检察机关要充分运用法律赋予的法律监督权，对过去监督不足的搜查、鉴定、询问、现场勘查、辨认等侦查活动加强监督，保证侦查行为的程序合法。另一方面要加强对刑事强制措施的监督，继续完善羁押必要性审查制度，突出对侦查机关拘留强制措施的监督，扩展现有的对刑事强制措施监督的范围，增强对刑事强制措施监督的实效。

3. 实现刑事审判监督格局合理化。当前正在推进的“以审判为中心”的诉讼制度改革，其基本要义是实现庭审的实质化，发挥人民法院在认定案件事实、适用法律方面的核心地位。依据法律规定，检察机关依法拥有对人民法院审判活动进行监督的权利，检察机关通过对刑事审判活动进行监督，可以保障各级法院依法正确履行职权，保护当事人的合法权益。检察机关在开展刑事审判监督过程中，一直面临着监督范围狭窄、诉讼职能与监督职能协调不畅、监督手段无力等问题。要进一步完善和加强检察机关的刑事审判监督工作，需要在科学合理定位好检察机关的角色同时，进一步强化检察机关的监督实效。

拓宽诉讼监督范围，全面履行法律监督职责。当前，检察机关在履行诉讼监督职能过程中，受到内部绩效考核机制的影响，主要把监督重点放在对一审案件的抗诉工作上，许多地方公诉人员过分热衷于通过抗诉来监督一审裁判，对刑事审判活动的其他领域监督明显弱化。检察机关对刑事审判活动的监督应当是全方位，不能仅仅为了考核方面的考虑而又选择进行诉讼监督，尤其是刑事诉讼法在 2012 年修订以后，对检察机关开展刑事审判监督提出了新的要求，也需要检察官切实承担起其应承担的法律监督职能。在现有的刑事审判监督模式下，检察机关要全面履行法律监督职责，一是要加强对适用简易程序裁判案件的监督，对于确有错误的裁判，符合抗诉条件的要及时提起抗诉；二是要加强对死刑复核案件的法律监督，发挥最高人民检察院的法律监督职能，保障死刑复核案件当事人合法权益，确保最高人民法院依法行使死刑复核职能；三是加强对再审案件的诉讼监督，要充分利用法律赋予检察机关的监督职权，综合运用抗诉、纠正违法通知书、检察建议书、再审检察建议、检察长列席审判委员会会议等方式开展监督，构建起监督方式多元的刑事审判监督格局。

4. 打造全新的刑事执行法律监督格局。在我国当前的刑罚执行模式下，检察机关并不负责具体刑罚的执行，检察机关在刑事执行活动中的主要职能是开展法律监督，监督刑罚的到正确地执行。目前的问题是，受到刑事执行活动封闭性、复杂性的影响，检察机关在开展刑罚执行监督活动中，监督的手段不足，监督效力有限，监督工作缺乏有效的着力点，影响了刑事执行法律监督工作的有效开展。要解决检察机关开展刑事执行监督中存在的问题，要整合派驻检察和巡回检察的监督力量。全国各地检察机关内部一般设立了监所检察部门，监所部门一般在各地看守所设立了检察室。另外，为了方便对监狱刑罚执行活动的监督，检察机关在监狱中也设立了检察室。这些派驻在看守所、监狱的检察室能够利用接近一线，信息来源比较多的优势，发挥对看守所、监狱的法律监督作用。同时，检察机关也一直存在着巡回检察制度，巡回检察可以弥补驻所检察室监督上的盲区，避免驻所检察机构长期驻所造成监督无力的情况出现。因此可以充分发挥两种监督模式的优势，建立驻所检察和巡回检察联系机制，整合现有的监督资源，形成监督合力。

（二）民事诉讼法律监督格局

1. 健全民事诉讼监督体系。2012 年修订的民事诉讼法规定人民检察院有权对民事诉讼实行法律监督，并且检察机关可以有权对审判程序外审判人员的其他违法行为进行监督，这就突破了以前所规定仅对审判活动进行监督的限制。另外，《人民检察院民事诉讼监督规则（试行）》规定了检察机关可以对符合《民事诉讼法》第 209 条第 1 款规定的已经发生法律效力的民事判决、裁定、调解书，民事审判程序中审判人员存在违法行为，民事执行活动存在违法情形，审判、执行人员有贪污受贿、徇私舞弊、枉法裁判等损害国家利益或者社会公共利益等情形，通过抗诉、检察建议等方式进行监督。上述法律进一步扩展了检察机关开展民事诉讼监督的空间，检察机关应利用现在的有利条件，从纵向上延伸民事诉讼监督的范围，健全民事诉讼法律监督体系：

第一，继续发挥抗诉监督民事诉讼的作用。检察机关监督民事诉讼活动过程中，如果发现已经发生法律效力的判决、裁定、调解书确有错误，可以通过提起抗诉进行监督，这将引发法院二审程序。过去抗诉对象局限在判决、裁定，新修订的民事诉讼法则将抗诉范围扩展至损害国家利益、社会公共利益的调解书，这也给检察机关开展法律监督提供了新的监督内容，检察机关应积极培养民事法律方面的专才，加强与高校、科研机构专业人才的合作，积极开展对判决、裁定、调解书的监督，尤其是应积极探索对调解书的法律监督，切实履行法律赋予的监督职责。

第二，开展对民事执行活动的法律监督。民事执行难一直是社会各界广为诟病的问题，执行不力既损害了当事人的合法权益，也侵蚀了司法的权威，最终不利于民众法治信仰的形成。司法实践中，民事执行往往涉及司法腐败、地方保护主义、执行力度差等现实问题，但长期以来对执行活动监督仅仅是依赖法院系统内部，这种内向监督不力的弊病是非常明显的。新修订的民事诉讼法原则上赋予了检察机关对民事执行活动的监督，检察机关就应该充分行使其监督职权，积极探索民事执行监督的手段、程序、办案模式、衔接机制等建设工作，为全面加强执行监督积累经验。

第三，继续完善检察机关的调查权。新修订的民事诉讼法规定人民检察院因履行法律监督职责提出检察建议或者抗诉的需要，可以向当事人或者案外人调查核实有关情况。这一规定明确了检察机关在从事民事诉讼法律监督过程中可以行使调查权，但法律规定总体比较粗疏，并没有对检察机关具体如何开展调查、调查手段、调查程序、调查结果处理等作出明确规范，这既为检察机关开展试点探索留下了空间，也造成了检察机关行使调查权的法律依据尚有欠缺。在检察机关的司法改革试点中，检察机关应积极探索调查权的行使方式，在现有的调阅材料、走访谈话等传统形式上，探索强制力更强地调查手段，完善调查工作的程序，逐步形成成熟的调查办案模式。

2. 积极探索提起民事公益诉讼。2015 年 7 月 1 日，十二届全国人大常委会第十五次会议作出《关于授权最高人民检察院在部分地区开展公益诉讼试点工作的决定》，授权在北京、内蒙古、吉林、江苏、安徽、福建、山东、湖北、广东、贵州、云南、陕西、甘肃十三个省、自治区、直辖市的检察机关开展为期两年的提起公益诉讼试点。目前该试点工作已经在全国十三个地区开始推进，至此检察机关获得了参与民事诉讼程序的主体资格，但是在试点探索中也发现检察机关开展此项工作存在诉讼专业化水平不足，取证困难等问题亟待解决。

第一，要进一步完善民事公益诉讼检察制度，要发挥诉前程序的作用。要坚持谦抑原则，有所为，有所不为，须明确检察机关提起民事公益诉讼只是补充，检察机关提起民事公益诉讼应当是后置手段，应当发挥检察建议、通报公告等程序作为前置手段的作用。检察机关在提起民事公益诉讼之前，应当通过检察建议的方式督促适格主体依法提起民事诉讼，另外也可探索采取公告等方式督促适格主体提起诉讼，在上述手段用尽后，现有适格主体不起诉或者没有适格主体，检察机关可以自行进行起诉，以保护国家、社会和公共利益不受侵害。

第二，充实民事公益诉讼办案力量。民事公益诉讼对检察机关来说是比较新的领域，过去检察机关的人才储备、机构设置等都偏重在刑事诉讼领域，检察系统整体上缺乏民事方面的人才，检察机关民事检察工作人员的数量、素质等与法院系统存在较大差距。以后提高检察机关开展民事公益诉讼的能力，首先要做好人才储备工作，逐步在人员配置、机构设置等方面突出民事公益诉讼的资源分配，大力招聘精通民事法律知识的专门人才，为检察机关提起民事公益诉讼创造良好的基础条件。

第三，加强民事公益诉讼内、外办案机制建设。检察机关在开展民事公益诉讼过程中，不可避免要遇到许多专业领域问题，需要借助本单位以外的力量予以协助才能解决，这就需要检察机关充分利用现有的内、外办案机制，为民事公益诉讼建立体制机制保障。一方面，要继续深化检察系统内部的一体化建设，下级检察机关在调查取证、法律问题争议等方面遇到困难，可通过一体化机制寻求上级检察机关和本级检察机关其他部门的协助，发挥检察合力的作用。另一方面，要积极完善检察机关与行政机关的外部衔接合作机制，建立健全信息共享、案情通报、案件移送制度。在专业领域的材料调阅、问题调查等方面寻求行政机关的协助，克服检察机关专业领域方面的不足。

（三）行政检察监督格局

1. 完善行政诉讼检察监督。行政诉讼法规定了人民检察院对人民法院已经发生法律效力的判决、裁定，发现违反法律、法规规定的，有权按照审判监督程序提出抗诉，这就明确了行政诉讼法律监督的范围和方式。但是行政检察工作开展过程中也面临着缺少法律制度支撑，缺乏专业人才，行政诉讼监督案件数量少，监督效果十分有限等问题，限制了行政诉讼检察制度的进一步发展。要完善我国的行政诉讼检察监督制度，一方面，要延伸行政诉讼监督的范围。2016 年上半年出台的《人民检察院行政诉讼监督规则（试行）》（以下简称“试行规定”）对行政诉讼检察监督的提起方式、案件范围、工作程序等进行了详细规定，对检察机关开展行政诉讼检察监督进行了明确指导，在推荐行政诉讼检察监督方面发挥了非常积极的作用。检察机关要积极根据试行规定的要求，充分利用抗诉、检察建议、再审检察建议等多种方式，转变过去那种只重视对生效裁判监督的一元化监督模式，加强对人民法院已经发生法律效力调解书的监督，积极开展对法院审判人员违法行为的监督，探索对人民法院执行裁定、决定的监督，完善检察机关开展行政诉讼监督的调查手段，最终实现对行政诉讼审判过程的监督，打造对行政诉讼结果和过程全面监督的多元监督模式。

另一方面，整合行政诉讼检察监督的力量。正如尚未提到的，检察机关在刑事专业人才方面储备较为充分，拥有大量从事刑事检察工作的专业人才，但是检察机关内部拥有民事、行政专业技能的人少之又少，在行政诉讼领域缺乏专业人才的储备，这是开展行政诉讼监督的一个重大不足。要积极打造行政诉讼法律监督格局，离不开专业人才的培养，这就需要我们积极招聘具备行政法和行政诉讼法知识的专业人才，加强同高校、科研机构的智库平台合作，在检察机关的内设机构改革中注意对行政诉讼检察监督的资源支持，提高检察机关开展行政诉讼检察监督的能力。

2. 强化行政执法检察监督。十八届四中全会对检察机关法律监督工作提出了更高的要求："检察机关在履行职责中发现行政机关违法行使职权或不行使职权的行为，应该督促其纠正。"加强对行政违法的监督是进一步完善中国特色的检察制度，推进依法治国的基本方略，全面加强依法行政，建设社会主义法治国家的重要内容。完善检察机关对行政执法行为的法律监督，可以说是检察机关法律监督工作需要进一步开拓的新领域，对于完善检察机关法律监督格局具有非常重要的意义要，我们要坚持行政诉讼监督与行政违法行为监督并举，完善行政执法与行政检察衔接、政府法制监督与检察监督协作机制，推进行政执法检察监督，探索推行行政强制措施检察监督。

强化对行政执法检察监督，首先要完善行政执法监督的法律基础。虽然十八届四中全会对检察机关开展行政执法监督进行了规定，但是这项工作还处于试点阶段，该项工作的具体操作还缺乏法律层面的规范，因此一方面要继续完善该检察机关开展行政执法监督的程序规范，尽快推进相关立法和司法解释的出台，为检察机关开展行政执法监督创造良好的法律条件；另一方面，鼓励地方检察机关进行行政执法监督的试点探索，发挥基层检察机关在行政执法监督方面的创造力，通过汇总基层检察机关开展行政执法监督的经验教训，总结出科学合理的行政执法监督模式，并推动相关立法的进程。

3. 积极开展行政公益诉讼。2015 年 7 月 1 日，十二届全国人大常委会第十五次会议作出《关于授权最高人民检察院在部分地区开展公益诉讼试点工作的决定》，授权最高人民检察院以生态环境和资源保护、国有资产保护、国有土地使用权出让、食品药品安全等领域为重点，在北京、内蒙古、吉林、江苏、安徽、福建、山东、湖北、广东、贵州、云南、陕西、甘肃十三个省、自治区、直辖市的检察机关开展为期两年的提起公益诉讼试点。截至 2016 年 6 月，试点地区检察机关共在履行职责中发现公益诉讼案件线索 1942 件，办理诉前程序案件 1106 件，这其中行政公益诉讼案件数量占大多数，具体试点地区公益诉讼案件办理数据统计见图 1、图 2。①

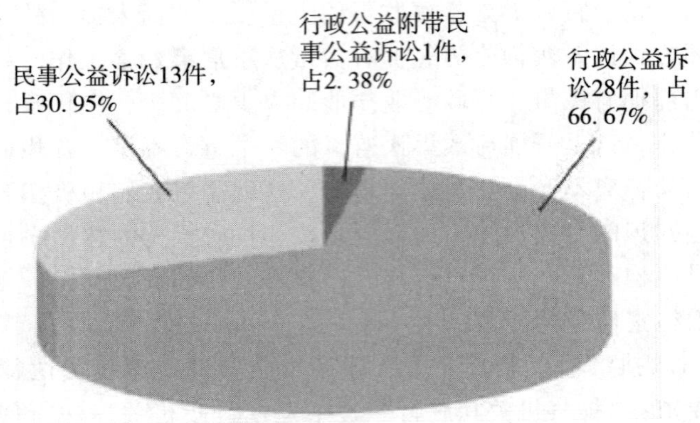

图 1：检察机关试点公益诉讼案件类型

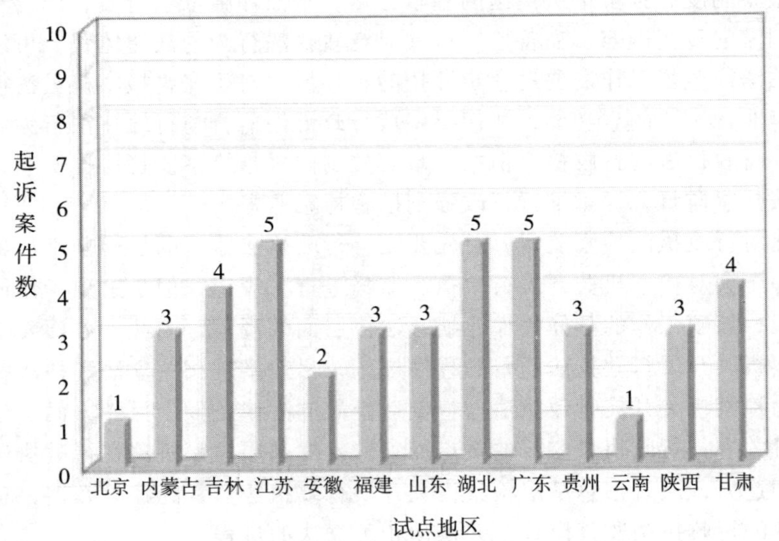

图 2：检察机关试点公益诉讼案件地区数量分布情况

检察机关积极开展行政公益诉讼，要发挥诉前检察建议的作用。检察建议是检察机关对行政机关进行监督的重要手段，在非诉讼监督领域有重要的发挥空间。诉讼是解决纠纷的一种成本较高的方式，检察机关提起行政公益诉讼所耗费的资源是比较多的，应当作为法律监督的最后手段。检察机关把诉前检察

① 数据来源：2016 年 11 月 7 日《检察日报》。

建议作为前置手段，可以有效提高监督的效率，也有利于节省司法资源，而且把提起公益诉讼作为后续监督手段，可以进一步提高检察建议的监督效力。据检察日报调查结果，全国试点工作开展前，许多行政机关对于检察机关提出的检察建议重视不够，检察建议的监督难以真正取得成效。试点以后，行政机关普遍开始重视检察建议的作用，监督实效明显增强。因此检察机关在提起行政公益诉讼之前，先向有关行政机关提出检察建议，督促其纠正违法行政行为或依法履行职责，可以有效督促行政机关纠正违法，又能通过补充提起公益诉讼的手段保护国家、社会和公共利益。

绿色司法语境下控辩审“和合”关系建构研究

黄　睿　朱阁雯*

根据刑事诉讼原理，刑事诉讼结构由控诉、辩护、裁判三方构成，其中控辩平等对抗，法庭居中裁判。控诉、辩护和裁判的关系为“提议与判断”的关系。作为行使控诉权公诉人，代表国家履行公诉职责，指控犯罪；作为行使辩护权的律师，接受当事人的委托收取一定的报酬，依据法律充分维护当事人的合法利益。作为行使裁判权的法庭审判人员，依据指控和辩护的事实，居中依据法律作出合法判决。因此，控诉、辩护、裁判三者关系并行不悖。然而，近年来，辩护律师与检控检察机关、刑事审判法庭发生剧烈冲突的现象层出不穷，如贵阳小河黎庆洪“涉黑案”、广西北海“故意伤害案”、江苏常熟何强“聚众斗殴案”、福建福清吴昌龙“爆炸案”等，在这些案件审理过程中，律师与检察官、法官处于对立，以微博、静坐抗议等方式批评与谩骂。法庭闹剧的愈演愈烈、愈演愈多，严重损害了司法的严肃性和公正性。为有效调和控辩审三方关系，应当在“以审判为中心”刑事诉讼制度改革背景下，通过贯彻落实绿色司理念，将中国传统文化中“和合”思想，融入控诉、辩护和审判三方关系的调整中，使三者呈现不同而和，合作共通的“和合”关系，推进法律职业共同体的实现，共同致力建设良好的法治环境、加强社会主义法治建设。

一、绿色司法语境下刑事诉讼控辩审“和合”关系的建构价值

孔子强调：“君子和而不同，小人同而不和。”① 老子提出“万物负阴而抱阳，冲气以为和”②，认为“道”蕴涵着阴阳两个相反方面，万物都包含着

---

* 黄睿，浙江省舟山市人民检察院；朱阁雯，浙江京衡（宁波）律师事务所。

① 《论语·子路》。

② 《老子》第四十二章。

阴阳，阴阳相互作用而构成和。和是宇宙万物的本质及生存的基础。将绿色发展置于司法语境下的绿色司法也强调在有限的司法资源和日益增长的司法需求约束条件下的，通过规范、理性、文明司法，提升司法质效的新型司法理念，旨在重构检察司法内外和谐关系，促进法治生态文明健康发展。① 所谓和，指和谐、和平；所谓合，指结合、融合、合作。和合，指在矛盾、差异下，不同事物统一于相互依存的和合体中，并在不同事物和合的过程中取长克短，达到最佳组合，促进新事物的产生并推动发展。由此可见，在绿色司法语境下，用“和合”的文化理念审视“以审判为中心”刑事诉讼制度改革下的控辩审关系，追求司法动机理性正当、方式方法文明规范、质量效果高效良好的有机统一，三者相辅相成统一于最大限度减少司法办案的负面产出，实现司法公平正义，具有浓厚的现实色彩。“和合”精神并不否认刑事诉讼中矛盾、差异和必要的斗争，控辩审三方之间所谓“矛盾”是对立的统一体，把三方的差异和斗争限定在相互依存的和合体中，防止因过度的矛盾斗争而破坏了法律职业共同体存在的基础。

（一）建立控辩审“和合”关系，提高审判质量，实现司法公正

加尔文指出：“法律是无声的法官，而法官则是会说话的法律。”司法公正能否实现及实现程度，依赖于法官在刑事诉讼中超然、中立，然而刑事诉讼活动并非审判一方主体参与，于是裁判方给予各方参与者以平等参与的机会，对各方的主张、意见、证据给予平等的尊重和关注，使各方受到公正的待遇。控方行使法律赋予的国家公诉权，依法律规定的职责审查刑事案件，向法院提起诉讼，指控犯罪中嫌疑人是否有罪、罪责轻重，提出量刑建议；辩方②行使的诉讼权利即辩护权是依据法律而享有，针对控方的指控从事实上或法律上进行指正和辩解，以论证被告人罪责有无或程度轻重，应当宣告无罪或者进行减、免刑事处罚。审方行使的审判权亦是依法享有，在控辩双方所争议的问题或非争议的问题基础上，依照以事实为依据，以法律为准绳的原则进行审理③，作出不对任何一方存在偏见和歧视的判决。控辩审三方关系的建立并不贯穿于整个刑事诉讼程序中，而是在当人民检察院向人民法院提起公诉，人民法院受理案件之后才正式确立起来。在传统刑事诉讼学说的控辩审三角结构

① 汪瀚：《践行绿色司法 推进检察工作高水平发展》，载《检察日报》2016 年 9 月 12 日。

② 广义上包含刑事被告人和辩护人，狭义上仅指刑事辩护人，本文取狭义，仅仅探讨作为辩方的刑事辩护人。

③ 审理包含了审查案卷材料，取证、讯问等一系列活动。

中，审方超越控辩双方，无论控辩双方进行何种的对抗，审方始终踞于结构顶端，审方至高无上的权威地位也是通过它的裁判职能体现，即在控辩双方对案件的质证过程中作出独立的判断，通过对控辩方的合理合法意见予以确认，不合理不合法的部分予以驳回，从而形成实体的裁决。在刑事诉讼中，控辩双方由于角色和立场的差异或许会有不同程度的摩擦和对抗，但是控方、辩方和审方，即一种裁判和被裁判的关系，三方都以达到案件最大限度趋于公平公正为诉讼目的、维护法律尊严为己任。控辩审三方在诉讼目的上有着可达到一致性和共同性的基础，就使控辩审三方具备了建构“和合”关系的可能性。

控辩审“和合”关系可以使辩方充分的发挥辩护职能，防止审判法官形成先入为主的偏见和预断从而对案件作出错误的裁判，更能使辩方充分的信任和尊重审方，也就对裁判结果更容易接受和认可。“和合”的控辩审关系保证了辩方即使处在前被追诉、后被裁判的地位，但因与享有公权力的控方站到了平等对抗的状态，辩护正当权利又不受到任何影响，辩方意见可以得到控方、审方的倾听和重视，一定程度保障了审判作为刑事诉讼最终验收的实效性。

（二）建立控辩审“和合”关系，减少控辩审冲突，培育法律职业共同体

在所有法律人希冀“法律职业共同体”能够健康培育和发展的今天，控辩审冲突动摇了司法独立，损伤了司法公信力，摧毁着社会对法律的崇高信仰，更撕裂着法律职业共同体的建设。

建立和谐的控辩审关系，可以缓解法官、检察官与律师庭审的紧张程度，减少控辩审冲突的发生率。随着刑事诉讼法的修改，律师行使辩护权得到进一步保障，庭审的对抗性增强。但，司法实践中由于控辩审三方不能在短时间内达到齐头并进的知识储备和能力提升，当庭审中出现法官庭审驾驭经验和能力不足时，作为控方的公诉人表现略为强势，可能使作为辩方的律师无论在程序上还是对未来案件结果的预测上信心不足，又难以给被告人及其家属一个合理的解释，只能机械地认为法官在法庭审理过程中未处于中立地位而明显维护控方，继而制造了与公诉检察官、审判法官矛盾的开始。另外，当律师用一些活跃在修改后刑事诉讼法里但又在现实中始终沉睡未被重视的条款和原则（如非法证据排除等）进行激烈的抗辩时，作为审方的法官、控方的检察官认为辩方无理取闹或者虽有类似的看法但苦于自身权限的不足而只能对律师的辩护意见不予采纳。在委托人付出律师服务报酬同时带来的殷切希望下，律师承受着巨大的精神压力，认为对待与控方的争议上法官进行的处理简单粗糙，未重视自己精心准备的辩护意见，于是怒从中来，将“控辩交锋”演变成了“控辩审冲突”。在正当的诉讼程序中得不到释怀的律师，逐渐倾向于“死磕”，

将希望寄托在了大众媒体上，利用社会大众对司法的不信任感来“绑架”审判活动。然而构建“和合”的控辩审关系，可以搭建法官、检察官和律师正确沟通和信任的桥梁，相互的诉求得到顺畅的交流，使审判制度、检控制度和律师制度相辅相成，共同构成中国特色社会主义司法制度的重要组成部分，共同推动中国法治建设的进程。

二、“以审判为中心”的刑事诉讼制度改革背景下建构控辩审“和合”关系的必要性

十八届四中全会通过的《中共中央关于全面推进依法治国若干重大问题的决定》(以下简称《决定》)，明确提出要“推进以审判为中心的诉讼制度改革”。“以审判为中心”是指在刑事诉讼各阶段之间的关系上，审判是中心，侦查和审查起诉都是围绕着审判这一中心而展开的，审判对侦查和审查起诉具有制约和引导作用，侦查和审查起诉需要接受审判的检验。[①] “以审判为中心”，是司法职权的一种优化配置，是对司法机关相关关系的一种科学定位。《决定》在“优化司法职权配置”中提出：“健全公安机关、检察机关、审判机关、司法行政机关各司其职，侦查权、检察权、审判权、执行权相互配合，相互制约的体制机制。”而这一规定正是以四大机关的工作原则出发，更是“推进以审判为中心诉讼制度改革”的前提、基础。

“以审判为中心”内蕴丰富，制度改革的成功并不只是来自人为的精心设计，更是来自投入实践后的锤炼。我国刑事诉讼法虽然规定公安机关、人民检察院和人民法院三者是互相配合、互相制约的关系，但是在司法实践中，对刑事案件的办理三机关较为强调互相配合，相互制约相对较弱。刑事案件的办理流程一般为：侦查—审查起诉—审判。完美的监督制约，应是后者对前者的诉讼活动有监督权。而我国刑事诉讼法却只规定了检察机关对侦查活动的监督权，并没有明文规定审判机关可以对检察机关的活动行使制约权，审判机关更不可以直接对侦查机关行使监督制约权了。从刑事诉讼职能上分析，检察机关代表国家权力行使控诉职能，与侦查机关在某种程度上具有同质性，因此检察机关对侦查机关的案件办理过程制约效果又有所降低。有学者曾形象地将刑事诉讼三大机关的职能角色划分比喻为“公安做饭，公诉人端饭，法官吃饭”。不妨试想，当指出法官吃的“饭”中某项“食材”有问题而法官又无法说明来源或者知道来源也表示无能为力时，结果必定令人尴尬。回归刑事诉讼的审

① 闵春雷：《以审判为中心：内涵解读及实现路径》，载《法律科学》2015 年第 3 期。

判环节中，当辩护律师在庭审中指出某项证据的取得方式或者证据本身存在问题时，由于审判法官没有权力对侦查行为的合法性进行审查，就只能采取消极态度回避这些问题，甚至默认违法的侦查行为，于是就演成了“你辩你的，我判我的”，由此使辩审关系陷入僵化状态。

在司法实践中，也有个别案件存在为了缓和控辩审紧张关系而采用类似于“辩诉交易”、“辩审交易”的做法，如认罪协商。对于一些存在疑点的问题，审判法官、检控检察官与辩护律师进行协商，即审判法官通过召集庭前会议，协商解决一些疑点问题，或者在定罪量刑的自由裁量权范围内从轻处罚，以抵消和扣减辩护律师在这项存疑证据上争取的量刑幅度，使其大致趋同。律师为此也应对存疑证据妥协部分辩护意见，只要实体判决结果令委托人满意就可以，如此达到“多方共赢”的效果。但，此类认罪协商方式是检控检察官、审判法官为了平衡各方，缓解审判压力而采用的权宜之计，而非法定制度设计，这种缺乏目的正当性的诉讼活动，不是促使辩审关系走向和谐的处理方式。

因此必须深化刑事司法改革，深入推进建立“以审判为中心”的诉讼制度。“以审判为中心”，体现的是“审判中心主义”，核心在于构建一个以审判为中心的科学、合理的诉讼构造。① “审判为中心”的诉讼制度改革着重强调审判活动在刑事诉讼程序中的核心地位，即对于认定犯罪事实、采信证据材料及适用法律规定、作出裁判经济量刑等具有决定性作用的是审判活动，将我国司法实践中长期客观存在的“侦查中（重）心主义”、“卷宗中心主义”模式转变为“以审判为中心”的科学诉讼模式，打破了刑事诉讼的“阶段论”、“流水线”等传统观念和习惯做法，反思革新过去以侦查为中（重）心的诉讼制度。“以审判为中心”为审前程序中的诉讼活动相应地设定了验收标准与要求，推进侦查、审查起诉的案件事实证据都能经得起审判的检验，减少直至避免辩护律师以激烈方式对抗法官、检察官等行为。

三、绿色司法语境下“以审判为中心”中控辩审“和合”关系的建构路径

构建“以审判为中心”的诉讼制度可以有效提升庭审质量，促使法官提高庭审驾驭能力，转变观念更加注重程序公正，正确认识控辩双方的博弈对抗，对于还原案件真实面目具有正面作用。而绿色司法理念追求的司法效果是

① 秦国文、董邦俊：《论“以审判为中心”视野下新型检律关系之构建》，载《浙江工商大学学报》2015年第3期。

以实现司法动机、方式方法、质量效果的统一，最大限度地减少司法办案的负面产出为最终目标。通过在推进“以审判为中心”诉讼制度改革中，贯彻绿色司法理念，实现司法动机理性正当、方式方法文明规范、质量效果高效良好的有机统一，最大限度减少司法办案的负面产出，实现司法公平正义，契合我国刑事诉讼当前的国情，具有极高的现实意义。从控辩审三方层面相向而行，共同推进建构“以审判为中心”框架下的控辩审“和合”关系。

（一）推进检控方适应“以审判为中心”诉讼制度的能力

作为行使控诉职能的公诉人、行使辩护权的律师与行使裁判权的法官，三方的教育背景、法律知识体系、职业思维特点、法律人天然使命决定了具有共同的履职要求：“以事实为根据，以法律为准绳”，追求依法保障诉讼当事人的基本权利，捍卫法律的尊严和权威，最终实现司法公平、正义的价值和目标。刑事诉讼的制度设计本意即为通过控诉和辩护的对抗博弈、审判居中裁判，使审判程序和实体实现尽可能的衡平。离开任何一方的参与，刑事诉讼也就丧失了自身的程序性意义，甚至有可能导致实体正义的缺失。

1. 提高控辩双方合理对抗、相互依存的工作意识。目前公诉检察官基于办案数量庞大、考核压力等，一定程度上希望律师在工作上尽量“配合”。律师在其中可以对检察官因办案数量庞大对于一些案件的未尽细节起到查漏补缺的作用。因此，无论是公诉检察官，还是辩护律师都需要借助刑事诉讼当中的对抗、交锋、博弈、互动来实现各自的目标和职能履行。而这种天然的对立关系是刑事诉讼法为从两个不同的维度来探求司法公正的设计，所以这样的对立关系不应成为双方敌对的导火索。有的案件如果缺少律师的有效参与，刑事诉讼活动对于公诉检察官而言，不仅少了一个法庭上辩论的对手，还丧失了一道有助于最大限度地防范冤假错案发生的天然屏障。建立辩审和谐关系的基础即是作为存在交锋的控辩双方能够合理对抗、依法竞争、相互依存、相互合作、共寻公正。

从构建法律职业共同体的高度，牢固树立控辩双方相互扶持、相向而行的思想认同。从保障律师执业权利是检察机关法定职责的深度，自觉形成依法保障律师执业权利的思想自觉和行为习惯，在司法办案中注重充分听取律师意见、充分保障律师在案件侦查中的会见权、充分维护律师在诉讼环节的其中各项权利。从推动控方自身业务能力提升的广度，辩证地看待律师对检察事业建设的推动作用，将律师群体作为促进检控权力依法正确行使、提高严格规范公正文明司法能力的重要推进器。

2. 优化保障辩护律师依法执业权利的服务水平。以提升司法公信力为目标，深入推进信息技术与依法服务保障辩护律师执业权利的融合度，建立健全律师服务平台，切实发挥“互联网+”建设对服务保障辩护律师执业权利的作用，推动控辩检律互动信息化。拓宽渠道，依法保障律师阅卷权。在审查起诉阶段，明确律师可以通过人民检察院案件信息公开网、检察服务中心窗口、电话及QQ联系等方式预约阅卷日期、获取查询密码。针对律师提出查阅、摘抄、复制案卷原材料的要求，检察公诉部门原则上都应及时提供案卷材料，确因工作等原因，无法及时安排律师阅卷的，应当向律师说明情况并在3日内安排律师阅卷。明确范围，依法保障律师调查取证权。明确律师提供线索或者材料要求检察机关收集，公诉部门应当予以调取或核实的六种情形：特殊主体犯罪中犯罪嫌疑人身份不明确，犯罪嫌疑人患有精神病，犯罪嫌疑人刑事责任年龄处于临界点，犯罪嫌疑人无罪，犯罪嫌疑人有自首、立功等法定情节或和解、赔偿等酌定情节，部分证据系以非法方法的。梳理流程，依法保障律师知情权。案件受理后，公诉部门应当立即进行程序性审查，发现犯罪嫌疑人、被害人及其家属委托律师或者有援助律师的，应当及时电话告知律师案件受理情况并告知律师在审查起诉阶段可提交意见。案件受理、补充侦查或者提起公诉后，案管部门应当及时在人民检察院案件信息公开网予以更新案件信息，便于律师登陆查询。规范文书，依法保障律师听取意见权。案件移送审查起诉后，犯罪嫌疑人已聘请律师或已为其指定律师的，公诉部门应当向律师送达《审查起诉阶段听取律师意见表》。律师以《审查起诉阶段听取律师意见表》提出意见或者提交书面材料的，应当附卷，律师未提出意见的，应当记录在案。律师要求当面听取意见，并通过案管部门提出申请或递交书面材料，公诉部门应及时安排案件承办人当面听取意见。①

3. 建立健全“审查与调查并重”检察办案模式。根据绿色司法理念有关“刑事检察工作要围绕以审判为中心的诉讼制度改革，强化检察机关诉前主导、审前过滤、庭审指控作用，着力构建以证据为核心的刑事指控体系，探索建立简易案件效率导向、疑难案件精准导向的办案模式等”②的要求，探索建立审查与调查并重办案模式，推动审查模式由书面式审查向亲历性审查的转变，进一步严格审查逮捕、审查起诉环节的证据审查标准，依法充分听取律师意见，确保案件事实认定、法律适用客观准确，防止冤假错案发生。在审查逮捕环节突出关键证据审查复核，依法排除非法证据，努力确保办案质量。建立执法办案工作开展情况通报制度，定期通报在案证据审查情况、三大公开推进

① 参见《舟山市人民检察院公诉环节保障律师权利实施细则》。

② 汪瀚：《践行绿色司法 推进检察工作高水平发展》，载《检察日报》2016年9月12日。

情况等内容。同时完善办案审查工作机制，确保办案质量。通过建立刑事案件专业技术问题技术咨询辅助制度，健全提前介入机制，完善侦捕诉衔接联动机制，建立案件亲历性审查工作开展情况和办案质量定期评查通报制度，建立健全司法办案责任制等方式，推动证据审查调查工作的有序开展，确保办案质量。全面客观审查证据。将证据审查从以口供为中心转移到以客观性证据为核心上来，树立科学的口供审查理念，实现案件审查模式从“重实体轻程序”向“实体和程序并重”转变，从“先入为主”向“客观为重”转变，从“有罪推定”向“无罪推定、疑罪从无”转变。减少和避免审查逮捕、审查起诉决定错误的发生，从源头上减少和避免冤错案件的发生。严把审查逮捕、审查起诉关。在审查逮捕和审查起诉环节，对严重暴力犯罪案件、司法鉴定不实的案件、存在涉检信访倾向的案件等11类重点案件尤其要强化证据审查调查，要结合证据属性，突出证据审查的重点，注重证据的综合审查和运用，准确把握审查逮捕、审查起诉的事实证据条件。强化关键证据的调查核实。对案件事实不清、证据有疑问，特别是对于罪与非罪、捕与不捕、诉与不诉起决定作用的证据，应当通过依法讯问犯罪嫌疑人、听取辩护律师意见、核实嫌疑人辩解、复核关键证人证言和鉴定意见、现场实地走访等多种方式调查核实，通过证据复核解决疑点，依法排除非法证据，补强瑕疵证据。①

（二）完善律师刑事诉讼救济制度

辩护律师在司法实践中辩护权利如得不到切实保障，辩护活动又面临诸多障碍时，就可能引发辩护律师的抱怨和愤懑情绪，造成审判时扰乱法庭秩序的现象不断发生和蔓延，庭外还向大众媒体绘声绘色的描述如何在庭审中与公权力斗争，甚至有的“死磕”律师借此自我炒作，损害司法的权威和人民对法律的信仰。因此，完善律师刑事诉讼救济制度在“以审判为中心”的刑事诉讼制度改革背景下有着极为迫切和重要的意义。

1. 完善律师权利救济立法和执行。我国《刑事诉讼法》第47条、第55条、第115条等规定，虽赋予当事人及律师权利被侵犯后有进行救济的权利，但如何启动救济程序，向法律规定的机关进行权利被侵犯的控告和申诉后受理机关该如何维护被侵害人权利都没有详细的规定。实践中有些律师向所在的行业协会——律师协会进行投诉，但是律师协会受司法行政部门的指导和制约，作为自治性的行业协会也无法向侵犯机关要求停止或纠正。也有的律师通过司

---

① 参见《舟山市人民检察院关于在审查逮捕、审查起诉环节加强证据审查调查工作的若干意见》。

法机关的监督部门进行控告，但是监督机关与侵犯机关大多情况下同属一个系统，使监督作用难以发挥实际作用。除了制度的完善外，侵害律师合法权益应承担的法律责任还应得到严格执行。律师的辩护权不能得到充分保护和行使，部分原因还在于对司法机关这种“违法”行为的惩处力度不够。部分省份司法机关有关部门联合发文，明确侵害律师合法权益所应承担的法律后果，按照侵害程度不同有减禄、通告批评、停职、辞退等惩罚手段，甚至对那些拒不纠正的行为作出明文规定的惩罚性条款，情况严重可追究刑事责任。

2. 明确律师的保障性权利。律师的保障性权利大多规定于律师法，但因不同法律间制定、修改不同步等原因，造成律师法中的部分保障性权利又与刑法、刑事诉讼法中部分禁止性规定相冲突。如《刑法》第306条关于伪证罪的规定，立法本意是要规范律师在刑事诉讼中毁灭证据、伪造证据、妨害作证行为，而在司法实践中却有适用上的扩大化。类似的“扩大适用”一定程度上加剧了刑事诉讼中控辩双方的诉讼地位失衡，同时恶化辩审双方的正常关系。如果不对律师的保障性权利进行明确，将使律师的权利进一步羁绊。极易造成在审判阶段，律师所花费的精力不再是案件本身，而是如何不掉入“陷阱”、如何“防范”检察官、如何“对付”法官，控辩审关系将走向僵化对立，难以形成法律职业共同体的和谐合作。律师认为检察、法院司法人员侵犯其合法权益或阻碍其依法行使执业权利的，可以向同级或者上一级检察、法院机关申诉或者控告，相关控告申诉部门应及时审查。情况属实的，报经检察长或院长决定，通知相关机关或者检察、法院内有关部门、下级检察院、法院予以纠正，并将处理情况书面答复提出申诉或者控告的律师。①

（三）提升审判机关的掌控指挥作用

在刑事诉讼程序中，由于控辩双方的地位和力量对比来看，辩方处于一定劣势地位，加之我国长期以来实践中公诉检察官和审判法官工作有一定的“配合”存在，因此，作为高踞“等腰三角形”之上的审判机关，不偏不倚的中立审判态度，兼顾程序公正、实体公正的审判价值决定了审判法官需发挥出较强的司法能动作用来掌控和指挥整个案件的审理过程。

1. 建立法院对侦查活动的司法审查机制。司法审查机制，是指在侦查程序的运行中，应当对国家司法权进行控制或为其提供保障，以保障侦查权与辩护权的正当行使。审判机关可以经授权审查实施逮捕、取保等强制措施和搜查、扣押等强制性侦查措施的合法性，以便有效制约侦查机关的违法行为。司

① 参见《舟山市人民检察院公诉环节保障律师权利实施细则》。

法审查机制有助于解决审判对侦查和起诉的监督问题，使法院能够对侦查和起诉程序进行审查，有利于保障法院对侦查、公诉机关的制约。这种制约可以充分保障控辩审三方实现自身原本所负担的角色，当控方作为被说者、律师充当说服者，法官充当被说服者时，“不同而和”却在合理正当的程序中体现了合作状态；解决了开庭前审判法官与辩护律师的程序性冲突，解决了检察公诉人与辩护律师之间有关“非法证据排除”等一系列实体性冲突，既保障庭审的顺利进行也能在庭审之前纠正已然发现的实体性错误。

2. “以审判为中心”强调办理刑事案件重心后移，改变了以往审判流于形式的现象。审判机关应清晰的认识到，侦查和审查起诉阶段形成的案卷材料只能用于作出适用强制措施和起诉等程序性决定；审判中的定罪量刑应当依据庭审中直接调查的证据，而不能完全依照侦查和审查起诉阶段形成的案卷材料确定被告人的罪责。

3. 庭审的预案工作要达到的实效，侦查阶段和审查起诉阶段的工作仅对犯罪嫌疑人罪责的认定在程序上产生意义，罪责的有无和轻重无法产生预决性，只有经过审理程序后，才能对本案有一个客观公正的评判。《决定》提出“推进以审判为中心的诉讼制度改革，确保侦查、审查起诉的案件事实证据经得起法律的检验。全面贯彻证据裁判规则，严格依法收集、固定、保存、审查、运用证据，完善证人、鉴定人出庭制度，保证庭审在查明事实、认定证据、保护诉权、公正裁判中发挥决定性作用”。

总之，刑事审判是整个刑事诉讼的最终验收环节，只要审判机关善用沟通技巧于情有理，遵循中立平等的审判原则判决于法有据，必能使控辩审三方关系走向融洽。控辩审三方虽然履行刑事诉讼截然不同的诉讼职能，但是在“以审判为中心”的改革下必然可以殊途同归，其最终的归宿既是法律共同体的价值追求，亦是法治统一性的彻底贯彻。

四、结语

控辩审三方对立和冲突，是中国司法制度转型时期传统法律文化与现代法治文明相互碰撞交织的一种综合反应，是特定历史时期必然经过的一个过程。建立健全“和合”的控辩审关系是推进“以审判为中心”的刑事诉讼制度改革，社会主义法治建设的重要一步。控辩审“和合”关系下，能够提升审判法官的办案质量，能够提升控方指控犯罪的能力，提高律师的辩护效果，能够对刑事诉讼中控辩审关系带来大幅度改善，推进法治中国跨越式发展。

检察官员额制改革进程中践行绿色司法的思考

俞信波*

目前，司法体制改革进入深水区，全国各地检察机关正积极稳妥推进检察官员额制等四项基本改革任务。在牢牢把握“强化法律监督，维护公平正义”检察工作主题的前提下，如何贯彻落实浙江省第十六次检察工作会议精神，深入践行绿色司法，是摆在全省检察机关面前的一个现实而又重大的课题，尤其是在检察官员额制改革进程中，如何正确把握绿色司法丰富内涵和精神实质，更好地指导检察工作，是当前和今后一个时期的一项重点工作。为此，笔者就树立绿色司法理念、实现绿色司法三个效果、防止司法责任制落实中的两个极端等方面，作了几点探索性思考，初步提出相关对策和建议，借此抛砖引玉。

一、牢固树立绿色司法新理念

一是坚持理念先行。理念是行动的先导，只有在思想上正确把握事物的内在实质和普遍规律，才能有效指导具体实践。因此，真正从思想理念上接受绿色司法理念是当前践行绿色司法的首要问题。然而，传统司法理念根深蒂固，往往很难一时完成改变，过去“重打击、轻保护”、“重实体、轻程序”、“重有罪证据、轻无罪及罪轻证据”、有罪推定、疑罪从轻等不符合现代文明司法要求的观念，在不同方面、不同程度上影响着当前具体的执法司法活动，相关负面作用已经显而易见。如果这种似是而非的伪善式的思想观念不以“香象渡河”式的截流而过，而与绿色司法理念共存、共势、“绥靖”，那么新理念的建立会被混沌，传统的执法司法方式方法产生的危害后果也就不可避免。当然，转变司法理念不可能一蹴而就。凡事预则立，不预则废，要先破后立，先堵后疏，解放思想，首先破除思想理念中的陈旧而又错误的观念，为加快转变司法理念扫除障碍，也为根植绿色司法理念提供基础。总之，必须坚持理念先

* 浙江省温岭市人民检察院。

行，厘清绿色司法的内涵外延，抓住绿色司法的精神实质，确保检察人员特别是员额检察官主动接受、尽早接受绿色司法新理念。这是实功，非虚事；是长远，更是当机。

二是注重反向思维。自省检察院汪瀚检察长在2016年全国“两会”上首次提出绿色司法以来，全省各地检察机关积极采取各种措施，出台相关工作意见，生动践行绿色司法新理念。绿色司法相关的论述已经不断丰富，对绿色司法的认识水平也逐步提高，绿色司法体系日臻完善。在“十六检”会议后，绿色司法已成为全省检察工作的基本根据，其内涵是指：以司法规律为基本遵循，以规范、理性、文明为核心，以司法公开、司法公正和司法公信力为本质要求，以司法动机、司法方式方法和质量效果有机统一为导向，最大限度地减少司法办案的负面影响，推动社会善治，促进法治生态文明健康发展。一方面，绿色司法为全省各级检察机关树立了正向的标杆，提出了规范理性文明司法的内在要求，具有重要的现实意义。另一方面，在坚持正向引导的前提下，要更加注重反向思维，梳理出实践中可能出现的违背绿色司法理念的反向观念、反面做法及其负面效果，消除检察人员新的认识误区，防止出现新的思想观念偏差，避免可能损害检察事业长远发展的现象出现。因此，特别是在绿色司法正向描述已经十分充分的情况下，只有发现、去除那些反面观念，剔除不符合绿色司法要求的负面成分，才能进一步有效避免反向实践的危害后果，绿色司法新理念也能更加稳固地树立起来。

三是发挥示范效应。绿色司法，重在实施，关键在人。要在队伍建设上倡导绿色司法观，要在人才选拔上体现绿色司法要求，要在评价体系中彰显绿色司法要义。积极发挥徙木立信的示范作用，大胆重用践行绿色司法理念的业务骨干，带动一批敢于履职、勇于担当的检察人员成长为践行绿色司法的中流砥柱，切实打造一支实践绿色司法的生力军，为检察机关健康持续发展提供人才保障。同时，作为国家法律监督机关的检察机关要争当绿色司法的倡导者、实践者、引领者，将绿色司法理念从检察机关扩展至其他政法机关，在诉讼过程中前后延伸绿色司法影响力，不断传导绿色司法新理念，凝聚政法机关践行绿色司法的共识，倒逼侦查机关、审判机关转变传统执法司法方式方法，形成绿色司法的强大合力，促进规范执法、公正司法，积极构建法治生态的“绿水青山”。

二、努力实现绿色司法三个效果有机统一

一是始终坚守绿色司法的政治效果。在实践绿色司法的背景下，要始终坚持司法的阶级属性和政治属性，对敌对势力要时刻保持高压态势，对于危害国

家安全犯罪、恐怖主义犯罪等敌对活动，要旗帜鲜明地予以严厉依法打击，要确保政治效果不动摇，不能有半点懈怠、有丝毫放松，绝不能忽视、放弃“红色司法”，绝不能失去检察机关的底色。而在执法办案中，打擦边球，搞暗箱操作，甚至办人情案、关系案、金钱案，制造了司法工作中的“雾霾”，这些都归属于“灰色司法”、“黑色司法”，不利于社会的和谐稳定，影响人心向背，长此以往，愈演愈烈，甚至危害政权稳固，这些都是绿色司法的对立面，其解决途径和根本方向在于“红色司法”。坚持把政治过硬作为检察队伍建设的必备素质之一，把政治过硬作为员额检察官的首要素质，凸显司法的人民属性，始终保持宗旨意识，全心全意为人民服务，更好地维护宪法法律尊严，维护社会公平正义，有效保障国家的长治久安。如果司法过程中放弃了国家安全、政权稳固，绿色司法都是无源之水、无本之木。

二是有效确保绿色司法的法律效果。为了化解当前司法过程中的重点难题，查补执法办案的短板和不足，检察机关要更加注重谦抑司法，最大可能减少司法的负面产出。例如，依法妥善办理涉企案件，做到“轻拿轻放”；依法充分保障律师执业权利，维护犯罪嫌疑人合法权益，做到文明办案，等等。同时，要坚持把法律效果作为前提，凸显其在三个效果当中的基础性地位，坚持以事实为依据，以法律为准绳，努力做到不枉不纵，依法严肃惩治知法犯法、徇私舞弊、贪赃枉法等司法腐败问题，始终坚守法律底线，认真把好案件事实关、证据关、程序关、法律适用关，努力让人民群众在每一个案件中都能感受到公平正义。例如，不能因为坚持“疑罪从无”而放弃侦查“有罪假设”，“有罪假设”是有初步证据证明某人涉嫌犯罪，并不是法院最终定罪，应当将“有罪假设”而非“疑罪从无”作为侦查活动的出发点和侦查驱动力，做到有根据的假设，小心求证，绝不能误读“疑罪从无”并将其机械地照搬到司法的全过程，绝不能在穷尽可能的侦查措施之前无正当理由主动放弃“有罪假设”、放弃查证活动。而在侦查中，“疑罪从无”并不与“有罪假设”矛盾，要通过规范理性文明办案，体现“疑罪从无”在保障犯罪嫌疑人合法权益上的重要价值，真正妥善处理两种理念的关系。

三是不断彰显绿色司法的社会效果。要变司法的滞后性、补救性为司法的前瞻性、预见性、导向性，尽可能地避免因事后惩罚和补救给社会造成的总成本显著增加。要综合运用检察建议、法治宣传、释法说理等手段，联合相关职能部门和单位，形成社会一体化事前预防机制，通过绿色司法的示范作用，引领社会风尚，引领市场价值取向。要深入了解经济社会运行的实际情况，熟悉社会普遍遵守而又行之有效的做法，大胆引进经济社会领域的价值理念，切实发挥那些符合法治和公正原则的不成文习惯和行为规范的作用，为其他职能部门和社会力量介入矛盾纠纷化解留出必要空间。例如，在处理侵权、契约等法律关系时，应当考虑成本与效益等因素，按照最小防范成本原则，即谁能以较低的成本防范，谁应承担相关责任，以此减少社会成本，增加社会福祉，推进社会善治。

三、坚持以绿色司法防止司法责任制落实中的两个极端

一是切实防止弊端。随着检察官员额制全面实施，检察官的办案主体地位进一步强化，落实司法责任制的工作更加迫切而又艰巨。在员额检察官职业保障逐步得到落实的情况下，强调司法责任制的落实，强调与权利义务相适应的职责担当，是员额检察官责权利的有机统一，符合人本理念，也是绿色司法的重要体现。在员额检察官承办具体个案时，可能会出现两种倾向，甚至形成两种极端：一方面，不敢担当，不敢履行员额检察官的职责的问题；另一方面，片面强调去行政化，员额检察官过于独立办案的问题。这两种极端是不能担责、不能很好履责的集中表现，都是不可取的，应当极力避免。为了防止上述两个极端，要坚持以绿色司法理念，通过尽可能小的成本换取尽可能大的效益，通过事前最小的成本防范可能出现的危害后果，切实发挥员额检察官的能动性，有效防止负面产出，做到兴利除弊。

二是强化事前监督。在司法责任制落实上要提出敢于担责的要求，在实际操作中，特别是员额检察官岗位职责落实中，要充分考虑员额检察官能否担得动职责，以及如何设置相关程序保障员额检察官依法正确履职，做到合适的人做合适的事，并承担相应的责任，防止“力小而负重，德薄而位尊，智小而谋大”的问题，这是对员额检察官个人的负责，也是对检察事业长远发展的负责。在决不放弃事后司法责任追究的前提下，尽早做好事前监督的谋划，坚持信任不能代替监督，既充分下放办案的权力，又不能放弃监督的权力，特别是事前监督的权力，形成较为全面的监督体系。当然，作为事后监督方式的司法责任追究并不是绿色司法的本意，践行绿色司法要通过绿色的管理方式、绿色的监督方式，做到事先防范，提前防止可能追究司法责任的情形出现，实现检察权运行全流程安全可控。

三是形成监督机制。在现有制度以及改革任务的框架下，通过设置事前预警提示、提供办案参考意见等方式方法，一方面，为员额检察官依法正确履行职责提供服务保障，另一方面，对员额检察官执法办案活动形成内部监督制约。例如，发挥检察机关案件管理部门管理、监督、参谋、服务作用，加强案件精细化监控，对案情重大疑难复杂、社会舆论关注、涉检信访风险较大等案件推行预警提示制度，事前给出办案风险点，提前预警案件质量可能存在的隐

患，服务办案组或员额检察官依法妥善办理案件，便于较早做好应对的准备；借助检察机关内部的人力资源，推行检察官联席会议制度，在员额检察官作出处理决定前，按照相关程序启动员额检察官联席会议，针对案件中的疑难问题和争议焦点，开展充分而又自由的讨论，形成联席会议参考意见，服务保障员额检察官办案。总之，进一步创新制度机制，切实把员额检察官职权关进制度的笼子，确保检察权始终在法治的轨道上运行。

绿色司法语境下刑事和解对于罪刑法定原则的破与立

郑苏波　丁佳爱*

引　言

意大利著名法学家贝卡利亚在其《论犯罪与刑罚》一书中写道："只有法律才能为犯罪规定刑罚。只有代表根据社会契约而联合起来的整个社会的立法者才拥有这一权威。任何司法官员（他是社会的一部分）都不能自命公正地对该社会的另一成员科处刑罚。超过法律限度的刑罚就不再是一种正义的刑罚。因此，任何一个司法官员都不得以热忱或者公共福利为借口，增加对犯罪公民的既定刑罚。"① 由此确定了目前世界公认的刑法原则——罪刑法定原则。而"刑事和解是一种以协商合作形式恢复原有秩序的案件解决方式"②，它是指在刑事诉讼中，加害人通过认罪、赔偿、道歉等方式取得被害人或其家属的原谅，从而与被害人或其家属达成和解，国家专门机关基于此不再追究犯罪或者不追究加害人的刑事责任或者对加害人免除或从轻处罚的一种制度。刑事和解中允许加害人与被害人协商，并且其协商结果对于最终罪与非罪及如何量刑有重要影响。党的十八届五中全会提出"创新、协调、绿色、开放、共享"五大发展理念。在此背景下，汪瀚检察长提出了绿色司法理念，将绿色发展置于司法语境下的绿色司法，是建立在有限的司法资源和日益增长的司法需求矛盾的情况下，通过规范、理性、文明司法，提升司法质效的新型司法理念。绿色司法以优化司法资源配置为重点，以规范、理性、文明为核心，以司法公开、公正、公信力为本质要求。由此可知，绿色司法追求的是司法效率加司法公

---

* 浙江省诸暨市人民检察院。

① ［意］切萨雷·贝卡利亚：《论犯罪与刑罚》，黄风译，北京大学出版社2008年版，第10页。

② 陈光中、葛琳：《刑事和解初探》，载《中国法学》2006年第5期。

正，于司法实务而言，刑事和解从某方面来说追求的就是司法效率，但这种追求稍有不慎可能会与司法公正相冲突，即与罪刑法定原则产生冲突。

一、刑事和解对于罪刑法定原则破与立之具体表现

罪刑法定原则要求“法无明文规定不为罪，法无明文规定不处罚”。从本质而言，罪刑法定原则包含两方面内容：第一，明确性原则，即法律必须明确规定犯罪与刑罚；第二，适当性原则，即法律所规定的犯罪与刑罚之间必须具有适当性。罪刑法定原则的核心价值在于通过对入罪的限制来保护被刑事追究者的人权。罪刑法定相对于罪刑擅断而言，是历史的巨大进步。但绝对的罪刑法定原则往往会导致为保全普遍正义而牺牲个别正义；法官的自由裁量权受到限制，机械地适用法律，使刑法的应用失去灵活性；强调防止国家刑罚权的滥用，却忽视了对被害人实质利益的保护。20世纪中期以来，随着被害人保护运动的兴起，被害人利益的保护受到越来越多的关注，被害人越来越多的参与到刑事司法的过程中去，“刑事司法制度开始寻求公共利益、被刑事追究者利益与被害人利益者三者之上的平衡保护”①。刑事和解制度应运而生。刑事和解允许被害人与加害人之间进行协商，相对于罪刑法定原则而言，更具灵活性。而且，“刑事和解在最终实体处分时作出低于法定性的处罚或者免于处罚”②，在一定程度上，也突破了罪刑法定原则。刑事和解于罪刑法定原则的突破主要表现在以下几个方面：

（一）被害人参与对于国家刑罚权的突破

刑事和解最大的特点是加害人与被害人之间达成的和解对于国家专门机关行使刑罚权具有重大的影响——国家专门机关可以基于和解协议，而不追究加害人的刑事责任，或者减轻或免除处罚。

在罪刑法定原则之下只有国家专门机关才可以追究犯罪，被害人在刑事诉讼中容易沦为“被遗忘的人”。而刑事和解则大大提升了被害人的地位。刑事和解理论认为被害人是犯罪行为的主要受害者，因而“将传统的‘国家（社会）—个人’的线性犯罪分析视角调整为以国家为顶点，犯罪行为人和被害

---

① 向朝阳、马静华：《刑事和解的价值构造及中国模式构建》，载《中国法学》2003年第6期。

② 王章力：《论刑事和解与罪行法定原则的冲突与调适》，载《西部法学评论》2011年第2期。

人分别为两底边角的三角分析视角。"① 被害人可以与加害人和解，并且以和解影响国家对加害人的处罚。在这个过程中，被害人的意志（是否同意和解）对于国家刑罚权的行使产生了重大的影响，有时甚至因被害人与加害人之间的和解，而最终不启动刑事追究程序。

因而刑事和解提升了被害人的地位，使被害人意志可以影响国家刑罚权是否行使，以及行使的效果。这突破了传统罪刑法定原则之下，国家刑罚权的行使不受被害人等利害关系人意志影响的观念。这在实际上使得司法更具灵活性，是司法的效果在加害人、受害人身上都能得到正面反映，增加司法的正面产出。

（二）和解谈判对于刑罚确定性的突破

罪刑法定原则要求："什么是犯罪，有哪些犯罪，各种犯罪构成条件是什么，有哪些刑种，各个刑种如何适用，亦即各种具体犯罪的具体量刑幅度如何等，均由刑法加以规定。对于刑法分则没有规定为犯罪的行为，不得定罪处罚。"② 由此可以得出罪刑法定原则在实质上要求刑罚的明确性，即要求"规范犯罪的法律条文必须清楚明确，使人能确切了解违法行为的内容，准确地确定犯罪行为与非犯罪行为的范围，以保证该规范没有明文规定的行为不会成为该规范适用的对象"③。罪刑法定原则所要求的明确性包含两方面的内容：第一，立法上具有明确性，即法律必须明确规定罪与刑的问题；第二，司法上具有明确性，即要求在司法实践中对于犯罪必须依刑法规定明确处理。而刑事和解正是通过和解谈判的方式在立法与司法层面突破了刑罚的确定性。

若法律规定允许刑事和解，就意味着当某一行为发生时，法律对该行为的不仅规定了该行为是否为犯罪、属于哪种犯罪、该处以何种处罚，而且还规定了一种选择使用条款，即刑事和解，当双方自愿的情况下，允许加害人与被害人谈判，而谈判的结果会最终影响对加害人的定罪量刑。这使得法律条文对一行为规定了多种可能的结果，突破了罪刑法定原则下刑法的确定性要求。

司法明确性要求在刑事司法过程中对于同一行为作出同种处罚，而在刑事司法过程中如果允许被害人与加害人谈判达成和解协议，并且刑事和解的内容

① 陈兴良：《宽严相济的刑事政策研究》，中国人民大学出版社 2007 年版，第 255 页。

② 高铭暄、马克昌：《刑法学》，北京大学出版社、高等教育出版社 2000 年版，第 31~46 页。

③ ［意］杜里奥·帕多瓦尼：《意大利刑法学原理》，陈忠林译，法律出版社 1998 年版，第 24 页。

会在最后成为国家有关机关决定是否追究该行为、对该行为的定罪量刑的考量因素，这最终会导致对于同一行为在定罪量刑上产生不同的结果。而这种结果的复杂性突破了罪刑法定原则所要求的在司法过程中对于犯罪行为的单一化处理。

因此，在刑事和解中，允许被害人与加害人和解谈判，使得被害人的意志参与到刑事司法过程中，“一千个读者眼中就有一千个哈姆雷特”，不同的被害人心中有不同的利益考量，这就使得和解结果呈现多样性，而这种多样性突破了罪刑法定原则对于定罪量刑所要求的明确性。

（三）具体正义对于普遍正义的突破

正义是法律所永恒追求的价值。罪刑法定原则之所以能成为刑法的基本原则，正是因为其本身蕴含了深厚的正义价值。

罪刑法定原则所蕴含的正义价值是一种普遍的公平与正义。这种普遍的正义主要体现在三个方面：其一，刑法明确且公开，罪刑法定原则要求“刑法条文必须清楚地告诉人们，什么是禁止的，以便让大家能够以此规束自己的举止行为”①，这就使得人人都可以了解刑法，并且为人们的行为提供具有普遍性的依据，任何人都不得以不了解法律为由，规避法律的制裁；其二，有罪必罚，无罪不罚，同罪同罚，在司法实践中贯彻落实罪刑法定原则就要求对于定罪与量刑必须按照法律的规定，对于完全相同的两个犯罪行为必须处以相同的刑罚，体现了适用刑法的普遍正义；其三，维护社会整体的利益，罪刑法定原则下所追究的犯罪是“孤立的个人反对社会的统治”的行为，因而对于这种行为的追究，其终极目标在于维护社会的整体利益，并且，认为在具体案件中，个人利益包含在整体利益中，即只要社会整体利益得到好的维护，个人利益自然得到了维护。

与罪刑法定原则不同，刑事和解看到了在具体案件中个人利益并不一定与社会整体利益相契合，因而追求的是个案的具体正义。首先，在具体案件中，刑事和解更加注重对被害人的补偿，并且通过补偿恢复被破坏的社会关系，这就体现了其所追求的是以被害人为中心的公平、正义，突破了原先以整体社会利益为中心的普遍正义；其次，刑事和解在具体案件中的适用受到许多因素的影响，相同的犯罪行为，如果其被害人不同，对于是否同意和解，和解具体条件都会有不同的意见，此时，在刑事和解中所谓的正义是被害人、加害人以及

① ［德］约翰内斯·维塞尔斯：《德国刑法总论》，李昌珂译，法律出版社2008年版，第20~21页。

代表国家利益的专门机关及其他相关利益者之间所妥协的正义，因而这种正义仅仅只是针对具体案件而言的，具有不可复制性；最后，在罪刑法定原则下，法律对于具体行为的罪与罚做出了明确的规定，案件有关人员的利益只有在法律所规定的范围内能够得到满足，而在刑事和解中，既没有固定的规则，也没有不可变通的利益，选择刑事和解就意味着，被害人与加害人之间都有法律所不能满足的利益，而对这种法律之外的利益的满足就是刑事案件具体正义的体现。

二、刑事和解对于罪刑法定原则突破之现实基础

（一）民间“私了”的传统

“和合”是中国文化的精髓。“和合”包括两方面的要旨：其一，是人与自然的“和合”关系，人要顺应自然，与自然融为一体；其二，是人与人的“和合”关系，强调社会关系的和睦融洽，避免争斗、纠纷。① 因而中国自古便有“避讼”、“厌讼”的思想。基于这一思想，在民间若产生纠纷，人们往往会避开国家专门机关，自行协商解决纠纷。

“私了”是纠纷双方不经过国家专门机关自行协商解决纠纷的统称。②“私了”的范围既包括民事案件，又包括刑事案件。而在刑事案件中，“私了”具体是指“本来应当被追究刑事责任，却在加害人与被害人那边把事情摆平了。私了与民愤正好相反，只要双方当事人认可，事情就算了结了”③。

私了作为一种纠纷解决方式，在中国基层社会（尤其是中国农村）广泛存在。根据有关的调查，早在90年代时，在我国，社会发生刑事案件，就有30%左右是私了解决的。④ 而根据山东创纪律师事务所2003年的调查显示，在我国农村刑事案件私了占农村犯罪案件25%以上。⑤ 据近几年的新闻报道，我国各乡镇和农村强奸、盗窃、重婚、人身伤害等类型的案件中，“私了”率达案件总数的50%以上。

“私了”是我国民间存在的传统的纠纷解决方式，其至目前，在我国广大的农村地区仍普遍存在。但民间“私了”对于我国法治建设，存在极大的弊

① 陈光中、葛琳：《刑事和解初探》，载《中国法学》2006年第5期。

② 陈光中、葛琳：《刑事和解初探》，载《中国法学》2006年第5期。

③ ［日］高见泽莫：《现代中国的纠纷与法》，何勤华等译，法律出版社2003年版，第203页。

④ 陈玉范、屈广臣：《“私了”问题的法律思考》，载《当代法学》1995年第1期。

⑤ 陈光中、葛琳：《刑事和解初探》，载《中国法学》2006年第5期。

端。而这源于“私了”的三个特征：其一，私了具有民间自发性，可以有第三方介入，但第三方肯定不是国家机关，特别是司法机关；其二，私了并不一定会使纠纷了结，很可能经过私了纠纷仍未了；其三，私了是基于各种民间规则来解决纠纷，其中可能会存在与法律规则相悖的规则。①

刑事案件私了的情况在我国广泛的存在，而私了的一些本质上的缺陷与我国法治建设不符，刑事和解——一种有规则，又有人情的纠纷解决方式——就体现了其优越性。而我国民间的“私了”传统，也就成了法治社会罪刑法定原则下，刑事和解存在合理性的现实基础。

（二）立法实践基础

现代意义上的刑事和解虽然源自西方，也在西方的法律中最先得到体现。但中国自古以来的私了传统，使立法者们在立法实践中一直探索将私了与法制相结合。因而为在罪刑法定的原则下，构建刑事和解提供了借鉴，也为刑事和解制度突破罪刑法定原则提供立法实践依据。我国关于私了的合法化探索主要体现在以下几个方面：

第一，在新民主主义革命时期的陕甘宁边区根据地推广过关于刑事案件的调解。1943 年 6 月 11 日公布的《陕甘宁边区民刑事件调节条例》中规定：凡民事一切纠纷均应厉行调节；凡刑事案件除少数犯罪外，其他均得调解。刑事除内乱罪、外患罪、汉奸罪、故意杀人罪、盗匪罪、掳人勒索罪、违反政府法令罪、破坏社会秩序罪、贪污渎职罪、妨害公务罪、妨害选举罪、脱逃罪……其他有习惯性之犯罪，不许调解外，多数均得调解。② 由此可以看出，在当时已经允许行使调解，且调解的案件范围极大。

第二，我国刑事诉讼法对于自诉案件的规定，为刑事和解于罪刑法定原则的突破提供合理性依据。我国刑事诉讼法规定了三类自诉案件，而对于自诉案件只有告诉才处理。对于是否告诉取决于受害人的意志，因而受害人的意志也就决定了加害人是否会受到刑事追诉。这为刑事和解提供了适用空间。

第三，我国新修订的刑事诉讼法在第五编第二章明确规定了刑事和解的适用范围、适用条件、审查责任及处理原则，为刑事和解提供了合法性依据。根据我国《刑事诉讼法》第 277 条的规定，在一定范围的公诉案件中犯罪嫌疑人、被告人真诚悔罪。通过向被害人赔偿损失、赔礼道歉等方式获得被害人谅解，被害人自愿和解的，双方当事人可以和解。可见，刑事和解对于罪刑法定

① 肖仕卫、马静华：《中国刑事和解的独特功能——以刑事案件私了问题之解决为起点的分析》，载《中国刑事法杂志》2010 年第 2 期。

② 陈光中、葛琳：《刑事和解初探》，载《中国法学》2006 年第 51 期。

原则的突破与补充已经受到我国法律的认可。

三、刑事和解对于罪刑法定原则突破之利弊分析

（一）绿色司法语境下刑事和解对罪刑法定原则的正面效益

1. 公正价值的完善。在罪刑法定原则下，不枉不纵地惩罚犯罪是刑法公正价值的体现。具体来讲，即确保有罪的人受到公正的惩罚，保障无罪的人不受法律追究。因而在罪刑法定原则下，公正本质是维护社会公共的秩序、保护犯罪人的合法权益，却忽略了具体案件中被害人的权益保护。而刑事和解恰好弥补了这点。刑事和解以保护被害人的利益为核心，同时兼顾了犯罪人及社会的公共利益。其对被害人的保护主要体现在以下两几个方面：（1）对被害人的心理治疗。在与加害人的谈论中，被害人通过向加害人描述自己的被害经历，使得心中愤怒、不平、害怕的情感得以宣泄，从而使积压在内心的紧张和压抑得以减轻。这一过程有利于对被害人心理的治疗与恢复。（2）对被害人物质利益与精神利益的补偿。在许多刑事案件中，加害人对被害人的伤害已经造成，即使惩罚了犯罪人，对于被害人的利益并未有实质上的弥补。而刑事和解中通过加害人对被害人的赔礼道歉、赔偿损失，使得被害人在物质上与精神上得到了实质性的弥补。刑事和解除了强调被害人利益的保护外，也为犯罪人提供了积极的利益保护方法。在罪刑法定原则下，对犯罪人的利益保护是通过限制刑罚权的方式保障犯罪人不受法律之外的惩罚，这是一种消极的保护方式；而在刑事和解中，犯罪人可以通过真诚的悔罪，并对被害人作出补偿以换得减刑、免刑，甚至可以因此而不追究其刑事责任，对于犯罪人而言这无疑是给犯罪人积极寻求自身利益最大化的机会。此外，刑事和解也使犯罪人能够更好的回归社会。绿色司法是以公开、公正、公信力为本质要求，以实现司法动机、方式方法、质量效果统一，由此最大限度的减少司法办案的负面产出，刑事和解的功能在于缓解了由犯罪所引起的紧张的社会关系，能从多主体入手减少司法的负面产出。因此，刑事和解主要是通过对被害人、加害人及公共利益的保护，完善了罪刑法定原则下的公正价值。

2. 效益价值的完善。首先，刑事和解提高了刑事案件处理的效率。西方有句法谚“迟来的正义即非正义”，即要求刑事案件的处理必须要有效率，在罪刑法定原则之下，对于犯罪案件的处理要求犯罪事实清楚，证据确实充分，因而在多数情况下，对于犯罪案件，从立案到最终的判决耗时较长。而在刑事和解中，加害人主动承认自己的犯罪行为，为案件的侦查节省了人力、财力、时间与精力，极大的节省了司法资源、提高了诉讼效益。其次，“刑事和解能快速、合法、有效地解决大量轻微案件的责任归属，使司法机关就能够更加有

效地集中人、财、物方面的资源，重点处置对社会秩序造成严重破坏、社会影响较大的案件”①。因此刑事和解能够全面提高刑事诉讼的效益。最后，刑事和解中，主张社会对犯罪人的改造，使犯罪人在社区中接受教育，自然减少了国家监禁犯罪人所花费的成本，因而刑事和解节约了矫正犯罪人的成本。这对解决有限的司法资源与日益增长的司法需求的矛盾至关重要。

（二）刑事和解对罪刑法定原则解构的缺陷

刑事和解在突破罪刑法定原则的基础上，的确弥补了罪刑法定原则的不足之处，但由其自身的性质，致使其对罪刑法定原则的解构也存在着一定的负面影响，主要体现在以下几个方面：

1. 容易产生违反法律面前人人平等原则的观感。在罪刑法定原则下，同罪同罚。而在刑事和解中，即使发生相同的犯罪行为，可能由于加害人的经济能力、社会地位、诉讼技巧及被害人的需求等因素，最终导致案件的处理结果不同。这在现实中可能让普通民众认为有钱人用钱赎刑，而穷人则只能接受刑事审判，违背了法律公平正义的价值目标。

2. 减弱了刑法的权威性与威慑作用。在罪刑法定原则下，犯罪必将受到法律所规定的刑事责任的追究，因而树立了刑法的权威性；同时，规定对犯罪行为的惩罚，使行为人在做出行为之前往往会权衡利弊，因而使刑法起到了预防犯罪的作用。但是，在刑事和解中，违反相同的法律，由于加害人与被害人达成刑事和解，可能对犯罪人不追究刑事责任，或者减轻免除刑事处罚，这使得刑法的权威性降低。此外，刑事和解的存在，往往会使行为人认为可以通过赔偿来规避刑罚，而实施犯罪行为，这削弱了刑罚的一般预防功能。

3. 可能会造成对被害人的二次伤害。刑事和解的存在，使被害人在刑事司法过程中的地位得到了极大的提高，但是权利的存在，即意味着被侵权风险的产生。在未规定刑事和解时，犯罪人一方通过威胁、引诱的方式迫使被害人撤销诉讼或作出伪证的现象已经屡见不鲜。在刑事和解合法化后，在刑事诉讼中给了被害人更大的权利，若法律设置了这种权利却未对它作出保障，必将使被害人的权利受到更大的侵害。因而在刑事和解制度下，被害人在受到犯罪行为的伤害后，在司法过程中，被害人会面临加害人对其实施的潜在的二次伤害。

① 陈兴良：《宽严相济的刑事政策研究》，中国人民大学出版社2007年版，第273页。

结　语

刑事和解对罪刑法定原则的突破是现代人权理念发展在刑事领域的体现。刑事和解的理论基础包括恢复性正义理论、平衡理论、叙说理论、刑事契约理论，他们都体现了在刑事司法中对被害人利益的保护。以变通的刑事和解突破相对僵硬的罪刑法定原则，完善了刑事司法的正义理念，提高了刑事司法的效率。目前，我国刑法已经明确规定了刑事和解，但具体而言，法律的规定较为简单，且缺乏对被害人刑事和解权利保护的具体规定。绿色司法所要求的是效率与公平并举，因而，我国在规定刑事和解后，应注重完善刑事和解制度，以避免由刑事和解突破罪刑法定原则所带来的负面效应。

刑事案件速裁程序试点工作中的问题及对策研究

——以践行绿色司法为视角

桂益萍　柴志峰　崔倩如*

刑事案件速裁工作自2014年在H地区试点以来，取得较为显著成果，办案机关进一步提高诉讼效益，减少审前羁押，节约司法资源，促进了社会和谐，但也存在一些问题。目前检察机关开始研究完善公诉环节“认罪认罚从宽”制度，应该说速裁程序是落实“认罪认罚从宽”的具体举措。本文对速裁程序的经验和问题进行分析，提出解决问题对策，以期为完善速裁程序、深入发展“认罪认罚从宽”制度提供参考，并实现案件繁简分流，清除案多人少的“司法雾霾”，践行绿色司法。

一、刑事案件速裁程序试点的基本情况

截至2016年6月30日统计数据，H地区检察机关已办理速裁案件5125件5217人，审查起诉周期平均5天，法院审理周期平均4天，用时远少于“两高”规定的审查起诉期限和审理期限。适用速裁程序的案件罪名占比分别为：危险驾驶71.22%、盗窃20.94%、故意伤害1.23%、毒品犯罪1.37%、交通肇事1.09%、寻衅滋事0.43%、抢夺0.37%、诈骗2.28%、非法拘禁0.12%、扰乱公共秩序0.10%、其他犯罪0.85%。

H市为落实速裁程序的试点工作做了诸多努力。一方面，建立外部工作机制，规范诉讼流程。2014年11月，H市公、检、法、司联合制定了《H地区刑事案件速裁程序试点工作的实施意见》，对速裁程序的适用范围、办案期限、工作机制、办案方式等进行全方位细化，为办理刑事速裁程序案件提供了依据。另一方面，建立内部工作规则，明确内部程序。H市检察院制定了

* 浙江省杭州市拱墅区人民检察院。

《H市检察机关刑事案件速裁程序审查起诉规则》，详细规定了从审查起诉到出庭公诉活动的内部审查、审批的各个环节具体操作规程，列明了各环节应当开展的具体工作和程序流程。同时，专门设计了权利义务告知书、提供法律帮助告知书、具结书、评估委托书、适用速裁程序建议书等法律文书，规范速裁程序的起诉书、量刑建议书格式，统一、规范了全市速裁程序的检察法律文书制作。①

二、刑事速裁程序存在的问题

在H地区的刑事速裁程序试点工作中，凸显出一系列问题，诸如速裁程序适用比率仍然偏低，试点地区适用速裁程序办理案件比例不足10%，与预期存在较大差距；案件类型多样化程度不够，罪名适用太过集中，危险驾驶、盗窃、毒品犯罪占到速裁案件总数的95%；目前速裁案件证明标准没有与其他诉讼程序区分，过严的证据要求影响速裁程序的适用等。准确把握这些问题，找到原因对策，才能为之后推进“认罪认罚从宽”制度提供有效借鉴。

（一）被告人权益的保障问题

被告人的权利主要体现在知情权和辩护权。一方面，知情权保障不足。许多被告人对起诉书中所指控的证据了解得不够充分，仅仅知道审查起诉的事实和证据目录。另一方面，辩护权无法保障。许多被告人仅形式上参与了整个庭审，但缺少相应的法律知识，也没有申请法律援助，导致被告人的辩护权未能在实质上得到保障。对于适用速裁程序审理的案件，被告人如果自愿认罪、积极退赔退缴、取得被害人谅解的，可以依法从宽处罚，可能会导致有些被告人为了减轻处罚而选择速裁程序。如此被告人比较被动，如果对被告人权益保障再不到位，则难以保障程序的平等性和自愿性。

（二）量刑建议的平衡问题

当前适用速裁程序审理案件的从宽幅度不明确，部分速裁罪名缺乏量刑建议依据，有的地方提出确定刑期的量刑建议尚不成熟。即便是最基本的危险驾驶，检察机关该如何准确合理地提出量刑建议各地标准也不统一。因此，需要针对案件特点探索不同的量刑激励模式，细化速裁案件的量刑标准和缓刑适用条件，提高检察机关量刑建议准确性和人民法院刑罚裁量科学性，落实认罪认罚从宽政策。

---

① 最高人民检察院编：《公诉工作情况》，刑事案件速裁程序试点工作专辑之一，第18期。

（三）被告人反悔的问题

被告人具结后上诉无制约措施。有的案件被告人同意适用速裁程序审理并签字具结，但在收到判决书后又提出上诉，此类案件在H地区试点第一年就有20多人，占总判决数的2.1%，造成速裁程序认罪认罚无法落实到位等问题。在实践过程中，出现了适用速裁程序的案件审判后被告人无故反悔而提出上诉的情况，此类案件占速裁程序的2%。尽管现阶段上诉是被告人的权利，但这种情形的出现浪费了诉讼资源，影响了诉讼效率。

（四）基层检察院的积极性问题

一些因素客观影响或制约了速裁案件的办案效率。如有的检察院提审、开庭路途较远，提押流程复杂，降低了办案效率。又如案管系统、网上办案系统与速裁办案工作尚未完全对接，不能完全适应速裁程序案件流转快、审批环节少、办案效率高的特点。

另外，速裁程序虽然对庭审过程进行了简化，但在审结时间要求十分高的前提下，庭前准备工作十分多，除了需要向当地司法局寄出社区矫正接收函，还要提出定性罪名，决定量刑意见并让犯罪嫌疑人签署具结书，对嫌疑人讲解速裁程序的特点并告知权利义务，如此对检察人员的自身素质能力提出较高要求。

而涉及远程提审的配备人员问题，公安厅发布的《浙江省公安厅监管总队关于台州市公安局监管支队〈关于检察院远程视频提讯相关问题的请示〉的批复》（浙公监管〔2016〕2号文件）中指出，检察机关进行远程视频讯问，应当有至少两名工作人员（其中一名为检察官）当场办理提讯手续。远程视频讯问时，办理手续的检察机关工作人员应当在场，这就导致效率不减反增，在检察院提审室须配备两名检察人员，在看守所当场提讯需要配备至少一名检察官和一名检察机关工作人员，人员数量上比原先只需要两名检察人员增加了两人，工作量也未能减少。

以上这些因素使一些基层检察院办理速裁案件时感到一定程度上并没有减少工作量，反而增加了工作紧张程度，影响了试点检察院适用速裁程序的积极主动性。

（五）文书重复及效力问题

在刑事案件速裁转为简易程序或者普通程序审理的情况下，被告人出具的具结书及被害人出具的谅解书是否仍具有法律效力，以及检察机关制作的起诉书是否需要变更，目前都不明确。

另外，适用速裁程序建议书、犯罪嫌疑人速裁程序审查起诉阶段诉讼权利义务告知书、犯罪嫌疑人诉讼权利义务告知书之间存在重复，让犯罪嫌疑人签署的文书太多也不易理解。有必要将这些文书尽量专业化合并，增强速裁告知的实用性。

（六）公检法三家的配合问题

侦查机关介入速裁案件不够深入。最高人民法院、最高人民检察院、公安部、司法部《关于在部分地区开展刑事案件速裁程序试点工作的办法》第5条规定，公安机关侦查终结移送审查起诉时，认为案件符合速裁程序适用条件的，可以建议人民检察院按速裁案件办理。近一年来，公安建议速裁的案件虽然不断增加，但应提高启动速裁程序的主动性，对于一些不常适用速裁的罪名也应尽到审查义务。

实践中，检察机关和法院办理速裁案件有时间限制，需在8个工作日内结案，但公安机关侦查速裁案件，并没有受到时间限制，不符合速裁案件本身对“速”的要求。

调查评估存在困难。H地区大量案件系流动人员犯罪，户籍地多在外地，要求检察机关8个工作日委托、完成调查评估确实存在实际困难，由于快递来回问题，常常在判决前还无法收到司法局的回函，为此部分法院改变了程序，造成司法资源浪费。因此，应把审前调查放在侦查阶段，由公安机关在移送审查起诉前发出调查函，保障法庭判决前能及时收到回复。

三、完善刑事速裁程序的对策

（一）重设认罪协商机制

想要切实保障被告人权益，防止被告人为了减轻处罚而认罪，将刑事案件速裁程序的“认罪协商”制度扩展到“认罪认罚从宽”制度，需要重新设计认罪协商机制。

首先，根据罪刑法定原则，控辩双方就定罪的罪名不得进行协商，也不允许减少起诉罪名或将重罪改为轻罪。其次，检察机关只能就事实清楚、证据确实充分的案件协商，对于那些只有被告人供述，证据不足、难以定罪的事实部分，不能对犯罪嫌疑人定罪处罚，因此也不能纳入认罪协商范围。再次，认罪减刑幅度应有所放宽。根据刑事案件速裁程序的实践经验来看，目前的速裁程序只给予检察机关在正常量刑的基础上减轻百分之十到百分之二十的幅度，比较不够，应再予以放宽。陈瑞华教授认为，在严格贯彻罪刑法定、罪责刑相适应和实质真实原则的前提下，应当对那些自愿认罪的被告人加大减轻处罚的力度，以便吸引更多的被告人做出自愿认罪的选择。尤其是对那些在自愿认罪的基础上，有积极退赃、积极退赔、达成刑事和解的案件，更应该对量刑做出较大幅度减轻，以体现罪责刑相适应原则。①

（二）设立专案小组，减少层级审批

公检法机关可以设专人负责速裁，各自成立刑事速裁专案组，全程对接。检察院可以建立刑事速裁主任检察官制度，由专门的主诉检察官小组办理速裁案件，由办案组成人员分工负责提审、文书制作、出庭等任务，充分发挥专业化办案组的优势，提高办案效率，真正实现“速”裁。

创新审批模式，加快办案流程。传统的案件审批模式并不完全适应速裁程序需要，可能影响案件审理效率，导致速裁程序“形同虚设”，因此有必要创新审批模式。如检察机关办案都在涉密网，程序大多需要领导审批，案件数量大，可以开拓发展“互联网+”模式，在涉密手机上创建专门的审批程序APP，并设置提醒，以加快审批流程。

（三）简化文书，办案全程留痕

H市检察机关为简化审查起诉流程，针对速裁案件，简化制作了比简易程序更简便的法律文书模板，加快案件审结，包括《起诉意见书》、《立案决定书》、《提请批准逮捕书》、《结案报告》、《起诉书》、《判决书》等。同时，H地区在侦查、起诉阶段建立电子卷宗，充分利用通信技术进行电子送达，对庭审活动全程录音录像，通过审判信息管理系统和司法政务平台及时公开裁判文书等措施，确保全程留痕、监督有力。

（四）细化量刑建议

将量刑纳入速裁程序，建立相对独立的量刑程序。在审查起诉和法庭审理等阶段，实现量刑程序的相对独立性，允许公诉人、当事人、辩护人和诉讼代理人就量刑问题发表意见，有利于实现透明司法，便利当事人和人民群众进行监督评判，有效避免“暗箱操作”和案外人为因素干扰。

H市检察院与H市中院协商确定了11类案件的具体量刑幅度标准，共同参考执行，大大提高了检察机关量刑建议采纳率。目前部分基层院对案件的量刑幅度已精确到15天，且绝大部分能够被法院采纳。

（五）构建“三远一网”平台

依靠科学技术提升办案效率，全面推进远程提审、远程开庭、远程送达

---

① 陈瑞华：《“认罪认罚从宽”改革的理论反思——基于刑事速裁程序运行经验的考察》，载《当代法学》2016年第4期。

“三远一网”建设，建设专网，完善硬件，设立专门办案通道。截至2016年，H地区已有西湖、萧山、江二、建德、余杭、拱墅完成了远程法庭、提审室的建设使用，大大提高了速裁案件的审查效率。同时，积极变革刑事案件办理模式，充分借助互联网科技手段，在H地区建立、推广远程视频办案系统，严格规范技术参数、装备设置、场所标识等，实现全市法院、检察院、看守所之间远程设备互联互通和法律文书、网络印章的传输送达功能，从硬件方面推动案件“速裁速决”，提升基层检察院的积极性。

（六）认罪认罚亦要保障被告人权益

被告人一旦认罪认罚，就意味着失去无罪辩护的机会。为防止被告人在被胁迫或受利诱的情况下做出错误的认罪认罚，也为了避免可能发生的冤假错案，有必要加强速裁程序中对被告人合法权益的保护，这也可以减少被告人出现诉讼反悔的几率，从整体上提高诉讼效率。

具体可以从三方面进行。首先，保证被告人的知情权，使其对认罪认罚的权利义务和后果有充分了解。加强对被告人适用速裁程序的法制宣传，坚持庭前向被告人充分解释速裁程序的适用后果，告知其相关的权利义务，确认被告人是否认罪、是否申请不公开审理。其次，保障被告人获得辩护的权利，对于那些没有能力请律师的被告人应指派援助律师为其辩护。最高人民法院、最高人民检察院、公安部、司法部《关于在部分地区开展刑事案件速裁程序试点工作的办法》第4条规定，建立法律援助值班律师制度，法律援助机构在人民法院、看守所派驻法律援助值班律师。犯罪嫌疑人、被告人申请提供法律帮助的，应当为其指派法律援助值班律师。检察机关要加强与司法行政机关的沟通协调，落实值班律师制度，由专业的辩护律师介入，代理当事人与检察官协商，既可以更充分保障当事人合法权益，又可以减少检察官法律解释的时间，提高检察官适用速裁程序的积极性。① 而且从长远看，建议刑事速裁程序适用强制指定辩护制度。最后，还应该建立完善的被告人反悔后的程序回转机制，如果被告人推翻供述，应当中止原有程序，改为普通程序审理。

（七）加强沟通，加速案件流转

1. 要加强与公安机关的沟通。推动公安机关提高建议适用速裁程序的比例，加强取证引导。对于公安机关的侦查期限只做原则性要求，而不做限制性要求，务必确保侦查质量，使更多案件可以在检察起诉阶段进入速裁通道，最

① 最高人民检察院编：《公诉工作情况》，刑事案件速裁程序试点工作专辑之一，第18期。

终实现案件的检察、审判环节快速流转。从公安机关移送速裁案件起就进行明确标注，与检察机关案管部门进行对接走绿色通道。同时，将社会调查前置到公安阶段，由于速裁案件在侦查阶段并没有时间限制，而审前调查结果又必须在判决之前送达法院，如果由检察机关邮寄材料进行审前调查，往往在时间安排上比较局促，因此可以由公安机关在前期侦查阶段提前与犯罪嫌疑人暂住地或户籍地的司法局进行联系，将审前调查提前化。

2. 加强与司法局、邮政部门的合作。一方面，加强与司法局的合作，促使各地司法局提高对速裁案件的重视，优先审查、优先寄送相关材料，保证在一审判决前送达法院，不影响被告人的缓刑适用。另一方面，加强与邮政部门联系，解决普通快递法律文书送达慢、送达难的问题。面对实践中遇到的司法局地址、电话不明，网上查询出现多处地址等情况，某些地区检察院采用与邮政 EMS 合作的方式，由邮政 EMS 为该院开通专门的检察专递通道，实现了单位到单位的邮递模式，值得参考。

（八）其他程序性建议

1. 建议对刑事速裁程序原则上实行一审终审。同意适用刑事速裁程序、具结签字的被告人，已经因认罪认罚而得到从宽处罚，属于该程序的受益者，为此，应当同时承担由此带来的后果。对于适用此程序审理的案件提出上诉，有失诚信，且违背认罪认罚制度的主旨。因此建议今后在制定修改法律时，规定对于适用速裁程序审理的案件一般应当一审终审，除非能证明当事人适用速裁程序非自愿或有其他违背法律公平公正的情形。

2. 建议不得启动审判监督程序。根据程序设计，适用刑事速裁程序的案件，被告人基于对于法律后果的明确认知而自愿接受判决结果，因此除非被告人有意隐瞒真实情况，一般不应造成错案。为此，对于此类案件判决结果的评价，重点应当是维护司法权威、维护判决既判力，一般不应当以审判监督程序做出改变，除非能证明当事人适用速裁程序非自愿或有其他违背法律公平公正的情形。

3. 建议扩大刑事速裁程序的适用范围。通过对一年以下有期徒刑案件速裁的试点，试点机构普遍感觉如果进一步扩大适用范围，所带来的繁简分流集约化效应将会更加明显。因此，顺应“认罪认罚从宽”制度的开展趋势，可以将适用范围扩大到三年以下有期徒刑案件，同时对于那些有累犯等情节的案件，只要符合速裁程序要求，也可以考虑适用速裁程序。另外，可以扩大罪名适用，尝试开展除危险驾驶、盗窃、交通肇事类案件外的其他罪名的速裁工作。

4. 建议不再派员出席法庭。通过试点，我们发现检察机关对于刑事速裁程序出席法庭功能作用非常小，反而使检察机关重复投入增加。实际上，在起诉之前，检察机关已经做了大量工作，量刑建议工作也是在充分征询被告人个人意见的基础上作出，被告人同意并具结签字，如果法庭认为案件确有问题，可以随时中止速裁程序进入其他程序，因而检察机关再派员出庭确无必要，故建议对此类案件可以不派员出席法庭，这样也可以保证法院的审理活动更加便利快捷。

四、结语

2017 年，检察机关公诉部门已经陆续开始深入研究完善公诉环节“认罪认罚从宽”制度，探索建立公诉环节辩护律师参与下的认罪、量刑协商制度，充分贯彻宽严相济的刑事政策，探索被告人认罪与不认罪案件的区别出庭模式，提高出庭效率。而速裁程序是落实“认罪认罚从宽”的具体举措，是化解社会矛盾、促进社会和谐的重要手段之一。通过总结刑事速裁程序的改革经验，也可以进一步探索“认罪认罚从宽”制度改革的可能路径，逐步将试点扩大到全国，建立起属于我国的轻罪制度，做好审前程序的过滤分流，提高效率，减轻检察人员的办案压力，真正践行绿色司法理念。

论绿色司法理念下的繁简分流工作机制

——基于对 Y 市人民检察院公诉案件的现状分析

戴素君　陈雨禾　赵　娟*

近年来，基层检察院案多人少的矛盾集中突出，群众对司法的需求也日益增长，这对基层检察人员提出了更高的要求和挑战。为响应中央提出的以“五大发展理念”引领全面建成小康社会的号召，汪瀚检察长在第十六次全省检察工作会议上要求全省检察机关树立绿色司法理念，规范、理性、文明司法。在此理念的指导下，进一步探索基层公诉部门案件的繁简分流机制，并将此作为破解现有案多人少困境、提高案件办理质量的一剂良方。

一、繁简分流的理论依据——基于绿色司法办案理念的指导

（一）绿色司法的基本内涵

绿色司法理念的提出，旨在通过检察工作，维护内外和谐关系，促进法治生态文明健康发展。其核心是规范、理性、文明司法，实现公平正义要求的执法动机、方式方法和质量效果的统一。其基本内涵就是在注重司法效率和司法智慧的前提下，提高案件质量，提升办案效果。换句话说，案件不是办得越多越好，而是要用先进的办案理念指导办案方式方法，充分考虑办案可能带来的各种影响，坚持案件办理的法律效果、社会效果的统一，让群众在具体司法案件中感受到公平正义，感受到司法的温度。

在司法资源有限而司法需求日益增长的现实情况下，绿色司法理念的践行，就需要同时注重司法效率和司法智慧。这要求检察机关高效利用司法资源，做到案件的繁简分流，并在此基础上运用司法智慧，提高办案质量，提升办案效果，让案件的办理有温度、有智慧。而繁简分流就是践行绿色司法理念的基础性工作。

---

* 浙江省余姚市人民检察院。

（二）繁简分流是践行绿色司法的基础性工作

当前，案多人少是基层检察院的普遍矛盾，司法资源与司法需求之间的矛盾日益显著。在此种情况下提出绿色司法的理念，首先需要破解“案多人少”的矛盾，优化案源配置和优化人员配置，为进一步提升办案能力和办案效果腾出更多的办案时间和司法精力，为提高疑难复杂案件的办案效果提供可能性。在绿色司法理念指导下的繁简分流，其目标是优化配置司法资源，争取“简中出效率、繁中出精品”，以较少的司法成本实现较大的法律效果。众所周知，公正和效率是任何司法活动永恒的追求，而追求公平和效率之间的最大公约数也正是绿色司法的应有之义。繁简分流自提出之初即为了在公正和效率两个端点之间寻求一个平衡，为绿色司法的践行提供基础。

一方面，繁简分流是司法效率的高度集中体现。从法经济学的角度看，法律的公平与正义也需要考虑诉讼成本和诉讼效益。法经济学的泰斗波斯纳教授提出了错误成本和直接成本两个概念，以控制程序的运行成本，实现效益最大化。① 事实上，脱离效率的公正是无意义也是无法实现的；效率也是公平正义的基础，俗语有云“迟来的正义为非正义”。在繁简分流机制中，“简案快办”为“繁案精办”腾出宝贵的司法资源。司法实践中大量的简单案件挤占了基层公诉人员的绝大多数的时间和精力，导致重大疑难复杂案件常常没有时间仔细研判，而是疲于消化，更不要提进一步注重办案的实际效果。繁简分流就是在此背景下为绿色司法的践行提供绿色环境，保障承办人有精力和时间进一步提高办案质量。

另一方面，繁简分流并非重效率轻质量，公平正义亦是其本身追究的价值。其一，“简案快办”本身也是司法公正的体现。大多数简单案件类型化程度较高，证据类型相同、案件事实相近，基层公诉人员对证据的收集、审查具有较精准的经验判断，办理案件具有“快起来”的可能性，对其进行简化办理并不影响案件的法律效果和社会效果，甚至有助于改善短刑犯可能出现的交叉感染等问题，也有利于轻微犯罪的行为人不至于和社会发生脱节。其二，繁简分流同时配套有各项措施，使诉讼程序更加规范化，从而有助于提高办案的文明化，同时这也顺应了检察改革，与员额检察官与助理检察官职能的相对分离相适应，也有利于推动司法制度的发展和完善。

---

① 参见［美］波斯纳：《法律的经济分析（下册）》，蒋兆康译，中国大百科全书出版社 1997 年版。

二、繁简分流的现实需求——基于公诉案件的特点分析

（一）案件数据

自 2012 年开始 Y 市人民检察院受理的公诉案件高居不下，近五年来受理的公诉案件统计如下：

年份	2012	2013	2014	2015	2016
案件数（件/人）	2496/3657	2109/3031	1903/2729	2096/2921	2004/2616

从以上案件受理情况可以看出，虽然公诉案件量高居不下，但数量、人数已经呈现出趋于稳定的状态，在该种案件数量处于高位稳定的状态下，如何合理划分案件难易程度，使复杂、简易案件各行其道，顺畅办理，而不是相互冗杂在一起，拖慢办案效率，是解决当前案多人少矛盾的迫切需要。下面对近两年的公诉案件做一下具体分析：

<table>
<tr><th>年度
类别</th><th>2015</th><th>2016</th></tr>
<tr><td>受理审查起诉案件总数</td><td>2096 件/2921 人</td><td>2004 件/2616 人</td></tr>
<tr><td>危险驾驶</td><td rowspan="4">合计 1267 件/1461 人</td><td rowspan="4">合计 1386 件/1558 人</td></tr>
<tr><td>交通肇事</td></tr>
<tr><td>赌博</td></tr>
<tr><td>盗窃</td></tr>
<tr><td>三年以下有期徒刑、
拘役、管制、单处罚金</td><td>2280 人</td><td>2259 人</td></tr>
<tr><td>适用简易程序的案件</td><td>2180 人</td><td>1769 人</td></tr>
<tr><td>一次退补</td><td>216 件/498 人</td><td>271 件/672 人</td></tr>
<tr><td>二次退补</td><td>63 件/253 人</td><td>101 件/361 人</td></tr>
</table>

（二）特点分析

结合以上数据，可以发现近两年受理的公诉案件具有以下特点：

1. 案件数量多，但简单案件占据较大比例。如在 2015 年、2016 年受理的公诉案件中，危险驾驶案、交通肇事案、盗窃案、赌博案均占据全部案件受理数的 50.0% 以上。已判决案件中判三年以下有期徒刑（不包括三年，包括有期徒刑缓刑）、拘役（包括拘役缓刑）、管制以及单处罚金的人数分别达 2280

人、2259 人，均占判决总人数的 90% 以上；且大部分案件均能适用简易程序办理。

2. 案件退补率高。2015 年受理的公诉案件中，一次退补的案件有 216 件/498 人、二次退补的案件有 63 件/253 人，案件件数和人数的退补率分别为 13.1% 和 25.7%，尤其是案件受理数（人数）四分之一以上经历了退补程序，办案时间较长；2016 年受理的公诉案件中，一次退补、二次退补的案件相较 2015 年数量、人数又有增加。

3. 疑难复杂案件占有一定的比例，且呈上升趋势。虽从总体受理的公诉案件来看，简单案件较多，但仍有一部分疑难复杂案件，占据承办人较多的时间和精力。如 2015 年公诉部门办理的一起 63 人非法经营“六合彩”案，案卷 20 册，审查报告 15 万余字，起诉书 2 万余字，涉案人员上下级关系错综复杂。2016 年公诉部门办理的徐明镜等 200 多人诈骗案，案卷 43 册，审查报告 33 万余字，起诉书 3 万余字。还有宁波市院交办的专案，也由公诉部门专门成立专案组办理。

4. 经济类案件证据认定和法律适用难度大。在市场经济发展过程中，由于企业资金链断裂、银行监管不严、企业主法律意识淡薄等原因引发的经济类案件层出不穷。如 Y 市人民检察院办理的施佰军及李如祥骗取贷款案、徐江挪用资金案、陈四静及赵玲诈骗案等在证据认定和法律适用上均存在一定的争议。

5. 外省籍人员犯罪占据较高比例。外来流动劳动力的流入给 Y 市经济的可持续增长和市场的进一步繁荣注入了新的活力，但同时他们的犯罪问题也日趋突出。近年来，Y 市的刑事案件总量高位运行，其中一个显著特点就是外省籍人员犯罪案件的件数和人数占全部受理公诉案件的比例较大，比例均达到一半以上。检察机关在打击犯罪的同时，也要最大限度地保障犯罪嫌疑人的权益，尽量提高诉讼效率，避免案件久拖不决，尤其是在外省籍人员流动较快的情况下，提高诉讼效率、尽快结案，也是对外省籍犯罪嫌疑人权利的有力保障。

三、绿色司法的实际探索——推行繁简分流的办案模式

（一）遵循司法规律，探索“三分法”办案模式

基于对本院案件受理的特点，本院公诉部门遵循司法规律，探索了“三分法”办案模式，即案件类型的分流、办案导向的分流、办案人员的分流。

1. 实行案件类型的分流。根据近几年受理案件的特点，将案件类型分为“简”类案件和“繁”类案件，并设置了不同的条件和适用范围。对“简”

类案件设置的适用条件为：案件事实清楚、证据确实充分；可能判处三年以下有期徒刑、拘役、管制或者单处罚金；犯罪嫌疑人、被告人自愿认罪，承认所指控的犯罪；案件定性和法律适用没有争议。对“简”类案件设置的适用范围为：危险驾驶案、交通肇事案、盗窃案、“六合彩”类的赌博和非法经营案、其他简单案件共五大类“简”类案件类型。

2. 实行办案导向的分流。在上述案件类型分流的基础上，对“简”类案件和“繁”类案件提出了不同的办案要求。一方面，对“简”类案件的办理，重在提高效率，要求做到“三个简化，两个严格”，三个简化是指，简化制作讯问笔录、简化制作审查报告、简化开庭程序。两个严格是指：(1) 严格把关办案期限，要求自受理案件之日起 20 日内予以审结，无特殊情况不得延长审查期限、不得退回补充侦查；(2) 严格把关案件质量，根据《公诉案件风险防范审查要点》，对案件程序性事项及 14 类案件类型的风险点进行预测和防范，保证案件质量。另一方面，对“繁”类案件的办理重在提升效果，要求做到“三个必须，两突出”，即必须详细制作讯问笔录、必须全面制作审查报告、必须详细制作出庭预案，案件事实、法律适用有争议的案件突出法律效果，社会影响大、敏感性强的案件突出社会效果。

3. 实行办案人员分流。根据繁简案件的界定范围，结合办案人员的能力、特长、办案特点，将办案机构设置为简类案件办案组、破坏社会主义市场经济秩序犯罪案件办案组、一般刑事案件办案组等。同时实行“两个倾斜”，即办案骨干或资深检察官配置向复杂案件倾斜，检察官助理配比向简单案件倾斜，突出办案重点、优化办案结构，确保办案质量、效果、效率有机统一，同时加快公诉队伍专业化、职业化培养。

（二）质量与效率相结合，创新“四机制”案件办理

围绕绿色司法对案件办理高效、高质的内在要求，本院建立一系列确保“繁简分流”有效推行的配套机制，保障简案速办、疑案精办。

1. 推出“表格化”证据模板简化文书制作。基于危险驾驶、交通肇事、盗窃、故意伤害、“冲击麻将、牌九、六合彩”类赌博等五类简易案件具有证据类型相同、案件事实相近等特点，精心设计“表格化”证据模板，以证据要点填充方式代替详细摘录证据，简化审查报告制作，有效节省办案时间，目前已制作表格化审查报告 110 余份。

2. 实施部分不起诉案件检察长直接决定制度。本院制定出台《关于部分拟作相对不起诉刑事案件由检察长直接决定的暂行规定》，对部分符合事实清楚、证据确实充分、法律适用明确、社会危害性较小且无不良社会影响要求的危险驾驶、交通肇事、故意伤害以及未成年人盗窃四类拟作相对不起诉案件由

检察长直接决定，自2016年10月实施该项制度以来，已有19件案件由检察长直接作出不起诉决定，案件办理速度明显加快。

3. 建立风险防范预控机制。一方面，从办理专人到办案小组，从科室研讨到全院的案件研究组，对案件所存在的事实认定及法律适用上的各风险点进行深入探讨，层与层之间做到讨论召集迅速、信息共享充分、头脑风暴激烈，充分发挥各业务专家及办案骨干的集体智慧，为解决案件中存在的难题提供有力参考。另一方面，制作了《公诉案件风险防范审查要点》，明确公诉案件办理中的共性问题特别是程序性事项的审查要点，对常见的14类案件从实体和程序两个方面列出案件办理中的风险要点，全面扫描，排除风险，确保案件质量。

4. 创设专业检察官会议制度。成立案件研究小组，由各部门业务骨干担任组员，刑检部门工作不满三年的检察人员列席会议，对疑难复杂起诉案件、争议较大的拟不起诉案件和新类型案件进行讨论研究，提高案件审查能力和科学决策水平，同时邀请其他院的业务专家和学术专家参加会议并提出参考意见。

（三）提升办案效果，运用多种配套手段贯穿办案过程

1. 除了制度创新及充分发挥检察人的主观能动性以提高司法效率外，本院还积极运用多种信息化手段助推绿色司法环境的营造。其一，本院案件管理部门积极推行电子卷宗制度，方便律师阅卷的同时，也大为缩短了承办人因打字耗损的机械办案时间；其二，本院技术科积极探索远程提审室的应用，节省了承办人来回看守所的路途时间、在看守所的等待及手续办理时间，更重要的是远程提审视频全程录音录像，画面、声音清晰，彰显了办案的规范化、透明化；其三，本院通过培训推广、软件硬件支持，提高承办人运用信息技术办案的能力，如运用侦视通等软件辅助查清案件事实，运用数据库、讨论平台帮助启发解决难点的思路，运用多种展示软件在案件汇报、检委会陈述以及庭审举证质证中辅助直观展示案件事实。

2. 与公诉部门繁简分流机制相配套，Y市人民检察院设置了侦捕诉判协作同步机制，推动召开公检法联席会议，构建简单案件办理的“绿色通道”。公安机关已制定出台《关于轻微刑事案件的快速化办理机制》，对移送审查起诉的轻微刑事案件贴上“快速办理”标签。案管部门受理后审查认为属于简单案件的，公诉部门按简单案件审查起诉，并建议法院适用简易程序。审判阶段法院一般会对适用简易程序的案件在20天内审结，由此形成“绿色循环”。复杂案件充分运用提前介入侦查、庭前会议、听庭评议等工作制度，确立疑难案件精准导向的办案效果。

3. 本院建立了相应的配套保障和激励措施。其一，对特别重大疑难复杂案件实行挂牌竞办制度，由办案人员对挂牌的案件进行竞办，挂牌竞办案件的办理取得良好法律效果和社会效果的，经分管领导同意后，报院里统一予以通报奖励；其二，对疑难复杂案件的审查报告比赛和案例评比获得市级以上表彰奖励的，在评先评优时予以优先考虑。

附件

Y市人民检察院
关于公诉案件“繁简分流”办理实施细则
（试行）

第一条 为贯彻宽严相济刑事政策，提高诉讼效率，根据《中华人民共和国刑事诉讼法》以及《最高人民检察院关于依法快速办理轻微刑事案件的意见》等相关法律、司法解释，结合本地区司法实践的实际情况，制定本细则。

第二条 办理公诉案件，应当严格依法办案，尊重和保障诉讼参与人的合法权益，确保法律效果和社会效果；应当把握“事实清楚、证据确凿”的要求，严格办案责任，加强法律监督，切实防止冤假错案，确保案件质量与诉讼效率。在此前提下实行“繁简分流机制”，提供诉讼效率。

第三条 检察机关应当加强与公安机关、法院、司法行政机关等单位的协调配合，加强内部各职能部门的分工协作，及时研究解决问题，努力形成工作合力，保障“繁简分流机制”的运行。

第四条 结合案件类别、案情的简繁程度、处刑轻重程度以及被告人的认罪情况综合考虑，将案件确定为“繁”和“简”两大类。“繁”类案件包括以下几类案件：

（一）职务犯罪侦查案件；

（二）破坏社会主义市场经济秩序犯罪案件；

（三）四人以上结伙作案、依法可能判处三年以上刑罚的案件；

（四）一人多次作案达三次以上、依法可能判处三年以上刑罚的案件；

（五）被告人不认罪的案件；

（六）其他重大疑难复杂的案件；

（七）党委政府重视、社会影响大的案件。

除上述七类案件以外的案件都归属于“简”类案件。

第五条 根据繁简案件的界定范围，结合办案人员的能力、特长、办案特点，将办案机构设置为职务犯罪侦查案件办案组、破坏社会主义市场经济秩序犯罪案件办案组、未成年人犯罪办案组、一般刑事案件办案组、简单刑事案件办案组。

第六条 受理案件时，根据繁简案件界定，将案件分为繁简两大类，并标注说明，将案件分派给相应的办案组，实行分类办理。

在坚持分类办理的同时，灵活采用案件调剂制度。在受理一般刑事案件过于集中，而其他案件少的情况下，启动案件调剂制度，由部门负责人统一将简易轻罪案件调剂给其他办案组办理。

第七条 对“简”类案件的办理重在要求提高效率，要求做到“三个减少，两个严格”：

（一）简化审结报告，不要求面面俱到，减少书面审查时间；

（二）案件起诉的审批权由主诉检察官行使，减少审批程序；

（三）大力适用简易程序、普通程序简易审，减少出庭工作量；

（四）严格办案期限，要求自受理案件之日起二十日内必须审结案件；

（五）严格案件退补程序，对确需退补的案件，并须报经部门负责人同意方可退补。

第八条 对“繁”类案件的办理重在要求质量和出庭效果，要求做到“三个必须”：

（一）必须全面细致审查案件，形成能全面、客观地反映案件事实、证据以及适用法律的审结报告；

（二）必须严格履行主诉检察官、部门负责人、主管检察长三个层次的审批程序，从审批程序上明确办案责任。主诉检察官、部门负责人、主管检察长既要对签署意见的案件负责，同时也要对签发的起诉书等法律文书负责；

（三）必须制作出庭预案，并在出庭公诉时加以运用，确保庭审效果。

第九条 实施公诉案件繁简分流和分类办理，需要建立的配套保障和激励措施：

（一）明确规定各办案组人员原则上两年内不得进行调整，以通过较长时间的办案实践和培养，切实提高办案人员办理某类案件的专业素养；

（二）根据案件类别和繁简程度设置相应的办案补助和出庭补贴。职务犯罪侦查案件、破坏社会主义市场经济秩序犯罪案件、重大疑难复杂案件的办案补助和出庭补贴为简易案件的三倍，适用简易程序审理的简易轻罪案件不享受出庭补贴；

（三）对特别重大疑难复杂案件实行挂牌竞办制度，由办案人员对挂牌的案件进行竞办，挂牌竞办案件的办理取得良好法律效果和社会效果的，由院党组予以通报表扬并给予相应的物质奖励；

（四）将办理案件的数量、质量、出庭效果与办案人员的目标考核挂钩，切实做到奖惩兑现，奖勤罚懒，调动工作的积极性和主动性。

第十条 本细则自下发之日起施行。

Y市人民检察院

2016年7月5日

以绿色司法理念深入推进两项监督工作

林群晗*

绿色司法理念是省人民检察院汪瀚检察长在2016年全国“两会”期间首次提出的，是以遵循司法规律为导向，以规范、理性、文明司法为核心，以司法公开、司法公正和司法公信力为本质要求，通过绿色司法，实现公平正义所要求的执法动机、方式方法和质量效果的统一。① 笔者认为，绿色司法应该体现在两个方面：一方面，要精准办案，高效办事。精准办案，就是要把案件办实、办细，准确定性、适用法律，严防冤假错案；高效办事，这里的事应该是案（事）件，既包括案件也包括事件，要严格遵循刑事司法程序，及时、规范办案，不能久拖不决，要在法定的办案期限内给当事人一个明确的办理结果，英谚“迟来的正义非正义”也准确地印证了司法活动的“绿色”属性。另一方面，要营造一个司法机关内外良性互动的办案环境。一是在司法机关内部形成一个规范司法、良性循环的办案机制，尤其要严防案多人少矛盾成为阻碍我省司法工作健康发展的司法“雾霾”；二是在司法机关与人民群众之间形成一个理性、平和、文明的良性互动关系，司法机关要敢于打破传统的思维定式，人民群众也要不断增强法治意识、公平意识、民主意识、权利意识，通过社会法治文明的提升倒逼司法机关公正、高效司法。总之，就是要在司法活动中营造内外协同、和谐共进的环境，促进司法活动可持续发展。

两项监督工作是最高人民检察院在全国检察机关部署开展的为期两年的“破坏环境资源犯罪专项立案监督活动”和“危害食品药品安全犯罪专项立案监督活动”（以下简称“两项监督工作”）。两项监督工作作为检察机关立案监督工作的重要内容，在近年来的检察机关侦查监督工作中占有举足轻重的地位。从2015年3月以来的实施情况看，两项监督工作虽然在保障民生民权、维护人民群众环境和食品安全方面取得了较大的成效，但也不可避免地存在一

---

* 浙江省人民检察院。

① 摘自汪瀚检察长在浙江省第十六次检察工作会议上的工作报告。

些问题：（1）案多人少矛盾突出，检察干警找米下锅、主动出击寻找监督线索的主动性、积极性不够；（2）获取监督线索渠道狭窄、监督方式方法单一；（3）没有形成立案监督长效机制；（4）为监督而监督、跟踪监督不力，监督效果不强，等等。这些问题在一定程度上影响了两项监督工作向纵深推进、发展的力度。笔者认为，深入推进两项监督工作，应以绿色司法理念为指引，从认识、机制、领域三个方面着手。

一、以绿色司法理念促进认识上的深化

一方面，树立绿色司法理念，挖潜侦查监督部门人力资源的内生力量。我省刑事案件多发高发，干警人均办案量多年来在全国占首位，侦查监督部门办理逮捕案件人均办案量居全国前列，案多人少矛盾突出。此外，侦查监督部门作为检察机关承担立案监督工作的主要职能部门，还承担着侦查活动监督以及综治、维稳、平安等大量的综合治理工作任务，头绪众多、人手短缺，而两项监督工作往往要通过走访、沟通以及大量的外围摸底排查，才能建议行政机关移送公安机关立案侦查或监督公安机关予以刑事立案，数量不多、成效不显。践行绿色司法理念，就是要求侦查监督部门严格把好刑事诉讼的第一道关口，通过严格审查侦查机关提请逮捕案件反向倒逼侦查机关提高提请逮捕案件的门槛，并间接影响侦查机关的办案理念①，促使其依法准确把握立案条件和报捕案件，以减少进入侦查监督部门的办案总量，形成侦查监督绿色办案、科学管理的模式，从而缓解侦查监督部门案多人少矛盾，使其有更多的时间和精力从事立案监督工作。

另一方面，严格依法办案理念，建立健全立案监督的法律制度。虽然刑事诉讼法、《人民检察院刑事诉讼规则（试行）》对立案监督有相关规定②，但从内容来看，依然不够详细和完备，如在立案监督的对象、范围、标准、程序以及违反程序的处罚等方面都还未有明确规定，导致目前检察机关日常监督工作力度不大。2012 年刑事诉讼法修改后我省以及全国立案监督案件的数据逐

---

① 王祺国：《破解“案多人少”矛盾侦查监督应有作为》，载《检察日报》2016 年 7 月 10 日。

② 《刑事诉讼法》第 111 条规定：“人民检察院认为公安机关对应当立案侦查的案件而不立案侦查的，或者被害人认为公安机关对应当立案侦查的案件而不立案侦查，向人民检察院提出的，人民检察院应当要求公安机关说明不立案的理由。人民检察院认为公安机关不立案理由不成立的，应当通知公安机关立案，公安机关接到通知后应当立案。”《人民检察院刑事诉讼规则（试行）》详见第十四章“刑事诉讼法律监督”第一节“刑事立案监督”。

年下降、幅度明显。这也是高检院近年来加强专项立案监督①，将重点工作与日常工作平衡开展的原因之一。同时，随着“两法衔接”工作在全国的开展，检察机关建议行政执法机关移送刑事案件线索的工作也在逐步推进中，但因当前“两法衔接”的规定主要来源于国务院的行政法规、部门规章和相关部委的联合发文，而且多数以“意见”形式下发，法律位阶不高，约束力不强，刚性不足。② 导致行政执法机关向公安机关移送涉嫌犯罪案件情况、公安机关受理后是否立案等情况未及时向检察机关通报，检察机关对相关的行政执法信息掌握不全，无从监督。因此，深化立案监督的认识，还要从立法层面上达成一致意见，要将强化立案监督的意识固化为可予以遵循的法律语言，建立健全立案监督的相关法律制度并严格予以遵循，让立案监督工作常态化。

二、以绿色司法理念引领机制上的深化

侦查监督部门探索立案监督一体化工作机制，体现在以下两个层次：

（一）检察机关侦查监督部门上下级之间的协同工作机制

1. 立案监督线索的体系挖掘。传统的侦查监督工作模式主要是单兵作战、小组联动，一个地区整体侦监工作水平的高低，其实是承办检察官个人能力的累加和集聚，尤其在立案监督工作上，主要还是看侦监检察官个体能力和专业素养，同样的案件在不同的承办人手中可能取得的办案效果会不一样。但是，随着侦查机关办案能力的提高，基层侦监干警要在审查逮捕案件中发现立案监督线索的难度越来越大，逐渐陷入巧妇难为无米之炊境地。探索立案监督线索的体系挖掘，是以省级检察院为单位，由省院侦监部门出面与同级行政执法部门对接，获取该行政执法部门的全省执法信息，根据属地原则，转交下级院侦监部门逐案排查立案监督线索。这一做法的优点在于：（1）改变了侦监部门单打独斗、单兵作战的格局，将事务繁忙的侦监检察官从走访各行政执法机关摸排监督案件线索的外围排查中解放出来；（2）聚集了侦监部门的优势力量，便于集中击破，提高立案监督成案率；（3）有利于系统排查和借鉴，在全省甚至全国范围内形成可予以推广的办案模式，形成集中打击的效果；（4）有

① 2014 年 2 月下旬，最高人民检察院部署全国检察机关在 3 月至 10 月间开展“破坏环境资源和危害食品药品安全犯罪专项立案监督活动”，并印发了工作方案。2015 年 3 月，继续部署开展两个专项活动，并延长活动开展时间为 2015—2016 年两年。2017 年，最高人民检察院继续部署开展为期两年的第三次“两个专项立案监督活动”。

② 元明、李薇薇：《刑事立案监督实务问题调查分析》，载《人民检察》2014 年第 12 期。

利于省级院侦监部门统筹把握全省立案监督工作的推进，加强指导。例如，我省检察机关在推进两项监督工作中，省院侦监部门通过走访省食品药品监督部门和环保部门，获取了食品药品和环保领域全省行政执法部门行政处罚以及移送公安机关的第一手资料，通过分析转交案件属地检察院侦监部门深入分析研判线索，建议移送并立案监督了一批案件。

2. 立案监督力度的逐步推进。从近年来全国立案监督案件起诉、判决数来看①，起诉、判决的案件大概占立案监督总数的一半左右，这中间除了一部分案件因为立案、侦查、公诉与审判的时间差，其中未被起诉和判决的立案监督案件占了一定比例。当然，侦查监督部门作为侦查阶段的监督者，并不是要确保所监督的立案案件必然被起诉和审判，有些案件也会因为相关证据的变化导致案件事实改变而撤案，但从刑罚的谦抑性原则出发，法律监督的案件如果诉不了、判不了，确实影响监督的法律效果和社会效果。② 因此，针对两项监督案件，为加大打击破坏环境资源和危害食品药品安全犯罪力度，笔者认为可从以下几方面加以推进：（1）统一认识。在司法实践中，破坏环境资源和危害食品药品安全的犯罪案件较侵犯人身权利和财产权利的犯罪案件相对较少，司法机关办理该类案件的经验也相对少，在案件处理上认识不同、观点不一的情况仍然存在。对此，有必要加强沟通协调，统一执法尺度。我省公检法三家在 2014 年就出台了《关于办理环境污染刑事案件若干问题的会议纪要》，就环境污染刑事案件的管辖、打击重点、主观明知、私设暗管、损失财产、规范取证方面进行了规范。2016 年 12 月，“两高”终于出台了《关于办理环境污染刑事案件适用法律若干问题的解释》③，就“严重污染环境、致使公私财产遭受重大损失、严重危害人体健康、造成人身伤亡的严重后果、有毒物质”等问题做出了进一步细化和规范，必然有利于加大打击环境污染犯罪力度。

① 元明、李薇薇：《刑事立案监督实务问题调查分析》，载《人民检察》2014 年第 12 期。如 2013 年经检察机关监督，全国公安机关主动立案和接检察机关通知立案的共 29359 件 37031 人，监督公安机关立案案件中，批准逮捕 15243 件 19253 人，分别占监督立案案件总数和总人数的 51.9% 和 52%；公诉部门审查后提起公诉的 15724 件 22516 人，分别占监督立案案件总数和总人数的 53.6% 和 60.8%；法院作出生效判决的 12151 件 17225 人，占监督立案案件总数和总人数的 41.4% 和 46.5%。

② 《人民检察院立案监督工作问题解答》第 10 条规定：“人民检察院通知公安机关立案的案件，应当从严掌握，一般应是能够逮捕、起诉、判刑的案件。”

③ 最高人民法院、最高人民检察院《关于办理环境污染刑事案件适用法律若干问题的解释》（2016 年 11 月 7 日最高人民法院审判委员会第 1698 次会议、2016 年 12 月 8 日最高人民检察院第十二届检察委员会第 58 次会议通过，自 2017 年 1 月 1 日起施行）。

(2) 挂牌督办。采取上级院挂牌督办案件等形式加大对重点案件的办理力度，一则督促侦查机关侦查取证，此外也给当地检察机关办理有影响、阻力大的犯罪案件减轻办案压力。(3) 专人跟踪案件，及时发函催办。指定专人跟踪所立案件，根据《人民检察院刑事诉讼规则（试行）》第560条的规定①，对立案后3个月以内未侦查终结的案件，及时向公安机关发案件催办函，督促其加快办案。(4) 推进两法衔接机制。自2011年中办、国办转发国务院法制办等部门《关于加强行政执法与刑事司法衔接工作的意见》以来，两法衔接机制在各地普遍得到了推进，但从近几年各地司法实践来看，两法衔接工作还未真正得到推广，因为缺少中央层面的强制推动，各地在两法衔接平台的建设上就出现不兼容、重复建等诸多问题，有的地方即使建好了，也因为行政执法机关处罚信息输入的停滞导致平台形同虚设。两项监督工作开展后，高检院会同国家食品药品监督管理总局、公安部、最高人民法院和国务院食品安全委员会办公室，于2015年12月22日下发了《食品药品行政执法与刑事司法衔接工作办法》②，对相关案件的移送与法律监督、物品检验与认定、协作配合、信息共享等作出了规定，有利于推动食药环节的两法衔接。但是，制度的好坏关键还在于落实，如果没有抓手，文件的出台也有可能变成一纸空文。笔者认为，在推进两项监督工作中，还需要在中央层面对平台接入、实现全国范围内的信息互联互通等方面做出顶层设计，如借助商务部在全国范围硬性推广两法衔接平台的契机，打通检察机关的接口，实现全国两法衔接信息的共享等。

（二）侦查监督部门与其他机关之间的协同工作机制

十八届六中全会审议通过《关于新形势下党内政治生活的若干准则》和《中国共产党党内监督条例》，开启了党治国理政、党管治党的新时代。11月初，中央办公厅印发了《关于在北京市、山西省、浙江省开展国家监察体制改革试点方案》，确定在三省市试点设立各级监察委员会，作为行使国家监察职能的专职机关。此后，中央政治局常委、中央深化国家体制改革试点工作领导小组组长王岐山分别到北京、山西、浙江调研时指出：监察委员会实质上就是反腐败机构，监察体制改革的任务就是加强党对反腐败工作的统一领导，整

---

① 《人民检察院刑事诉讼规则（试行）》第560条第3款规定：“公安机关立案后三个月以内未侦查终结的，人民检察院可以向公安机关发出立案监督案件催办函，要求公安机关及时向人民检察院反馈侦查工作进展情况。”

② 详见国家食品药品监督管理总局、公安部、最高人民法院、最高人民检察院、国务院食品安全委员会办公室《关于印发食品药品行政执法与刑事司法衔接工作办法的通知》（食药监稽〔2015〕271号）。

合行政监察、预防腐败和检察机关查处贪污贿赂、失职渎职以及预防职务犯罪等工作力量，成立监察委员会，作为监督执法机关与纪委合署办公，实现对所有行使公权力的公职人员监察全覆盖。① 此后，曹建明检察长在海南省调研时强调："要深刻认识深化国家监察体制改革的重要意义，深入开展思想政治工作，切实把思想统一到党中央决策部署上来，确保如期高质量完成试点任务，确保顺利实现检察机关与监察委员会的有效衔接，确保查办和预防职务犯罪工作力度不减、节奏不变，确保各项检察工作平稳健康发展。"② 12 月 25 日，全国人大常委会正式发布了《关于在北京市、山西省、浙江省开展国家监察体制改革试点工作的决定》，试点三省检察机关自侦部门陆续转隶，加入监察委员会行使反腐败职责。

从近年来立案监督情况看，在加强立案监督的同时，侦查监督部门在办案中发现相关行政执法人员贪污贿赂、渎职失职线索，移交检察机关自侦部门侦查并判刑的不在少数。我省检察机关开展两项监督工作以来，已经成功向自侦部门移送相关行政执法人员职务犯罪线索 10 余人。浙江监察体制改革试点后，我省检察机关如何在加强立案监督的同时，加大对行政执法人员的监督，势必成为当前检察机关侦监部门面临的新问题、新挑战。一方面，检察机关自侦部门转隶后，检察机关是否保留侦查权尚待明确；另一方面，检察机关自侦部门转隶后，侦监部门的立案监督、检察建议的威慑力是否等同于之前还有待实践检验。但不管如何，笔者认为在推进立案监督工作中加强与监察委员会的信息互通、工作互联是当前我省检察机关侦监部门可以并应该做的。虽然目前中央对监察委员会如何行使职权，如何架构办案程序依然还未有明确规定，但相关职务犯罪线索的移送和查办将是必然的。检察机关侦监部门要善于借助中央成立监察机构加强反腐败工作的时机，建立并加强外部联动，挖掘推进立案监督工作的潜力；在推动立案监督工作的同时，也给监察委员会提供案件线索，积极探索检察机关对外的一体化工作模式，实现互利共赢。

三、以绿色司法理念推进领域上的深化

两项监督工作主要集中在环境与食品药品领域，传统思维上这两类案件的

① 《王岐山调研监察改革试点：监察委实为反腐败机构》，详见《中国新闻网》（2016 年 11 月 26 日），网址：http：//house. chinanews. com/kong/2016/11 – 25/8075092. shtml，访问时间：2016 年 12 月 1 日。

② 王治国、徐盈雁：《以十八届六中全会精神为引领履职尽责 确保中央决策部署在检察机关全面落实》，载《检察日报》2016 年 11 月 29 日。

发案领域分别集中在破坏环境资源保护和生产、销售伪劣商品类罪。我省检察机关在开展两项监督工作中打破了传统思维，结合浙江是海洋大省的实际，首次提出对破坏环境资源犯罪案件的法律监督“从陆地走向海洋”的主张①，拓宽了两项监督的领域。笔者认为，从领域上深入推进两项监督，需要做到两个符合：

（一）与开展两项监督工作的主旨相符合，也即具有“理论基础”

根据《宪法》第129条、第130条的规定，人民检察院是国家的法律监督机关，依照法律规定独立行使检察权，履行法律监督职能。刑事立案监督是人民检察院依法对侦查机关的刑事立案活动实行的监督，是修改后的刑事诉讼法赋予检察机关的一项新的法律监督职能。两项监督活动从理论上讲属于刑事立案监督的一部分，而且主要是指对应当立案而没有立案的刑事案件进行的监督。② 刑事立案监督作为法律监督不可或缺的一部分，其价值在于达到我国刑事诉讼法所规定的惩罚犯罪、保障人权的目的，并追求维护公平正义的法理目标。习近平总书记多次强调，要在食品安全上给老百姓一个满意的交代……努力让人民群众在每一个司法案件中都感受到公平正义。开展两项监督活动是检察机关积极响应中央号召，充分发挥刑事立案监督的检察职能，努力保障“舌尖上的安全”和“用药安全”的举措之一。开展破坏浙江渔场资源犯罪专项立案监督与两项监督一脉相承，系浙江省检察机关对两项监督工作的细化和深化，我们通过重点打击非法捕捞、以罚代刑等违法行为，办理一批典型案件，扭转了渔民偷捕不是罪的错误观念；通过在办案中发现行政执法漏洞给海洋渔业执法部门发检察建议，甚至查办少数渔政人员与非法捕捞人员通风报信等职务犯罪，督促行政执法部门严格执法，在浙江沿海形成震慑，起到了保护海洋资源很好的法律效果和社会效果。

（二）与当地党委政府的中心工作相符合，也即具有“实践基础”

我省检察机关将两项监督的领域从陆地拓宽至海洋，这是与我省开展的浙

---

① 王祺国：《切实承担起对海洋渔业执法活动的法律监督的职责》，载《浙检办通报》2016年第28期。

② 王丽丽：《强化法律监督严打食药犯罪漏网之鱼》，载《检察日报》2015年11月23日。该文指出，最高人民检察院相关业务部门加大工作力度，反复研究制定了三个层面的工作方案：一是立足立案监督职能，全面监督行政机关不移送案件、公安机关不立案两大问题；二是着力监督行政执法，坚决铲除食品药品违法犯罪背后的“保护伞”，从源头上治理犯罪；三是通过加大检察机关上级对下级的督查力度，确保对食品药品犯罪案件准确定性从严打击。

江渔场修复振兴暨“一打三整治”专项活动分不开的。2014年，浙江省委、省政府为了扭转“东海无鱼”困局，整治海上生产乱象，保障渔民长久生计，开展了以取缔“三无”渔船和“绝户网”为重点内容的“一打三整治”行动，大力实施浙江渔场修复振兴工作。省委十三届五次全会作出了《关于建设美丽浙江创造美好生活的决定》，省委书记夏宝龙明确指出，要把“一打三整治”作为浙江转型升级组合拳的重要一招，不获全胜绝不收兵。专项活动开展以来，全省行政执法部门取缔了十几万顶地笼网、串网、近岸张网等违禁渔具，查处了各类涉渔违法违规案件，取得了阶段性成效，但是予以刑事处罚的案件寥寥无几。省人民检察院通过与海洋渔业执法部门的联合调研、调取行政处罚案卷发现，个别案件已经符合刑事立案的条件却未移送公安机关立案侦查。根据前期掌握情况，围绕省委省政府的中心工作，结合全国检察机关开展的两项监督活动，省人民检察院抓住时机提出了浙江省沿海检察机关开展破坏浙江渔场资源犯罪专项立案监督活动。从2016年6月14日提出开展破坏浙江渔场资源犯罪专项立案监督活动以来，短短半年时间，全省沿海地区检察机关共建议移送破坏海洋渔业资源犯罪案件71件281人；监督立案15件27人，有40名涉嫌犯罪的渔民被依法逮捕，已被依法判决30人，取得了较好的效果。

随着两项监督工作领域的深化，我们也发现从一个省来看，存在不少局限性：如管辖权问题。按照最高人民法院、最高人民检察院、公安部2007年《关于办理海上发生的违法犯罪案件有关问题的通知》第3条的规定，海上发生的刑事案件，由犯罪行为发生海域海警支队管辖；如果由犯罪嫌疑人居住地或者主要犯罪行为发生地公安机关管理更为适宜的，可以由犯罪嫌疑人居住地或者主要犯罪行为发生地的公安机关管辖。由于查处的渔船往往是外地渔船，除非全国联动，才有可能移送犯罪嫌疑人居住地的公安机关管辖，否则只能由我省海警支队或主要犯罪行为发生地的公安机关管辖，而我省海警大队尚处于筹备阶段，办案力量严重不足，不利于打击犯罪。因此，在领域的深化上，仍然还有文章可做。比如，在两项监督从陆地推向海洋的过程中，除了将两项监督从浙江陆地推向浙江沿海之外，也可以推向整个中国沿海；除了对海洋渔业资源的保护之外，也可以扩大到对海洋环境污染的保护，从近年来新闻媒体报导有关海产品重金属含量高等问题反映出，这同时也是涉及食品安全的大问题。

总之，检察机关在推进两项监督工作上有很多工作可做，保护环境和食品药品安全利在当代，功在千秋。

绿色司法背景下轻刑案件非羁押诉讼制度构建

潘　博*

一、引言

近年来，我国刑事司法理念发生了巨大变化，疑罪从无、无罪推定、不得强迫自证其罪等以前争议的理念、规则逐渐开始被“法定化”。这种理念的巨大变化，给以前“构罪即羁押”、“以羁押代侦查”的审前羁押制度带来了挑战。2016 年全国“两会”上，省院汪瀚检察长提出绿色司法理念的同时，曾列举过一组数据：“2015 年（浙江省），被判处 3 年以下有期徒刑、拘役、管制或者单处罚金的累计有 96534 人，占比高达 86.4%，其中适用缓刑的有 34773 人，占比 36%”，直指轻刑案件的司法处理。① 时至今日，绿色司法已经在浙江全省检察机关掀起讨论热潮，各地践行绿色司法的举措也层出不穷。但就审前羁押程序而言，仍然缺乏一个体系性的制度作为抓手，来化解轻刑案件带来的“案多人少”矛盾。笔者认为，河南、② 福建等地实行的轻刑案件的非羁押诉讼制度值得尝试。但轻刑案件的非羁押诉讼制度的运行是一个体系性工程，需要协同发力，才能促进良性落实。对此，笔者从检察工作实务角度考量，抛砖引玉，以期共鸣。

二、功能的解读

轻刑案件的非羁押诉讼制度是指轻微刑事案件犯罪嫌疑人涉嫌犯罪后，在

---

* 浙江省诸暨市人民检察院。

① 王春：《浙江省检察长汪瀚首谈绿色司法理念严防案多人少问题成为司法“雾霾”》，载《法制日报》2016 年 3 月 14 日。

② 参见媒体关于河南省实行非羁押诉讼的报道，具体制度详见河南省高级人民法院、河南省人民检察院、河南省公安厅《关于在办理刑事案件中实行非羁押诉讼若干问题的规定（试行）》。

审前程序（侦查、审查逮捕、审查起诉）中，不优先适用拘留、逮捕等羁押方式，而是通过取保候审等非羁押的方式让其候审的诉讼方式。轻刑案件在审前程序中优先考虑非羁押诉讼主要是基于以下考虑：

（一）人权保障的考量

无罪推定原则认为，未经审判证明有罪确定前，推定被控告者无罪。[①] 被推定无罪的犯罪嫌疑人在审判前必须避免其权利遭受过大的损害，采取强制措施的强度必须与其人身危险性、罪刑严重程度成正比例关系，这是比例原则的要求，也是法治国家的基本要求。因为在犯罪嫌疑人中可能存在无罪而被司法机关错误追究的人、没有证据证明其犯罪行为的人、涉嫌的犯罪行为按照规定只能判拘役或者作不起诉处理的人。但由于诉讼案件多、诉讼程序烦琐，审前程序中对犯罪嫌疑人普遍羁押措施，这明显对以上涉案人不公正，也是对其人权的侵害。实践证明，尽管刑事司法工作慎之又慎，但每年因涉嫌犯罪被拘留、逮捕后作不批捕、不起诉、撤案处理、判无罪，以及所判刑期难以折抵其羁押期限的案件均占一定比例。尽管这个比例属于案件数量的“少数”，但这种“少数”对于每一个个人及其家人，乃至司法公信力都是100%损伤。对轻刑案件优先采取非羁押诉讼的方式，可以有效降低或避免以上情况发生，对人权的保障作用显而易见。

（二）节约司法资源的考量

伴随经济社会转型升级、人口流动加大，刑事犯罪呈现井喷式爆发，有限司法资源与案件量的矛盾日益突出。完善司法机制，节约司法资源，提高诉讼效率，成为“正义”的另一种共识。然而，常态下的轻刑案件羁押诉讼，对司法资源的耗费却是巨大的。以2015年A院审查逮捕工作为例，其共受理审查逮捕案件1225件1798人，经审查逮捕后不批准逮捕犯罪嫌疑人有447人，占24.9%；批准逮捕案件中被判处轻刑（含缓刑）的247人，占18.3%，183人被判处拘役等徒刑以下刑罚，12人被相对不起诉。也即有24.9%的犯罪嫌疑人不符合逮捕条件却历经了审查逮捕程序，有18.3%的犯罪嫌疑人历经了审查逮捕并被批准逮捕后被证明不符合逮捕条件。实行轻刑案件非羁押诉讼，可以从源头上减少以上案件对司法资源的耗费，从而使有限的司法资源用在“刀刃”上。

（三）缓解办案期限紧张的考量

随着案件量的增加，有限的司法资源与办案期限的矛盾也比较突出。办案

① 参见姜田龙：《无罪推定论》，中国检察出版社2014年版，第51页。

期限短，则流程急，办案期限长，则流程缓。在案件量居高不下，办案期限不变的情况下，办案工作连轴转、白加黑、五加二成为常态，对司法资源的良性运转损害较大。轻刑案件的羁押诉讼与非羁押诉讼直接影响办案期限紧张的轻缓。在审查逮捕环节，犯罪嫌疑人被采取刑事拘留（羁押）的，审查逮捕的时限是7天，而没有被刑事拘留，审查逮捕期限为15天或20天。在审查起诉阶段，犯罪嫌疑人被逮捕（羁押）的，必须1个月内作出决定，重大复杂的，可以延长半个月。大多时间办案人需要变相采用退回补充侦查来延缓办案期限压力，而没有被逮捕的，则可以不受上述办案期限限制。通过上述对比，可以看出轻刑案件羁押诉讼审限短，在"案多人少"的情况下，无形增加了"案"的压力，而非羁押诉讼，则可以起到缓解办案期限紧张的作用。

三、范围的厘定

轻刑案件的非羁押诉讼制度，顾名思义，是指对轻刑案件适用非羁押诉讼，那么什么是"轻刑案件"？我国刑法中，并没有关于重刑（重罪）和轻刑（轻罪）严格的区分，重刑、轻刑只是司法和学理上的称呼，往往以法定刑三年有期徒刑为界，其上一般称重刑，其下一般称轻刑。笔者认为，仅以刑期来判定"轻刑"欠妥，在具体制度中，必须综合判断"轻刑案件"，来厘定非羁押诉讼的适用条件。

（一）可以参照逮捕条件的规定确定"轻刑案件"，制定非羁押诉讼适用条件

在我国，逮捕这一强制措施决定了犯罪嫌疑人是否长时间羁押，而逮捕条件，相当于羁押的条件。用逆向思维来看，不符合羁押的条件，就是适用非羁押诉讼的条件。这样所形成的非羁押诉讼适用范围，与逮捕（羁押）形成体系性互补。因此，轻刑案件的范围，或者说非羁押诉讼的适用条件，基本可以对应逮捕条件设定：刑期上，限定为可能判处徒刑以下刑罚；事实上，限定为具有《刑事诉讼法》第15条规定的情形之一或者事实不清、证据不足的；社会危险性上，限定为不具有《刑事诉讼法》第79条五种社会危险情形的。五种情形的认定，可以参照最高人民检察院、公安部《关于逮捕社会危险性条件若干问题的规定》；特殊情节上，设定为具有《人民检察院刑事诉讼规则（试行）》第144条规定情形的。

（二）根据常发案件的具体定罪量刑标准，进一步确定常见案件"可能判处徒刑以下刑罚"的情形作为非羁押诉讼适用的客观标准之一

通过对2013年1月至2015年6月期间捕后被判处轻缓刑的772名被告人

涉嫌罪名的分析，犯盗窃罪的有 479 人，占 62.05%；犯故意伤害罪的有 51 人，占 6.61%；犯赌博类犯罪（包括赌博罪和开设赌场罪）的有 49 人，占 6.35%；犯诈骗罪的有 31 人，占 4.02%；犯交通肇事罪的有 30 人，占 3.89%；犯容留他人吸毒罪的有 25 人，占 3.24%；犯寻衅滋事罪的有 16 人，占 2.07%；犯抢劫罪的有 13 人，占 1.68%；犯妨害公务罪和引诱、容留、介绍卖淫罪的分别有 12 人，各占 1.55%；犯其他罪名的人数总计 54 人，占 7.0%。由此可见，这些轻刑案件集中出现在盗窃罪、故意伤害罪、赌博罪（包括开设赌场罪）、诈骗罪、交通肇事罪、容留他人吸毒罪 6 个常见罪名中。2014 年 6 月 30 日浙江省高级人民法院颁布实施的《〈关于常见犯罪的量刑指导意见〉实施细则》（以下简称《实施细则》），确定 20 种常见量刑情节的适用标准和 15 种常见犯罪的量刑规则。常见犯罪“可能判处徒刑以下刑罚”根据该《实施细则》中的量刑规则是可以被确定的。

在此，以盗窃罪为例。《实施细则》规定：（1）达到数额较大起点的，2 年内盗窃三次的，入户盗窃的，携带凶器盗窃的，或者扒窃的，可以在 3 个月拘役至 1 年有期徒刑幅度内确定量刑起点。（2）盗窃数额较大的，每增加 5000 元，增加 2 个月刑期。（3）四种情形（夜间入户盗窃的；组织、控制未成年人盗窃的；自然灾害、事故灾害、社会安全事件等突发事件期间，在事件发生地盗窃的；其他可以从重处罚的情形），增加基准刑的 40% 以下；（4）十种情形（曾因盗窃受过刑事处罚的；[①] 一年内曾因盗窃受过行政处罚的；盗窃残疾人、孤寡老人、丧失劳动能力人的财物的；在医院盗窃病人或者其亲友财物的；盗窃救灾、抢险、防汛、优抚、扶贫、移民、救济款物的；因盗窃造成严重后果的；采取破坏性手段盗窃造成公私财产损失的；流窜作案的；为吸毒、赌博等违法活动而盗窃的；其他可以从重处罚的情形），增加基准刑的 20% 以下。（5）五种情形（归案前自动将赃物放回原处或者归还被害人的；盗窃近亲属财物的；没有参与分赃或者获赃较少且不是主犯的；被害人谅解的；其他可以从轻处罚的情形），减少基准刑的 50% 以下。那么，现在假设犯罪嫌疑人夜晚入户盗窃 1000 元，曾经因盗窃受过刑事处罚，是否符合非羁押诉讼案件？引入《实施细则》量刑规则，判断就变的容易。首先，入户盗窃起刑为 3 个月拘役，其夜间入户，增加基准刑 40%，即增加 36 天，又曾经因盗窃受过刑事处罚，增加基准刑 20%，即增加 18 天，推算得知，其刑期可以确定为 4 个月 24 天，综合其表现，可以综合确定为 5 个月拘役。这时候再判断是否符合“可能判处徒刑以上刑罚”一目了然，可以确定符合非羁押诉讼

① 构成累犯的除外。

案件范围。

当然，以上构想还需进一步研究和提炼，有待提炼成具体、综合的非羁押诉讼常见轻刑案件情节标准或者指引。如盗窃罪中，对初犯，犯罪数额5000元以下的，或者犯罪数额5000元以上2万元以下能够追赃、退赃的；入户盗窃、扒窃，犯罪数额在3000元以下的；多次盗窃，犯罪数额在3000元以下的，一般可以考虑非羁押诉讼。又如故意伤害（轻伤结果的）、交通肇事等其他类型的轻刑犯罪如果综合考量量刑档次为1年以下有期徒刑或者可能判处缓刑、拘役的，犯罪嫌疑人归案后认罪、悔罪态度较好，系初犯，或有自首、退赃退赔、取得被害人谅解等情节的，一般也可以考虑非羁押诉讼。这种思路无疑为非羁押诉讼范围的确定，提供了一套客观、现实可行的操作标准。

四、机制的构建

轻刑案件的非羁押诉讼制度，必须公检法协同发力，共同落实。

（一）主动适用非羁押诉讼的激励机制

公安机关是从源头促进轻刑案件适用非羁押诉讼的主力军，同时也是监管未被羁押犯罪嫌疑人的执行人。因此，轻刑案件非羁押诉讼的适用局面要打开，必须通过公检法协商，达成共识。这样，公安机关才可以依法在立案侦查后，在不予羁押犯罪嫌疑人的情况下进行侦查。同时，要规范公安机关提请批准逮捕案件办理，防止将不符合羁押条件的案件提请批准逮捕。比如，可以在公安机关系统考核中引入不批准逮捕率考核，在其提请逮捕案件不批捕率超过10%时予以减分考核，既给予其提请逮捕案件自由裁量的空间，又可以以此牵制其滥用提请逮捕权，主动适用非羁押诉讼。此外，在审查起诉和审判阶段，检察机关和法院均不得以犯罪嫌疑人未羁押为由不予受理案件。而后，还应考虑确定必要的责任豁免原则，即对因客观原因而非故意或者重大过失适用非羁押诉讼造成犯罪嫌疑人脱逃等案件办案人无过错的，不追究责任，以解除适用非羁押诉讼的后顾之忧。

（二）违法滥用非羁押诉讼的监督机制

非羁押诉讼的适用虽然具有积极意义，但也不能随意扩大适用范围和标准，或者恣意决定适用，必须予以必要监督，使其在法定范围、标准、程序内运行。对此，可以探索检察机关随机抽查评查监督的办法，即每月检察机关纪检监察部门对公安机关、检察机关适用非羁押诉讼的案件，抽取2件进行评查。评查中，必须电话约谈涉案嫌疑人、涉案被害人，了解办案人是否廉洁办案，同时对该案是否符合非羁押诉讼案件适用条件作出严格核实。评查结束后，检察机关纪检监察部门可以将评查结果向公安机关通报或在检察机关内部通报，如发现重大违法违纪等问题，可以启动监督程序予以监督纠正。另外，可以引入诉讼流程否决机制，来防止非羁押诉讼滥用，即公安机关对适用非羁押诉讼侦查终结的犯罪嫌疑人，决定向检察机关移送审查起诉时，应当先移送卷宗。检察机关应当在受理后7日内提出是否同意适用非羁押诉讼的审查意见。同意适用的，将犯罪嫌疑人传唤至检察院，由检察院依法对犯罪嫌疑人重新办理取保候审、监视居住手续；认为确有逮捕必要的，由检察院依照审查逮捕程序作出逮捕决定。而检察机关对适用非羁押诉讼审查终结的被告人，决定向法院提起公诉时，应当先移送卷宗。法院应当在受理后7日内提出是否同意适用非羁押诉讼的审查意见。同意适用的，将被告人传唤至法院，由法院依法对被告人重新办理取保候审、监视居住手续；不同意适用的，由法院决定逮捕被告人。这样环环引入否决机制，可以防止非羁押诉讼滥用。

（三）防止犯罪嫌疑人、被告人脱逃、再犯罪的管控机制

非羁押诉讼的最难的问题，就是对非羁押犯罪嫌疑人、被告人的监管。对此，可以考虑以下措施：

第一，借助科技手段，采用电子手铐、电子脚镣监控，网络监管替代人工监管。上海、江苏等地在服刑人员社区矫正中，采用电子手铐、电子脚镣取得了较好的效果。电子手铐、电子脚镣中设置活动范围，一旦犯罪嫌疑人离开了设定活动范围，电子手铐、电子脚镣就会自动报警，公安机关可以通过定位程序查到犯罪嫌疑人的具体位置以及行动轨迹。这样，就可以替代人工监管涉案犯罪嫌疑人。

第二，引入告诫程序，实行心理强制。由公检法机关办案人员，在各自办案环节，面对面对非羁押诉讼犯罪嫌疑人实行充分、严肃的告诫，告诫涉案人遵守取保候审等规定，可以从心理上引起涉案人重视，防止脱逃等妨害诉讼行为发生。

第三，从严对待违反采取非羁押措施的犯罪嫌疑人、被告人。对适用非羁押诉讼期间，犯罪嫌疑人、被告人违反取保候审、监视居住规定，影响案件正常诉讼的犯罪嫌疑人、被告人，公安可以按照法定程序先行拘留，或者上网追逃，以及提请批准逮捕，检察机关对其实行一律批准逮捕或者直接决定逮捕政策，而法院在量刑时要考虑其脱逃、再犯罪等妨害诉讼情节，酌定从重处理，形成脱逃、再犯罪等妨害诉讼行为的后果加重反制机制，以警示适用非羁押诉讼的犯罪嫌疑人、被告人。

第四，落实适用非羁押诉讼案件快速办理机制。“久拖不决”往往是导致适用非羁押诉讼犯罪嫌疑人脱逃、再犯罪等妨害诉讼的一个原因。对此，对于

直接由公安机关适用非羁押诉讼的案件，应当规定公安机关在15天内将案件移送审查起诉。对于因不批准逮捕适用非羁押诉讼的案件，检察机关应当向公安机关发送《建议快速移送审查起诉通知书》，要求15日内移送起诉。检察机关和法院应当建立专人专办、快速审查、快速判决的从快办案机制。

第五，针对外地人、失业人员、无固定住所人员因涉嫌财产犯罪而适用非羁押诉讼，其脱逃、再犯罪可能性大的问题，可以试行企业托管方式监管犯罪嫌疑人。积极联系一些管理规范、劳动密集型企业，与办案部门签订监管协议，在适用非羁押诉讼前，征求涉案犯罪嫌疑人意见，在其自愿的基础上，联系其与企业签订短期劳动合同，由企业安排其工作、吃、住，直到诉讼结束，然后支付其一定劳动报酬。在此期间，涉案犯罪嫌疑人由企业托管，保证诉讼中随传随到。涉案人员必须服从企业管理，遵守企业用工制度，否则对其予以羁押诉讼。这样可以减少涉案犯罪嫌疑人因没有收入来源，没有固定住所再次犯罪、脱逃等事件发生。

司法改革背景下公诉职能绿色发展的路径研究

——以S地区公诉部门的实践为视角

章 丹*

绿色司法理念的内涵是遵循司法规律，通过规范、理性、文明司法，优化司法资源配置，提升司法质效。近年来，在刑事犯罪高发，犯罪件数和人数逐年增长，对社会稳定与刑事司法体制造成极大压力的社会背景下，检察机关公诉部门面临着办案任务加重、质量要求增高、难度加大的形势，提高司法效率与确保司法公正已成为司法改革的两大目标。对司法效率的追求源于司法资源的有限性与程序正当化、效率化两者的冲突。程序正当化带来了诉讼成本的增加，而司法资源的有限性又决定了诉讼投入不可能有大的增加，加上刑事案件数量的攀升，这就必然导致案件积压、审限拖延，反过来又会影响司法公正的实现。因此，推行绿色司法，提高司法效率势在必行。

一、公诉环节提高司法效率的实践

（一）繁简分流机制探索

提高司法效率最为有效的方式就是繁简分流，对不同严重程度的刑事案件进行区分，区别对待。意大利经济学家帕累托在1897年提出帕累托定律，表明大约20%的人占有80%的社会财富，也即关键的少数，往往是决定整个组织的效率、产出、盈亏和成败的主要因素。按照该定律，将作为“关键的少数”的繁类案件确定为：职务犯罪案件、破坏社会主义市场经济秩序犯罪案件、依法可能判处十年以上刑罚的案件、多人结伙作案、一人作案依法可能判处十年以上刑罚的案件、被告人不认罪的案件、社会影响大的案件、其他重大疑难复杂案件。简类案件包括：案情简单、事实清楚、证据确实充分、犯罪嫌

* 浙江省绍兴市人民检察院。

疑人认罪的法定刑在十年有期徒刑以下刑事案件。其中又将简类案件中适用快速办理的案件分为五类：（1）案件事实清楚，证据确实充分；（2）案情简单，一般不超过两名犯罪嫌疑人或者两节犯罪事实；（3）犯罪嫌疑人、被告人承认实施了被指控的犯罪；（4）可能判处三年以下有期徒刑、拘役、管制或者单处罚金；（5）适用法律无争议。

据统计，S 地区检察机关 2014 年至 2016 年三年共受理刑事犯罪案件 23853 件，其中繁类案件共计 4817 件，约占 20.195%，而简类案件共计 19036 件，约占 79.805%，繁简案件的比例大致为 2∶8（详见图 1、图 2）。从图 1、图 2 的数据可以看出，S 地区公诉部门近三年来受理的案件数量不断上升，其中繁类案件亦呈现出逐年增长态势。

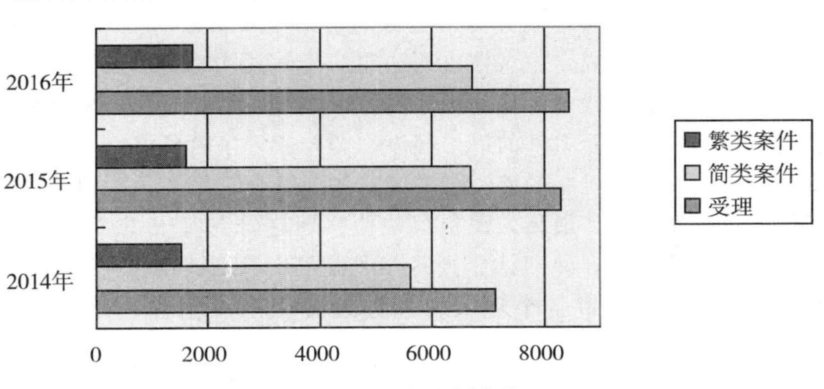

图1：S地区2014—2016年公诉案件受理情况（件数）

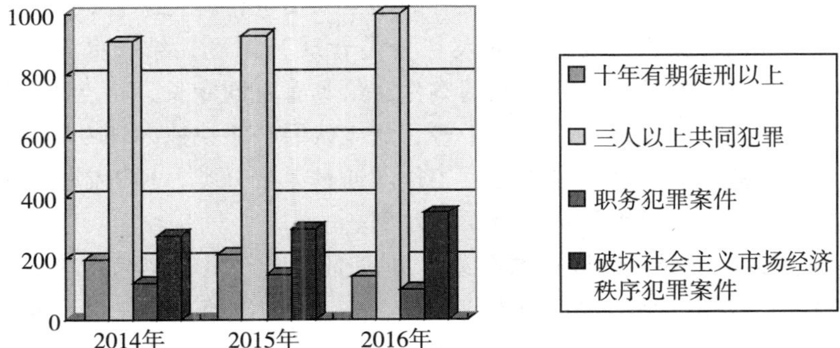

图2：S地区2014—2016年繁类公诉案件情况（件数）

在人员配置方面，截至 2016 年全市助理检察官、检察官共 62 人，书记员 25 人，但实际办案人员（包括书记员在内）仅 57 人，约占公诉人员的

65.5%。由于实行办案轮流制，助理检察官与检察官办案的数量相差不大。面对日益增长的案件数量，为保证司法机关能将有限的人员力量进行合理分配，将经验丰富、办案能力强、质量高的办案人员更多地配置到办理重大、疑难、复杂案件，对刑事案件进行繁简分流，势在必行。

我国刑事诉讼法为提高刑事诉讼效率，对繁简分流进行了相应的规定，设置了简易程序，适用简易程序审理的案件，不受普通审判程序中有关讯问被告人，询问证人、鉴定人、出示证据以及法庭辩论程序的限制。最高人民检察院从2002年开始，陆续制定《关于进一步加强公诉工作的决定》、《关于适用普通程序审理"被告人认罪案件"的若干意见（试行）》、《关于适用简易程序审理公诉案件的若干意见》、《关于在检察工作中贯彻宽严相济刑事司法政策的若干意见》和《关于依法快速办理轻微刑事案件的意见》，对被告人认罪案件的诉讼程序作了一些规定，对被告人认罪的公诉案件的简易程序作了进一步的简化，认可了司法实践中的普通程序简易审，在一审普通程序与简易程序之外另设了一个被告人认罪案件的诉讼程序，即普通程序简易审。不少地方检察院也都开展了繁简分流机制的探索与实践，各地结合工作实际，相继实施轻微刑事案件快速办理机制。最高人民检察院检察理论研究所于2008年7月在全国确定八家基层检察院开展"认罪轻案办理程序改革"试点，① 探索认罪轻案程序改革。在侦捕诉、审各个环节快速办理轻微刑事案件，办案效率显著提高。

S市检察机关在实行繁简分流机制的实践中，主要做法如下：

1. 明确适用范围，优化办案结构。对繁简两类案件实行受理分流和分类办理。采取人员分类办理机制，将现有的办案人员进行分类配置，分别负责办理繁类案件和简类案件。通过公诉人"分类管理"制度，结合办案人员的公诉能力、特长及办案特点，将不同的案件交给具有不同专长、特点的公诉人办理。同时，从侦监、公诉部门抽调干警，成立认罪轻案快速办理专案组，分别承担认罪轻案的审查批捕和审查起诉工作。通过人员分类办理机制，既保证了办案人员的稳定，又有助于提高办案的效率。

2. 规范操作流程，改进办案模式。办理简类案件重在提高效率：一是在办理期限上，限期办结。规定侦查机关应当在15日内侦查终结并移送审查起诉，人民检察院、人民法院均应当在10日内审结；要求侦监部门在3日内审结，公诉部门在10日内审结。二是在审查起诉阶段，简化文书制作。一方面

① 邓楚开、杨献国：《构建中国式认罪协商制度的实践探索——浙江省绍兴市基层检察机关认罪轻案程序改革实证分析》，载《中国刑事法杂志》2009年第12期。

设计捕诉文书模块对接，实现资源共享，减少重复劳动；另一方面以认罪答辩笔录代替依认罪程序所办案件审查报告的事实证据部分，审查报告只需报告案件基本事实，并列举证据清单即可，不需要详细分析论证，从而简化审查起诉工作量。三是在程序设计上，尽量减少讯问（或询问）笔录的制作次数；简化内部审批程序。四是制定类案证据标准。根据类案专办的经验，将盗窃、伤害、抢夺、交通肇事等十余类案件的基本证据归纳整理，制定相应的证据标准，加快了流程化作业，也提高了引导侦查水平。

办理繁类案件重在质量和效果。全面细致审查案件，形成能全面客观反映案件事实、证据以及适用法律的审结报告；疑难、重大案件慎办细审，对有争议、社会影响大的案件要求充分研讨，细化审查报告中证据摘录内容，并增强法律文书的说理性；严格履行检察官办案责任；制作出庭预案，并在出庭公诉时加以运用，确保庭审效果。

3. 建立捕诉协同机制，引入第三人参与协商制度。对于认罪轻案：一是建立捕诉协同机制。由侦监部门根据认罪轻案办理程序的规定，依据案件的证据情况督促公安机关及时将案件移送审查起诉，缩短案件侦查期限。二是引入第三人参与协商制度。对检察机关认为须提起公诉的，在检察环节，在犯罪嫌疑人及其辩护律师在场的情况下实行证据展示、认罪答辩和量刑建议，法院审判只要核实认罪答辩笔录真实无误，即应当庭宣判，较好的解决简易程序的监督问题；对不需要判处刑罚的轻微刑事案件依法不起诉的，由人民监督员、司法监督员进行评议或者实行不起诉听证制度，实现依法和谐办案。

（二）检察官办案责任制改革

传统上，我国检察权运行的模式实行“检察人员承办—办案部门负责人审核—检察长或检察委员会决定”的层级审批制，这一审批办案模式在很长一段时期内对保证案件质量、防止案件承办人权力滥用发挥了积极作用。但近年来，随着全面推进依法治国的深入和对司法规律认识的深化，层级审批制的弊端日益显现，层级审批、上令下从的方式类似于行政化管理，程序烦琐，审批效率低；承办人不承担案件责任，容易滋生依赖心理，不利于个人成长；部门负责人疲于批案，案件质量易受影响；权责不清，错案责任追究难以落实。这种审批模式导致司法实践中出现了一些与司法公正不和谐的问题。随着案件审查难度不断加大，“案多人少”矛盾异常突出，司法资源有限与群众日益增长的司法需求矛盾日益明显，给检察官身心带来巨大压力，公诉办案现状十分堪忧，不利于公诉工作的正常健康发展。

为此，S市检察机关从2014年开始实行主任检察官办案责任制，本轮司法改革更是通过检察官分类管理和办案责任制这两点进行了攻坚，集检察官办案责任制度、审查起诉案件质量风险控制实施办法、审查起诉业务范围检察官职权、业务绩效评价办法、检委会委员评查案件制度等多项制度为一体，建立全新的办案组织和工作机制。通过员额检察官办案责任制改革，革除旧有办案体制弊端，建立适应检察业务属性要求的检察机关基本办案组织，提升办案效率和办案质量。在办案模式上，变原有的行政领导审批制为员额检察官审核制，强调办理案件主体的独立性、亲历性，去除办案过程中的行政化色彩，回归检察业务的司法化本质。

二、制度运行在司法实践中存在的问题

（一）繁简分流机制

1. 缺乏对繁类案件制度的设计。关于简类案件办理的制度设计，相关研究成果层出不穷，最高人民法院、最高人民检察院均出台相关规定来推进两简案件的快速办理，各地也纷纷建立和实施简类案件快速办理的相关机制和制度。但是繁类案件作为决定成败的“关键少数”，缺少制度上应有的关注，没有实现将繁简案件的分流进行整体的设计。

2. 提升检察环节司法效率问题未得到根本解决。在认罪程序中节约司法资源，主要体现在侦查和审判环节，在审查起诉阶段没有太多的回旋空间。审查起诉阶段节省时间主要体现在两个方面：一是由于认罪程序要求侦查阶段简化证据的收集，减少了审查起诉时的证据审查量；二是审查起诉时可以简化制作讯问笔录，简化制作审查起诉审结报告。而审查起诉阶段存在的司法效率问题主要有以下两个方面：一是简易程序公诉人出庭，增加检察环节工作量；二是第三人参与协商机制，增加检察环节工作量。

3. 认罪轻案快速办理制度运行存在缺陷。一是认罪答辩缺乏法律拘束力。提高认罪轻案办案效率的主要手段是简化侦查和审判程序，降低证据标准，侦查阶段只要收集主要证据即可，审判阶段在事实认定方面只要审查认罪答辩的真实性、自愿性即可，这些都以法律赋予认罪及认罪答辩以法律拘束力为前提。一旦认罪答辩缺乏法律拘束力，犯罪嫌疑人（被告人）可以像在普通案件中一样翻供，且翻供后即转变为普通程序，侦查机关将面临极大压力，因其收集的证据与普通案件有所差距，在进入普通程序之前可能还需进一步侦查取证。在这样的压力之下，侦查机关对降低证据标准充满疑虑，侦查程序难以简化，15 日的侦查期限也因此显得非常紧张，从而使侦查机关对适用认罪轻案程序态度消极。二是认罪轻案中实现辩护律师参与难度大。在简化侦查程序、降低证明标准的情况下，辩护律师的参与是确保认罪程序改革中犯罪嫌疑人（被告人）认罪真实自愿性的重要制度保障。当前我国尚未建立全面的法律援

助制度，要保证每个进入认罪程序的案件都有辩护律师的参与，必须与当地党政领导与司法行政部门进行沟通，做大量的协调工作。保障每个犯罪嫌疑人（被告人）充分获得律师帮助权，不仅是对刑事犯罪侦查的重大挑战，而且需要庞大的财政支持，必须通过修改国家法律才能实现。

（二）检察官责任制

1. 权责利不统一。员额检察官承担了更加繁重的工作与更大的压力，也面临着更大的责任风险，因此，员额检察官理应享有相对应的精神待遇和物质待遇，否则就不能落实权责利相统一的原则，就不能保障改革的顺利进行，需要相应的配套制度给予财政、人事等各方面的支持。这就涉及检察机关与同级行政机关、立法机关、党务机关之间的协调和资源配置。如果行使了较多检察职权和承担了较多责任的员额检察官没有获得相应的利益保障，就体现不出职业成就感，也无法更多地激励更优秀的人才走上员额检察官的岗位。任何改革都不是孤立存在的，要想实现本轮司法改革的目标，相关保障措施也是不可缺少的。

2. 司法职业化建设仍需加强。对于我国而言，司法职业化建设只是近几十年的事，主要是针对检察官专业素质不高而进行的技能性培训。而检察官在司法进程中的定位，应当是具备过硬逻辑推理能力和崇高职业荣誉感的法律专家，用自己缜密的思维把规范与事实、特殊与普遍、过去与未来编制得“天衣无缝”。[①] 这显然与司法职业化建设的现状相去甚远。当前，检察机关处于新媒体时代、社会多元化的环境之下，公众对司法公正的关注、评价和诉求日趋强烈，新型犯罪、涉众型犯罪、高科技犯罪日益增多，执法办案的复杂度、困难度不断增强。而目前我国检察官队伍整体素质发展并不均衡，并非所有检察官均拥有高度文明的执法理念及非常成熟的专业水准，遇有存在重大分歧或者重大社会影响的个别案件、法律适用中存在的疑难问题、执法办案缺乏统一标准等情形。加之在滚滚而来的司法改革洪流中，已然开始落地生根的办案质量终身负责制，于办案人员而言，更是犹如悬在头上的一把“达摩克利斯之剑”。这种职责坚守要求，离不开一支素质精良人才队伍做保障，因此需要进一步加强司法职业化建设，提高办案质量和司法水平。

三、公诉职能绿色发展的实践路径

我们考察了外地检察机关优秀经验之后，结合S地区的实践，作了一些探

---

① 张建伟：《从司法举措看司法人员的专业化改革》，载《检察日报》2014年12月23日。

索和思考。主要从以下几方面着手：

（一）案件受理阶段

完善案件分流制度，进一步提高分流质效。案件分流方式主要有五种：一是公安机关在侦查终结时分流；二是在批捕环节分流；三是由公诉内勤组对案件进行分流；四是成立案件管理中心；五是由公诉部门负责人对案件进行审查、分流。[①] 上述五种方式各有利弊，结合S地区实践，笔者认为可采取以公安机关分流为主、案件管理中心分流为辅的方式。2011年9月，最高人民检察院成立了案件管理中心，各地相继成立了相应的管理机关，S市辖区基层院在2012年12月最先成立案件管理中心，当前案件管理中心已成为案件管理的专门机构，因此案件分流成为其必然的职责。但由于案件管理中心更多的是从程序及办案流程方面对案件办理进行管理，基本上不接触案件的实体内容，因此还不能完全承担案件分流的职责。而公安机关在侦查过程中，对犯罪嫌疑人是否认罪有更为直接的了解，对案件处理时刑期的预计有初步的判断，因此由公安机关先对案件进行分流更为恰当。对于存在偏差的，检察机关的案件管理中心也能予以辅助判断，从而达到案件的准确分类。

（二）案件审查阶段

一是完善人员配置，进一步提升司法效率。通过各地实践，我们发现设立简易案件办理组、职务犯罪案件组、重特大案件办案组等专门的办案组，可以有效提高案件办理的质效。在条件允许的地方，还可根据办案专业化的要求，设立更多的办案组。综合运用现代管理理念配置办案人员。首先，应根据帕累托定律理念，用40%的办案资源办理80%多的简类案件，而将60%的办案资源投入到20%的繁类案件中；运行较为顺畅后，还可加大繁类案件办案资源的力度。其次，根据能力素质型理念，对于具备办案资格、经验不丰富的办案人员，可以办理简类案件，只有当具备一定办案经验且办案能力提高后，才能办理繁类案件。再次，进一步完善内部考核激励机制，增强办案人员办理繁类案件的积极性。配合检察官考评机制，对受理的案件按照难易程度进行分流后，按顺序分配给每个办案组，再由办案组按顺序分配给每个承办人，这样的方式使每个承办人都可以分配到难易程度不同的案件，不仅丰富了个人办理案件的类型，也解决了繁简案件在各办案人员中公平流转问题。如因个人办案能力问题，无法胜任分配到的繁类案件，则使难度系数高的繁类案件流转到办案

① 吴涛、甘文超、王杰、白深郡、刘军：《公诉案件繁简分流机制的理论与实践》，载《成都理工大学学报（社会科学版）》2013年第5期。

能力较强的承办人手中，结合相应的扣分和加分制度，使每个人的办案能力以分数的方式得到直观量化体现，在年终时按照每个人的得分情况来进行相应的奖励。通过有效的考核激励机制，使办理疑难复杂案件成为每位办案人员的首选，充分提高了办案积极性，同时也进一步提升了司法效率。

二是研究繁类案件办案模式，进一步完善配套制度。要提升繁类案件办理的质效，就必须改进繁类案件的办理模式。笔者在对上海等地检察机关办案模式进行比较分析后，认为可借鉴实行“三堂会审”制度。做法是每月固定一天时间，由正副处长对各承办人正在办理的案件进行会审，要求每位承办人对案件进行梳理后，对案件存在的证据、定性等问题进行汇报，了解每位承办人在办案过程中遇到的难点、疑点，对可以当场解决的问题，立刻予以指点、解决；对承办人难以解决的问题，如与侦查机关的沟通、协调等问题，由正副处长出面协调解决；对需要补证的证据，立刻交侦查机关予以补证。通过该项会审制度，督促承办人员对正在办理的繁类案件情况进行快速地梳理、分析，使存在的疑难、敏感问题得以及时探讨解决，对于证据问题及时予以补充完善。通过这样的方式也有效降低了退补率，帮助承办人提高了办案效率，同时也提高了办案能力。

三是明确责任范围，进一步完善审批程序。办理简易案件时，尽量实行案件处理检察官个人负责制，减少合议程序；办理繁类案件时，则应实行严格的合议制，确保案件高质量地处理。只有对繁简案件实行不同的办案程序，才能为实现案件繁简分流打下基础。要提高简类案件的办案效率，应当对检察官充分放权。体现在对轻微刑事案件的决定起诉权以及行使起诉权、自行侦查权、延长审查起诉期限权、判决裁定的审查权，免除烦琐的行政化程序。同时，应当建立完善的监督制约机制，重点是由案管中心进行流程监督。适当加入一些合议制，明确应进行合议的范围，加强对检察官的制约。对于繁类案件的办理，在案件的处理上，应实行严格的合议制，实行集体讨论制，同时也应实行严格的层级办案制度，所作处理均由检察长或检察委员会决定，做到繁者更繁，确保案件质量。

四是完善不起诉制度，进一步节约司法资源。完善不起诉制度，对不起诉决定的程序予以简化：首先，制定更加详细的不起诉适用标准，规范不起诉自由裁量权；其次，增加检察长对不起诉决定权的行使，对于相对不诉案件，可由检察长或检察委员会作出决定，改变当前相对不诉必须由检察委员会才能作出的局限；最后，实行案例指导制度，对于需要作出不起诉决定的案件，以前有作出不起诉决定的类似案例，可由检察长依照以前案例直接作出不起诉决定，对于以前没有类似案例的，再由检察委员会决定是否不起诉。

对于认罪的轻微刑事案件，犯罪嫌疑人人身危险性不大，不需要判处刑罚的，依法用足用好不起诉裁量权，作相对不起诉处理。可采取两个方面的措施：一是与刑事和解制度有效衔接。对于有明确的被害人，符合刑事和解适用条件的认罪轻案犯罪嫌疑人，适用刑事和解程序办理，在刑事和解成功，获得被害人谅解的前提下作出相对不起诉决定。二是建立健全不起诉听证制度。对于没有明确被害人的案件，以及部分由于被害人漫天要价无法达成刑事和解但确实无提起公诉必要的案件，建立健全不起诉听证制度。在总结认罪轻案不起诉环节成功经验的基础上，建立统一的不起诉听证制度。邀请无利害关系的第三人参加不起诉听证会，保证拟被不起诉的犯罪嫌疑人辩解及发表意见的机会，尊重被害人的意见，尽量满足其合理的要求，在听取各方意见后决定是否作出不起诉决定，提高不起诉决定的公信力和不起诉结果的信赖度，合理化解矛盾，实现和谐司法。

五是充分运用电子信息化手段，引入远程审讯、提审系统。这也是进一步节约司法资源、提高司法效率的一种新型手段，应在接下来的工作中得到全面推广。公诉人通过远程视频提审犯罪嫌疑人，节约办案人员提审时间，提高办案效率。

（三）出庭公诉阶段

繁类案件应严格按照普通程序审理的要求进行庭审，公诉人应充分做好庭前准备工作，除制作详细的审查报告外，还需制作详细的出庭预案，包括讯问提纲、举证提纲、答辩提纲，对公诉意见进行详细论证和说理。简类案件中，修改后刑事诉讼法规定简易程序案件公诉人应当出庭，但是并不意味着公诉人出庭支持公诉，在讯问被告人、出示证据、法庭辩论等方面，完全等同于普通程序。简易程序之所以名为“简易”，应当有别于普通程序，《刑事诉讼法》第 213 条规定，“适用简易程序审理案件，不受本章第一节关于送达期限、讯问被告人、询问证人、鉴定人、出示证据、法庭辩论程序规定的限制。但在判决宣告前应当听取被告人的最后陈述意见”。因此，对于适用简易程序及普通程序简易审的案件，在庭审中可以按普通程序简化审理的方式进行，同时简化庭前准备工作，可以不制作上述详细的出庭预案，简化公诉意见书的制作，对于双方无争议的事实与证据不再进行论证。具体可从以下几方面进行简化：一是集中审查和出庭。探索和建立“简案专办”与“专人出庭公诉”相结合，“集中提起公诉”与“集中出庭公诉”相结合等工作机制，充分发挥简易审诉讼便捷、高效的特点。二是不制作或简化庭审记录。公诉机关的庭审记录并非刑事诉讼法规定必须制作的，其目的主要是记录庭审情况，为审判监督提供一定的依据。因此，对适用简易程序审理的案件，由于被告人对案件事实和适用法律无异议，可以省略庭审记录。如果在庭审过程中，被告人有部分异议，公诉人可在庭后将庭审情况记录在案。通过此种方式，公诉人可以独自参加庭审，不需要带书记员。三是改进出庭公诉方法。各个环节都要按照简化的程序来进行。适用简易程序审理的公诉案件应采取符合简易程序案件庭审实际需要和提升出庭质效的方式进行。如公诉人可根据庭审需要选择全文宣读，或择要宣读“案件事实”、“起诉要求和根据”部分；被告人对起诉书指控内容均无异议的，公诉人可以省略讯问；被告人如有异议，公诉人可以针对性地简要讯问；公诉人可直接发表量刑建议，针对被告人的辩解和辩护人的辩护意见进行简要答辩。

（四）完善检察官办案责任制的配套保障措施

1. 构建检察官独立与检察一体化相协调机制。检察官依法独立行使检察权，是抵制外来不当干预的利器，有利于保证司法公正。我们要建立的机制既要有利于发挥检察官独立办案的作用，保证高效和公正地行使检察权，又要利于检察职能的统一有效的履行。因此，要进一步明确界定检察长、检委会与检察官、检察官助理之间的权限划分，明确赋予承办检察官独立办案的权限，进一步放权给检察官，达到真正的亲历者决策的要求。在案件质量方面要加强管理和监督，明确案件管理部门对检察官承办案件质量的监督职能，可以采取案件抽查的方式进行监督。承办案件的检察官对案管部门对案件质量的认定不服时，或对检察官启动执法过错责任追究时，应当将案件提交检委会讨论。针对正在开展检察官员额制改革，对检察长、检察官以及检察官助理的相互关系加以厘清，防止职责不清或管理重叠，真正体现检察官的司法属性和制度优势。

2. 建立检察官职业保障机制。检察官享有广泛授权的同时，必须独立对所承办的案件承担执法责任，这个执法责任包括正常履职情况下的阅卷、侦查、调查、讯问、询问、决策、出庭等法定职责，也包括瑕疵履职情况下的执法过错责任，但同时也应当确保权责利的统一，注重在物质利益、职务晋升等方面为检察官提供保障，提升检察官的职业荣誉感和认同感。联合国《关于检察官作用的准则》第 4 条规定：各国应确保检察官得以在没有任何恐吓、阻障、侵扰，不正当干预或不合理地承担民事、刑事或其他责任的情况下履行其专业职责。这其中重要的一方面就在于确立检察官依法正常履行职责不受追究的权利。法律是社会科学，面对同样的证据，不同的检察官可能有不同的认知和判断。我们不能一方面加大授权力度和授权范围，另一方面又令检察官在履职的过程中战战兢兢、如履薄冰，始终在担心是否有一天会因为某天的某个判断和决策而受到追究。只要是依法履职，不存在过失或者故意做出错误判断的情形，都应该保证检察官不受事后追究。在履职保障方面，要确立检察官依法正常履行职责不受干扰和追究的机制。尤其是依法处理的案件中当事人非正当上访、闹事时，不要求承办人出面解决善后，也不因当事人非正常上访、闹事甚至造成事故时追究承办检察官的责任。

3. 加强司法职业化建设。在司法外部环境无法改变、人员编制紧张的现状下，在推进以审判为中心的诉讼制度改革形势之下，提升检察官综合素能也是实现公诉职能绿色发展的有效途径。一要加强更有针对性的学习培训。根据检察官的办案经验、知识结构、专业特长等，确定培训内容，制定完善的个性化培训计划，通过定期培训、专业人才授课、实践案例研讨等多种方式，提高办案人员的法律素质和处理各类案件的能力，不断提高检察官的执法能力。如日本根据检察官办案经验的长短，分别实施新人实习研修（第1年）、一般研修（工作满3年，以下同）、中坚检察官研修（8年）、专题研修（10年）以及中间管理职研修（20年）等，不同级别的研修设置不同的研修内容，采用不同的研修方式。二要加强更具实战性的岗位练兵。着力提高公诉人出庭指控能力，可通过扩大庭审观摩的地域范围，不局限于本地区内的庭审活动，组织参加全省乃至全国范围的优秀公诉人、辩护人的庭审，增长见识、拓宽思路；重视法律文书制作，通过文书评比活动，增强对法理的运用和理解能力、证据的分析能力、语言的组织能力、逻辑思维能力；组织优秀公诉人评选活动，加大宣传力度，提高社会知名度，提升检察官的职业荣誉感。三要继续推行“导师辅导制”。导师的范围不应局限于本院办案经济丰富的检察官，可聘请本省乃至全国范围内的法律专家、教授、优秀检察官、法官、律师等作为指导老师，进一步拓宽办案人员的思路，吸收先进经验，更好地适应以审判为中心诉讼制度改革，提升公诉人的司法能力。

绿色司法语境下的公诉办案路径选择

周寅行*

冤假错案频出、案多人少矛盾突出以及社会效果不佳是当前制约公诉工作发展的三大困境。为此，应当坚持公正、效率、效果三者兼顾的绿色司法理念，通过落实亲历性审查方法、创新检察官合议会议、拓展“智库”咨询机制等途径，实现公诉工作的“绿色、健康、可持续”发展。

一、公诉工作面临的主要困境

（一）冤假错案频出成为公诉致命之痛

不枉不纵，是刑事诉讼的理想状态。近年来，被曝光的刑事错案频发，笔者通过初步搜索、查询，赫然发现我国已发现、纠正的冤错案件已达百件之多。冤错案件对于公诉而言，是“生产线上”的“伪劣产品”，是最致命的伤痛，再多公诉案件的成功办理都抵不上一件冤假错案对司法公正的实质性损害。

（二）案多人少矛盾成为公诉重大掣肘

公诉部门案多人少矛盾突出，长期得不到有效解决。有学者言：公诉人也像法官一样越来越不够用，稀缺程度毫不逊色。① 以H地区为例，据统计全市公诉部门在2013年至2015年共计办理各类刑事案件14052件20194人，年人均办案量为69件。案件数量最多的W区院年人均办案量达到124件，除去节假日，一人平均2天就得审结一件案件，案件质量难以保障。与此同时，公诉案件仍然在以每年10%的速度递增。而相对的，全市公诉人的数量却基本保持稳定，没有明显的增加。司法人员分类改革后，每位员额公诉人的办案数量大幅增长，巨大的案件量和办案压力将严重制约公诉工作的正常运转。

---

* 浙江省湖州市人民检察院。

① ［美］弗莱彻：《公平与效率》，载《程序、正义与现代化——外国法学家在华演讲录》，中国政法大学出版社1998年版，第430页。

（三）社会效果不佳成为公诉办案之殇

一件优秀的公诉案件，要求案件的办理过程为社会公众所接受，案件的出庭效果为社会公众所称颂，案件的最终结果为社会公众所认可，案件能够在一定范围引起广泛、长期的积极社会影响。[①] 而在当前，绝大多数的公诉案件距以上标准还有很大差距。“快播”案公诉人当庭输于阵势，被舆论称为“吊打”；“大学生掏鸟窝”案公诉人赢了诉讼，但判决结果却不被社会大众所理解和接受，负面评价充斥网络。上述案件在全国来看虽然是个别情况，但确实反映出部分公诉案件办理的社会效果不佳的殇痛。如何在依法办案的前提下，获得较高的社会认可度和赞誉度，是公诉人必须解决的现实问题。

二、绿色司法——公诉理念的基础与内涵

（一）公正：实体、程序、形象

“物不得其平则鸣。”在西方文化中，法被视为正义，或“达到正义的一种制度”。[②] 公平正义是“绿色司法”的价值追求，也是刑事诉讼的永恒目标。现代司法既确立了检察官的客观公正义务，即意味着公诉人不仅要承担嫉恶如仇的检控者的角色，更应秉持客观公正立场，实体正义与程序正义并重，独立、审慎的把握起诉权。在新时代，包含“形象公正”在内的“三位一体”的司法公正观正在逐步形成。中立、公正的形象有助于促进当事人的服判息诉，有助于司法公信力的提升，也有助于案件实体公正的最终实现。

（二）效率：精简、专业、勤勉

“迟到的正义非正义。”没有效率的公正是毫无意义的，低效率的公诉工作无法维护当事人的合法权益。在实践层面，司法高效的基点仍在于制度和人员。精简的办案结构和流畅的办案程序是保障司法效率的基础，减少效率损耗的核心。专业化的公诉人队伍是高效的客观保障，有助于检察机关快速、准确认定案件事实，并对法律问题的性质做出准确判断，从而找到正确的解决方法。[③] 勤勉的工作态度是高效的主观依靠。惰于司法，则再精简的制度和再专业的队伍也无济于事；勤于司法，则即便制度存在缺陷，队伍专业化不足，也能够在一定程度上得到弥补。

---

① 周红雨：《浅议出庭公诉效果》，载《今日南国》2010年第11期。

② 龚祥瑞编：《法治的理想与现实》，中国政法大学出版社1993年版，第73页。

③ 王艳婷：《中国司法效率实现方式研究》，辽宁师范大学2014年硕士学位论文，第5页。

（三）效果：法律、政治、社会

法律、政治、社会三个效果有机统一是中央对司法工作的要求，也是“绿色司法”的应有之义。法律效果要求程序法和实体法得到严格遵守和证明，强调法律的严谨性，法律条文适用的贴切和准确，[①] 案件结果经得起历史检验。政治效果的本质是司法坚持中国特色社会主义道路，党委人大的认同感是其具体体现。社会效果要求司法工作服务经济社会发展大局，在社会层面促进法的自由、正义、秩序、效益等基本价值的实现，使人民群众有实在的获得感。

三、绿色司法——公诉审查的路径与选择

（一）筑牢案件质量之基

1. 放下案卷，落实亲历性审查方法。司法所要解决的问题的微观具体性和重要性、认定案件事实的复杂性、程序公正和自由心证的形成要求公诉人应当亲历性办案，[②] 而非就案办案，更不能就案卷办案。在“审判中心主义”框架下，落实亲历性的审查方法应当包括以下两个方面：一方面要加强对客观性证据的亲历性审查。公诉人应当采用客观性证据为中心的模式对案件进行审查，有实物证据的应当查看实物证据，有案发现场的应当走访案发现场，科学解读在案证据，充分挖掘未在案证据，确立更为坚实和经得起考验的证据基础。另一方面要加强对言词证据的亲历性。对有同步录音录像记录的言词证据，应当审查录音录像。对于内容反复、存在疑问或对定案有关键性作用的同案犯供述、被害人陈述与证人证言，建立主观性证据复核制度，进行必要的复核。

2. 专业协助，拓展“智库”咨询机制。多元化的社会发展使刑事犯罪呈现出淆乱复杂的态势，暴力、金融、走私、毒品、食品、环境污染等犯罪类型层出不穷，侦查措施与技术也向着专业化与科技化发展。假以时日，恐怕“全才型”公诉人也难以一己之力应对自如。对此，应当逐步在公诉环节建立专家咨询委员会制度，吸收各领域的专家、学者作为公诉审查案件的“智库”，为公诉人在不明处解惑，疑难处释疑。专家咨询委员会可以在以下几方面为公诉人提供专业支持：第一，专家面询。公诉人在遇到专业疑难问题时，

---

① 陈晓波：《浅谈司法规律与检察工作“三个效果”的有机统一》，载《法制与经济》2013 年第 5 期。

② 朱孝清：《司法的亲历性》，载《中外法学》2015 年第 4 期。

可向委员专家当面咨询。如专家为案件的鉴定人，则应对鉴定意见的出具进行客观解释和说明。第二，提供专家证言或意见。如专家意见需要以证据形式体现，则可以由公诉人为其制作证言或由专家出具书面意见，证言与意见应当符合法定证据形式要求。第三，专家出庭。如公诉人认为需要或法庭通知专家以证人形式出庭，则专家当接受通知予以出庭。在证据未发生实质变化的情况下，专家出庭表达的意见应与面询、证言或书面意见保持一致。

（二）化解疲于办案之困

1. 零级审批，扁平高效的办案组织。司法改革后，对于绝大多数公诉案件，应当实行“零级审批制度”。即由主办的检察官独立审查、独立决定、独立承担责任。案件只有办案者，而无审批者，以减少办案效率在检察机关内部审核流程运转中的损耗。为实现该制度，应当改革目前的办案组织。一是逐步取消公诉部门对公诉人在案件业务上的领导关系。以独任或主任检察官为核心，成立若干检察官办公室。部门负责人不再对案件进行具体的指示和审批，仅对综合性事务进行管理以及对类案进行指导。二是明确辅助人员定位，增加辅助人员数量。当前，检察官从事书记员工作的情况普遍，公诉人既要负责案件实体审查，又要负责程序流转，还要负责讯问、法庭记录和案卷归档整理，既应接不暇，又资源浪费。而其中绝大多数工作，可以通过岗位分工，交由专职的辅助人员解决。使检察官拥有更多的时间、空间来高效办理和审结案件。三是改进办案效率考核机制。针对本地区实际确立科学合理的效率考核指标，对案件的审结率和审结质量进行定期考评，作为检察官的奖惩依据。

2. 科学分类，繁简分流的诉讼构造。在公诉环节施行案件繁简分流符合刑事诉讼经济和效率的原则，是形式合法性与实质合法性的统一，是刑事诉讼公正价值的重要体现。① 首先，根据案件本身的难易度、刑期的轻重程度、社会影响大小以及犯罪嫌疑人的认罪态度等将案件进行科学划分，区分为简单、普通、疑难复杂三大类。其次，在公诉部门内部划分不同类别的办案组，根据“二八”理念，② 将少量的办案资源用来办理大量的简单案件，将大量的办案资源用来处理少量的疑难复杂案件。最后，针对不同类型的案件，开展不同的审查方式。对于简单案件，适用表格化的审查方式，力求高效；对于普通案件，适用常规化的审查方式，质效兼顾；对于疑难复杂案件，适用精细化的审

---

① 吴涛、甘文超等：《公诉案件繁简分流机制的理论与实践》，载《成都理工大学学报（社会科学版）》2013 年第 5 期。

② 王学成：《轻微刑事案件快速办理机制的探索与完善》，载《认罪案件程序改革研究》，中国方正出版社 2009 年版，第 257 页。

查方式，保证质量。做到简案求速，繁案求精。

3. 刑事和解，恢复司法的必然途径。刑事和解制度在充分调动当事人参与的前提下，并在案件提起公诉之前通过共同沟通、协商就将整个案件做终结处理，主要表现为个案诉讼效率、刑事司法整体效率及司法资源的成本节约。[①] 这使得特定的案件在不交付审判的情况下而终结，缩短了诉讼时间，节省了大量的人力、物力和财力。同时也强调了对被害人利益的保护，重视国家权力和个人权利的平衡，是恢复性司法的必然途径。一是应当扩宽刑事和解的案件范围。刑事诉讼法规定的刑事和解范围包含刑法分则第四章、第五章规定的三年以下有期徒刑以及除渎职犯罪外七年以下有期徒刑的过失犯罪案件，案件范围非常广阔。而在实际办案中，开展和解的绝大多数停留在故意伤害、交通肇事等几类案件中，亟需拓展。二是应当敢于、善于开展刑事和解工作，对于符合和解条件且案件当事人有相关诉求的，应当积极促使当事双方开展和解协商，促进社会关系修复。三是对于和解案件，在兼顾与其他案件适当平衡的前提下，要通过不起诉决定、认罪速裁程序等充分发挥其效率价值。

（三）提升社会效果之本

1. 进程公开，展现检察的阳光透明。“没有公开则无所谓正义。”公开是正义实现的重要方式，也是让人们对公权力行使满意的前提条件。[②] 相较与法院的公开审判，公诉权的运行显得更为神秘与封闭。缺少外部监督，容易导致公诉环节的黑箱审查。当事人和社会对案件的不知情，也会随着时间的推移，滋生出对公权力运作的质疑。对此，在履行审查起诉活动终结性决定和文书公开的法律义务的基础上，还应当进一步推进包括提前介入、延长审限、退回补充侦查等审查活动在内的进程公开。目前，检察机关已经建立了以案件管理部门为主的信息公开工作机构，接下来还应当进一步健全信息的发布与获取机制及救济与监督机制，保障案件当事人的必要知情权。同时，加强检察机关的自媒体建设和与社会媒体的良性互动，树立公开、公正的权威司法形象。

2. 意见兼听，畅通诉求的表达渠道。“兼听则明偏信则暗”，为弥补公诉环节审查工作不公开的缺陷，可以探索建立对涉案各方意见的兼听制度，以避其害。一是畅通与侦查机关、行政执法部门的沟通渠道，深入了解案件的侦查、破获、取证等方面的工作情况和证据体系的组建过程。全面了解涉案各方

① 向朝阳、马静华：《刑事和解的价值构造及中国模式的构建》，载《中国法学》2003 年第 6 期。

② 谭世贵、李建波：《我国检察信息公开问题的初步研究》，载《法治研究》2015 年第 1 期。

和社会舆论对案件处理的意见和态度，为审查工作奠定良好基础。二是畅通案件当事人和辩护人、诉讼代理人的意见表达途径，鼓励当事人在检察环节将具体诉求充分表达，并做好处理工作，努力在庭前提早化解社会矛盾，消除庭审隐患。三是对于某些社会关注的重大敏感案件，在必要时可以面向一定范围进行新闻发布，或举行公开听证，主动做好舆论引导工作，争取社会公众对检察工作的理解和支持。

3. 释法说理，担负公诉的社会责任。“法律无外乎法理与人情。”在司法工作中，以人性化的方式和技巧，在准确把握法律，严格司法的同时，解释法理，说清事理，讲明道理，是办好公诉案件的“后半篇文章”，也是实现“绿色司法”的必然要求。一是要加强不起诉意见书、公诉意见书、出庭意见书等公诉法律文书的释法说理。通过繁简得当的内容，准确精当的分析，在诉讼程序中向诉讼参与各方阐明检察认定的理由和依据。二是要加强与案件当事人接触过程中的释法说理。使涉案人员能够理解、接受和承担相应的法律责任，减少不必要的翻供、上诉等浪费司法资源的行为；使被害人能够缓解激愤情绪，减少申诉、上访，支持司法机关依法处理案件；使证人能消除戒备和对立情绪，配合司法机关查明案件真相。三是要加强对社会公众的释法说理。通过对个案的分析解读和对类案的普法宣传，营造良好的司法环境，提高公诉工作的透明度、公信度和满意度。

绿色司法理念下的相对不起诉标准研究

屠晓景　郭　军*

多年来，我市公诉工作始终面临案多人少的突出矛盾。① 相对不起诉制度不仅能祛除案多人少的司法“雾霾”，而且契合恢复性司法的价值追求，有助于实现诉讼经济和效率。鉴于相对不起诉在以往司法实践中缺乏具体的适用规则和标准，其适用受到局限，无法充分发挥制度作用。我们应当以绿色司法理念为引领，根据法律规定和司法实际制定具体的相对不起诉规则，以实现绿色司法倡导的以人为本、可持续发展。

一、绿色司法下的相对不起诉原则

（一）服务大局，保障非公经济健康发展

检察机关是社会治理的重要组成部分，公诉部门行使起诉裁量权必须围绕大局，综合考虑各方利益，从而做出符合社会公众整体利益和社会大多数人期待的处分意见。我国的民营经济是在经济改革的夹缝中生存和发展，很多企业的发展经营游走在政策的灰色地带。尤其在经济下行期间，以往积累下来的许多矛盾集中爆发，民营企业不仅面临可能的破产、重组，而且还会因为体制的不健全而面临动辄入刑的困境。例如，有些民营企业限于现有的银行放贷机制，资金周转需要的正常贷款却不得不通过编造虚假材料才能获得，一旦发生风险，就可能涉嫌骗取贷款罪②；有些民营企业为了向国家申请产业政策方面的扶持和补助，不得不打点讨好经办的国家工作人员，又可能涉嫌行贿罪。又比如，有些虚报注册资金类案件、偷逃税款类案件、虚开发票类案件，发生往

---

* 浙江省湖州市人民检察院。

① 据统计，我市检察机关近三年共受理审查起诉案件 15587 件 21622 人，每年人均办案 244 件 338 人。

② 参见屠晓景、郭军：《浙江省 H 市金融骗贷案件存在的问题及对策》，载《浙江检察》2015 年第 8 期。

往出于多种因素，检察机关对此类犯罪提起公诉并不一定真正符合社会整体利益。绿色司法理念倡导检察机关办案要服务大局，保障经济健康稳定可持续发展，对于因体制机制原因造成的涉企类案件可以考虑采用相对不起诉的处理方式，避免影响企业的正常经营活动。

（二）构建和谐社会，构筑绿色司法生态圈

相对于传统的报应性司法，恢复性司法目标在治愈而不是惩罚，强调各方共力参与处理犯罪后果，修复受损的社会关系。① 随着20世纪世界各国普遍采取非犯罪化与轻刑化的刑事政策，相对不起诉在司法体系中的社会关系修复机能越来越受到重视，对一些社会危害不大的犯罪采用非刑罚的手段加以处罚和矫正，是恢复性司法的应有之意，同时也是践行绿色司法减少办案负面产出，构建良好法治生态内涵的具体形式。如对双方达成和解的轻伤害和盗窃等微罪不诉，可以促成犯罪嫌疑人和被害人重新融入社会，恢复受损的社会关系；对老年人、未成年人等特殊人群适用相对不起诉，不仅体现了我国传统的司法文化，而且还体现了绿色司法文明的理念。②

（三）提高司法效率，节约司法资源

鉴于司法资源的有限性，有必要充分运用各种制度设计，以最低的司法成本达到最佳的司法目标。改革开放后，我国社会急剧转型，犯罪率也随之大幅攀升，而国家投入司法的资源却严重不足，因此提高诉讼效率就变成诉讼中的一个重要价值要求。相对不起诉使一些轻罪案件不需要经过法院审判而在审查起诉阶段就终止诉讼，缩短了诉讼时间，节省了司法资源。如危险驾驶类案件，由于立案标准低，且科学性不强，造成受案比例年年增高。③ 对此类案件繁简分流，大量适用相对不起诉，可以大大缓解司法部门的办案压力。对于犯罪情节轻微的初犯、防卫过当犯，主观恶性不深，正确运用起诉酌量权可以为公诉部门突出办案重点、提升办案品质、提高司法效率创造条件，为实现绿色司法提供可行路径。

二、相对不起诉的适用原则

相对不起诉在理论上和实践中规定较为模糊，并没有科学合理的解释和标

---

① 刘江春：《恢复性司法研究》，载《求索》2006年第11期。

② 2012年刑事诉讼法在修改中，单独设立了未成年人刑事诉讼特别程序，创设了附条件不起诉制度，即是对相对不起诉制度的丰富，亦是立法倡导对之可以相对不诉的反映。

③ 据统计，2013—2015年H市检察机关每年受理危险驾驶案件1459件、2010件、2437件，占受案总数的32.2%、37.7%、42.5%。

准。为充分发挥相对不起诉的制度作用，在理论上建立其适用规则，实体上明确其具体标准，程序上完善其制约机制，是充分发挥相对不起诉制度效用的关键。

（一）符合现有法律规定，理解上适度从宽

相对不起诉的性质是对有罪案件作无罪处理。因此，立法上对其范围限制得较为严格，只有同时具备犯罪情节轻微和依照刑法规定不需要判处刑罚或者免除刑罚两个条件才符合相对不起诉的要求。理论界对于犯罪情节轻微的理解并不一致：一种观点认为，“犯罪情节轻微”指的是罪名轻，犯罪情节也轻的情况，另一种观点认为，无论轻罪重罪，只要属于“犯罪情节轻微”的，均应包括在内。① 显然，如果按照第一种意见罪名轻情节也轻的标准来掌握，相对不起诉的范围就相当狭窄。为充分发挥相对不起诉的制度作用，在运用上我们可遵循较为宽泛的理解。如罪名法定刑虽在有期徒刑三年以上，但犯罪嫌疑人具减轻和免除处罚的法定情节，也可以比照法定刑在有期徒刑三年以下罪名，综合全案其他从轻情节进行考虑。在“依照刑法规定不需要判处刑罚或者免除刑罚”这一条件上，有学者认为，“依照刑法不需要判处刑罚”与我国《刑法》第 37 条规定的“对于犯罪情节轻微不需要判处刑罚的，可以免予刑事处罚”是一致的（也就是说，法院判处免予刑事处罚的案件，原则上检察机关均可以做出相对不起诉处理）；② 而“免除处罚”主要是指我国刑法中规定的可以免除刑罚的情况，如《刑法》第 19 条规定的“又聋又哑的人或者盲人犯罪，可以从轻、减轻或者免除处罚”等。最高人民检察院于 2007 年颁布《人民检察院办理不起诉案件质量标准（试行）》，规定了可依法决定不起诉的几种情形：（1）未成年犯罪嫌疑人、老年犯罪嫌疑人，主观恶性较小、社会危害不大的；（2）因亲友、邻里及同学同事之间纠纷引发的犯罪中的犯罪嫌疑人，认罪悔过、赔礼道歉、积极赔偿损失并得到被害人谅解或者双方达成和解并切实履行，社会危害不大的；（3）初次实施轻微犯罪的犯罪嫌疑人，主观恶性较小的；（4）生活无着偶然实施盗窃等轻微犯罪的犯罪嫌疑人，人身危险性不大的；（5）群体性事件引起的刑事犯罪中的犯罪嫌疑人，属于一般参与者的。这些也是司法实践中可以免除刑事处罚的情况。

（二）符合公共利益

相对不起诉的适用必须符合公共利益。有些人虽然犯罪情节轻微，但涉嫌

---

① 陈光中：《论我国酌定不起诉制度》，载《中国刑事法杂志》2001 年第 1 期。

② 莫洪宪、高锋志：《宽严相济刑事政策运用实践考察——以检察机关相对不起诉为切入点》，载《人民检察》2007 年第 4 期。

罪名对公共利益危害较大，如危害国家安全罪等，相对不起诉无疑不符合社会公共利益；有些人犯罪情节虽然不属于轻微之列，但是却属于未成年人、在校学生、盲聋哑人、老年人等特殊群体，检察机关从犯罪嫌疑人的性格、年龄、身体状况及生活环境等方面综合考虑，认为不起诉符合公共利益的，也可以做出相对不起诉处理。还有一些犯罪情节较轻，但犯罪嫌疑人弥补了犯罪所造成损害、犯罪嫌疑人与被害人达成和解等案件，检察机关也可以因起诉公共利益较小，不起诉更符合公共利益而做出相对不起诉决定。

（三）社会危害性与再犯可能性大小

《人民检察院办理不起诉案件质量标准（试行）》规定了下列一些情况不宜做不起诉：（1）实施危害国家安全犯罪的；（2）一人犯数罪的；（3）有脱逃行为或者构成累犯的；（4）系共同犯罪的主犯，从犯已被提起或者已被判处刑罚的；（5）共同犯罪中的同案犯，一并起诉、审理更为适宜的；（6）犯罪后订立攻守同盟，毁灭证据，逃避或者对抗侦查的；（7）因犯罪行为给国家或者集体造成重大经济损失或者有严重政治影响的；（8）需要人民检察院提起附带民事诉讼的。以上标准，除第（5）项外，均为社会危害性或者再犯可能性较大而不宜做相对不起诉的情形。鉴于社会危害性和再犯可能性的多寡很大程度上依靠承办人的主观评判，因此在相对不起诉程序中，可借鉴未成年人特别程序设置社会调查环节，以增加评判的客观性。

（四）适用标准宜统一明确，具有实际可操作性

检察机关宜参照法院量刑指导意见对相对不起诉设立统一明确的标准，做到有法可循，有章可依，这样才能起到相对不起诉的制度制约作用。不可讳言，在司法实践中相对不起诉制约机制存在不对等性，如对公安机关侦查案件的不起诉处分制约机制较为严密，而对检察机关自侦案件的不起诉处分制约机制较为宽缓。以往免予起诉遭到滥用的重灾区是检察机关自侦案件。虽然造成上述情况的原因很多，但在某种程度上也表明办案人员在审查不同案件时对相对不起诉运用方式的差异。因此，对相对不起诉设立统一明确标准，不仅有利于办案人员对案件的整体把握，杜绝人情案、金钱案，另一方面也堵上质量不佳案件通过相对不起诉“找出路”的漏洞，提高检察机关的执法公信力。

三、相对不起诉的个罪标准

在标准明确的前提下，办案人员会有动力比较积极地适用不起诉。制定相对不起诉适用罪名标准，不仅为相对不起诉提供适用标准，还为监督制约提供了可靠依据，有利于实现检察机关的公平公正公信。

（一）罪名范围

法律规定相对不起诉的条件之一为“犯罪情节轻微”，而刑法分则中的类罪是犯罪客体的各罪集合，一定程度上能够反映犯罪的社会危害性大小，故首先应就罪行种类为相对不起诉罪名划定一个大致的范围。危害国家安全罪、危害国防利益罪、军人违反职责罪这三类罪名攸关国家政治和军事安全，有别于侵犯公民个人权益的犯罪，社会危害性较大，不宜制定相对不起诉标准。其余如危害公共安全罪、破坏社会主义市场经济秩序罪和妨害社会管理秩序罪，涉及社会整体利益和公共安全，相对不起诉宜限于其中常见和多发的轻罪，不起诉的罪名范围不宜过宽。职务犯罪（贪污贿赂罪和渎职罪）系身份犯罪，侵犯国家公职人员的职务廉洁性，社会舆论关注度较高，宜从政治大局的站位高度从严掌握。

（二）法定刑要求

相对不起诉的第二个适用条件为“依照刑法规定不需要判处刑罚或者免除处罚”，但我国刑法有免除处罚的相关规定，并无“不需要判处刑罚”的规定。我们认为“依照刑法规定不需要判处刑罚”中的“刑罚”应限缩解释为自由刑和生命刑，也即不需要判处拘役、有期徒刑、无期徒刑或者死刑，这是对“犯罪情节轻微”这一条件的提示和呼应，补充和细化了法定刑方面的要求。因此，行为人所犯罪行，法定刑在三年或者五年有期徒刑以下，法定最低刑为管制，或者可以单处罚金者，契合法律规定的“犯罪情节轻微”、“依照刑法规定不需要判处刑罚”，与相对不诉的制度目标、价值取向一致，可作为相对不起诉在法定刑方面的具体标准。

（三）量刑情节的限定

法定刑仅为量刑的幅度区间，实际刑罚需要综合各种量刑情节进行判断。我国刑法规定的量刑情节有从重、从轻、减轻、免除处罚四种法定情节和从重、从轻、减轻三种酌定情节，从轻情节为同一法定刑内的从轻，不能超越法定刑的限度，而减轻情节虽系在法定刑以下判处刑罚，但如果本身已处在最低的量刑幅度，鉴于不存在再下一个量刑幅度，减轻情节也只能在本幅度内从轻。因此，如果法定最低刑为管制或者可以单处罚金的，只须存在从轻情节即有可能实际被判处非自由刑，符合相对不起诉的要求；如果法定最低刑为拘役的，从轻或者减轻情节仅保证实际可能被判处拘役，尚不符合相对不起诉对可能判处刑罚的程度要求。故在此情形下，需要有可以免除处罚的法定情节才符合作相对不起诉的条件（如刑法规定的防卫过当、避险过当、预备犯、中止犯、从犯、胁从犯、又聋又哑的人或者盲人犯罪、自首、重大立功等，刑事诉讼法规定的未成年人刑事程序和刑事和解程序，也可以作为免除处罚的法定从轻情节)。

免除处罚的法定情节还包括司法解释，省级司法部门规定、会议纪要、量刑标准等规范性文件的规定。免予刑事处罚系刑罚的具体裁量，与各罪个案具体实务息息相关，司法解释、会议纪要系根据大量的实务和调研制定，对各罪从宽、免除处罚的具体规定，是刑法的必要补充，既能指导司法实践，亦具有实际的司法效力，理应成为相对不诉适用条件的重要参考依据。

（四）共性标准

相对不起诉应以行为人认罪、悔罪，并且不具有法定的从重处罚情节作为前提。是否承认犯罪和是否具有悔罪态度，体现行为人对其所犯罪行的认识，并反映其主观恶性和再犯可能性，决定其是否具有改造、从新进而适用非刑罚化处理的可能。因此，本人没有悔罪态度或者拒不认罪的，检察机关应当依法起诉。此外，被不起诉人不应具有法定的从重处罚情节，包括刑法总则规定的累犯、教唆未成年人实施犯罪等应当从重的情形，刑法分则规定的各罪从重情节，以及司法解释等法律文件规定的具体情形。从重情节是法律对罪行社会危害性突出的归纳，是对出现类似情形的犯罪分子的负面评价，故应当排除在相对不起诉范围之外。

四、结语

绿色是自然生态的原色。公诉作为检察机关的核心基础工作，是写就绿色司法的底稿、填实法治生态的底色。相对不起诉的制度设计赋予了检察机关一定的起诉酌量权，但由于标准泛化，该制度的效用始终无法得到充分发挥。结合绿色司法的理念内涵研究制定具体的各罪相对不诉标准，有助于破解案多人少的司法“雾霾”，实现公平、公正、公信的价值追求，并将使公诉工作真正成为有活力、有温度、有品质的能动司法、人民司法和绿色司法。

附件

相对不起诉个罪标准

NO	罪名	相对不起诉依据	相对不起诉条件	说　明
1	交通肇事罪（危害公共安全罪）	法理依据：法定最低刑为拘役。 法律依据：须具备可以免除处罚的法定情节。	共性条件：认罪、悔罪。 前提条件：积极赔偿，被害人谅解，具有可以免除处罚的法定情节。 限制条件：伤亡3人以下，且死亡1人以下（无其他人重伤）、重伤3人以下。 排除条件：没有逃逸情节，且不具有从重情节。 1. 酒后、吸食毒品后驾驶机动车辆的； 2. 无驾驶资格的人驾驶机动车辆的； 3. 明知是无牌证、已报废、非法改装、或者有安全隐患的机动车而驾驶的； 4. 超载货物50%以上或者营运中大型客车超载人员20%以上驾驶的； 5. 在道路上超速行驶50%以上； 6. 斑马线上交通肇事的； 7. 交通肇事后让人顶替的； 8. 曾因违反交通安全法律法规被追究刑事责任或者受到过吊销机动车驾驶证、拘留行政处罚的； 9. 造成恶劣社会影响的。	财产损失，无能力赔偿为本罪立案标准之一，但在被害人谅解的前提下，可不作为不诉的硬性条件；事故所负责任程度为构罪重要方面，且部分体现责任程度的行为已规定为从重情节，不诉标准系在构罪基础上讨论，并已排除上述从重情节。司法解释规定重伤3人与死亡1人的后果程度等同，故重伤人数限定在2人以下。死亡1人已为较重后果，故限定不得同时有重伤后果，同时有轻（微）伤后果的，总数控制在3人以下。（以下含本数，下同）
2	危险驾驶罪（危害公共安全罪）	法理依据：法定刑为拘役，系轻罪。 法律依据：法律文件对本罪（醉驾类型）有可以免除处罚的规定。	共性条件：认罪、悔罪。 前提条件：醉驾类型。 限制条件：（汽车）酒精含量在110mg/100ml以下（抢救危急病人等特殊情况下，可放宽至120mg/100ml；有重大立功，可放宽至160 mg/100ml以下）；（超标两轮电动车）酒精含量在200mg/100ml以下；（两轮摩托车）酒精含量在160 mg/100ml以下。 排除条件：不具有从重情节。 1. 造成他人重伤或者死亡，尚未构成交通肇事罪的； 2. 造成他人轻伤且负有责任的（超标两轮电动车除外）； 3. 醉酒驾驶营运客车（公交车）、危险品运输车、校车、单位员工接送车、中（重）型货车等机动车的； 4. 醉酒在城市道路上驾驶工程运输车的； 5. 在高速公路、城市快速路上醉酒驾驶的； 6. 无驾驶汽车资格醉酒驾驶汽车的；	超员、超载、超速本为从重情节，但《刑法修正案（九）》已单独列为构罪情形，故不在排除条件中列举。同时，上述情形及追逐竞驰构罪尚缺少立案标准等具体规定，故本罪不诉标准的讨论限定于醉驾类型。醉酒驾驶三轮摩托车构罪的，司法解释规定在两轮摩托车的标准基础上从严掌握，故不作具体规定，可酌定掌握。醉酒驾驶超标两轮电动车构成本罪须以造成他人轻伤且负有责任为前提，因此，本罪不诉的排除条件中，造成他人轻伤且负有责任是针对超标两轮电动车醉驾以外的情形而言。

续表

NO	罪名	相对不起诉依据	相对不起诉条件	说明
			7. 明知是无牌证或者已报废的汽车而驾驶的； 8. 造成交通事故后逃逸，尚未构成其他犯罪的； 9. 有严重超员、超载或者超速驾驶，无驾驶资格驾驶机动车，使用伪造或者变造的机动车牌证等严重违反道路交通安全法的行为的。 10. 在被查处时逃跑，或者抗拒检查，或者让人顶替的； 11. 在诉讼期间拒不到案或者逃跑的； 12. 曾因酒后、醉酒驾驶机动车受过刑事或者行政处罚的。 酌定条件：是否为未成年人、怀孕的妇女和已满七十五周岁的老人，有无法定从宽处罚情节（如立功）等。	
3	非国家工作人员受贿罪（破坏社会主义市场经济秩序罪）	法理依据：法定最低刑为拘役。 法律依据：比照受贿罪可以相对不诉的规定和实践。	共性条件：认罪、悔罪，非累犯。 前提条件：如实供述、积极退赃。 限制条件：受贿25万元以下（具有自首、立功、从犯等法定从宽处罚情节或者特殊情况的，可适当放宽）。 排除条件：不具有从重情节。 1. 犯罪动机、手段等情节恶劣； 2. 将赃款用于非法经营、走私、赌博、行贿等违法犯罪活动的； 3. 曾因经济违法行为受过处分或者刑事处罚的； 4. 主动索取的。 酌定条件：犯罪动机、手段、后果等。	累犯反映行为人的人身危险性和再犯可能性，作为其他故意犯罪不诉标准的共性条件加以规定；索取反映行为人的主观恶性，在本罪排除条件中加以规定；数额标准鉴于新的司法解释增幅较大，以数额巨大100万元的25%限制，同时考虑到实践中的复杂情形，数额作一区分规定。
4	骗取贷款、票据承兑、金融票证罪（破坏社会主义市场经济秩序罪）	法理依据：法定最低刑可以单处罚金。 法律依据：入罪门槛低，司法实务中有对本罪相对不诉的案例。	共性条件：认罪、悔罪，非累犯。 前提条件：被追诉前本人偿还贷款本息，或提供足以偿还贷款本息的担保，或者担保人承担担保责任的。 限制条件：数额不超过500万元。 排除条件：不具有从重情节。 1. 将贷款主要用于非法活动的； 2. 之前因经济违法行为受到过处罚的； 3. 在授信、贸易背景、贷款用途、抵押物价值等存在多环节或多次实施欺骗手段。 酌定条件：犯罪动机、贷款用途，是否具有法定从宽处罚情节等。	本罪立法目的系保护银行利益，故将银行是否实际受损作为不诉的前提条件。同时，担保人履行担保责任是其应当承受的市场风险，没有必要在本罪中予以特别保护，故担保人是否实际受到损失不在本罪不诉的考虑范围内。此外，我省最新的会议纪要规定数额巨大，即未造成银行损失，综合其他方面亦可追责，故仍宜对本罪犯罪数额作出限制，取法定刑升格数额500万元为限。

续表

NO	罪名	相对不起诉依据	相对不起诉条件	说明
5	非法吸收公众存款罪（破坏社会主义市场经济秩序罪）	法理依据：法定最低刑可单处罚金。 法律依据：司法解释对本罪有可以免除处罚的规定。	共性条件：认罪、悔罪，非累犯。 前提条件：被害人谅解，未造成严重后果或者恶劣社会影响，主犯及时清退所吸资金，帮助犯及时退缴好处费等非法收益。 限制条件：非吸数额在500万元以下，造成借款人直接经济损失在250万元以下。（帮助犯可从宽） 酌定条件：借款目的（是否为生产经营所需吸收资金）、借款用途（是否主要用于合法的生产经营活动）等。	根据宽严相济刑事政策和最新法律文件精神，非吸帮助犯（尤其是职务行为）一般不宜作为犯罪处理，公安机关不肯撤案时，可考虑相对不诉；非吸人数包含在社会影响中，不作硬性限制。司法解释对本罪规定的数额标准较低，可不区分单位和个人，以单位法定刑升格的数额标准作为统一的数额限制条件。帮助犯可从宽掌握。
6	信用卡诈骗罪（破坏社会主义市场经济秩序罪）	法理依据：法定最低刑为拘役。 法律依据：司法解释对本罪有可以免除处罚的规定。	共性条件：认罪、悔罪，非累犯。 前提条件：恶意透支类型或者（基于合法原因获得他人信用卡后）冒用类型，已偿还全部透支款息（冒用类型，须具有法定或者酌定从宽处罚情节）。 限制条件：（恶意透支类型）犯罪数额在10万元以下；（冒用他人信用卡类型）犯罪数额在5万元以下。 酌定条件：有无将赃款用于非法活动等。	司法解释仅规定本罪中恶意透支类型的可以免除处罚情形。但基于合法原因（非因盗窃、诈骗等）获得他人信用卡后的冒用行为同样轻微，故比照增加，但数额从严掌握。
7	合同诈骗罪（破坏社会主义市场经济秩序罪）	法理依据：法定最低刑可单处罚金。 法律依据：与诈骗罪罪质相近，比照司法解释对诈骗罪可以免除处罚的规定。	共性条件：认罪、悔罪，非累犯。 前提条件：退赃退赔，被害人谅解，非诈骗集团首要分子。具有法定从宽处罚情节。 限制条件：犯罪数额在20万元以下（数额巨大的标准）。 排除条件：不具有从重情节。 1. 诈骗救灾、抢险、防汛、优抚、扶贫、移民、救济、医疗款物的； 2. 以赈灾募捐名义实施诈骗的； 3. 诈骗残疾人、老年人或者丧失劳动能力人的财物的； 4. 造成被害人自杀、精神失常或者其他严重后果的。 酌定条件：犯罪作用、地位，获赃情况等。	合同诈骗罪的犯罪数额往往较大，故在相对不起诉的数额限制上，本罪与诈骗罪宜作区分，数额限制应从宽掌握，以数额巨大作为不诉的限制标准。

续表

NO	罪名	相对不起诉依据	相对不起诉条件	说　明
8	强迫交易罪（破坏社会主义市场经济秩序罪）	法理依据：法定最低刑可单处罚金。 法律依据：须具备法定从宽处罚情节，实务中有相对不诉的案例。	共性条件：认罪、悔罪，非累犯。 前提条件：具有法定从宽处罚情节。赔偿损失或者撤销交易，交易对方表示谅解，同意不追究。 限制条件：轻微伤或者过失造成他人轻伤，人数在 3 人以下。 排除条件：未达到情节特别严重标准。 1. 造成直接经济损失 1 万元以上的； 2. 强迫交易 10 次以上，或者强迫 10 人以上交易的； 3. 强迫交易数额在 10 万元以上，或者违法所得数额在 2 万元以上的； 4. 强迫他人购买伪劣商品，数额在 5 万元以上，或者违法所得数额在 1 万元以上的； 5. 情节特别严重的其他情形。 酌定条件：有无与本罪相关的前科劣迹等。	轻伤害可能涉及与故意伤害罪的竞合，故本罪不诉一般以轻微伤结果为宜，如果轻伤系过失造成，也可考虑相对不诉。人数控制在 3 人以下。
9	故意伤害罪（侵犯公民人身权利、民主权利罪）	法理依据：法定最低刑为管制。 法律依据：法律文件对本罪有可以相对不起诉的规定。	共性条件：认罪、悔罪，非累犯。 前提条件：积极赔偿，被害人谅解，因民间矛盾所引发，初犯、偶犯。 限制条件：轻（微）伤 3 人以下且轻伤 1 人以下、轻微伤 2 人以下。 排除条件：不具有从重情节。 1. 持枪支、管制刀具等凶器伤害他人的； 2. 故意伤害他人身体要害部位的； 3. 事先预谋伤害他人的； 4. 雇佣他人或者受人雇佣实施伤害行为的； 5. 曾因伤害他人受过处罚的。 酌定条件：是否为特殊人群（未成年人、怀孕的妇女和已满七十五周岁的老人等），被害人是否有过错或者对矛盾激化负有责任，犯罪后有无施救，有无法定或酌定从宽处罚情节等。	本罪排除条件中的从重情节源于省高级人民法院《〈关于常见犯罪的量刑指导意见〉实施细则》增加本罪基准刑的若干情形。轻伤以 1 人为限，轻微伤以 2 人为限，同时受伤人数限制在 3 人以下。
10	过失致人重伤罪（侵犯公民人身权利、民主权利罪）	法理依据：法定最低刑为拘役。 法律依据：须具备可以免除处罚的法定情节。	共性条件：认罪、悔罪。 前提条件：积极赔偿，被害人谅解。具有可以免除处罚的法定情节。 排除条件：未因伤害他人受过刑事或者行政处罚。 酌定条件：伤势后果、犯罪后有无施救等。	过失犯罪，行为人主观恶性较小，在被害人谅解并具有可以免除处罚的法定情节时可以相对不诉，但须酌情考虑被害人的伤势情况，有无后遗症等。

续表

NO	罪名	相对不起诉依据	相对不起诉条件	说　明
11	盗窃罪（侵犯财产罪）	法理依据：法定最低刑为管制或者单处罚金。 法律依据：司法解释对本罪有可以免除处罚的规定。	共性条件：认罪、悔罪，非累犯。 前提条件：多次偷盗的，仅限为充饥或保暖而偷盗少量食物、衣物；扒窃的，仅限初犯、偶犯；入户盗窃和携带凶器盗窃的，从严掌握；退赃、退赔，被害人谅解。 限制条件：犯罪数额在2万元以下（数额巨大标准的25%）。（同事、同居等关系密切人之间盗窃的，数额可放宽至2—4万元） 排除条件：犯罪对象不含毒品、淫秽物品、文物等违禁品；且不具有从重情节。 1. 曾因盗窃受过2次以上行政或者刑事处罚（包括免于刑事处罚）的； 2. 缓刑、假释考验期内或者监外执行期间盗窃的； 3. 组织、控制、教唆未成年人盗窃的； 4. 自然灾害、事故、社会安全事件等突发事件期间，在事件发生地盗窃的； 5. 盗窃残疾人、孤寡老人、丧失劳动能力人的财物的； 6. 在医院盗窃病人或者其亲友财物的； 7. 盗窃救灾、抢险、防汛、优抚、扶贫、移民、救济款物的； 8. 因盗窃造成严重后果或者具有其他恶劣情节的。 酌定条件：犯罪作用、地位，获赃情况，是否为对近亲属犯罪，有无法定从宽处罚情节（如未遂）等。	考虑到定罪量刑新旧标准的衔接，故以旧标准规定升格法定刑的的数额巨大标准2万元为限；犯罪对象为毒品等违禁品的，主观恶性较大，也不做不诉；前科劣迹中，行政处罚与刑事处罚往往是数额不同，故不作区别，均以一次为限；侵财类犯罪普遍存在既未遂，为避免标准不同一，作为酌定条件不作硬性规定。
12	诈骗罪（侵犯财产罪）	法理依据：法定最低刑为管制或者单处罚金。 法律依据：司法解释对本罪有可以免除处罚的规定。	共性条件：认罪、悔罪，非累犯。 前提条件：非诈骗集团首要分子；退赃、退赔，被害人谅解。 限制条件：犯罪数额在2.5万元以下（数额巨大标准的25%）。 排除条件：非电信诈骗，且不具有从重情节。 1. 通过发送短信、拨打电话或者利用互联网、广播电视、报刊杂志等发布虚假信息，对不特定多数人实施诈骗的； 2. 诈骗救灾、抢险、防汛、优抚、扶贫、移民、救济、医疗款物的； 3. 以赈灾募捐名义实施诈骗的； 4. 诈骗残疾人、老年人或者丧失劳动能力人的财物的； 5. 造成被害人自杀、精神失常或者其他严重后果的。 酌定条件：犯罪作用、地位，获赃情况，当事人双方是否为对近亲属，有无法定从宽处罚情节（如未遂）等。	电信诈骗涉及面大，社会反映强烈，不宜做相对不诉处理。数额限制统一取数额巨大的25%进行规定。

续表

NO	罪名	相对不起诉依据	相对不起诉条件	说　明
13	抢夺罪（侵犯财产罪）	法理依据：法定最低刑为管制或者单处罚金。 法律依据：司法解释对本罪有可以免除处罚的规定	共性条件：认罪、悔罪，非累犯。 前提条件：普通抢夺（不包括多次抢夺）；退赃、退赔，被害人谅解。 限制条件：犯罪数额在1.5万元以下（数额巨大标准的25%）。 排除条件：未造成他人轻伤以上伤害或者自杀、精神失常等严重后果的，且不具有从重情节。 1. 曾因抢劫、抢夺或者哄抢受过刑事或者行政处罚的； 2. 驾驶机动车、非机动车抢夺的； 3. 组织、控制未成年人抢夺的； 4. 抢夺老年人、未成年人、孕妇、携带婴幼儿的人、残疾人、丧失劳动能力人的财物的； 5. 在医院抢夺病人或者其亲友财物的； 6. 抢夺救灾、抢险、防汛、优抚、扶贫、移民、救济款物的； 7. 自然灾害、事故灾害、社会安全事件等突发事件期间，在事件发生地抢夺的。 酌定条件：犯罪作用、地位，获赃情况，有无法定从宽处罚情节等。	一年内抢夺三次以上本为本罪的从重情节，但因多次抢夺被《刑法修正案（九）》单列为构罪情形，故此项排除条件在前提中进行规定。
14	职务侵占罪（侵犯财产罪）	法理依据：法定最低刑为拘役。 法律依据：比照贪污罪可以相对不诉的规定和实践。	共性条件：认罪、悔罪，非累犯。 前提条件：退赃、被害单位谅解，且具有可以免除处罚的法定情节。 限制条件：犯罪数额在25万元以下（数额巨大标准的25%）。 排除条件：不具有从重情节。 1. 严重影响生产经营、造成严重损失或者影响恶劣的； 2. 多次职务侵占的； 3. 职务侵占的款项用于违法犯罪活动的； 4. 职务侵占的财物属于国家救灾、抢险、防汛、防疫、优抚、扶贫、移民、救济、捐助、社会保险、教育、征地、拆迁等款项和物资以及募捐款物、赃款赃物、罚没款物、暂扣款物的； 5. 属于共同犯罪中情节严重的主犯的。 酌定条件：犯罪动机、手段、后果等。	从重情节系根据我省对常见罪名的量刑指导意见实施细则以及比照贪污罪的相关规定拟制。职务侵占与盗窃等虽同为财产犯罪，但本罪利用职务便利，被害单位对犯罪发生也有一定原因，故数额限制可提高，鉴于新的司法解释规定的数额标准增幅较大，故取数额巨大标准的25%限定。

续表

NO	罪名	相对不起诉依据	相对不起诉条件	说　明
15	挪用资金罪（侵犯财产罪）	法理依据：法定最低刑为拘役。 法律依据：比照挪用公款罪可以相对不诉的规定和实践。	共性条件：认罪、悔罪，非累犯。 前提条件：数额较大、超过三个月未还的，或者数额较大、进行营利活动的；进行非法活动的从严掌握；退赃；具有可以免除处罚的法定情节。 限制条件：超过三个月未还或者进行营利活动的，犯罪数额在100万元以下，且不能退还额在50万元以下；进行非法活动的，数额在50万元以下，且不能退还额在25万元以下。（数额巨大标准、数额较大不退还标准的25%）。 排除条件：不具有从重情节。 1. 严重影响生产经营、造成严重损失或者影响恶劣的； 2. 多次挪用的； 3. 挪用的财物属于国家救灾、抢险、防汛、防疫、优抚、扶贫、移民、救济、捐助、社会保险、教育、征地、拆迁等款项和物资以及募捐款物、赃款赃物、罚没款物、暂扣款物的； 4. 属于共同犯罪中情节严重的主犯的。 酌定条件：犯罪动机、手段、后果等。	从重情节系比照挪用公款罪的相关规定拟制。鉴于新的司法解释规定的数额标准增幅较大，故取数额巨大标准、数额较大不退还标准的25%限定。
16	敲诈勒索罪（侵犯财产罪）	法理依据：法定最低刑为拘役。 法律依据：比照挪用公款罪可以相对不诉的规定和实践。	共性条件：认罪、悔罪，非累犯。 前提条件：普通敲诈（不包括多次敲诈勒索）；退赃、退赔，被害人谅解。 限制条件：犯罪数额在2万元以下（数额巨大标准的25%）。（公安控制下交付的，可放宽至2万元以上4万元以下） 排除条件：非网络敲诈，且不具有从重情节。 1. 曾因敲诈勒索受过刑事或者行政处罚的； 2. 对未成年人、残疾人、老年人或者丧失劳动能力人敲诈勒索的； 3. 以将要实施放火、爆炸等危害公共安全犯罪或者故意杀人、绑架等严重侵犯公民人身权利犯罪相威胁敲诈勒索的； 4. 以黑恶势力名义敲诈勒索的； 5. 利用或者冒充国家机关工作人员、军人、新闻工作者等特殊身份敲诈勒索的； 6. 造成其他严重后果的。 酌定条件：犯罪作用、地位，获赃情况，有无法定从宽处罚情节等。	网络敲诈可能涉及其他犯罪，不宜作相对不诉。

续表

NO	罪名	相对不起诉依据	相对不起诉条件	说　明
17	故意毁坏财物罪（侵犯财产罪）	法理依据：法定最低刑可单处罚金。 法律依据：法律文件对本罪有可以免除处罚的规定。	共性条件：认罪、悔罪，非累犯。 前提条件：当事人双方就民事赔偿达成一致并履行完毕；被害人书面要求或者同意不追究犯罪嫌疑人刑事责任。 限制条件：犯罪数额在5万元以下（数额巨大标准）。（纠集多人公然毁坏财物的，数额在2万元以下） 酌定条件：有无与本罪相关的前科劣迹等。	与本罪相关的前科劣迹是指寻衅滋事等类似违法行为。
18	拒不支付劳动报酬罪（侵犯财产罪）	法理依据：法定最低刑可单处罚金。 法律依据：刑法对本罪有可以免除处罚的规定。	共性条件：认罪、悔罪，非累犯。 前提条件：支付劳动报酬并承担相应赔偿。 排除条件：未造成严重后果或者恶劣社会影响 1. 造成劳动者或者其被赡养人、被扶养人、被抚养人的基本生活受到严重影响、重大疾病无法及时医治或者失学的； 2. 对要求支付劳动报酬的劳动者使用暴力或者进行暴力威胁的； 3. 造成其他严重后果的。 酌定条件：拖欠时间、数额，社会影响等。	欠薪数额为本罪的立案标准，但并非法定刑升格的严重后果之一，故数额作为酌定条件予以掌握，不作硬性规定。
19	聚众斗殴罪（妨害社会管理秩序罪）	法理依据：法定最低刑为管制。 法律依据：司法解释对本罪有可以免除处罚的规定。	共性条件：认罪、悔罪，非累犯。 前提条件：民间纠纷所引起；仅限于不具有组织、策划、指挥作用的积极参加者。 限制条件：直接造成轻（微）伤人数在2人以下，且轻伤1人以下、轻微伤2人以下。 排除条件：不具有从重情节。 1. 造成严重后果（重伤、死亡）； 2. 因涉黑涉恶、护黄护赌护毒等违法犯罪所引起； 3. 多次聚众斗殴的； 4. 聚众斗殴人数多，规模大，社会影响恶劣的； 5. 在公共场所或者交通要道聚众斗殴，造成社会秩序严重混乱的； 6. 持械聚众斗殴的。 酌定条件：所在方人数、本人的地位和作用、社会影响等。	司法解释仅规定积极参加者可以免除处罚，首要分子不得不诉。聚众斗殴出现重伤死亡结果的，犯罪转化，不宜不诉；鉴于聚众斗殴罪对社会公共秩序的管理产生妨害，故后果限制宜在伤害犯罪基础上从严掌握，以造成轻（微）伤总人数以2人为限。并应考虑人数、规模、社会影响等酌定情节。

续表

NO	罪名	相对不起诉依据	相对不起诉条件	说　明
20	寻衅滋事罪（妨害社会管理秩序罪）	法理依据：法定最低刑为管制。 法律依据：司法解释对本罪有可以免除处罚的规定。	共性条件：认罪、悔罪，非累犯。 前提条件：民间纠纷所引起；积极赔偿被害人损失或者取得被害人谅解的。 排除条件：尚未构成其他犯罪，非多人寻衅滋事的纠集者，且不具有从重情节。 1. 造成严重后果（重伤、死亡）； 2. 因涉黑涉恶、护黄护赌护毒等违法犯罪所引起； 3. 多次寻衅滋事的； 4. 引起他人精神失常、自杀等严重后果的； 5. 随意殴打、追逐、拦截、辱骂、恐吓精神病人、残疾人、流浪乞讨人员、老年人、孕妇、未成年人，或者强拿硬要，任意损毁、占用上述人员的财物，造成恶劣社会影响的； 6. 在公共场所随意殴打他人，造成公共场所秩序严重混乱的。 酌定条件：犯罪地位和作用、社会影响等。	本罪有多种构罪情形，若出现重伤死亡，可能与其他犯罪产生竞合，不在本罪不诉讨论范围，本罪升格法定刑未容纳伤害、财产损失数额等情形，仅规定在立案标准中，故本罪不诉不宜就伤害人数、财产损失数额单独设限，宜在排除从重情形后综合把握。
21	掩饰、隐瞒犯罪所得、犯罪所得收益罪（妨害社会管理秩序罪）	法理依据：法定最低刑为管制或者单处罚金。 法律依据：司法解释对本罪有可以免除处罚的规定。	共性条件：认罪、悔罪，非累犯。 前提条件：退赃、退赔，初犯、偶犯。 限制条件：一般财物的犯罪数额在 5 万元以下（情节严重数额标准的 50%）。 排除条件：不具有从重情节。 1. 掩饰、隐瞒机动车 5 辆以上或者价值总额 50 万元以上，或者对计算机犯罪所获取的数据、计算机信息系统控制权的违法所得 5 万元以上； 2. 致使上游犯罪无法及时查处，并造成公私财物损失无法挽回； 3. 妨害司法机关对上游犯罪进行追究； 4. 掩饰、隐瞒的犯罪所得系电力设备、交通设施、广播电视设施、公用电信设施、军事设施或者救灾、抢险、防汛、优抚、扶贫、移民、救济款物。 酌定条件：是否为近亲属掩饰、隐瞒，是否为自用，有无法定从宽处罚情节等。	本罪为妨害司法类犯罪，非侵财犯罪，故不诉标准宜在排除从重情形后，综合判断，不应对财产价值硬性设限。

续表

NO	罪名	相对不起诉依据	相对不起诉条件	说明
22	行贿罪（贪污贿赂罪）	法理依据：法定最低刑为拘役。 法律依据：刑法、法律文件对本罪有可以免除处罚的规定。	共性条件：认罪、悔罪、初犯。 前提条件：全部退赃，行贿是被索贿、或送回扣的形式，又或者是逢年过节出于维持关系的概括目的。 限制条件：个人行贿数额在20万元以下，单位行贿数额在50万元以下。（具有自首、立功、主动交代等法定从宽处罚情节或特殊情况的，可适当放宽） 排除条件：不具有从重情节。 1. 行贿对象在3人以下； 2. 将违法所得用于行贿； 3. 通过行贿谋取职务提拔、调整的； 4. 向负有食药、安全、环保等监管职责的国家工作人员行贿以获取相关不法利益的； 5. 向司法工作人员行贿，影响司法公正的； 6. 造成经济损失数额在50万元以上的。 酌定条件：犯罪动机、手段等。	结合2016年“两高”最新的职务犯罪司法解释有关数额标准和从重情节的规定，考虑到行贿罪与对向犯的受贿之间在处理上的衔接。

绿色司法语境下相对不起诉制度的完善

——以J市近三年相对不起诉案件为样本

黄攀峰*

党的十八届五中全会强调贯彻创新、协调、绿色、开放、共享五大发展理念以实现“十三五”时期发展目标。检察机关作为推进以审判为中心的诉讼制度改革，加强法律监督的主体，也应当将五大发展理念贯彻于检察工作之中。绿色司法，是建立在有限的司法资源和日益增长的司法需求约束条件下，通过规范、理性、文明司法，提升司法质效、减少司法负面产出的新型司法理念，旨在重构检察司法内外的和谐关系，促进法治生态文明健康。① 绿色司法理念最终还是要落实在司法办案中，为此，笔者以相对不起诉制度为切入点，对如何以绿色司法为指引，完善改革机制和举措以提高案件质效进行初步探讨。

一、绿色司法与相对不起诉制度在理论上的融通

（一）绿色司法与相对不起诉制度在目标追求上有一致性

贝卡利亚在其《论犯罪与刑罚》中提到，刑罚的目的既不是要摧残折磨一个感知者，也不是要消除业已犯下的罪行。刑罚的目的仅仅在于：阻止罪犯再重新侵害公民，并规诫其他人不要重蹈覆辙。② 从司法效果看，绿色司法以实现司法动机、方式方法、质量效果的统一，最大限度地减少司法办案的负面产出为最终目标，相对不起诉则有效处理了罪与罚的关系。检察机关根据具体情形作出相对不起诉，终结诉讼程序，就不会给被不起诉人贴上犯罪人的

---

* 浙江省金华市人民检察院。

① 汪瀚：《践行绿色司法 推进浙江检察工作高水平发展》，载《浙江检察》2016年第9期。

② 参见张晓秦、刘玉民编：《法律智慧的火花》，中国民主法制出版社2010年版，第191页。

标签，也不会将没有必要判处刑罚的人送入监管场所，避免了司法系统对个人造成过大的影响。尤其是在基层人民检察院处理的案件中，很多都是外来人口，很多来自农村，犯罪记录不仅会使个人永久性地无法从事某种职业，在我国的政审体制下，凡是家属有受过刑事处罚的，对于其子女的发展也会有很多的影响。相对不起诉的终结效力，有利于行为人重新融入社会开始生活，降低再犯可能性。由此可以看出，绿色司法和相对不起诉制度在修复关系、解决矛盾、实现安定有序解决案件方式上有共同的追求，两者在目标上具有一致性。

（二）绿色司法与相对不起诉制度在价值上有契合性

绿色司法与相对不起诉在价值上的契合性主要体现在对公正的价值追求上。绿色司法以司法公开、司法公正和司法公信力为本质要求。要实现“努力让人们群众在每一起司法案件中都感受到公平正义”，公正是法律本身的价值目标。公正的价值又可以分为实体上公正价值和程序上的公正价值。传统上，基于刑罚论中的报应刑思想，公正的实现意味着加害人的行为受到追究，加害人得到公正的审判，受到应有的惩罚。而相对不起诉是从起诉法定主义向起诉便宜主义的转化，起诉便宜主义不推崇有罪必诉的报应主义刑罚观，而是允许检察官在综合考量刑罚目的，犯罪情节和诉讼成本等基础上，有选择地对部分犯罪予以起诉，实现罚当其罪。

（三）绿色司法与相对不起诉在刑事政策上的会通

绿色司法与相对不起诉都有着宽严相济刑事政策的理论支撑。绿色司法要求准确把握宽严尺度，健全完善检察环节认罪认罚从宽处理制度，发挥不起诉、促成刑事和解等作用，在公平正义与司法效率之间寻求最大公约数，修复社会关系，促进社会和谐。相对不起诉则要求正确处理宽与严的关系，在司法实践中坚持宽严相济、宽严有度，对于主观恶性不大、情节轻微、或者未成年人、老年人犯罪可以依法从宽处理作出相对不起诉处理，这些都是宽严相济刑事政策的体现。

二、J 市近三年相对不起诉的现实检视

J 市下辖 9 个基层院，2013 年至 2015 年 J 市检察机关公诉部门共作出不起诉决定 3286 人，其中相对不起诉 2298 人，占总不起诉人数的 69.9%。2013 年相对不起诉 677 人，2014 年相对不起诉 679 人，2015 年相对不起诉 942 人，呈逐年上升趋势，2015 年上升幅度较大，上升 38.7%。综观 J 市近三年相对不起诉案件，主要呈现以下几个特征：

（一）相对不起诉人数地区发展不均衡

基层院相对不起诉数差异跟案件受理数相关，C区、B区、D区、A区案件受理数居全市前四位，相对不起诉人数占全市相对不起诉人数的79.2%。案件受理数与相对不起诉人数的比例分别是A区10.2%、B区9.4%、D区6.4%、C区4.8%。E区受理数相对较少，相对不起诉比例为11.2%，相对较高；G区受理数相对较多，相对不起诉比例为3.7%，相对较低。

（二）相对不起诉趋势有升有降

A区、B区、D区呈上升趋势，其中D区2015年相对不起诉235人，为全市最高，增长幅度最大，比2013年、2014年分别增长235%、285%。C区、G区呈下降趋势，C区比2013年下降19.7%，G区比2013年下降34%，E区、F区、H区、I区基本持平。

（三）相对不起诉罪名主要集中于四个罪名

2013年至2015年相对不起诉案件涉及93个罪名，但主要罪名比较集中。相对不起诉人数最多的四个罪名占57.2%，其中危险驾驶罪最多，有406人，占全市相对不起诉人数17.7%；故意伤害罪317人，占13.8%；盗窃罪309人，占13.4%；交通肇事罪282人，占12.3%。

（四）危险驾驶罪相对不起诉人数增加明显

2015年相对不起诉数量与2014年相比增长较快，主要增幅来源于危险驾驶案件。2014年危险驾驶罪相对不起诉人数66人，2015年危险驾驶罪相对不起诉人数318人，该类案件2015年相对不起诉人数比2014年增长了381%。其中D区2014年对危险驾驶罪作出相对不起诉为零，而在2015年危险驾驶罪作出相对不起诉139人。A区2015年危险驾驶罪作相对不起诉47人，增长15倍。

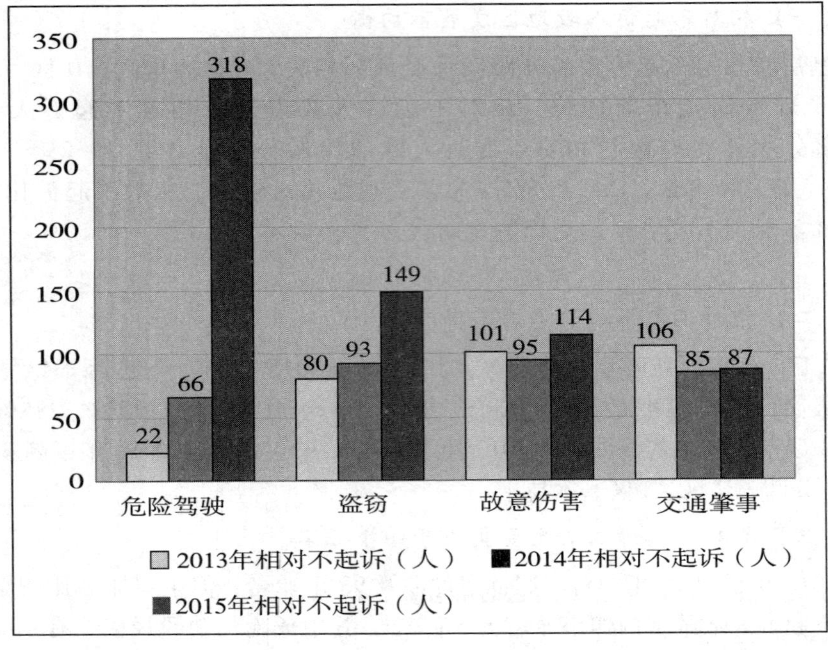

三、相对不起诉案件的原因

（一）基于犯罪情节轻微而作相对不起诉

《刑事诉讼法》第173条第2款规定，对于犯罪情节轻微，依照刑法规定不需要判处刑罚或者免除刑罚的，人民检察院可以作出不起诉决定。实践中主要基于以下几个角度考量：一是适用相对不起诉需要案件事实清楚、证据确实充分，可能判处三年以下有期徒刑的。二是具有从轻或减轻量刑情节的。一方面是具有法定量刑情节的，如自首、立功、坦白、从犯等情节；另一方面是具有酌情量刑情节的，如具有主观方面恶性较小、过失、受骗、被胁迫等情节；平常表现较好，属初犯、偶犯；犯罪后具有认罪、悔罪表现，主动退赃，不具有重新危害社会或者串供、毁证、妨碍作证等妨害诉讼进行的可能。近三年基于犯罪情节轻微而作相对不起诉的有1663人，占全部相对不起诉人数的72.4%。

（二）基于刑事和解而作相对不起诉

《刑事诉讼法》第277—279条规定了刑事和解案件的诉讼程序。实践中，因刑事和解作相对不起诉的案件主要集中在交通肇事、故意伤害等刑事案件中。交通肇事、故意伤害案件中，通过刑事和解，被害方的民事赔偿请求权得到实现，被害方的情绪得到释放，从而最大限度地化解社会矛盾，维护了社会关系稳定。近三年基于刑事和解而作相对不起诉的458人，占全部相对不起诉人数的19.9%。

（三）基于帮教、挽救需要而作相对不起诉

在侵财型案件中数额超过定罪标准不大或在共同犯罪案件中作用不大的未成年人、在校学生，多为初犯、偶犯，如果追究其刑事责任交法院判决，不仅会影响其学业，还可能导致交叉感染；即使法院最终判处缓刑，对其未来的学业、就业等，都将造成不利影响。对这类案件，结合未成年人的一贯表现、犯罪时的作用、身心特点等进行判断，对其作相对不起诉更有利于挽救教育，能有效地帮助其回归社会。近三年基于帮教、挽救未成年、在校学生需要而作相对不起诉198人，占全部相对不起诉人数的8.6%。

（四）基于司法解释和规范性文件的规定而作相对不起诉

“两高”的司法解释和我省的一些规范性文件中规定了可适用相对不起诉情形。比如，危险驾驶罪，根据2014年省高级人民法院刑事审判第三庭《关于“醉驾”犯罪审判中若干问题的解答》的意见，醉酒驾驶超标两轮电动车，已经构成危险驾驶罪，酒精含量在200mg/100ml以下，对其中犯罪情节轻微不需要判处刑罚的，可以免予刑事处罚。对于醉酒驾驶两轮摩托车构成危险驾驶罪，没有发生致他人轻伤以上事故且对事故负有责任，酒精含量在200mg/100ml以下，对其中犯罪情节轻微不需要判处刑罚的，可以免予刑事处罚。对醉酒驾驶汽车，酒精含量在110mg/100ml以下，无从重情节且认罪的可免予刑事处罚。公诉部门对可以免予刑事处罚的情况一般作相对不起诉处理。近三年基于特殊规定而作相对不起诉406人，占全部相对不起诉人数的17.7%。

四、相对不起诉案件存在的问题

（一）相对不起诉的适用标准把握不一

一方面，在同一检察院，存在相同罪名，相同数额、相似情节不同处理的情形。如盗窃罪、诈骗罪、故意毁坏财物罪等，对数额相同的案件，存在起诉和不起诉两种情形。又如在共同犯罪案件中，存在作用相同、情节相同，同案不同诉的情形。另一方面，各基层院对相对不起诉标准把握不同。如在危险驾驶罪的相对不起诉标准上，D区规定醉酒驾驶二轮电动车、摩托车，酒精含量在200mg/ml以内，无其他情形的作相对不起诉；A区规定醉酒驾驶三轮摩托车在140mg/ml，二轮摩托车在160mg/ml以下，两轮电动车在180mg/ml以下，符合相关条件的可作相对不起诉。

（二）相对不起诉案件办理流程烦琐

在办理轻微刑事案件时，相对不起诉案件办理流程相比于一般起诉案件更加烦琐，需要承办人进行案件的风险评估、刑事和解、说理答疑、化解矛盾纠纷、社会调查等多项工作，还需要科室集体讨论、检委会讨论等环节，花费的时间和精力较起诉的案件更多更大。

（三）相对不起诉报备不及时

按照J市人民检察院相关规定，不起诉案件需要报市院备案审查。但部分基层院存在报备不起诉案件不及时的问题，有些院报备材料报送时已作出相对不起诉决定，导致市院对全市相对不起诉的情况掌握滞后。

（四）相对不起诉后期跟踪监督欠缺

相对不起诉案件作出决定后，对被不起诉人需要主管机关给予行政处罚、行政处分的，人民检察院应当提出检察意见，移送有关主管机关处理。有关主管机关应当将处理结果及时通知人民检察院。据此，如果被不起诉人违反了行政、治安等法律，检察机关可以根据案情提出意见，建议相关机关对被不起诉人进行处罚，但具体执行中发现各基层院建议处罚的不多。

五、相对不起诉机制在绿色司法理念引领下的路径选择

（一）谦抑司法以制度促规范

推进绿色司法方式，需要注重谦抑司法。要求把检察办案放在社会治理的大背景，坚持司法理性，体现司法的克制性、妥协性和宽容性，为司法介入社会关系修复留出足够的自治空间。① 通过制定规范指导意见，推进精细化司法，加大对相对不起诉案件统一规范。一方面，就相对不起诉有共性标准的情节规定一般适用标准。明确对于犯罪情节轻微，依照刑法规定不需要判处刑罚或者免除刑罚的，可以作出相对不起诉处理。如未成年犯罪嫌疑人、老年犯罪嫌疑人，主观恶性较小、社会危害不大的；因亲友、邻里及同学、同事之间纠纷引发的轻微犯罪中的犯罪嫌疑人，认罪悔过、赔礼道歉、积极赔偿损失并得到被害人谅解或者双方达成和解并切实履行，社会危害性不大的；初次实施轻微犯罪的犯罪嫌疑人，主观恶性较小的；因生活无着偶然实施盗窃等轻微犯罪的犯罪嫌疑人，人身危险性不大的；群体性事件引发的刑事犯罪中的犯罪嫌疑人，属于一般参与者的。另一方面，对于需要特殊标准的情节，如侵财案件数

① 汪瀚：《践行绿色司法 推进浙江检察工作高水平发展》，载《浙江检察》2016 年第 9 期。

额标准的规定，建议各基层院根据本地区经济社会发展状况，并考虑社会治安状况，在法定数额幅度内，确定本地区执行的具体数额标准，同时报市院公诉部门备案。

（二）优化司法资源简化程序提效率

一是明确简化程序案件范围。各基层院可明确检察长（或分管检察长）直接决定作相对不起诉决定案件范围，如危险驾驶犯罪、达成刑事和解的交通肇事犯罪、故意伤害犯罪以及未成年人实施的盗窃犯罪案件等。二是简化审批程序，对犯罪情节轻微，依法不需要判处刑罚或者免除刑罚的部分刑事案件，在事实清楚，证据确实充分，法律适用明确，社会危险性较小以及不存在刑事诉讼风险的情况下，由案件承办人提出相对不起诉的审查意见，经科室集体讨论，公诉部门负责人审核后，可以由检察长（分管检察长）直接作出不起诉决定，不再提交检委会审议决定。

（三）强化内外监督促公正

强化内部监督制约，各基层院要加强对本院相对不起诉案件的定期分析研究，由检察委员会专职委员加强对本院作出的相对不起诉处理案件进行评查，及时提出评查意见。评查可以采取个案复查、抽查、类案专项评查、突出问题专项评查等多种方式。强化外部监督制约，建立不起诉案件公开审查机制。对存在较大争议或在当地有较大社会影响的拟作相对不起诉案件，实行公开审查，增强司法透明度，通过召集侦查人员、犯罪嫌疑人及其辩护人、被害人及其法定代理人等进行公开审查，必要时可邀请人大代表、政协委员、人民监督员、有关专家参加，充分听取各方意见，以公开促公正，确保不起诉权在阳光下行使。

（四）延伸检察职能促善治

一是需要对被不起诉人给予行政处罚、行政处分的相对不起诉案件，虽已作出终止诉讼程序的决定，但仍具有一定社会危害性。对于这些案件公诉部门应当加大检察建议的力度，连同不起诉决定书一并移送有关主管机关，并要求有关主管机关及时通报处理情况。二是创新善治工作措施，加大后续监督管理力度，力求从根本上对被不起诉人达到司法矫正的目的。如 G 区对于危险驾驶作相对不起诉的案件，要求被不起诉人自愿做道路交通劝导，到孤儿院、敬老院以及参与五水共治等义工满 50 小时。

以绿色司法理念引领基层民行检察工作探析

李林凡*

一、绿色司法理念三维度解读

进入全面建成小康社会的攻坚时期，五大发展理念被贯穿于社会发展的方方面面。2016年全国“两会”上，汪瀚检察长首次提出绿色司法的理念，将绿色发展理念寓于检察工作之中，为检察工作的发展指明了新的方向。

绿色司法的基本内容，就是以“理性、平和、文明、规范”为指导，做到实体公正、程序公正、形象公正。公平正义是司法所追求的终极目标，绿色司法所追求的“三个公正”，正是执法动机、方式方法和质量效果的有机统一。

对绿色司法的理解，重点在“绿色”二字。绿色，是植物的颜色，代表着自然和朝气。将司法赋予绿色的底色，代表着司法的健康和活力。正如植物通过光合作用，吸收二氧化碳，释放氧气，是一种完美的良性循环机制，而绿色司法的本质亦如此。绿色司法，就是通过健康、和谐、可持续发展的司法机制，实现执法动机、方式方法和质量效果的有机统一，从而达到社会公平正义所追求的“三个公正”，形成司法领域的良性循环。因此，绿色司法理念，应当从以下三个维度进行解读。

（一）自身维度

绿色司法作为一种司法理念，从司法自身角度来说首先应当是健康的。因为要实现司法所追求的公平正义，司法活动必须是健康的。因此，健康是绿色司法的第一要义。健康的司法，即理性、平和、文明、规范的司法。理性，以客观为依据，在司法而言就是严格以事实为依据，以法律为准绳，公正办案；平和，以素养为依托，检察人员的文化素养要求无论是对待原告、被告、犯罪嫌疑人或是被害人，都应当一视同仁，不以自身喜好为据，持身中正；文明，

---

* 浙江省温州市瓯海区人民检察院。

以道德为底线，在法治中国的进程当中，司法活动方式方法道德与否，越来越影响群众对公平正义的感受；规范，以法律为标尺，司法活动必须严谨，任何小的失误都可能影响司法公信力，只有严格依据法律规定的方式方法、程序要求、文书格式等来进行，才能确保司法活动的权威性。健康是绿色司法最鲜明的特点，理性追求的是实体公正，平和、文明追求的是形象公正，规范追求的是程序公正，健康的司法才能实现“三个公正”的统一。

（二）环境维度

司法活动是一个系统的工程，在这个过程当中，包含多对关系，检察机关与个人、检察机关与群众、检察机关与有关单位等，这些所有的关系构成司法活动的外部环境。只有当这些外部环境良好运行时，司法活动才能顺利实现对公平正义的追求。因此，和谐是绿色司法的第二要义。检察机关与个人，要做到依法起诉、不起诉或依法抗诉、不抗诉，有理有据，不偏不倚；检察机关与群众，既要打击犯罪，服务大局，服务群众，又要普法宣传，依靠群众，及时发现问题解决问题；检察机关与有关单位，既要依法履行监督职责，又要相互配合，促进社会善治进程。和谐的司法环境，是司法效果、社会效果和政治效果的有机统一。

（三）发展维度

绿色发展，是着眼长远、可持续的发展。司法活动亦如此，司法并非只是针对某一个或某一类案件，而应当着眼于社会发展稳定的大局，形成司法活动的良性循环。因此，可持续是绿色司法的第三要义。司法活动要实现可持续发展，就应当实现数量与质量并重，效率与效果统一。在案多人少的背景下，如果一味追求办案数量，忽视办案质量，则冤假错案将不是偶然；如果一味追求办案效率，忽视办案效果，则案件的副作用终将显现。绿色司法，旨在将毒副作用降到最低，通过实现数量与质量并重，效率与效果统一，最大可能地实现无公害的司法，实现司法的可持续发展。

二、当前基层民行检察工作现状分析

自修改后民事诉讼法、行政诉讼法实施后，民事行政检察职能大大拓宽，基层民行检察工作呈现出新的特点。

第一，案多人少的矛盾逐步显现。修改后民事诉讼法、行政诉讼法实施前，民事行政检察工作的内容主要就是民事行政的抗诉案件，业务单一且数量不多，因此基层民行检察部门人员配置一般只有 2 ~ 3 人，甚至有些地方还有 1 人科室。随着民行检察工作职能范围的增加，案件范围大大拓宽，除了常规的民事行政抗诉案件外，还增加了虚假诉讼监督、民事执行监督、行政执法监督、审判活动监督，公益诉讼全面铺排开来以后，还要承担起公益诉讼的使命，但是基层民行检察部门人员的配置却基本维持不变，案多人少的矛盾逐步显现。

第二，办案能力有待进一步提高。从单一的民事行政抗诉案件，到现在虚假诉讼监督、民事执行监督、行政执法监督、审判活动监督，再到以后的公益诉讼，民行检察工作的内容发生了翻天覆地的变化，对民行检察干警知识储备和办案技能也提出了更高的要求。同时，近年来，民行检察工作中新型案件不断出现，行民交叉案件、民刑交叉案件等不断增多，民行检察干警的办案能力需要不断提升。

第三，社会关系的处理更加多样化。民事行政检察的抗诉工作只是针对法院开展，外部关系的处理单一，只要处理好和当事人、法院的关系即可。而现在，对法院的监督内容增加了民事执行监督，监督范围更宽，同时，虚假诉讼监督、行政执法监督不仅涉及法院，还涉及公安机关以及辖区内所有的行政机关。尤其现在行政执法监督的局面才初步打开，还有部分行政机关对检察机关的监督不太理解。基层民行检察部门同社会的关系更加多样化，与当事人、法院、行政机关等外部关系的处理需更加谨慎。

三、民行检察工作践行绿色司法的路径探寻

从民行检察工作现状来看，新时期民行检察工作挑战与机遇并存。当前，如何及时调整思路，以绿色司法为指引，多措并举践行绿色司法，是摆在民行检察工作面前的重要课题。我们认为，民行检察工作应从以下路径着手，践行绿色司法。

（一）健康司法，实现过程与结果的统一

司法所追求的公正不只是结果的公正，同时也应当是过程的公正。只有理性、平和、文明、规范的司法过程，才能带来实体、程序、形象三者统一的公正。相比公诉等工作单纯针对犯罪事实运用法律而言，民行检察工作作为专门针对民事行政活动的监督工作，是监督法律运用是否恰当的司法活动，直接体现出检察机关作为法律监督机关的本质属性，更应当努力实现案件办理过程公正与结果公正的统一，维护司法权威。

1. 严格规范办案。按照规定办理案件是科学办案的前提。受案范围、方式方法、办案程序等都应遵循修改后民事诉讼法、行政诉讼法、《人民检察院民事诉讼监督规则（试行）》等最新相关法律的规定，不得随意更改。尤其是行使调查核实权时，调查核实有关案件情况必须严格执行审批流程，履行权利

义务告知，询问相关人员必须二人共同进行，不得采取限制人身、查封等法律禁止的方式，严格保障当事人权利，实现过程的公正。

2. 增强办案能力。要实现每一个案件的公平正义，必须做到查明案件真相、分清是非、正确运用法律三者的有机结合，而这就取决于一个检察官的办案能力。民行检察涉及的范围更为广泛，如行民交叉案件，同时涉及民事和行政的法律，抗诉案件更是涉及民商事法律的方方面面。要实现民行案件结果的公正，检察干警必须修炼好“内功”，不断增强办案能力。要不断学习，更新和加深自己的法律理论知识，及时更新和完善法律知识体系，并在工作中实践中锻炼自身法律技能，将理论知识在实践中升华，转化为业务能力，解决实际问题。同时，要积极学习如经济、科技等其他领域知识，拓宽知识面，提升应对新型案件的能力。如虚假诉讼的办理中，银行账的查询就是首要工作，具备相应的金融知识，案件办理才会事半功倍。

（二）和谐司法，实现监督与协作的统一

比起检察机关的其他职能，民行检察工作面对的关系更为多样化。虚假诉讼中与当事人、民事执法监督中与法院、行政执法监督中与行政机关等，实现各种关系中与对方的监督和协作，营造和谐的司法氛围，才能共同推进社会的综合治理，实现司法服务大局的责任。

1. 与有关单位，要加强监督和合作。一方面，依法监督。民行检察部门要严格履行监督职责，对虚假诉讼、生效判决、执行活动、行政执法要依法开展监督工作，不能因为怕得罪有关人员或碍于情面而不予监督。民行检察部门可以通过走访有关单位、召开座谈会等形式加强与有关单位的沟通交流，监督过程有法有据，并做好解释说明工作，争取有关单位的理解和支持。另一方面，携手合作。监督只是手段，最终的目的是维护法律的权威，促进社会的和谐稳定。而社会的和谐稳定是检察机关、法院、行政机关共同的责任。因此，民行检察工作应当与有关单位携手合作，共同推进社会和谐稳定。比如，与法院、公安共同防控打击虚假诉讼，维护司法秩序；督促行政机关依法执法，提出检察建议完善执法工作，共同推进社会综合治理。

2. 与群众，要加强宣传和引导。群众申请监督既是民行检察案件的重要来源，又是民行虚假诉讼监督的对象。要加强民行检察工作的宣传，让广大群众了解民行检察的工作职能。一方面，让更多的群众参与进来，发挥群众主人翁意识，积极检举控告虚假诉讼、行政违法等违法行为，配合民行检察工作开展法律监督；另一方面，通过虚假诉讼涉及犯罪的典型案例的宣传，发挥警示教育作用，从源头减少虚假诉讼案件的发生。

（三）可持续司法，实现数量与质量的统一

基层民行案件数量急剧上升，人均办案量不断上涨，在保障完成案件任务的同时，更要兼顾案件质量。要提升办案效率，解决案多人少的矛盾，保障案件的顺利完成；要严把质量关，每一个案件都一丝不苟，确保案件效果。

1. 提高工作效率。当前民行检察工作中，虚假诉讼的查办费时最多，尤其是当事人之间银行账面的查询工作，不但要往来于各大银行之间，而且银行账目明细等待耗时长久，纸质银行流水明细审查工作量大。因此，建议为民行检察配置电子银行查询系统，通过电子版银行明细审查，运用相关软件技术，能够快速锁定涉案的账目内容，再前往银行打印锁定的银行账目，可以极大地减少工作量，提升办案效率。

2. 确保案件质量。一是通过民行科室会议的形式，对疑难复杂案件进行科室集体讨论，集思广益，对案件的处理得出最佳的结论；二是通过设立民行专家咨询委员会，借助知名律师团队，提供更多更全面的法律咨询，确保案件结果的公正性；三是定期对案件开展质量评查，对案件办理的程序、文书、结果等进行自查自纠，不断提升案件质量。

四、结语

2016年是全国民行检察工作推进年，民行检察工作肩负着民事和行政两方面的法律监督职责，可谓任重而道远。绿色司法理念的提出，为基层民行检察工作提供了新的方向和思路，在推进依法治国的进程中，民行检察工作必须牢牢以绿色司法理念为导向，从健康、和谐、可持续三个维度着手开展工作，结合民行工作特点，多措并举践行绿色司法，促进民行检察工作蓬勃发展，维护社会公平正义，服务社会发展大局。

绿色司法语境下教育感化挽救涉罪未成年人的若干思考

王晓青[*]

2016年3月的全国“两会”上，汪瀚检察长首次提出了绿色司法的概念，随后在8月召开的第十六次全省检察工作会议上，浙江省人民检察院要求全省检察机关树立绿色司法理念。经过半年多的实践，绿色司法理念逐渐深入民心，获得法学界、人大代表、政协委员等的普遍点赞。

绿色司法理念是现代司法积极回应生态文明的具体体现，其本质是遵循司法工作内在规律，融入经济社会发展的外部环境，推行绿色司法办案方式，最大限度减少司法负面“产出”，进而推动社会善治、构建文明健康的法治生态。教育感化挽救涉罪未成年人，是未成年人检察工作的重要内容，其原动力是让罪错少年远离报应性刑事司法体系，① 是绿色司法的试验田。

一、绿色司法与教育感化挽救涉罪未成年人本质上高度契合

绿色，代表萌芽，孕育希望，走向可持续发展。未成年人，是初升的太阳，是民族的希望，是社会持续发展的主体资源。绿色司法与未成年人司法在本质上存在高度契合性。

（一）理念上都强调保护性司法

绿色司法是绿色发展理念在司法中的体现，强调的是对社会和谐关系、社会可持续发展的司法保护；强调在执法办案中更加注重尊重和保障人权，特别是要保障犯罪嫌疑人、被告人的合法权益，防止以牺牲保护为代价打击犯罪的倾向。教育感化挽救涉罪未成年人，则是遵循儿童利益最大化规律，体现了对未成年人予以特殊保护、优先保护的价值取向。未成年人司法理念，不以实现

---

* 浙江省人民检察院。

① 狄小华：《明辨少年检察之经纬》，载《检察日报》2016年2月4日。

惩罚为首要目的，而以保护未成年人权益、预防再犯、帮教未成年人为出发点和落脚点，以帮助困境未成年人重回正常轨道、全方位保护未成年人合法权益为最终目标。教育感化挽救涉罪未成年人，主张坚持的特殊保护、全面保护的保护性司法理念，强调对未成年人以宽缓的处遇代替严刑峻罚，以柔性的办案方式、特殊的司法程序代替刚性的诉讼模式，体现司法理性、宽容与克制，在司法保护的同时，向未成年人犯罪预防、法治宣传等综合保护延伸，以开放的姿态，积极调动社会各方力量携手参与保护，与绿色司法理念高度契合。

（二）目的都是实现社会善治

社会存续和发展依赖于规范有序的社会秩序，刑事司法治理机制是基于惩治犯罪这一严重破坏社会秩序行为的需要而出现的，其目的就是为了有效地惩治犯罪，把犯罪控制在社会能够容忍的限度内，维护社会秩序的稳定，保障社会的可持续发展。① 绿色司法是在生态文明理念的指导下，实现生态化司法观念的转变，并通过对司法制度的创新和司法行为的引导，充分发挥出司法对生态文明建设之独特功能的现代司法。② 绿色司法旨在构建检察司法内外和谐关系，促进法治生态文明健康。绿色司法要求司法行为要最大限度满足社会综合治理目标，打造法治环境的青山绿水，实现社会善治。

面对涉罪未成年人，摒弃一味打击犯罪的理念，实行教育感化挽救方针，坚持教育为主、惩罚为辅的原则，坚持少捕慎诉少监禁，帮教、挽救涉罪未成年人，使他们重新回归社会，保障未成年人健康成长。教育感化挽救未成年人，立足于办案又不限于办案，通过办一个案子，挽救一个未成年人，拯救一个家庭，和谐一段社会关系，是实现社会善治的重要内容。

（三）司法方式均体现柔性理念

当前社会矛盾凸显，新问题层出不穷，必须创新方式进行社会治理。对于社会治理，习近平总书记指出，要“准确把握社会心态和群众情绪，充分考虑执法对象的切身感受，规范执法言行，推行人性化执法，柔性执法，阳光执法”。绿色司法正是在社会治理理念创新发展的新形势下，运用法治方式进行社会治理的创新理念，要求转变传统的司法工作方式，以规范理性文明的司法手段，遵循司法规律，转变办案方式方法，体现柔性司法方式。

教育感化挽救涉罪未成年人，教育是手段，感化是效果、挽救是目标，三

① 冯军：《刑事司法的目的及其实现路径》，载《河北法学》2016 年第 10 期。

② 黄锡生、谢玲：《绿色司法现代司法文明的生态化回应》，载《中国社会科学报》2014 年 2 月 26 日。

者之间相互协调，相互促进，致力于对未成年人权益的有效保护。对未成年人的教育，主要是一种感化式的教育，而不是强制性的改造，目的在于“治病救人”，而非纯粹性的制裁。① 修改后的刑事诉讼法和高检院的政策性文件，通过设置一系列有别于成人司法的制度来体现教育感化挽救的方针。以合适成年人制度保障诉讼中未成年人的合法权益，以亲情会见制度促进涉罪未成年人转变，以犯罪记录封存制度去标签化等。不仅是对未成年人传递人文关怀，而且是检察机关柔性司法、向社会传递司法温暖的方式。

二、绿色司法语境下的教育感化挽救涉罪未成年人

将教育感化挽救涉罪未成年人置于绿色司法语境下，通过谦抑理性，突出办案重点，改进办案方式方法，执行宽严相济政策，注重延伸服务，是当前未检工作的重点，也是教育感化挽救取得实效的保证。

（一）谦抑性司法角度

法治的核心要义是良法善治，运用法治思维和法治方式推动和实现绿色发展，其具体路径也必须要遵循良法善治的法治内涵。绿色司法是谦抑性司法，通过坚持司法理性体现司法的克制性、妥协性和宽容性。② 刑法谦抑性理论，学界普遍认为最早是日本学者平野龙一提出的，他认为，“即使行为侵害或威胁了他人的生活利益，也不是必须直接动用刑法，可能的话，采用其他社会统治的手段才是理想的。可以说，只有其他社会统治手段不充分时，或者其他社会统治手段（如私刑）过于强烈，有代之以刑罚的必要时，才可以动用刑法，这叫刑法的补充性或谦抑性”③。未成年人的心理有易感性和易变性的特点，要做到最大限度教育感化挽救涉罪未成年人，必须要穷尽一切手段之后才动用刑罚手段，尤其是对初犯偶犯，以此避免刑罚和羁押对之造成的交叉感染和标签作用，体现刑法的谦抑性原则。

针对当前未成年人犯罪的特点，对于常见罪名提高入罪门槛，是体现谦抑性的直接有效的做法，其中最迫切的是盗窃罪。我省未成年人案件中盗窃案审查逮捕、审查起诉人数近三年均占5成左右，审查后轻缓处置程度非常之高，不捕率均为50%左右，不诉和附条件不起诉率由2014年的50%上升到2016

---

① 张建升主持讨论“未成年人检察工作深化发展的路径选择”中宋英辉观点，载《人民检察》2011年第23期。

② 陈晓景：《绿色发展的法治路径》，载《知与行》2016年第5期。

③ 转引自杨燮蛟：《在人性观视野下对刑法谦抑性的诠释》，载《政法论坛》2010年第3期。

年的65.36%。针对这种情况，归纳总结未成年人盗窃案件现状及问题，梳理分析构罪标准体系建构原则，探索构罪要素的完善，对未成年人盗窃不宜以盗窃罪认定的情形、可以认定为犯罪但应减轻或免除处罚的情形等进行研究，有必要提出未成年人盗窃犯罪案件构罪标准立法建议。同时为未成年人犯罪其他常见罪名提供参考，破解当前对涉罪未成年人逮捕、起诉和判处监禁刑比例高的司法难题，构建有别于成年人的未成年人独立构罪标准体系，制定更科学、更有效、更有利于落实对涉罪未成年人教育感化挽救的指导性文件。

（二）突出办案重点角度

绿色司法要求围绕新情况，将有限的司法资源投入到打击严重犯罪、维护社会稳定中去，落实到未检办案中，就是要集中资源对重点人员进行教育感化挽救。我省2016年全年办理未成年人审查逮捕和审查起诉案件5110件6849人，人数上比2015年的7799人降低了12.18%，比2014年的10142人降低了32.47%。这是通过我省这几年实行分案办理、突出办案重点的结果。未检工作“功夫在案外”，实际的工作量远非一个办案数能简单概括。如果毫不区分地每案完全按相同的步骤办理，不仅不能做到有的放矢，而且办案效果未必好。坚持特殊保护，要集中资源对重点人员进行教育感化挽救，才是绿色司法。

对涉罪人员进行区分，划出可帮教、值得帮教的重点人员，突出办案重点就显得尤为重要。判断重点人员的行之有效的方法是引入人格甄别手段，通过进行社会调查、引入专业团队对涉罪未成年人进行心理测评，区分不同涉罪未成年人的不同心理状态，了解涉罪未成年人的人身危险性和可教育程度，实现个别化处遇措施。对于符合青春发育期的一般心理问题和严重心理问题造成犯罪，完全可以通过心理疏导、心理治疗来矫正的，结合案情制定个性化的帮教方案，进行教育感化挽救。

（三）改进办案方式角度

绿色司法讲究办案策略与方法，慎重选择办案时机和方式，充分考虑办案可能带来的各种影响，防止和克服依靠强制和粗暴手段树立司法权威的习惯做法以及简单化、机械化办案倾向。未成年人保护性司法，蕴含于对未成年人的柔性司法和温情观护中。推行圆桌审讯、心理疏导、亲情会见、合适成年人制度、犯罪记录封存等体现司法柔性和人文关怀的机制制度，营造温馨宽容的诉讼环境，让未成年人感受到法律的尊严和权威，体会到司法的人文情怀，向社会传递司法温暖。

浙江省人民检察院推行以合适成年人制度为依托的“代理家长帮帮团”

项目，作为全省检察机关办理未成年人刑事案件最大限度教育感化挽救涉罪未成年人的重点工作，为涉罪未成年人提供合适的能与之交流沟通、保护其诉讼权利的成年人，体现国家亲权理念。2015 年 1 月至 2016 年上半年，全省检察机关邀请“代理家长”到场参与涉罪未成年人教育感化挽救等诉讼活动达 8275 人次，“代理家长”参与未成年人案件诉讼率达到 98.66%，项目取得了良好的效果，列入浙江省未成年人思想道德建设十件实事之一，正是柔性司法的体现。

改进办案方式的另一重要体现是对涉罪未成年人设置专门的办案场所。办案场所的温馨设置、与未成年人身心特征相符合的特点，为教育感化挽救涉罪未成年人提供合适环境，是未检柔性司法的场所特征。按照高检院的部署，抓住改革契机，高标准建设适合未成年人身心特点和办案需要的专门谈话室、心理咨询室，与其他办案区域相对独立，区分谈话室与心理咨询室，既体现办案过程的严肃性和规范性，又体现对未成年人的人文关怀和特殊保护。

（四）宽严相济角度

绿色司法要求健全完善检察环节认罪认罚从宽处理制度，发挥不批捕、不起诉、促成刑事和解、变更强制措施等作用修复社会关系，促进社会和谐。转化到未检工作角度，坚持特殊保护，不是司法纵容，也不是否定和排斥对未成年人严重行为的刑事处罚，要坚持宽容不纵容、关爱又严管。

一方面，该宽则宽。对涉罪未成年人的教育感化挽救，要求能不捕的尽量不捕、能不诉的尽量不诉。认罪认罚从宽处理制度在未检工作中最有特色的体现是附条件不起诉制度的实施。省人民检察院未检处成立以来，全省涉罪未成年人的不捕不诉和附条件不起诉工作取得了明显的发展，近三年不捕率、不诉率、附条件不起诉率逐年上升且上升幅度较大。但是也要看到目前轻缓刑数量仍然很大，2016 年全省共收到未成年人刑事案件判决书 2615 人，判处拘役、管制、免予刑事处罚、缓刑的有 1361 人，占 52.05%，从宽处理仍有很大的空间，需要继续推进附条件不起诉、相对不起诉等工作，大力开展教育感化挽救。另一方面，该严则严。对于实施严重暴力犯罪的未成年人，在实行人格甄别的基础上，在无法简单挽救的情况下，必须坚决依法惩处。2016 年 5 月，针对校园欺凌多发、严重损害被害人身心健康的情况，国务院印发了《关于开展校园欺凌专项治理的通知》，要求各地各中小学校针对发生在学生之间，蓄意或恶意通过肢体、语言及网络等手段，实施欺负、侮辱造成伤害的校园欺凌进行专项治理。这是近年来我国首次从国家层面对校园欺凌进行专项整治。高检院要求各级检察机关要贯彻宽严相济刑事政策，对性质和情节恶劣、手段残忍、后果严重的，必须坚决依法惩处。

（五）延伸服务角度

绿色司法要求寓服务于办案，做好司法保护、犯罪预防、释法说理、法治宣讲等服务，切实服务社会治理。对未成年人的教育感化挽救，特别注重前延后伸工作。前延，旨在预防。“惩治于既然”和“防范于未然”相辅相成，是有效遏制未成年人犯罪的两个方面。强化未成年人犯罪预防，有利于推动解决背后的社会问题。通过建立预防未成年人犯罪宣传课程，开展法治进校园活动，向家长发放法治宣传资料等方式，普及法律常识，加强警示教育，形成个人、家庭和社会全方位的犯罪预防网络，有效降低犯罪率。后伸，指的是案结事不了。对于作出不批捕、不起诉决定的未成年人，在程序角度案件办结的情况下，并不停止对未成年人的教育挽救，积极引入社会专业力量开展心理疏导、思想教育、行为矫治，真正做到“办一个案子，挽救一个人”。

三、教育感化挽救涉罪未成年人践行绿色司法应坚持的几个问题

（一）坚持专业化

以绿色司法理念教育感化挽救涉罪未成年人，必须坚持走专业化道路。未成年人检察工作不仅要关注案件本身，更要关注案件所涉的“人”，其司法理念、内在规律、职责任务、诉讼程序、评价标准都与成年人司法有显著区别，是独立的检察业务类别。最高人民检察院于2016年4月发布了《关于加强未成年人检察工作专业化建设的意见》，对未检专业化建设提出了更高的要求。曹建明检察长在讲话中强调要通过加强专门机构、专门办案组织、专门工作模式和评价机制、专业队伍建设，推动未检专业化建设。教育感化挽救涉罪未成年人作为未检工作的重要组成部分，坚持专业化，是绿色司法理念的题中应有之义。

加强专业化，应注重以下几个方面：一是要加强专门办案组织建设，构建完整的教育感化挽救办案组织。试行由1名未成年人检察员额检察官、1名观护员额检察官、1名检察辅助人员和若干名少年司法社工、观护帮教人员等组成的“1+1+1+N”的未成年人检察办案组，有效、专业办理案件。二是要建立专门工作模式和评价机制，落实捕诉监防一体化，改变单纯以办案数量评价工作的做法，探索建立涵盖未成年人检察各项职能，体现未成年人权益保护、教育感化、犯罪预防成效的工作评价机制。三是强化专业化队伍建设，积极培养专门人才和未成年人检察业务专家，提升司法人员办案、帮教救助、协调沟通能力，提升办案质效。

（二）坚持社会化

少年罪错的发生虽然是一时的，但从不良心理的形成到外化为行为，常需

要经历较长的时间，为此，对罪错少年的教育挽救，既需要充分发挥少年司法程序的保护、教育和挽救作用，还需要行政机关的接力和社会的支持。[①] 教育感化挽救涉罪未成年人，要以案件事实为切入点，探究未成年人问题产生的原因，采取必要的干预手段，改善未成年人的心理状况、家庭教养和社会环境，帮助其重回正常轨道、呵护其健康成长，是一项系统工程，需要法学、教育学、社会学、心理学等一系列知识的综合运用，需要各方力量的共同参与。在教育感化挽救过程中，推进社会化建设，让专业的人做专业的事，解决有限的司法资源和日益增长的司法需求之间的矛盾，提升司法质效，是践行绿色司法的内在要求。

营造良好的教育感化挽救环境、达到教育感化挽救效果，抓手在于做好“司法一条龙”和“社会一条龙”的两条龙建设。一方面，教育感化挽救涉罪未成年人需要政法机关之间配合协作，要完善办理未成年人刑事案件配套体系，政法机关之间需要加强配合，在评价标准、社会调查、逮捕必要性证据收集与移送、法律援助、分案起诉等方面形成共识，保证政法机关间对教育感化挽救涉罪未成年人形成合力。另一方面，要建立未成年人司法社会支持体系。积极与综治、民政、教育、卫生、共青团等建立跨部门合作机制，对涉罪未成年人的教育挽救、法律援助、就学、生活保障、犯罪预防等予以系统解决。建立专业的未成年人社会观护体系，由政府主导的未成年人司法保护社会服务机构和未成年人帮教基地，将合适成年人到场、心理疏导、观护帮教等工作交由专业的社会力量承担，形成司法保护与行政保护、社会保护、学校保护和家庭保护的合力。

（三）坚持顶层设计

对涉罪未成年人的教育感化挽救，事关未成年人健康成长，事关亿万家庭幸福安宁，事关社会大局稳定和国家长治久安，需要对教育感化挽救原则、方式方法、程序规范等做好顶层设计，自上向下传递先进司法理念、制定制度机制，体现绿色司法规范司法、提升司法质效、减少负面产出的本质内涵。

首先，先进理念的提出和推广需要顶层设计。教育感化挽救，核心是要把握好原则，传达谦抑宽容、宽严有度、宽而不纵的尺度标准，在坚守法律底线的基础上，精准把握宽缓尺度，避免过度打击的负面产出，有效运用教育感化措施，实现未成年人未来发展和社会安全防卫的有效统一。先进理念的提出和推广，只有顶层设计才能得到普遍认同和深入实践。其次，教育感化挽救机制

① 狄小华：《明辨少年检察之经纬》，载《检察日报》2016年2月4日。

需要顶层设计。从30年实践看，教育感化挽救机制的诞生往往经历从试点到推广的过程，而要使制度上升为立法层面得以推广，必须顶层进行设计。比如合适成年人制度、犯罪记录封存制度等均是在实践多年的基础上，由顶层设计成为制度，写入刑事诉讼法中。最后，教育感化挽救标准的设置需要顶层设计。如前所述，对于盗窃案等常见未成年人犯罪的入罪标准问题，只有通过顶层设计，才有机会上升为立法，着力解决对未成年人“打击过猛”问题，最大限度落实少捕慎诉少监禁。

（四）坚持创新驱动

绿色司法是一项理念创新，践行绿色司法需要具有创新精神。30年来，在一代一代未检人的接力下，未成年人检察硕果累累，教育、挽救、感化了一大批罪错未成年人，每一项教育感化挽救制度的诞生，都与理论实践的创新密不可分，附条件不起诉、犯罪记录封存、合适成年人参与等制度都是由基层先行先试，最后被立法采纳，教育感化挽救涉罪未成年人本身是创新的产物。同时，也具有创新价值和创新空间。当前，未检制度初步形成，国家立法层面对教育感化挽救法律制度、程序规则作出了规定。由于立法的原则性，需要创新完善操作层面的机制制度和创新工作方式方法。

创新工作重点是坚持问题导向，补齐短板。当前涉罪未成年人教育感化挽救工作仍有不少短板，对绿色司法理念贯彻落实还不到位，如：未成年人轻刑化比例仍然较高，后续帮教措施缺位；综合运用批捕、起诉、刑罚执行监督、犯罪预防以及民事行政检察等多种手段，加强未成年人司法保护上存在薄弱环节；司法办案存在孤立封闭、就案办案的倾向，不善于主动争取外部支持，形成内外联动的司法保护大格局，不善于发现并积极推动解决案件背后的社会问题、推动社会善治等。针对这些短板，省院部署了涉罪未成年人人格甄别、未检办案区建设以及政府购买服务的涉罪未成年人帮教模式等创新，这些创新都要在实践中进一步完善。

绿色司法理念下的减刑、假释制度改革构想

朱世洪*

绿色发展理念是将生态文明建设融入经济、政治、文化、社会建设各方面和全过程的全新发展理念。特别是党的十八届五中全会提出“创新、协调、绿色、开放、共享”五大发展理念以来，绿色发展理念更加深入人心，已成为指导和推进我国经济建设、政治建设、文化建设、社会建设和生态文明建设的核心发展理念之一。[①] 绿色发展要求尊重和保护自然，合理利用并节约资源，提高资源使用效率，建设资源节约型、环境友好型社会，实现可持续发展。而将绿色发展置于司法语境下的绿色司法，就是要以司法规律为基本遵循，以优化司法资源配置为重点，以规范、理性、文明司法为核心，以司法公开、公正和公信力为本质要求，实现司法动机、方式方法、质量效果的有机统一。[②] 本文试从践行绿色司法的角度，对减刑、假释制度改革问题作些粗浅思考。

---

* 浙江省人民检察院。

① 从绿色发展理念的形成和发展过程看，绿色发展源自于生态文明建设的要求，但又不限于或者说超越生态文明建设要求本身。早在2005年8月，时任浙江省委书记的习近平同志就提出了“绿水青山就是金山银山”的论断。2012年11月党的十八大报告在经济建设、政治建设、文化建设、社会建设的基础上，增加了生态文明建设，将“四位一体”格局扩充为“五位一体”；2015年3月，中央政治局审议通过《关于加快推进生态文明建设的意见》，在“新型工业化、城镇化、信息化、农业现代化”之外加入“绿色化”，将“四化”扩充为“五化”，要求“加快推动生产方式绿色化”、“实现生活方式绿色化”；2015年10月，党的十八届五中全会系统提出并阐述了“创新、协调、绿色、开放、共享”五大发展理念。自此之后，绿色经济理念、绿色政治生态理念、绿色文化理念、绿色社会发展理念深入人心，并融入司法、金融等各项具体工作。如，浙江省人民检察院汪瀚检察长在2016年3月全国“两会”期间首倡“绿色司法”，并在全省检察机关深入践行；中国人民银行、财政部等七部委在2016年8月31日发布了《关于构建绿色金融体系的指导意见》，等等。

② 汪瀚：《践行绿色司法 推进检察工作高水平发展》，载《检察日报》2016年9月12日。

一、减刑、假释制度改革的必要性

作为我国刑事司法制度重要组成部分的减刑、假释制度，自1954年《中华人民共和国劳动改造条例》正式确立以来，虽然历经1979年《刑法》和《刑事诉讼法》、1996年《刑事诉讼法》、1997年《刑法》、2011年《刑法修正案（八）》、2012年《刑事诉讼法》、2015年《刑法修正案（九）》等多次修改补充，但刑罚执行尤其是减刑、假释中的问题却仍时有发生，特别是一些严重损害司法公信力的减刑、假释个案，① 引起了党中央和社会各界的高度关注，也引发了人们对改革现行减刑、假释制度的思考。在绿色发展理念已经成为指导和推进我国经济、政治、文化、社会和生态文明建设的核心发展理念之一的新形势下，减刑、假释制度改革也应当从践行绿色发展理念、落实绿色司法要求中寻找新的思路和路径，充分认识减刑、假释制度改革的必要性和迫切性，特别是对现行减刑、假释制度中不符合绿色发展理念和绿色司法要求的规定和做法进行深刻检讨和反思，并加以改革和完善。

（一）从优化减刑、假释的职权配置看

优化司法职权配置是优化司法资源配置的重要内容。党的十八大以来，中央提出了“四个全面”的战略布局，十八届三中全会通过的《中共中央关于全面深化改革若干重大问题的决定》针对司法领域存在的突出问题提出了一系列改革举措，要求“优化司法职权配置，健全司法权力分工负责、互相配合、互相制约机制，加强和规范对司法活动的法律监督和社会监督”，要求“严格规范减刑、假释、保外就医程序，强化监督制度”。十八届四中全会通过的《中共中央关于全面推进依法治国若干重大问题的决定》对如何保障包括减刑、假释公平公正在内的司法公正作出了更加深入的部署，强调要“健全公安机关、检察机关、审判机关、司法行政机关各司其职，侦查权、检察权、审判权、执行权相互配合、相互制约的体制机制”，要“完善检察机关行使监督权的法律制度，加强对刑事诉讼、民事诉讼、行政诉讼的法律监督”，

---

① “有权人”、“有钱人”被判刑后减刑快、假释及暂予监外执行比例高、实际服刑时间偏短，这是刑罚变更执行中存在的突出问题。过多过滥的减刑、假释已成为司法腐败与不公的黑洞，社会反映强烈。如健力宝集团原董事长张海在服刑期间贿赂相关人员，从而又是“检举”他人抢劫案件线索，又是被认定“发明创造”，通过两次“假立功”减刑后提前出狱，并逃往境外。据媒体报道，司法行政、监狱、看守所、法院、律师及其他社会人员共24人因涉及张海非法减刑案而被追究刑事责任。相关内容请参见http://politics.people.com.cn/n/2013/0312/c70731-20756700.html。

要"完善刑罚执行制度，统一刑罚执行体制"。对现行减刑、假释制度的实体条件和程序设计进行必要的改革，使减刑、假释在制度设计上能更好地维护生效判决的权威稳定，更好地实现刑罚变更执行的公平公正，更好地体现刑罚执行机关、检察机关、审判机关之间分工负责、互相配合、互相制约的原则，更好地发挥检察机关对刑罚执行机关提请减刑、假释这一行政权力和人民法院审理、裁定减刑、假释案件这一司法权力的监督制约作用，让人民群众在每一个减刑、假释案件中都感受到公平正义，这既是全面贯彻落实党的十八届三中、四中全会决定的重要内容，也是践行绿色司法理念、优化司法职权和司法资源配置的基本要求。

（二）从落实宽严相济刑事政策看

注重宽严相济是践行绿色司法的核心要求之一。① 自全国人大常委会2011年通过的《刑法修正案（八）》首次对刑法总则作出重大修改以来，历经2012年全面修改《刑事诉讼法》，直至2015年通过《刑法修正案（九）》，我国刑事法律的修改明显呈现出了"刑罚适用宽缓化、刑罚执行严格化"的趋势。一方面，在刑罚的适用上，通过修改法律，减少死刑罪名，对死缓罪犯执行死刑的条件作出更加严格的限制，对已满75周岁的人故意犯罪规定从轻或者减轻处罚，对未成年人犯罪规定不构成累犯，对不满18周岁的人、怀孕的妇女和已满75周岁的人犯罪明确规定应当宣告缓刑的具体情形，对社区矫正制度从立法上加以确认，等等。这些修改均体现了在适用刑罚时的宽缓和人道一面。

另一方面，在刑罚的执行上，刑事法律的修改总体上体现了更加严格和严厉的趋势，特别是对重刑犯的减刑、假释作出了更加严格的限制。如对犯罪分子决定假释时，规定应当考虑其假释后对所居住社区的影响；对被判处无期徒刑的犯罪分子，只有实际执行13年以上（原刑法规定为10年），才能假释。对被判处死刑缓期执行的罪犯，在死刑缓期执行期间，如果确有重大立功表现，2年期满以后，明确规定只能减为25年有期徒刑（原刑法规定，此种情形下可以减为15年以上20年以下有期徒刑）；对被判处死刑缓期执行的累犯以及因故意杀人、强奸、抢劫、绑架、放火、爆炸、投放危险物质或者有组织的暴力性犯罪被判处死刑缓期执行的犯罪分子，人民法院根据犯罪情节等情况可以同时决定对其限制减刑；对贪污、受贿数额特别巨大或者有其他特别严重

① 汪瀚：《践行绿色司法 推进检察工作高水平发展》，载《检察日报》2016年9月12日。

情节而被判处死刑缓期执行的，人民法院根据犯罪情节等情况可以同时决定在其死刑缓期执行2年期满依法减为无期徒刑后，终身监禁，不得减刑、假释。对原判无期徒刑、死刑缓期执行的罪犯，提高减刑以后实际执行的刑期，其中对被判处无期徒刑的罪犯，减刑以后实际执行的刑期不能少于13年（原刑法规定为10年）；对人民法院依法决定限制减刑的死刑缓期执行的犯罪分子，缓期执行期满后依法减为无期徒刑的，减刑以后实际执行的刑期不能少于25年，缓期执行期满后依法减为25年有期徒刑的，减刑以后实际执行的刑期不能少于20年。除了刑法的上述修改，刑事诉讼法还新增了检察机关对减刑、假释实行同步监督的程序，即刑罚执行机关应当将减刑、假释建议书副本抄送人民检察院，人民检察院可以向人民法院提出书面意见，从程序上加强对减刑、假释的监督制约。

由上可知，在刑罚执行的严格化方面，当前的刑事法律修改主要体现在对原判无期徒刑、死刑缓期执行等重刑的严格执行上，但对实践中适用最多的有期徒刑如何确保其得到严格执行，法律规定甚少（刑法只是笼统地规定假释须刑期过半，减刑以后实际服刑的刑期不得少于原判刑期的二分之一），司法实践中也是问题多发易发，特别是“有权人”、“有钱人”被判刑后减刑快、假释比例高、实际服刑时间偏短等问题社会反映强烈。为此，中央政法委员会于2014年2月制定了《关于严格规范减刑、假释、暂予监外执行切实防止司法腐败的意见》，从严把实体条件、完善程序规定、强化责任追究、从严惩处腐败等四个方面对减刑、假释、暂予监外执行作出了严格限制（主要是针对职务犯罪、金融犯罪、黑社会性质组织犯罪等三类罪犯）。因此，有必要通过减刑、假释制度改革，将党关于减刑、假释的刑事政策和主张通过法定程序成为国家法律，确保刑罚变更执行的公平公正，提高司法公信力。

（三）从保障刑罚变更执行的公平公正看

公正是司法的生命和灵魂。减刑、假释制度改革的目的，就是要让人民群众在每一个刑事执行案件中都感受到公平正义。当前刑罚变更执行中存在的主要司法“雾霾”，除了社会反映强烈的“有权人”、“有钱人”被判刑后减刑快、假释及暂予监外执行比例高、实际服刑时间偏短等现象，以及这些现象背后存在的关系案、人情案、金钱案等司法腐败外，整个减刑、假释制度在实际适用中也存在着诸多不科学、不合理、不公平、不符合司法规律甚至有损法治权威的现象。

一是减刑适用多、假释适用少。减刑和假释所要求的服刑期间的悔改表现大致相同，但减刑是对原判刑罚予以一定期限的减除，在某种程度上会影响原判刑罚的权威性、稳定性，特别是那些减余刑后刑满释放的罪犯，从完全监禁状态直接回归完全自由状态，缺乏类似假释考验期的过渡时期，更容易重新违法犯罪；而假释只是对原判刑罚执行场所和执行方式的变更，并不改变原判刑罚的内容，而且罪犯假释后尚需在假释考验期内接受社区矫正机构的教育矫正和监督管理，具有事后的约束性和可撤销性。显然，就一般情况而言，假释要比减刑更有利于维护原判权威，更有利于预防再犯罪，更有利于维护社会稳定。但在司法实践中，减刑的适用率远高于假释，减刑被普遍适用甚至滥用，而假释的适用率普遍偏低。实践中的做法严重背离理论上的要求。

二是短刑犯减刑少、重刑犯减刑多，即轻罪少减、重罪多减。余刑3个月以下留在看守所服刑的罪犯很难得到减刑的机会，余刑3个月以上1年以下投送监狱服刑的罪犯减刑的机会也不多；而那些被判刑期较重的罪犯反而能获得较多的减刑次数，而且通常是刑期越长，减刑次数越多，累计减去的刑期自然也越多。在实践中，交付监狱执行后剩余刑期在2年以上的罪犯几乎都有减刑机会，每个罪犯几乎都能获得或长或短的减刑，减刑次数少则一次，多则八九次。[①] 显然，社会危害性、主观恶性相对较小的短刑犯无法得到或者很少得到减刑机会，而社会危害性、主观恶性较大的重刑犯反而能获得多次减刑，这种"重罪多减、轻罪少减"的制度设计和实践操作是有违常理和公平正义要求的，也是与绿色司法理念相悖的。

三是书面审理多、开庭审理少。公开开庭审理是审判的一般要求，无论是一审、二审还是审理减刑、假释案件，都应当以公开开庭审理为原则，以不开庭审理为例外。根据最高人民法院《关于减刑、假释案件审理程序的规定》第6条的规定，人民法院应当开庭审理的减刑、假释案件只包括因罪犯有重大立功表现报请减刑，报请减刑的起始时间、间隔时间或者减刑幅度不符合司法解释一般规定，公示期间收到不同意见，人民检察院有异议，被报请减刑、假释罪犯系职务犯罪罪犯、组织（领导、参加、包庇、纵容）黑社会性质组织犯罪罪犯、破坏金融管理秩序和金融诈骗犯罪罪犯及其他在社会上有重大影响或社会关注度高以及人民法院认为其他应当开庭审理的减刑、假释案件等六种情形。而其他减刑、假释案件均可以采取书面审理的方式。在书面审理方式下，审判机关、执行机关、监督机关、罪犯没有见面，整个工作由一般审判程序的公开操作变成'暗箱操作",[②] 不仅容易使案件审理和合议流于形式，而且容易导致关系案、金钱案、人情案的发生。减刑、假释工作中上述不科学、

① 尚爱国：《刑罚变更执行制度研究》，中国长安出版社2011年版，第80页。

② 湖南省长沙市中级人民法院刑二庭：《对减刑、假释案件应实行开庭审理》，载《人民司法》2000年第5期。

不合理、不公平现象的存在，究其原因，既有实际操作层面的问题，更有制度设计等立法层面的原因，需要对减刑、假释的实体条件、提请程序、审理方式、同步监督等规定予以修改完善。因此，减刑、假释制度改革也是消除当前刑罚变更执行中存在的“司法雾霾”的现实需要。

（四）从解决刑事执行检察部门案多人少矛盾看

刑检线（指审查逮捕、审查起诉）办理案件是检察机关案多人少矛盾最为突出、最为典型的环节，构建绿色司法体系、践行绿色司法是破解案多人少困境的有效路径。①与审查逮捕、审查起诉部门一样，刑事执行检察部门也面临案多人少、事多人少的突出矛盾。尤其是2012年《刑事诉讼法》、《人民检察院刑事诉讼规则（试行）》实施后，刑事执行检察部门新增了羁押必要性审查、死刑执行临场监督、财产刑执行监督、社区矫正监督、指定居所监视居住执行监督、强制医疗执行监督等许多职责。传统的减刑、假释检察案件，也从原来的书面审理逐步扩大开庭审理范围，工作量明显增加。职责任务大量增加，而多年来刑事执行检察部门工作人员数量基本未增，人少案多、人少事多的矛盾更加突出，特别是承担派驻监狱检察任务的地市级检察院，审查监狱提请减刑案件数量和出席庭审案件数量巨大、任务极其繁重。以J市检察院驻监狱检察室为例，该检察室自2016年1—11月共审查监狱提请减刑、假释、暂予监外执行案件4025件（其中减刑3053件、假释938件，出席法庭审理减刑、假释案件340件，暂予监外执行34件），而该检察室工作人员只有5名（其中1名为平时需归队统一管理的法警），人均审查减刑、假释、暂予监外执行案件805件，案多人少的矛盾比许多审查逮捕、审查起诉部门有过之而无不及。② 减刑案件量大面广，究其原因，固然与监狱地域分布集中、押量巨大有关，但更与刑法关于减刑的制度设计和刑罚执行机关长期以来将减刑作为罪犯管理手段的习惯做法有关。因此，解决刑事执行检察部门的人少案多矛盾，同样迫切需要通过倡导绿色司法理念，对刑法关于减刑实体条件的规定和刑罚执行机关的习惯做法进行深刻反思和检讨，严格限制减刑，消除长期以来减刑案件“多而滥”的现象，实现“少而精”式的减刑，从而既维护原审刑事裁

---

① 汪瀚：《绿色司法视野下破解案多人少困境的思考》，载《浙江检察》2016年第11期。

② 诚然，承办减刑、假释案件一般不存在罪与非罪、此罪与彼罪等疑难复杂问题，通常不是一件“难事”，但需要逐案逐人审查起始时间、间隔时间、提请幅度、实际服刑期限，审查是否符合减刑、假释的实体条件等，必要时需要调查核实有关事项，大量案件还得出席法庭参与法庭调查、发表检察监督意见，因此也是一件“细活”。

判稳定和法治权威，又从源头上化解办理减刑案件案多人少的突出矛盾。

二、减刑、假释制度改革应当坚持的若干原则

笔者认为，以绿色发展理念和绿色司法要求指导减刑、假释制度改革，要在总结我国实行减刑、假释制度的成功经验的基础上，坚持问题导向，借鉴世界各国在刑罚变更执行中行之有效的理念、制度和原则，把实现实体正义、兼顾功利目的、优化职权配置、确保程序公正、维护法治权威等绿色司法要求贯穿其中。

（一）体现刑罚执行的正义报应

“报应观念始终应当是确定刑罚限度的决定性依据。国家对罪犯确定和适用刑罚，首先应当考虑报应的需要，根据犯罪的社会危害程度确定相当的刑罚。”① 刑罚执行首先应当充分体现刑罚的正义报应，即对犯罪人的惩罚。减刑、假释作为刑罚变更执行的一种制度和方法，也只有在充分实现了刑罚的正义报应目的后才能适用。这应当是减刑、假释制度改革应当遵循的首要原则。笔者认为，从刑罚的正义报应理论出发，为了体现刑罚执行的严格化要求，杜绝和减少刑罚的“空判”（罪犯被生效判决确定的宣告刑与罪犯实际服刑刑期之差）现象，在对减刑、假释制度进行改革时，有必要对“被判处有期徒刑罪犯服刑刑期过半就可以假释”、“减刑后实际服刑期的刑期不能少于原判刑期的二分之一”这类刑法规定进行必要的检讨和反思。②

（二）兼顾刑罚执行的功利目的

刑罚执行在充分实现正义报应的同时，必须适当兼顾刑罚执行的功利目的。但作为设定刑罚、执行刑罚的两大目的，正义报应与功利目的必须有所侧重，不应等量齐观，其中正义报应是基础性、决定性的一方，而功利目的是补充性、辅助性的另一方。有学者深刻指出：“惟有以正义报应为基础，在此基础上追求刑罚的功利目的，才是报应和功利关系的最佳选择。”“在此基础上，然后再根据犯罪分子的人身危险性的大小，在报应刑罚所许可的刑罚区间内对刑罚量进行调整，使刑罚强度尽量适应消除人身危险状态、实现预防犯罪、防卫社会的功利目的的需要。”③ 因此，改革、完善减刑、假释制度，要在确保

---

① 梁根林：《刑事制裁：方式与选择》，法律出版社 2006 年版，第 30 页。

② 实际上，1997 年刑法修订时，就有学者建议将有期徒刑罪犯减刑以后实际执行刑期修改为不能少于原判的三分之二。参见陈兴良：《减刑适用论》，载《黑龙江省政法管理干部学院学报》1999 年第 1 期。

③ 梁根林：《刑事制裁：方式与选择》，法律出版社 2006 年版，第 30 页。

实现刑罚报应正义目的的前提下，兼顾刑罚执行的功利目的，坚持给罪犯以“出路”，使服刑期间悔改表现好或者有立功表现的罪犯仍然可以得到相应的奖励，适当提前脱离监狱的监禁性改造，决不能以实现刑罚的报应正义为借口而彻底堵塞罪犯的改过自新之路。这也正是践行绿色司法、正确处理刑罚执行过程中投入与产出、公正与效率关系的必然要求。

（三）维护刑罚执行的公平公正

“平等是社会主义法律的基本属性，是社会主义法治的基本要求。坚持法律面前人人平等，必须体现在立法、执法、司法、守法各个方面。”①《中共中央关于全面推进依法治国若干重大问题的决定》提出：“公正是法治的生命线。司法公正对社会公正具有重要引领作用，司法不公对社会公正具有致命破坏作用。”习近平总书记在《关于〈中共中央关于全面推进依法治国若干重大问题的决定〉的说明》中更是一针见血地指出：“司法领域存在的主要问题是，司法不公、司法公信力不高问题十分突出，一些司法人员作风不正、办案不廉，办金钱案、关系案、人情案，‘吃了原告吃被告’，等等。”这些司法不公、司法公信力不高的现象在减刑、假释工作中也不同程度地存在，“有权人”、“有钱人”被判刑后减刑快、假释及暂予监外执行比例高、实际服刑时间偏短是其中的突出表现，社会反映强烈。减刑、假释制度改革的重要目的之一，就是要实体和程序两个方面完善立法，从体制、机制上堵住导致司法不公、司法公信力不足的问题和漏洞，努力做到：除被依法决定不得减刑、假释或者限制减刑的以外，被判处相同刑罚的罪犯，不分民族、种族、性别、家庭出身、宗教信仰、教育程度以及服刑前的职业、社会地位、财产状况，如果其在监狱内的服刑表现和悔罪表现基本相同，那么，其所能依法获得的减刑、假释机会、减刑起始时间、减刑间隔时间、减刑幅度均应当基本相同。唯有如此，才能让人民群众在每一个减刑、假释案件中感受到公平正义。

（四）强化刑罚执行的检察监督

刑罚变更执行中出现的一些严重问题，与检察机关监督不力有很大关系。近几年的司法实践表明，对于刑罚执行变更活动而言，检察监督难以发挥有效的制约作用，实践中的问题反映了检察监督的薄弱性。检察监督对刑罚执行变更活动的制约，仅仅是一种理论上的制约，缺乏真正具有强制力的法律后果，这使得检察监督能够发挥的作用非常有限。除非刑罚变更执行中存在非常明显

① 中共中央文献研究室编：《习近平总书记重要讲话文章选编》，中央文献出版社2016年版，第208页。

的问题，否则检察机关很难对刑罚变更决定进行有效的制约。① 正因如此，中共十八届三中全会通过的《中共中央关于全面深化改革若干重大问题的决定》强调"严格规范减刑、假释、保外就医程序，强化监督制度"，中共十八届四中全会通过的《中共中央关于全面推进依法治国若干重大问题的决定》强调："完善检察机关行使监督权的法律制度，加强对刑事诉讼、民事诉讼、行政诉讼的法律监督。"因此，在改革、完善减刑、假释制度时必须把上述两次中央全会的决定要求落到实处，在减刑、假释的程序设计上真正体现检察机关的法律监督作用，真正体现刑罚执行机关、检察机关、审判机关之间既互相配合、又互相制约的刑事诉讼原则。特别是在当前推进监察体制改革试点，公职人员职务犯罪侦查职能从检察机关整体转隶到监察委员会的新形势下，如何重新定位检察机关的性质和职能，如何从法律制度的设计上加强检察机关对刑事、民事、行政三大诉讼的监督制约（包括从制度设计上加强检察机关对刑罚执行的监督制约），已成当务之急。

（五）维护刑事裁判的相对稳定

维护审判机关所作出的判决、裁定的相对稳定，特别是维护生效刑事判决、裁定中确定的刑罚内容的相对稳定，这是法治的基本要求。反思我国当前的减刑、假释制度，应当以此作为基本的着眼点之一。我国的刑事立法理论和司法实践从刑罚的功利目的和教育刑思想出发，把减刑、假释并列作为刑罚变更执行的两种基本制度，而且在司法实践中普遍存在"重减刑、轻假释"的倾向。但从世界范围内考察，大多数国家刑罚变更执行的制度却只有假释，减刑极其鲜见。"在刑事立法中把减刑作为一种经常性的、适用范围较广泛的刑罚执行制度加以规定，这是我国刑法的特色之一。在其他国家的刑事立法中，大多没有减刑的规定，很多国家都把减刑作为赦免的一种方法。"② "假释是世界各国的刑事立法中普遍规定的一种刑罚执行制度。"③ 世界上众多其他国家为何在刑罚变更执行制度中只规定假释而不规定减刑？笔者认为，其中很重要的一个原因可能在于：假释并不改变原判刑罚，而只是执行场所（从监狱到社区）和执行方式（从剥夺自由到限制自由）的变更，因而它不仅符合刑罚

① 陈瑞华、黄永、褚福民：《法律程序改革的突破与限度——2012年刑事诉讼法修改述评》，中国法制出版社2012年版，第217页。

② 高铭暄主编：《刑法学原理（第三卷）》，中国人民大学出版社1994年版，第565页。

③ 高铭暄主编：《刑法学原理（第三卷）》，中国人民大学出版社1994年版，第588页。

执行的功利目的（刑罚执行个别化、刑罚执行经济化等），而且维护了刑事裁判的权威和稳定，符合法治的基本要求；而减刑虽然也符合刑罚执行的功利目的，但它改变了原判刑罚，影响了刑事裁判的权威和稳定，不太符合法治的要求。这应当是改革、完善我国现行减刑、假释制度的一个重要价值取向和考量。

总之，笔者认为，上述五个方面既是执行刑罚和刑罚变更执行应当坚持的原则，也是刑罚变更执行制度改革应当坚持的原则。这五个方面不是相互割裂，而是相互统一的。要通过减刑、假释制度改革，实现刑罚正义报应和功利目的的有机统一，实现刑罚变更执行和维护原判相对稳定的有机统一，实现内部监督和外部制约的有机统一，实现程序公开公正与实体公平公正的有机统一，最终让人民群众在每一个减刑、假释案件中感受到公平正义。

三、减刑、假释制度改革的若干构想

根据前述减刑、假释制度改革应当坚持的五项原则和绿色司法要求，笔者认为，现行的减刑、假释制度应当从进一步明确减刑、假释这两种刑罚变更执行制度的不同功能定位出发，对减刑、假释的实体条件、提请程序、审理方式以及与减刑、假释密切相关的罪犯奖惩考核方式等进行全方位的改革和完善，从而实现刑罚正义报应与功利目的的有机统一，实现刑罚变更执行的公平公正。

（一）严格限制减刑的适用

减刑的功能定位应当是对服刑期间有立功表现罪犯的奖励。这一定位既考虑了我国长期以来实行减刑制度的有益经验，如激发罪犯的改造积极性，降低刑罚执行成本，便于狱警管理罪犯等，也考虑了减刑制度长期以来存在的弊端和负面效应，如实践中存在减刑被滥用的现象，认定“悔改表现”带有较大的随意性，特别是减刑在一定程度上有损原判的权威稳定，不太符合法治的要求，导致刑罚执行被“打折扣”，刑罚“空判”现象大量存在。综合考虑利弊，笔者认为应当对减刑的功能进行重新定位，即减刑只适用于在服刑期间有立功表现的罪犯。无论是一般立功还是重大立功，对罪犯均应当予以减刑，无非是减刑幅度应当有所区别而已，一般立功少减，重大立功多减。对服刑期间只有悔改表现而没有立功表现的罪犯，一律取消“可以减刑”的规定，但符合法律规定的假释条件的可予以假释。

（二）适当扩大假释的适用

假释的功能定位应当是对服刑期间有悔改表现、提前释放后不致再危害社会的罪犯的奖励。前已述及，作为刑罚变更执行的两种不同制度，假释比减刑更有利于维护原判权威、更有利于预防再犯罪，更有利于维护社会稳定，因而也更符合法治的基本要求。因此，严格限制减刑的适用、适当扩大假释的适用是完全必要的。从可行性看，随着我国社区矫正工作的不断深化，司法行政机关社区矫正机构队伍不断壮大、监督管理和教育矫正工作不断规范、各部门之间的协作配合不断强化，司法行政机关社区矫正机构完全有能力对包括假释罪犯在内的社区矫正人员做好减少和预防脱管漏管、违法犯罪的相关工作。需要特别指出的是，严格限制减刑的适用，并不意味着堵死了罪犯的改过自新之路。一方面对有立功表现的罪犯规定应当减刑，另一方面适当扩大假释的适用（除刑法明文规定不得假释的罪犯外，其他符合条件的罪犯均应当有获得假释的机会），通过两者有效结合，仍然可以最大限度地激发罪犯改过自新的积极性，仍然可以使狱警获得必要的监督管理手段。

（三）适当延长罪犯假释前的监内服刑期限或者比例

现行《刑法》第 81 条规定："被判处有期徒刑的犯罪分子，执行原判刑期二分之一以上，被判处无期徒刑的犯罪分子，实际执行十三年以上，如果认真遵守监规，接受教育改造，确有悔改表现，没有再犯罪的危险的，可以假释。如果有特殊情况，经最高人民法院核准，可以不受上述执行刑期的限制。……"笔者认为，根据以报应正义为基础的刑罚目的理论，同时也为了减少扩大假释后的社区矫正压力，应当适当延长罪犯假释前的监内服刑期限或者比例，其中对被判处有期徒刑的犯罪分子，建议执行原判刑期 2/3 以上可以假释；对被判处无期徒刑的犯罪分子，建议实际执行 17 年以上可以假释。实际上，2014 年中央政法委《关于严格规范减刑、假释、暂予监外执行切实防止司法腐败的意见》已经对职务犯罪、金融犯罪、涉黑犯罪等三类罪犯的减刑起始时间、间隔时间和减刑幅度作出了严格限制。按照该《意见》进行测算，三类罪犯的最少服刑期限将相应延长，例如，被判处无期徒刑的，最少要服刑 17 年以上。[①] 对被判处有期徒刑的三类罪犯，如按该《意见》进行测算，减刑以后实际执行的刑期、假释前实际执行的刑期一般都会达到原判刑期的 2/3 左右。因此，适当延长罪犯假释前的监内服刑期限或者比例，也是落实党的减刑、假释刑事政策的需要，以避免三类罪犯与其他罪犯在减刑、假释中产生新的制度性不公。

---

① 王光辉、陈梦琪：《强化司步监督严惩司法腐败——〈关于严格规范减刑、假释、暂予监外执行切实防止司法腐败的意见〉的理解与贯彻》，载最高人民检察院监所检察厅：《监所检察工作指导》2014 年第 1 期。

（四）完善罪犯考核办法

在现行制度下，罪犯计分考核在减刑、假释中起着基础性甚至决定性的作用，罪犯没有相应的考核分值一般就不可能得到减刑、假释。但由于加分项目的设置、加分分值的确定、加分对象选择都具有相当大的随意性，在不少情况下狱警甚至可以人为制造加分机会，让有关系的罪犯轻而易举地通过“挣分”得到减刑或假释。因此，以加分奖励为基础的计分考核存在较大的寻租空间。为最大限度地压缩加分奖励的寻租空间，笔者建议修改罪犯计分考核办法，改加分奖励制为扣分处罚制。根据笔者的构想，在取消有悔改表现可以减刑的规定后，只有有立功表现才能减刑，减刑所需要的就是认定立功的事实和证据。因此，罪犯计分考核办法在减刑环节已基本失去作用，它主要适用于认定罪犯在服刑期间是否遵守监规纪律、是否有悔改表现以及提前释放后是否不致再危害社会，从而认定罪犯是否符合假释的条件。在扣分处罚制下，刑罚执行机关只对罪犯违反法律和监规纪律的行为作出警告、记过、禁闭等处罚，并根据罪犯在服刑期间是否受过处罚、处罚次数、严重程度以及是否犯新罪、发现漏罪等情况认定罪犯是否有悔改表现。对在服刑期间未受过处罚、未犯新罪、未发现漏罪的罪犯依法提请裁定假释，对在服刑期间受过处罚特别是受过多次处罚、严重处罚以及犯新罪、发现漏罪的，则认定为不符合假释条件。对罪犯考核办法作如此完善后，除大大压缩寻租空间外，还可以使狱警从繁杂的日常计分考核（特别是加分奖励考核）中解脱出来，腾出更多的时间、精力对罪犯进行直接的管理和教育。

（五）完善减刑、假释提请程序

根据我国现行法律规定，减刑、假释由刑罚执行机关提请、人民法院裁定。虽然2012年修改的《刑事诉讼法》新增了检察机关对减刑、假释实行同步监督的规定，但这些规定大多只有“形式上”的意义，检察监督缺乏刚性，起不到应有的实质性制约作用。笔者认为，从加强检察监督的视角来看，改革、完善减刑、假释制度有两个关键：一是要赋予检察机关对是否提请法院裁定减刑、假释的审查决定权。如同公安机关提请逮捕犯罪嫌疑人需要由检察机关审查决定、是否提起公诉需要由检察机关审查决定一样，对刑罚执行机关建议减刑、假释的案件，也应当首先移送检察机关审查，由检察机关决定是否向人民法院提请裁定。对检察机关经审查认为不符合减刑、假释的实体条件和程序规定的，检察机关可以作出不予提请减刑、假释的决定。对经审查认为符合减刑、假释的实体条件和程序规定的，由检察机关作出向人民法院提请减刑、假释的决定。当然，为加强相互制约，可赋予刑罚执行机关对不服检察机关作出不提请减刑、假释决定的复议、复核权。二是刑罚执行机关向检察机关移送审查减刑、假释案件时，应当移送减刑、假释所依据的全部案件事实和证据材料，而不能像现行法律所规定的那样只移送减刑、假释的建议书。诚如有学者所论述的那样："按照法律运作的基本规律，要对刑罚执行的变更进行有效制约，刑罚变更的决定机关应当将刑罚变更的所有证据、资料提交检察机关进行审核，检察机关还应拥有必要的调查权对变更刑罚决定是否合法、正当予以调查，只有这样才可能真正有效地对刑罚变更的决定进行制约。"① 上述两个关键修改，加之现行法律已规定的检察机关对错误减刑、假释裁定的纠错程序，刑罚执行机关、检察机关、审判机关三机关在办理减刑、假释案件中才能真正体现分工负责、互相配合、互相制约的刑事诉讼原则。

（六）实现减刑、假释案件开庭审理

毋庸置疑，对减刑、假释案件实行开庭审理，对查明减刑、假释所依据的事实和证据是否确实、充分，保护罪犯的合法权益，确保减刑、假释的公平公正有着极为重要的意义。同时，对减刑、假释案件实行开庭审理，也是推进以审判为中心的诉讼制度改革的重要内容。但"鉴于目前大部分法院都存在案多人少的矛盾，要求所有减刑、假释案件一律实行开庭审理是不切实际的"②。所以，实践中审理减刑、假释案件普遍存在开庭审理少、书面审理多的现象。笔者认为，如果不对现行的减刑、假释制度进行必要的改革，刑罚执行机关每次几十、成百件地呈报减刑、假释，在这种情况下人民法院要对减刑、假释案件全部实行开庭审理确实难以做到。但如果按照笔者的改革构想，实现减刑、假释案件全部开庭审理是完全可行的。一者，取消有悔改表现即可减刑的规定后，减刑的对象仅限于有立功或者重大立功表现的罪犯，减刑案件的数量将会急剧减少，减刑案件成批办理的现象将得以消除；二者，适当扩大假释的适用率，并将假释的资格条件限定在执行原判刑期的2/3以上，各监狱可将执行原判刑期2/3以上且假释后不致再危害社会的罪犯按剩余刑期从短到长排列，剩余刑期短的优先呈报假释，使假释案件逐步实现逐人逐案常态化办理。特别是监狱相对集中的地区，可以成立专门的刑事执行检察院和刑事执行法院，专门办理减刑、假释等案件，推动减刑、假释案件实行刑罚执行机关一案一提请、检察机关一案一审查、人民法院一案一审理。

① 陈瑞华、黄永、褚福民：《法律程序改革的突破与限度——2012年刑事诉讼法修改述评》，中国法制出版社2012年版，第217页。

② 黄永维、聂洪勇、李宗诚：《〈关于办理减刑、假释案件具体应用法律若干问题的规定〉的理解与适用》，载《人民司法》2012年第7期。

浅谈绿色司法中的刑事执行检察工作

何　帅*

随着我国司法体制改革的深入，刑事法律制度不断完善，传统的监所检察已迈入刑事执行检察的新时期。社区矫正、强制医疗等刑事执行检察工作的发展和完善，拓展了监所检察的战略空间，对重诉讼、轻执行的观念转变以及监所检察工作的健康发展意义重大、影响深远。但与此同时，刑事实体法和刑事程序类法律的快速发展与刑事执行类法律的严重滞后、刑事执行监督业务范围的迅猛拓展与工作力量、体制机制、执法保障之间的矛盾更加突出。本文在进一步明确监所检察部门刑事执行检察工作范畴的同时，对当前刑事执行检察工作存在的问题进行简要探讨，并对把握监督重点、建立完善制度机制，研究解决制约刑事执行检察工作开展的突出问题，提出一些较浅显的建议，供大家参考。

一、绿色司法中刑事执行检察的含义

汪瀚检察长在浙江省第十六次全省检察工作会议中提出，绿色司法要牢固树立维护刑事执行公平公正、维护刑事执行场所监管秩序稳定、维护刑事被执行人合法权益、维护社会和谐稳定的“四个维护”工作理念。

刑事执行检察在绿色司法的语境中，是指人民检察院的检察人员遵循规范、理性、文明的司法规律，对刑事执行主体执行生效的刑事判决、裁定、决定的活动是否合法实施监督，发现违法时依法提出纠正意见的活动。其目的在于以检察权制约刑事执行权来保障刑事诉讼的顺利进行和国家刑罚权的实现。刑事执行检察一般包括对所有刑罚执行活动，即死刑、监禁刑、社区矫正、资格刑、财产刑等的监督、对拘禁性刑事强制措施执行活动中包括的拘留、逮捕后羁押与监管活动，指定居所监视居住、强制医疗等强制措施的监督；监督对

* 浙江省江山市人民检察院。

象一般包括看守所、监狱、司法局、法院等司法机关及其工作人员的执法活动。[①] 刑事执行检察实质上是对刑罚执行和监管活动实行监督。

二、刑事执行检察工作的重点

（一）被羁押人的权益保障

被羁押人权益保障是刑事执行检察工作的重心，也是绿色司法理念中对当事人人权保障的重要组成部分。检察机关应将检察监督职能与预防刑讯逼供、避免冤错案件的工作目标有机结合起来。一是加强监督，保障犯罪嫌疑人、被告人的生命健康权。要严格落实出入所检察制度，防止办案人员以辨认、起赃等为借口提押犯罪嫌疑人出所，在看守所外实施非法讯问甚至刑讯逼供。二是依法保障犯罪嫌疑人、被告人及其辩护律师的会见权等诉讼权利，为证据的合法性提供保障。三是依法加强保护未成年人的合法权利。监督看守所严格执行对未成年人分押、分管、分教制度；保障未成年犯罪嫌疑人、被告人在看守所被讯问时其法定代理人的在场权等。

（二）羁押期限监督与羁押必要性审查

检察机关加强对羁押期限的监督，开展捕后继续羁押必要性审查，预防和纠正超期羁押，依法清理久押不决案件，对于维护司法公正、预防冤错案件具有重要的意义。

刑事执行检察部门要做好久押不决案件的清理工作。久押不决是指犯罪嫌疑人、被告人被羁押超过3年而案件仍未审结的情况。检察机关要完善备案审查和情况通报制度，摸清久押不决案件的底数和发生久押不决的原因，逐案进行清理。要加强与公安、法院的沟通协作，形成工作合力。要进一步明确清理标准和要求，对久押不决案件的处理，既可以是法院根据案件的事实和证据，对案件最终作出有罪或者无罪的判决，并交付执行，或公安机关作撤案处理、检察机关作不诉处理，也可以通过对在押人员采取变更强制措施等方式来解决。既要保障在押人员的合法权益，也要维护被害人的权利，维护社会的稳定，防止出现新的社会矛盾和问题。同时要讲究监督方法，提高监督效果。对犯罪嫌疑人、被告人被羁押的案件，不能在法定的侦查羁押、审查起诉、一审、二审期限内办结的，应监督办案机关释放犯罪嫌疑人、被告人；若需要继续查证、审理的，应当监督办案机关对犯罪嫌疑人、被告人变更强制措施

---

① 张永泉：《刑事执行检察制度建议之意义》，载 http：//www. xzbu. com/2/view－7141160. htm，访问日期：2015年11月26日。

（取保候审或者监视居住）。要严肃追责，对因严重不负责而造成的久押不决案件的直接责任人，要依法追究其行政或者纪律责任；对因久押不决而造成严重后果涉嫌犯罪的，应当依法以渎职罪或非法拘禁罪立案侦查、追究其刑事责任。

及时开展羁押必要性审查工作。《刑事诉讼法》第93条规定的羁押必要性审查制度中，检察机关行使的是诉讼监督权，监所检察在诉讼的全过程中对羁押必要性进行审查并提出建议，符合立法原意，将诉讼职能和诉讼监督职能适当分离，符合权力制衡原理。因此，羁押必要性审查工作同样是刑事执行检察部门工作的重中之重。开展此项工作宜先从例如能够达成和解的交通肇事、轻伤害案件等主观恶性和社会危险性低，且具备监护条件的未成年人犯罪等案件做起。为了能够更好地掌握案件的事实与证据，可以在案件移送起诉后再开展羁押必要性审查工作。要争取办案机关和侦监、公诉、案管部门的支持与配合，避免发生办案风险。

（三）减刑假释暂予监外执行的检察监督

减刑、假释属于刑罚执行制度，是对服刑罪犯的激励措施。暂予监外执行体现了刑罚对病残等身体有特殊情况罪犯的人道主义关怀。加强对刑罚变更执行的法律监督，有利于杜绝减刑、假释、暂予监外执行案件办理中的腐败现象，有利于调动广大服刑罪犯改造积极性，提高罪犯改造质量和效果。做好刑罚变更执行的同步监督工作，要坚持事前、事中与事后同步检察监督相结合原则、全面检察监督与重点检察监督相结合、书面检查与实际调查相结合、日常检察与专项检察相结合的原则。要明确监督的重点对象，重点监督涉黑涉恶涉毒犯罪、侵财性犯罪以及从事事务性活动、多次获得减刑、在看守所留所服刑、调换监管场所服刑等罪犯刑罚变更执行。要严格把握适用条件，监督适用程序，做好减刑假释案件开庭审理的监督工作。对人民法院开庭审理的减刑、假释案件，检察机关都应派员出席庭审。要加强与检察技术部门的配合，请法医参与决定与续保阶段的审查工作，发现问题适时启动重新鉴定。派驻检察室还要加强与罪犯社区矫正地的监所检察部门的联系与配合，掌握病情与医治情况。要将日常监督与严查隐藏在背后的犯罪案件相结合，惩治司法腐败、维护司法公正，落实办案责任制和责任倒查制。对严重干扰执法、司法的，要严肃追究有关单位和个人的法律责任；对构成徇私舞弊减刑、假释、暂予监外执行罪的，应从严掌握缓刑或免予刑事处罚的适用。①

---

① 参见周伟：《刑事执行检察的若干问题》，载《人民检察》2013年第24期。

（四）社区矫正检察

随着刑法、刑事诉讼法的修订，我国刑罚执行制度发生重大变革，社区矫正法律制度基本确立，非监禁刑罚适用不断扩大，社区服刑人员目前继续保持快速增长的态势，加强和规范社区矫正检察工作势在必行。检察机关要对社区矫正各执法环节依法实行法律监督，包括对审前社会调查环节、社区矫正交付与接收环节、制定矫正方案环节、监督管理环节、教育矫正环节、考核奖惩环节、社会适应性帮扶环节、矫正终止环节等各基本环节实施法律监督。重点是纠防监外罪犯脱管、漏管，保护监外罪犯的合法权利。检察机关要建立和完善社区矫正法律监督体制，要深入探索适应社区矫正特点、符合本地区实际情况的社区矫正检察工作模式。建立和完善社区矫正检察工作机制，发挥其发现违法、纠正违法、打击和预防犯罪的职能。对社区矫正活动存在的严重违法问题、发生的重大事件，应及时进行监督检察。

三、刑事执行检察工作存在的问题

（一）刑事执行检察工作人员适应率不高

刑事执行检察部门的工作繁杂，需要复合型人才，然而客观上，达到这一要求难度较大。部门检察人员在配合、监督的价值取向上存在模糊认识。有时过于注重配合，监督不足。有的为了追求良好的工作关系，导致驻所检察室的工作束之高阁，因此不能发挥检察监督的作用。同时，在加大监督力度上存在畏难情绪。监所检察的主要任务都是由驻所检察室承担。驻所检察人员长期从事检察工作，在一个监管单位工作长了，必然与监所的其他工作人员越来越熟，往往碍于各种因素，监督工作过软。有时发现问题，理应发出书面的，就不再提了，使监督的力度不能到位，久而久之，从思想上就会对监督工作产生畏难情绪。目前，刑事执行检察工作相较之前的监所工作有着极大的转变，职能不断扩张，基层院的组织队伍力量如果不跟上，必将在下一步贯彻执行上级机关的要求以及自身正常工作的开展上面临极大困难。

（二）刑事执行检察工作监督权力不足

与公诉、侦监和反贪等业务部门不同，刑事执行检察工作长期以来的监督定位较为模糊，监督力量不足。以社区矫正检察这一基层院刑事执行检察中重要的工作为例，《刑事诉讼法》中对检察机关开展社区矫正检察仅有第265条做了较为笼统的规定。虽然有关社区矫正的条例、实施细则以及检察机关执法工作基本规范当中都明确界定检察机关是监督机关，但是对监督的方法、权力等均没有明确规定，这造成了基层院开展社区矫正检察时工作模式的落后及监督力度的不足。目前大部分基层院开展社区矫正检察的监管方法仍然是检查罪犯档案和材料，监管的手段也仍然是发送检察建议和纠正违法通知书，这种监督工作模式仍然停留在书面对书面的层面上，被监督的单位只要做好档案材料工作，就可以应付监督，对于部分不愿意提供档案材料的部门，甚至难以开展监督工作。而发送检察建议及纠正违法通知书的监督效力在实际工作中也显得不足。

（三）刑事执行检察工作操作规范欠缺

当前刑事执行检察工作提出了许多新的要求和任务，也增加了许多职能，但落实到基层院的实际工作中，由于没有相应的操作规范，存在许多困难亟待解决。以纠正超期羁押工作机制为例，一起刑事案件，一般要经过侦查、公诉、审判等各个诉讼环节，在看守所的羁押期限一般从拘留到判决执行，法律明文规定了各个诉讼阶段的办案所遵守的期限，同时也规定了一些特殊情况下的延长期限、重新计算诉讼期限、变更强制措施等。由于诉讼环节多，有些诉讼时限计算又比较复杂，而监所检察部门对各诉讼阶段法律文书均没有，要想监督，只能到监管部门或办案单位查找文书并发现是否存在违法。从现行的换押制度上看，如果具体经办人责任心不强、执行不认真，换押时限不够明确，就会导致对羁押人员羁期限底数不清、情况不明，给掌握真实超期羁押数增加了困难。法律又没赋予监所检察部门强有力的工作手段，因此，是否超期羁押有时难以认定，更无法去纠正了。

四、强化刑事执行检察工作的建议

绿色司法中的刑事执行检察工作，是建立在有限的司法资源和日益增长的司法需求约束条件下的，通过规范、理性、文明司法促进法治生态文明健康发展、提升司法质效的新型刑事执行工作理念。

（一）加强业务学习，提高监督水平

刑事执行检察人员要牢固树立实体法和程序法并重、打击犯罪和保障人权并重的刑事诉讼观念。要从思想上高度重视监所检察监督这项工作，加强对法律、检察实务的学习，随时掌握日常工作中经常遇到的法律、法规、政策精神；要加强对办案业务和应变能力的培养，提高自身的办案能力和应用技术的技能。正确处理好监督与配合的关系，坚持分工负责、互相制约的原则，做到监督到位而不越位，形成在监督中配合、在配合中监督的良好机制。处理好预防犯罪与纠正违法的关系，坚持以预防犯罪为主的原则。

（二）健全检察监督机制，规范执法行为

绿色发展是高效发展，力求以最小的资源投入实现发展的最大化。要建立岗位责任制和目标管理责任制，结合工作实际，制定和完善驻所检察制度。要建立预防和纠正超期羁押的长效工作机制，把对超期羁押问题的监督落到实处，切实预防和及时纠正超期羁押。建立健全派驻检察人员列席呈报减刑、假释、暂予监外执行会议制度，加强对罪犯减刑的事前监督，努力使减刑工作更加透明化，以保证减刑制度的正确实施。同时要建立健全派驻监所检察干部定期轮岗交流制度，防止派驻检察人员被“同化”。必须建立相应的监督责任制，使监所检察人员认真履行职责，不辱使命。只有建立相应的责任制，才能确保责、权相统一，使监督工作真正落到实处。

（三）加大监督力度，强化监督效果

绿色发展是人本发展，发展服从和服务于人的需要。绿色司法要以人民为中心，把司法为民作为最重要的价值追求。① 要把工作的重心始终放在刑罚执行监督上，突出抓好违法减刑、假释、保外就医的监督和监管活动的监督。要加强减刑、假释、保外就医、留所服刑的监督，严格审查。要研究如何加强对监外罪犯的监督管理，防止监外罪犯脱管失控。要更新监督方式，增加监督的科技含量。实现监所检察对刑罚执行、监管活动的监督和羁押期限的监督数据化、信息化、网络化。

---

① 汪瀚：《践行绿色司法 推进检察工作高水平发展》，载《检察日报》2016 年 9 月 12 日。

绿色司法与办案评价模式思考

海盐县人民检察院课题组*

2016年全国“两会”期间，浙江省人民检察院党组书记、检察长汪瀚同志源于对浙江省司法办案“案多人少”问题的思考，首次提出了绿色司法理念。绿色司法是寓于“绿色发展”理念，并将其延伸至司法领域的新型司法理论，在十六次全省检察工作会议上被正式确立为浙江省检察工作的指导思想。绿色司法理念强调实现执法动机、方式方法、质量效果相统一，为办案评价模式的进一步完善提供了新的方向。

一、浙江省检察机关现行办案评价模式基本内容

检察机关办案评价模式是指通过系统的管理方法对案件办理质量进行科学评估，并借以制约、规范检察官的办案行为，激励其提高执法水平，保证案件质量的一种管理机制。① 评价的主体一般为省级检察机关，而对象则为市、县两级检察机关。笔者以对基层院办案评价为例展开。

浙江省检察机关对于全省基层检察院的办案评价始于2008年。2008—2014年间采取“分类考评”，根据辖区人口、财政收入、人均经费、人员编制、业务工作量等五项指标划分A、B、C、D四类进行考评。考评内容除检察业务建设（办案评价）之外，还包括检察队伍建设、检务保障及信息化建设等综合业务考评。考评的具体项目和细则根据每年年初工作重点进行调整。考评计分采取千分制，实行在基础分上加、减分的方法，其中检察业务建设（办案评价）基础分占据绝大部分分值。总体趋势是考评项目越来越简化，内容越来越核心化。2015年开始采用“主要业务数据通报”的形式，涵盖市、县两级检察院，对基层院不再分类。主要通报内容为侦监、公诉等九个部门的检察业务工作，更加纯粹地反映和突出对检察机关主要业务部门的办案评价。

---

* 课题组成员：宋跃、金朝晖、王嫣红、黄苏平、石岩，浙江省海盐县人民检察院。

① 赵娟：《试论渎职侵权案件质量评价体系》，载《法治社会》2011年第7期。

二、浙江省检察机关现行办案评价模式的利弊

（一）现行办案评价模式的积极效果

我国检察制度产生初期，并没有真正意义上的检察办案评价模式。伴随着检察队伍从一般的公务人员向司法官员转变、从不注重法律背景和法律素养开始向法律职业化转变、从行政化管理向符合司法规律的专门化管理转变，[①] 办案评价模式也经历了从萌芽、起步到不断完善的发展阶段。纵观近十年来浙江省检察机关工作考评工作发展历程，尽管采用了不同的模式，但均以对检察业务工作的考察为重点，能客观地反映各阶段检察机关的职能发挥状况，并且对检察工作和检察队伍建设起到了积极的推动作用。

一是提高了检察机关执法办案的水平。通过评价既可以了解相关执法情况，又可以指出存在的问题，为之后工作的部署和开展提供科学依据。

二是对于检察执法办案的过程与细节的具体化、定量化管理，提高了管理决策的针对性和有效性。

三是强化了检察机关内部的监督制约，最大限度地实现上下级之间、内设部门之间的沟通协调配合，发挥评价结果的督促、引导作用。

四是有助于加强检察队伍专业化的建设，检察队伍的专业化水平决定着检察业务工作质量的高低，检察业务评价模式也必然与高水平的检察队伍和检察业务工作相适应。[②]

（二）现行办案评价模式的不足之处

经过长期的探索和发展，检察机关办案评价模式日臻完善。但不可否认是，检察机关现行办案评价模式也存在一些问题，很难反映检察工作的完整性和可持续性。

一是存在“唯数字论”倾向。现行办案评价模式将立案数、有罪判决数、撤案数等数量性指标作为考核标准，鲜有对程序正当、案件效果等因素的评价，忽略案件本身诸多因素，既不利于保护犯罪嫌疑人、被告人的合法权益，也不利于宽严相济的刑事司法政策的贯彻，[③] 如侦查监督工作主要考核审结数、捕后判轻缓刑、捕后撤案、不诉、撤回起诉等，且均按照数量以及增减比例来统计，“唯数字论”情况较为明显。为了完成硬性指标，可能导致投机的

---

① 何勤华：《检察制度史》，中国检察出版社 2009 年版，第 421 页。

② 么宁：《检察业务考评机制研究》，西南政法大学 2014 年博士学位论文，第 75 页。

③ 崔伟、李强：《论完善职务犯罪侦查业务考评制度》，载《中国刑事法杂志》2010 年第 2 期。

做法，被考核对象往往会弱化甚至忽略考核分值较少或没有考核项目的其他工作，甚至还有可能会出现数据异常的现象。

二是考核项目不稳定。考核项目设置存在随意性，也缺乏一定的科学合理性，各项分值差距悬殊，导致基层无所适从。譬如，民事行政检察工作2015年度占分较大的“执行监督案件数量”项目，2016年不再作为通报项目；原作为考核重点的“生效裁判结果监督”项目，2016年仅为1分，而审判、执行人员违纪、违法监督分别占10分、20分。

三是存在“一刀切”现象。如控告申诉科设置的通报项目“审查处理信访件”，因海盐县人口较少，治安总体稳定，长期以来信访数量不到其他基层院的一半，导致海盐县院在该项目中的成绩非常靠后。故单以处理信访件为主要业务数据通报显得不合理，也有失公允，难以客观地反映控申检察的实际工作状况。

三、绿色司法理念指导下办案评价模式的思考

检察机关现行办案评价模式对检察工作的高质量均衡性发展会产生一定的影响，有必要对其进行改进和完善。以遵循司法规律为导向，以规范、理性、文明司法为核心，以司法公开、司法公正、司法公信力为本质要求的绿色司法理念是绿色发展在当代司法领域的集中体现，为司法改革和我国社会主义法治进程提供了浙江方案，也是对检察司法供给侧结构性改革的理论探索，为检察办案评价模式的进一步完善指明了方向。

树立绿色司法政绩观，改变唯数字办案评价模式，积极构建以法律效果为出发点，以政治效果为基本前提，以社会效果为最终目标，以党委、人大的认同感和人民群众获得感为基本衡量标准，办案数量、结构、质量、效果、安全相统一的绿色办案评价模式，通过对案件办理的程序、实体进行全方位监控，并贯穿司法活动的全过程，有助于“实现公平正义所要求的执法动机、方式方法和质量效果的统一，最大限度减少司法办案的负面产出，推进社会善治进程，构建文明健康的法治生态，让人民群众对公平正义有更多的获得感”。

在绿色司法理念指导下，新型办案评价模式应将评价的重点由绩效转向质效，推动检察执法办案进入一个良性发展、符合司法规律的办案模式。

（一）强化对办案程序正当的评价

司法权的行使，必须遵循法定程序才具有正当性，法律程序是现代法律的特征。检察官办案应当遵守程序规定是指：在审查批准或决定逮捕、审查起诉

等活动中应当遵循刑事诉讼法及其相关司法解释、业务指导性文件等规范的情况。① 案件办理应当符合程序正当，这是绿色司法规范的体现，对程序规范适用使人们真正体会到法的“看得见的正义”。刑事诉讼法及《人民检察院刑事诉讼规则（试行）》等法律法规对办案程序有着明确规定，但在实际操作中还存在少数案件不合规范，如未依法履行告知程序、未主动听取律师意见、强制措施适用、涉案财物管理不规范等问题。

鉴于此，在绿色司法理念指导下应当加强对案件程序是否正当的评价，也就是要把程序正当引入办案评价模式，把规范、理性、文明贯穿办案全过程和各个阶段。具体操作上，一方面，可以完善统一业务应用系统的程序设置，体现程序规范，可采用预警提示和限制程序流转的方式，另一方面，对不按要求履行正当程序的案件，予以否定。这样既能促进检察人员程序正当的良好习惯养成，又能夯实程序优先的理念。另外，在推进检务公开过程中，可以设置阳光司法评价，依法及时公开司法办案的依据、流程、结果等，引入律师或其他诉讼参与人评价的机制，接受社会各界监督，让司法权在阳光下运行。

（二）强化对办案实体公正的评价

检察机关内设部门承担不同职能，对不同业务部门所承办的具体案件的实体公正的评价也会有所差别。总体来讲，衡量案件实体公正应当包括对案件事实的认定、对证据的审查和对法律的适用。首先，在对案件事实认定上，主要评价事实认定是否变化，是否影响量刑档次，检察认定事实是否被法院采纳。如可借鉴海南省检察机关采用“三书对比”，即对侦查机关、检察机关及审判机关的审查起诉意见书、起诉书、判决书三个文书进行对比，来实现对案件质量的优劣的评价。其次，在对证据的审查采信上，主要评价证据的审查情况，是否存在应当排除而没有排除的非法证据，是否存在在证据采信上的错误等情形。最后，是在对法律适用上，主要评价条款适用是否正确，定性是否准确。

（三）强化对办案效率效果的评价

绿色司法应当是高效的司法，是通过科学配置司法资源实现效率的最大化。目前司法效率不高，主要体现在司法办案过程中程序拖沓和重复劳动。如公诉部门，由于办案工作量较大，使得少部分案件临近起诉期限却没有能够移送起诉，而是以“退补”形式退回侦查机关补充侦查，有“借时间”之嫌。据此，应将此列为否定评价，以严格禁止“借时间”式的退补。同时，对于

① 么宁：《检察业务考评机制研究》，西南政法大学2014年博士学位论文，第132页。

效率不高损害当事人利益影响正义及时性的，也应当予以否定。

服务大局是检察机关的重要职责。因此检察机关执法办案在注重法律效果的同时应当兼顾政治效果和社会效果，即党委、人大的满意感，人民群众的获得感。相应地，在新型办案评价模式中建议将“两感”作为评价的一个项目，同时应当综合考虑检察机关在宽严相济、刑事和解、检调对接、参与社会治理等方面的综合表现。如在服务非公经济发展等重点工作方面，应重点考察办案的方式，引导检察机关在办理相关案件时树立绿色司法理念，做到“轻拿轻放”，避免造成“案件办了，企业垮了”的局面。

四、结语

绿色司法理念对司法工作的指导意义是广泛的，本文所论述的只是其中一个方面。绿色司法理念在现阶段还属于新鲜事物，检察机关办案评价模式从产生至今，也处于不断修正和完善的状态。二者存在相互影响、相互促进的关系：一方面，理论指导实践，绿色司法理念指导办案评价模式向着更加科学、完善的执法轨道前行；另一方面，实践检验真理，办案评价模式的现实操作也进一步验证绿色司法理念的科学、合理性。将绿色司法作为全省检察机关执法办案的指引，高水平推进浙江检察工作，努力为中国特色社会主义检察制度提供浙江实践和浙江样本，是我们的目标，也是我们实现这个目标的根本路径，我们将进一步加强探索与实践，努力让人民群众在每一起案件中感受到公平正义。